U0629723

权威·前沿·原创

皮书系列为
"十二五""十三五"国家重点图书出版规划项目

B

BLUE BOO

智库成果出版与传播

青年发展蓝皮书

BLUE BOOK OF
YOUTH DEVELOPMENT

中国青年发展报告
No.3

REPORT ON DEVELOPMENT OF YOUTH IN CHINA
No.3

建档立卡贫困人口中大学生就业发展研究

主　编／张良驯
副主编／邓希泉　孙宏艳　郭元凯

社会科学文献出版社
SOCIAL SCIENCES ACADEMIC PRESS（CHINA）

图书在版编目（CIP）数据

中国青年发展报告．No.3，建档立卡贫困人口中大学
生就业发展研究／张良驯主编．－－北京：社会科学文
献出版社，2020.7
（青年发展蓝皮书）
ISBN 978 - 7 - 5201 - 6531 - 0

Ⅰ．①中⋯　Ⅱ．①张⋯　Ⅲ．①青年 - 研究报告 - 中国
Ⅳ．①D669.5

中国版本图书馆 CIP 数据核字（2020）第 059574 号

青年发展蓝皮书

中国青年发展报告 No.3
——建档立卡贫困人口中大学生就业发展研究

主　　编／张良驯
副 主 编／邓希泉　孙宏艳　郭元凯

出 版 人／谢寿光
责任编辑／桂　芳
文稿编辑／桂　芳　陈　颖

出　　版／社会科学文献出版社·皮书出版分社（010）59367127
　　　　　地址：北京市北三环中路甲 29 号院华龙大厦　邮编：100029
　　　　　网址：www.ssap.com.cn
发　　行／市场营销中心（010）59367081　59367083
印　　装／天津千鹤文化传播有限公司

规　　格／开　本：787mm × 1092mm　1/16
　　　　　印　张：38.5　字　数：580 千字
版　　次／2020 年 7 月第 1 版　2020 年 7 月第 1 次印刷
书　　号／ISBN 978 - 7 - 5201 - 6531 - 0
定　　价／198.00 元

青年发展蓝皮书编委会

中国青年发展报告 No. 3
编 写 组

主　编　张良驯

副主编　邓希泉　孙宏艳　郭元凯

作　者　张良驯　刘胡权　刘　叶　孙宏艳　孙锦露
　　　　　赵　霞　史国枫　李　倢　高艳蓉　郭元凯
　　　　　蒋　承　罗　尧　吕海培　周宇香　张旭东
　　　　　罗吉华　邓希泉　张文玉　杨江澜　王　洁
　　　　　和明杰　匡敦校　薛红萍　张　勇　舒晓虎
　　　　　管　雷　孙　岩　闫　峰　孔祥龙

主编简介

张良驯　北京大学、北京师范大学毕业，博士，中国青少年研究中心副主任，中长期青年发展规划专家委员会委员，中国青年政治学院硕士生导师，从事青年工作理论研究30多年，主持国务院参事室重点研究课题，多次获得共青团中央理论调研一等奖。已出版《青少年社会教育学》《青少年宫公益性研究》《当代青少年中华优秀传统文化教育研究》《我国青年政策的创新发展》《共青团政治性先进性群众性研究》《中国青年发展报告No.2：中国青少年权益保护的发展进步》《中国青年发展报告No.3：建档立卡贫困人口中大学生就业发展研究》《爱国主义教育青少年读本》《中国青年发展规划的理论与实践》《我国未成年人犯罪的基本状况和治理对策》等10部学术著作。已公开发表《青年研究作为独立学科的依据》等学术论文40多篇，撰写青年工作研究报告100多篇。

摘　要

就业是民生之本，实现建档立卡贫困人口中大学生更充分、更高质量的就业，是国家精准扶贫的重要内容。本书采用问卷调查和访谈法，通过对20个国家级贫困县6000多名高校大学生的系统调查和科学分析，切实了解和掌握了我国建档立卡贫困人口中大学生就业发展、利益诉求和相关服务等基本情况。除附录外，全书分为总报告、调查篇、专题篇和工作篇，共计15篇报告。其中，调查篇主要探寻建档立卡贫困人口中在校大学生的就业认知情况和毕业大学生的基本就业情况，重点了解建档立卡贫困人口中在校大学生的就业倾向、就业能力和建档立卡贫困人口中大学毕业生的就业走向、就业质量以及创业现状、存在的问题等。专题篇系统考察了家庭贫困、就业歧视、教育投入以及社会支持等与建档立卡贫困人口中大学生就业之间的关系，探讨影响该群体就业发展的因素及背后的逻辑等。工作篇总结了政府、高校、共青团在开展建档立卡贫困人口中大学生就业帮扶工作中的成功经验，同时通过政策分析来评估现有政策及具体工作中存在的问题，提出具体的改进路径与措施。研究发现：建档立卡贫困人口中大学生的学习成绩整体较好，具有较强的奋斗意识；已毕业大学生基本实现了充分就业，就业形态呈相对多元化，就业满意度整体较高；在校大学生的就业心态平和稳定，就业认知客观理性；政府以及相关主体出台的就业政策不断完善，就业支持体系初步建立。但调查结果也表明建档立卡贫困人口中大学生存在如下问题：就业能力相对不足，职业生涯规划不清晰；就业压力和职场压力突出，择业成本普遍较高；家庭资本较为匮乏，社会支持不够；就业观念相对保守，存在求稳、求近心态以及就业政策感知度较低，政策获得感普遍不强等。需要通过进一步增加政策供给、持续优化就业创业环境、创

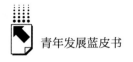
新高校人才培养模式、提高群体就业能力，以及加强政策宣传解读、增强大学生政策获得感等来促进建档立卡贫困人口中大学生就业稳步发展。

关键字： 建档立卡贫困人口　大学生就业创业

前　言

劳动是人的本质，就业是民生之本。中共中央、国务院2017年4月发布的《中长期青年发展规划（2016～2025年）》把"青年就业创业"作为青年发展的十大领域之一，提出了促进青年就业创业的基本目标和主要措施。2018年6月印发的《中共中央国务院关于打赢脱贫攻坚战三年行动的指导意见》指出，要把开发式扶贫作为脱贫的基本途径，全力推进就业扶贫。共青团十八大提出，力争到2020年，在建档立卡贫困人口中"帮助10万名大中专毕业生找工作"。无论是服务国家脱贫攻坚战，还是深入实施中长期青年发展规划，我们都需要对建档立卡贫困人口中大学生就业发展状况进行调查研究。因此，共青团中央设立"建档立卡贫困人口中大学生就业发展研究"课题并将课题之一委托给中国青少年研究中心组织实施。其成果即青年发展蓝皮书之一。

为了更好地推进蓝皮书调研工作，课题组多次召开论证会，讨论研究路径，设计调查问卷，制定了详尽的调研方案。在共青团中央的高度重视和大力支持下，课题组于2018年9月至10月，组建10个调研小组，分别前往10省（区、市）20个国家级贫困县开展调研工作。本次调研主要采取了问卷调查和质性访谈、焦点小组座谈的方法。问卷调查采取了纸质问卷和网络电子问卷相结合的方式，共计发放问卷6000份。其中，发放建档立卡贫困人口中在校大学生问卷4000份，回收有效问卷3993份；发放建档立卡贫困人口中大学毕业生问卷2000份，回收有效问卷1393份。在一对一质性访谈和小组座谈方面，课题组共访谈了包括在校大学生、高校毕业生、学校就业指导教师、团干部、就业局人员等在内的被访者500人次，了解到建档立卡贫困人口中大学生的就业现状、就业倾向、就业满意度及就业需求等多方面

情况。回收的数据和访谈文稿，为蓝皮书的写作提供了大量的一手资料和素材。调研结束后，除中国青少年研究中心的科研人员外，课题组还邀请北京大学、中国传媒大学、北京教育学院、北京青年政治学院、河北农业大学、陕西省青少年发展研究中心、黑龙江省青少年研究所、共青团四川省委青少年研究与发展中心等多所高校和研究机构的专家共同参加撰稿。

这是我国第一次对建档立卡贫困人口中大学生就业发展进行全国范围大样本的调查研究，具有研究的先导性和实践的创新性特点。本书的研究既具有较强的实践价值，又具有较高的理论价值。

从实践价值看，本课题组通过调查建档立卡贫困人口中大学生就业的基本状况，分析制约这些家庭经济困难大学生就业的因素，提出完善大学生就业的政策措施，既可以进一步引起政府部门和高校对这部分大学生就业问题的更多关注，把帮扶这部分大学生就业工作摆在更加突出的位置，又可以为政府部门、高校和共青团组织制定青年就业政策、开展青年就业工作提供事实依据，从而直接推动中长期青年发展规划的有效实施。另外，本课题与共青团组织长期以来开展的青年就业工作直接相关，可以为各级共青团组织争取青年就业政策、帮助青年获取就业资源提供工作指导。本课题组调研发现，共青团组织近年来通过实施青年就业见习计划、加强就业培训、提供就业服务等措施，有效地促进了青年就业，但在这项工作中也存在一些亟须解决的现实问题。第一，青年就业政策不足的问题。本课题组调查建档立卡贫困人口中大学生就业的基本状况，发现了青年在就业中对政策要素的需求情况，能够引起政府相关部门对青年就业的进一步重视，以便制定和完善青年就业政策。第二，青年就业资源缺乏的问题。本课题组从制约建档立卡贫困人口中大学生就业的影响因素出发，探究了青年在就业中对资金、信息等资源的需求程度，便于政府部门明确服务重点，帮助青年实现更充分的就业。

从理论价值看，本课题组对青年就业理论和青年发展理论做出了新的阐述。通过对以往相关研究的梳理，我们发现，现有青年就业研究多是关注高校毕业生就业、青年农民工就业，且多数是局部性的调查，缺少全国性抽样的实证调查，研究结论不够全面。本书填补了建档立卡贫困人口中大学生就业整体状况研究的空白，研究成果对于构建家庭经济困难大学生的就业理论乃至青年就业的基本理论、探究青年发展的基本问题具有较强的针对性和一定的学术价值。

　　本书能够成功出版，是共青团中央立项本课题并给予课题组具体指导和大力支持的结果，是 10 个省（区）参与调研工作的共青团干部积极协调组织的结果，也是全体调研人员扎实工作、全体撰稿人员科学研究的结果。我们相信，本书的出版必将推动政府部门和高校更加关注建档立卡贫困人口中大学生就业的问题，必将推动共青团组织更好地帮助这些大学生就业。我们期待：建档立卡贫困人口中大学生都能够找到满意的工作，实现较好的职业发展，能用所学知识和技能报效国家、服务人民，为实现中国梦贡献智慧和力量。

目 录

Ⅰ 总报告

Ⅱ 调查篇

Ⅲ 专题篇

Ⅳ 工作篇

Ⅴ 附录

皮书数据库阅读**使用指南**

总 报 告

General Report

B.1

建档立卡贫困人口中大学生
就业发展报告

张良驯 刘胡权 刘 叶*

摘 要: 中国青少年研究中心根据共青团中央的委托,在全国10个省
(区) 20个国家级贫困县,就建档立卡贫困人口中大学生就
业发展状况进行了问卷调查和访谈调查。课题组共回收有效
调查问卷5386份,其中,在校大学生3993份,占74.14%;
大学毕业生1393份,占25.86%。从调查情况看,建档立卡
贫困人口中大学生具有不同于一般大学生的群体特征,也具
有特殊的就业期望、就业需求、就业认知和就业经历。政府
部门、高校、共青团组织、用人单位等要根据建档立卡贫困

* 张良驯,中国青少年研究中心副主任、教育学博士,主要研究领域为青年发展政策和青年工
作理论;刘胡权,北京教育学院副研究员,教育学博士,主要研究领域为教育政策;刘叶,
北京大学教育学院博士研究生,主要研究领域为教育经济与财政、教育政策与评估。

人口中大学生的特殊就业需求，有针对性地开展就业服务，促进这部分家庭经济困难大学生实现更好的就业发展。

关键词： 建档立卡　贫困人口　大学生就业　就业发展

2017年4月，中共中央、国务院印发的《中长期青年发展规划(2016－2025年)》把青年就业创业作为青年发展的十大领域之一，提出了青年就业的发展目标和促进青年就业的措施。从人的发展理论看，实践活动是人的基本活动，生产劳动既是人生存的基础，又是人发展的基本条件。劳动实践不仅是青年本质的体现，还是青年发展的根本动力。青年在劳动中，一方面改造客观事物，另一方面也在改造着自己。从生产力的角度看，劳动是青年获得生活资料的重要活动；从生产关系的角度来看，劳动是青年建立人与人之间的社会关系、提高自身发展能力的重要因素。因此，青年就业是青年民生之本，青年就业发展是青年发展的重要内容。

大学生是青年就业的重点群体。大学生就业问题持续成为全社会关注的一个热点问题。统计数据显示，2018年全国普通高校毕业生人数首次超过800万，2019年更是达到了834万的历史新高，做好大学生就业工作是服务青年就业的重点所在。在大学生就业中，有一个特殊的群体尤其需要关注，这就是建档立卡贫困人口中的大学生。有效解决这部分大学生的就业问题，不仅关系这些贫困生个人及其家庭的生计，也关系高等教育的使命，还关系国家脱贫攻坚战的胜利。建档立卡贫困人口中的大学生，无论是在生活条件、教育基础，还是在就业机会方面，都属于大学生中的弱势群体，应该说，普遍存在更为突出的就业难问题。正因如此，他们更需要得到全社会的特别关注和帮助。共青团十八大报告提出，要在建档立卡贫困人口中，"帮助10万名大中专毕业生找工作"，这是一个庄严的承诺，也是一个实际的行动。促进建档立卡贫困人口中大学生就业发展，已经成为共青团组织服务国家扶贫工作的切入点和着力点。

一 总体思路及核心概念

（一）总体思路

为了切实了解和掌握我国建档立卡贫困人口中大学生就业发展状况，课题组根据共青团中央的委托，组织实施了"建档立卡贫困人口中大学生就业发展研究"课题。课题组于2018年9月和10月，在贵州、广西、陕西等10个省（区）的20个国家级贫困县进行了实地调研。本次调研主要采取了问卷调查和质性访谈、焦点小组座谈的方法。问卷调查采取了纸质问卷和网络电子问卷相结合的方式，共计发放问卷6000份。其中，发放建档立卡贫困人口中在校大学生问卷4000份，回收有效问卷3993份，有效回收率为99.8%；发放建档立卡贫困人口中大学毕业生问卷2000份，回收1393份，有效回收率为69.7%。在一对一质性访谈和小组座谈方面，课题组共访谈了包括在校大学生、高校毕业生、高校就业指导教师、团干部、就业局人员等500人次，了解到建档立卡贫困人口中大学生的就业现状、就业倾向、就业满意度及就业需求等多方面情况。本书的总体思路是，首先以调查篇的形式，从建档立卡贫困人口中大学生就业的现状入手，分别探寻建档立卡贫困人口中在校大学生的就业认知情况和毕业大学生的基本就业情况，重点了解建档立卡贫困人口中在校大学生的就业倾向、就业能力和建档立卡贫困人口中大学毕业生的就业走向、就业质量以及创业现状、存在的问题等。其次，以专题篇的形式分析考察家庭贫困、就业歧视、教育投入以及社会支持等与建档立卡贫困人口中大学生就业之间的关系，探讨影响该群体就业发展的因素及背后的逻辑。最后，以工作篇的形式，一方面总结政府、高校、共青团开展建档立卡贫困人口中大学生就业创业帮扶工作的成功经验；另一方面通过政策分析来评估现有政策及具体工作中存在的问题，并提出具体的改进路径与措施，以期更好地促进该群体实现更高质量和更充分的就业（见图1）。

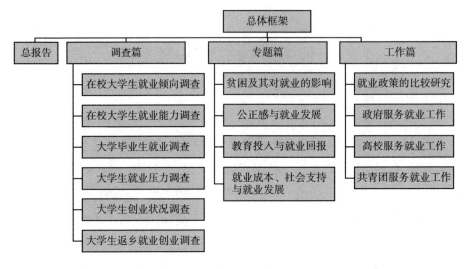

图1 "建档立卡贫困人口中大学生就业发展研究"总体框架

(二)概念界定及群体规模

摸清贫困底数是精准扶贫、精准脱贫的基础,只有对贫困人口及其贫困状况有一个清楚的掌握,才有利于集中力量扶持贫困人口实现2020年全面脱贫的目标。建档立卡贫困人口中的大学生,是我国在近年实施精准扶贫工作中出现的一个新概念。也是建档立卡贫困人口的衍生概念。2014年,国务院扶贫办下发《扶贫开发建档立卡工作方案》统筹顶层设计,按照县为单位、规模控制、分级负责、精准识别、动态管理的原则,为每个贫困户建立电子信息档案,并发放《扶贫手册》,建设了全国扶贫信息网络系统。按照这一方案的界定,建档立卡贫困人口的概念为农村贫困户中已经建立电子信息档案并领取了《扶贫手册》的人群。这一方法明确了贫困人口的底数,通过贫困家庭和人口信息的采集与录入,回答了贫困人口是谁、分布在哪里、贫困状况怎么样、致贫原因是什么等问题。数据显示,截至2014年11月底,全国完成了2949万贫困户、8962万贫困人口的信息采集录入工作,实现了全国扶贫对象的集中管理。2016年以来,全国又补录贫困人口807万,剔除识别不准人口929万,建档立卡工作实现了从基本精准到比较精准，① 为精准扶贫的稳妥推进打下了坚实的基础。

国家统计局公布的《2018 年国民经济和社会发展统计公报》以及《扶贫开发持续强力推进　脱贫攻坚取得历史性重大成就——新中国成立 70 周年经济社会发展成就系列报告之十五》的数据显示：截至 2018 年底，全国农村贫困人口为 1660 万人，比 2017 年末减少 1386 万人。按现行农村贫困标准，2013～2018 年我国农村减贫人数分别为 1650 万人、1232 万人、1442 万人、1240 万人、1289 万人、1386 万人，每年减贫人数均保持在 1000 万以上。六年来，农村已累计减贫 8239 万人，年均减贫 1373 万人，六年累计减贫幅度达到 83.2%，农村贫困发生率也从 2012 年末的 10.2% 下降到 2018 年末的 1.7%，其中，10 个省份的农村贫困发生率已降至 1.0% 以下，中华民族千百年来的绝对贫困问题有望得到历史性解决。教育部《2018 年中国学生资助发展报告》显示，在 2018 年，全国共有 200.70 万名普通高中学生享受建档立卡等家庭经济困难学生免学杂费政策。结合宏观数据，根据享受建档立卡等家庭经济困难学生免学杂费政策的普通高中学生每个年级有 60 万～70 万名的情况，以 75% 左右的高考录取率来推论，每年有 50 万名左右的建档立卡等家庭经济困难高中生进入大学。因此，课题组根据本科生 4 年和高职高专 3 年的情况研判认为，截至 2018 年底，建档立卡人口中在校大学生人数为 180 万～200 万。

二　建档立卡贫困人口中大学生的群体特征

（一）样本分布及基术特征

根据研究设计，本次调查涉及全国 10 个省（区）20 个国家级贫困县。其中有：河北省张北县、怀安县，陕西省吴堡县、延川县，山西省临县、娄

---

① 侯雪静：《扎实开展建档立卡工作提高扶贫精准度》，新华社，http：//news. youth. cn/jsxw/201702/t20170218_ 9137010. htm。

烦县，河南省上蔡县、民权县，湖南省新田县和汝城县，广西壮族自治区都安县、马山县，四川省叙永县、平昌县，贵州省安龙县、望谟县，以及青海省大通县、乐都区，黑龙江省甘南县、林甸县（样本分布详见表1）。

表1　建档立卡贫困人口中大学生样本分布情况（$N_{在校生}=3993$，$N_{毕业生}=1393$）

省　份	样本量（人）		总占比（%）
	在校生	毕业生	
河　　北	117	10	2.36
陕　　西	323	184	9.41
山　　西	611	118	13.54
河　　南	407	224	11.72
湖　　南	433	173	11.25
广　　西	396	203	11.12
四　　川	493	22	9.56
贵　　州	533	88	11.53
青　　海	392	178	10.58
黑龙江	202	128	6.13
其　　他	86	65	2.8
合计：	3993	1393	100

注：数据来源于2018年"建档立卡贫困人口中大学生就业发展研究"课题调研。下文中如无特殊说明，数据均来自本次调研。

本次调研群体的人口学特征如表2所示，男女比例大致相当，其中在校大学男生占46.08%，在校大学女生占53.92%；高校毕业男生占44.36%，高校毕业女生占55.64%。从民族构成看，在校大学生和高校毕业生均以汉族为主，分别占76.01%和75.02%；少数民族分别占23.99%和24.98%。样本的年龄分布上，八成以上的在校大学生是"95后"，毕业生中"95后"也超过54%。从生源地看，在校大学生中西部省份和非西部省份生源[①]占比分别为55.25%和44.75%；高校毕业生的相应数据分别为49.53%和50.47%。

---

① 根据国家统计局对东部省份、中部省份、西部省份和东北地区的划分标准，本研究所指的"西部省份"包括四川、贵州、广西、陕西、青海共5个省份，非西部省份包括河北、山西、河南、湖南、黑龙江共5个省份（由于本研究中东部省份只有河北一个，且样本占比较低，故与中部省份合并处理）。

表 2　样本基本情况（N$_{在校生}$ = 3993，N$_{毕业生}$ = 1393）

单位：%

分　类		在校大学生	毕业生
性别	女生	53.92	55.64
	男生	46.08	44.36
民族	少数民族	23.99	24.98
	汉族	76.01	75.02
年龄段	"95 前"	13.32	46.01
	"95 后"	86.68	54.09
生源地	西部省份	55.25	49.53
	非西部省份	44.75	50.47
是否党员	非党员	94.49	88.87
	党员	5.51	11.13
学历层次	高职高专	26.37	43.14
	本科及以上学历	73.63	56.86
就读学校类型	"双一流"高校	11.22	10.19
	非"双一流"本科高校（含民办本科）	63.59	48.38
	高职高专（含民办高职高专）	25.19	41.42
专业类型	非人文社科类专业	51.05	52.71
	人文社科类专业	44.16	47.29

　　本次调研群体的其他基本特征也如表 2 所示。从政治面貌看，在校大学生中的党员占比为 5.51%，高校毕业生中的党员占比为 11.13%。从调查对象的学历层次看，在校大学生中本科及以上学历占比为 73.63%，高职高专学历占比 26.37%；高校毕业生中本科及以上学历占比为 56.86%，高职高专学历占比为 43.14%。从就读的学校类型看，在校大学生中来自非"双一流"本科（含民办本科）高校学生占比最高（63.59%），高职高专（含民办高职高专）学校学生次之（25.19%），来自"双一流"高校的学生占比最低（11.22%）；高校毕业生曾经就读的学校类型结构与在校大学生的相似，非"双一流"本科高校、高职高专、"双一流"高校的占比分别为48.38%、41.42% 和 10.19%。从专业类别看，在校大学生和高校毕业生数

据中均以非人文社科类专业①居多，分别占51.05%和52.71%；其中工学人数最多，占比28.6%，其次为理学，占比11.65%。人文社科类专业的占比分别为44.16%和47.29%。

（二）大学生学习状况

从大学生就业的全视角来看，完成学业是就业的重要基础和前提。为了更好地了解建档立卡贫困人口中大学生群体特征和就业情况，本报告详细分析了大学生的就读情况、专业选择及满意度等几个方面。如表3所示，调研数据表明，在校大学生和大学毕业生的学习成绩整体较好，在班级前30%的人数比例分别达到66.07%和72%。后50%的仅为5.94%和3.8%。根据学生成绩通常服从正态分布的原则，这侧面反映出被调研的在校大学生的成绩分布状况要好于整体水平。

表3 在校生与毕业生学习成绩班级排名对比（N在校生=3993，N毕业生=1393）

单位：%

学习成绩排名	在校生	毕业生	学习成绩排名	在校生	毕业生
前10%	23.47	28.3	前50%	14.98	13.6
前10%~20%	24.02	26.3	后50%	5.94	3.8
前20%~30%	18.58	17.4	不清楚	13.02	10.6

如表4所示，在校生时间分配的调查结果显示，在读大学生每天学习的时间整体较多，达到7.84小时，体现了学业为重的思想，社交和休闲娱乐的时间则分别为2.53小时和3小时。表5显示了按照学科分类的在校生时间分配情况，我们发现理工科在校生的学习时间要多于其他类专业的学生，其次是社科大类。在是否辅修过第二学位这个问题上，8.89%的在校大学生辅修了第二学历，12.6%的大学毕业生有过辅修经历。

---

① "人文社科类专业"包括"哲学、经济学、法学、教育学、文学、历史学、管理学、艺术学"共8个专业大类，"非人文社科类专业"则包括"理学、工学、农学、医学、军事学"共5个专业大类。

表4 在校生时间分配（N_{在校生} = 3993）

类型	均值(小时)	标准差	类型	均值(小时)	标准差
学习	7.84	2.53	睡眠	7.79	1.07
社交	2.53	1.45	休闲娱乐	3.00	1.67

表5 按学科分类的在校生时间分配（N_{在校生} = 3993）

单位：小时

学科大类	学习时间	社交时间	睡眠时间	休闲娱乐
理工类	7.90	2.45	7.76	2.92
文史类	7.30	2.90	7.58	3.38
社科类	7.73	2.58	7.80	2.97
其他(农、医、军等)	7.58	2.52	7.72	2.97

如图2所示，从选择专业的原因来看，41%的被调研的在校大学生表示，自己是出于兴趣选择的专业，19%的人是因为该专业好就业。在专业满意度方面，68%的被调研在校大学生表示对自己的专业"非常满意"或者"比较满意"。这一比例与高校毕业生大致相同。

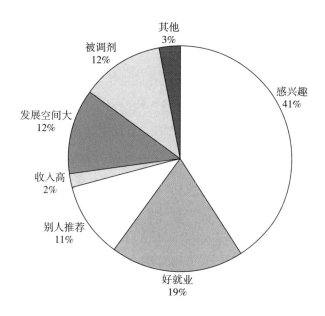

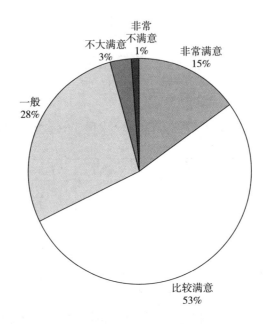

图2 在校大学生专业选择原因及满意度 （$N_{在校生}$ = 3993）

（三）大学生社会参与

1. 在校大学生的社会参与情况

社会参与经历丰富是大学生有效就业的助推器，也是就业软技能的集中体现。本报告主要从人际交往和社会融入情况对于在校大学生的社会参与进行调查，涉及在校大学生的学生干部经历、社团交往经历和人际关系等方面。

数据显示（见图3），完全没有参加过社团的人数占21.66%；49.54%的人以一般成员身份参与社团活动；社团骨干成员比例为24.97%；担任社团负责人的人数比例为12.1%。

调研发现（见图4），建档立卡贫困人口中在校大学生的人际关系较好。数据显示，在与同学、舍友、老师和同乡的关系中，表示很好和较好的人数占比之和都超过70%。其中，与舍友关系良好的比例最高，为91.81%；其次是与同学的关系和与同乡的关系，两者很好和较好的比例加总后分别为

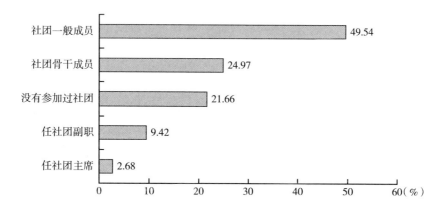

图3 在校大学生社团参与情况（N$_{在校生}$ =3993）

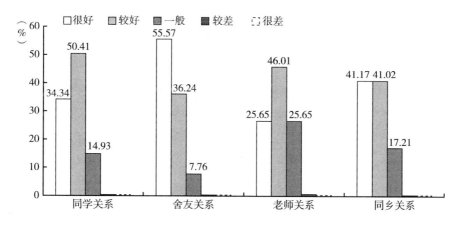

图4 在校大学生人际关系（N$_{在校生}$ =3993）

84.75%和82.19%。在上述各种人际关系中，表示很差和较差的人数比例均不足1%。

2. 大学毕业生社会参与情况

本调研通过大学毕业生在校期间的人际关系情况、职场人际关系满意度，以及职场压力来源等几个方面来评估已就业的大学毕业生的人际交往和社会融入情况。

整体来看（见图5），被调研的毕业生在就读大学期间的人际关系情况是比较乐观的。在与同学、舍友、教师和同乡的关系中，表示很好和较好的

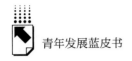
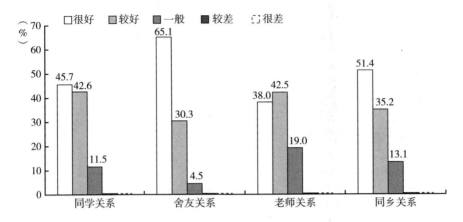

图5 毕业生在校期间人际关系（N_{毕业生}=1393）

人数比例加总后均超过80%。其中，与舍友关系良好的比例最高，为95.4%；与同学关系良好的比例为88.3%；与老师关系良好的比例最低，为80.5%。在上述各种人际关系中表示很差和较差的人数比例均不足1%。

如图6所示，从职场人际关系的满意度调查来看，66%的大学毕业生表

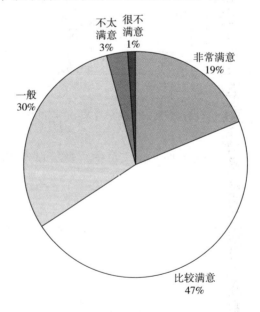

图6 毕业生职场人际关系满意度（N_{毕业生}=1393）

示对自己现在所处的职场人际关系是非常满意和比较满意的；对人际关系不满意的人只占4%。

为了进一步研究人际关系对高校毕业生的职场发展可能造成的影响，本调研还关注了职场压力来源。从图7中可以发现，有33%的人认为职场压力的来源是自身专业能力方面的因素，而仅有13%的高校毕业生表示人际关系会给自己带来职场压力。

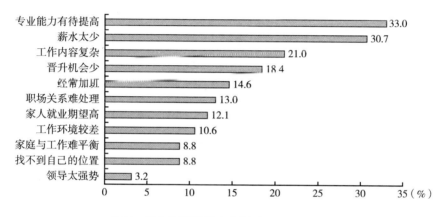

图7 毕业生职场压力来源（$N_{毕业生}$ = 1393）

（四）大学生家庭及贫困状况

1. 在校大学生的家庭及贫困状况

调查发现，建档立卡贫困大学生很少来自独生子女家庭，家庭规模普遍为4~5人（见表6）。其中73.23%的学生生活在4人以上的家庭中，有73.1%的学生有1~2个兄弟姐妹。在对在校大学生父母受教育程度的考察中发现，他们父母的受教育水平普遍不高，并且呈现女性教育弱势状态。数据显示（见表7），父母受教育程度均是初中及以下的人数比例超过86%；其中母亲受教育程度在小学及以下的就占到六成以上。

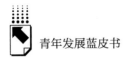

表6 在校生的家庭规模情况 (N在校生 = 3993)

单位：%

家庭规模		占比
家庭人口数量	3 口及以下	26.77
	4~5 口人	57.93
	6 口及以上	15.30
同胞数量	独生子女	9.87
	1~2 个	73.10
	3 个及以上	17.03

表7 在校生的父母受教育程度 (N在校生 = 3993)

单位：%

学历	父亲	母亲
小学及以下	39.99	60.78
初中	46.28	31.76
高中/中专/职高	11.75	6.31
专科/高职	1.30	0.78
本科及以上	0.68	0.38

在被调研的学生中有82%的人认为自己家庭的经济状况低于当地水平，87.36%的人认为低于其他同学的家庭经济水平。从学生的家庭收支情况看，仅有19.09%的学生家庭能实现收支平衡或有所结余，80.91%的家庭存在着不同程度的收支不抵的情况（见图8）。经进一步了解发现，在收支不抵的家庭中存在严重的负债情况，占了样本总量的74.82%，其中，"小额负债"的比例为47.93%，大额负债的比例为26.89%。

受制于家庭经济困难，被调研学生大学期间平均年总花费相比同类学生整体不高（见表8），包含学费在内每年约18000元，其中约12000元来源于家庭出资，约3700元来源于学校的奖助学金，约2000元源于学生个人的劳动所得。

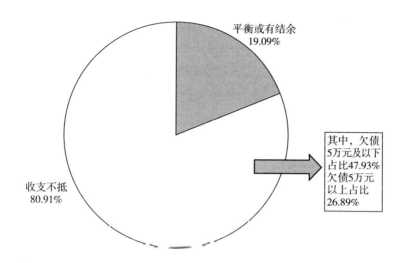

图8 在校生家庭收支情况（N在校生=3993）

表8 在校生年花费情况（N在校生=3925）

项目	平均值（元）	标准差
年总花费	18196.65	14229.7
家庭提供的资助	12735.21	19513.7
奖助学金收入	3731.87	6785.277
勤工/实习收入	2030.174	3742.75

由于本报告是针对建档立卡的贫困人口进行的调研，因此，我们进一步关注了"贫困"这一因素在被访人群中的特点，致贫原因以及精准扶贫背景下解决贫困问题的方法和需求。

如图9所示，在校学生认为家庭贫困的主要原因是读书费用负担重和结构因素。超过60%的受调研对象表示"读书费用负担重"和家庭"结构原因"（如劳动力老龄化、家庭人口过多、单亲家庭等）导致了自己家庭的贫困；其次有超过43%的人表示，家庭成员受教育水平低、缺乏具有竞争力的劳动能力导致了自身的家庭贫困；同时，家庭成员的健康状况、家庭所在地的自然环境等都成为导致家庭贫困的原因。

在对待"贫困"的态度上，64.47%的人表示通过努力争取就业机会，

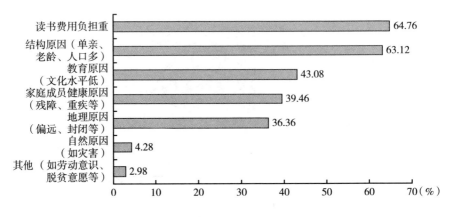

图9　在校生家庭贫困原因（N_{在校生}=3993）

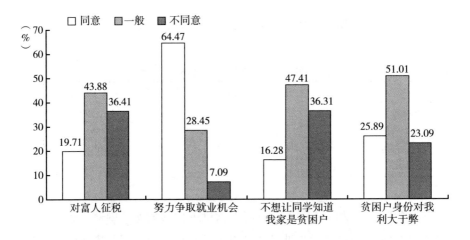

图10　在校生对待"贫困"的态度（N_{在校生}=3993）

可以改变贫困状态，也有近20%的人表示可以通过对富人征收更高的税来改变贫困状态。调研中发现，尽管有人表示不在乎自己贫困户的身份状态，但是仍有16.28%的人表示不想让同学知道自己贫困户的身份；也有23.09%的人表示贫困户的身份对自己的成长弊大于利。

如图11所示，在获得的精准扶贫类型上，最多的是教育扶贫，占比超过67%；其次是医疗扶贫，比例为28.42%；而金融扶贫、电商扶贫和旅游扶贫的获得比例非常低，均不超过2%。

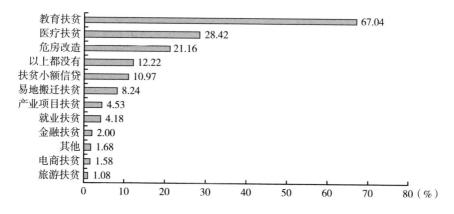

图 11　在校生家庭获得的精准扶贫类型（$N_{在校生}=3993$）

如图 12 所示，对于精准扶贫对改善自身家庭贫困状态的作用，有 76% 的被调研者表示帮助非常大和比较大。整体来看，精准扶贫的作用和效果在很大程度上得到了受调研群体的肯定和认可。

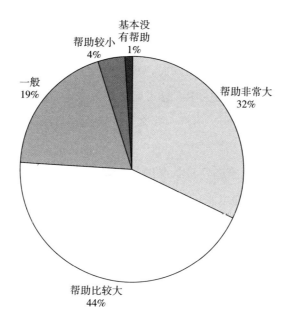

图 12　在校生对精准扶贫作用的看法（$N_{在校生}=3993$）

2. 大学毕业生的家庭及贫困状况

与在校大学生家庭情况相似，建档立卡贫困人口中大学毕业生的父母受教育程度也相对较低（见表9），接受过高等教育（大专/本科）的父母比例仅为3%左右。数据显示，其中父亲受教育程度在初中及以下的占比近80%，母亲的这一比例更高达近90%；45.7%的父亲仅受过初中教育，53.7%的母亲受教育程度仅为小学及以下。

表9　毕业生父母的受教育程度（$N_{毕业生}=1393$）

单位：%

学历	父亲	母亲
小学及以下	33.40	53.70
初中	45.70	34.00
高中/中专/职高	17.60	9.80
专科/高职	1.90	1.70
本科	1.40	0.80
研究生	0.10	0.10

如图13所示，在家庭规模方面，被调研毕业生虽然已经毕业，但仍有57%的人生活在4~5口之家中，这可能是因为大多数毕业生刚刚工作不久，要么没有足够的资金去购买房产，要么是尚未组建自己的家庭，仍选择与家人同住。

如表10所示，从家庭经济状况的自评来看，认为自己家庭的经济水平能达到或高于当地平均水平的比例为23.3%，能达到或高于其他同学家庭经济水平的不足20%。可见，被调研的毕业生绝大部分出身于经济水平较低的家庭。在对2017年的家庭收支调查中，课题组发现存在收不抵支情况的家庭达73.3%，能实现收支平衡的家庭不足20%，仅约7%的家庭存在收支结余。具体从家庭负债情况来看，没有负债的家庭只占27.5%，存在4万元以下小额负债的家庭比例为42%，超过5万元的大额负债比例为30.4%，整体来看，家庭经济困难问题比较严重。

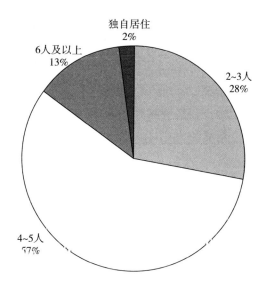

图13 毕业生的家庭人口数量（N_{毕业生}=1393）

表10 毕业生家庭经济状况自评（N_{毕业生}=1393）

单位：%

家庭经济状况自评	相比当地	相比同学
远低于平均水平	28.00	32.80
低于平均水平	48.50	47.90
平均水平	22.00	18.10
高于平均水平	1.30	0.90
远高于平均水平	0.20	0.40

在致贫原因方面，高校毕业生也面临着家庭结构原因以及教育负担重、疾病等方面的压力和困扰。如图14所示，家庭结构本身的因素是造成家庭贫困的最主要原因，有66.6%的人选择了这一选项；其次，家庭中的子女读书费用给家庭造成了较大的经济负担，是造成家庭贫困的第二大原因。

虽然家庭相对贫困，但建档立卡贫困人口中高校毕业生在对待"贫困"的态度上仍表现出昂扬向上的积极态度。如图15所示，有67.3%的人认为努力争取就业机会可以改变贫困的状态；也有28%的人认为可以通过对富

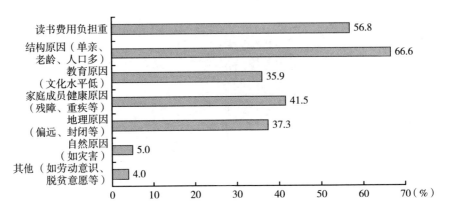

图 14 毕业生认为家庭贫困的原因（N毕业生=1393）

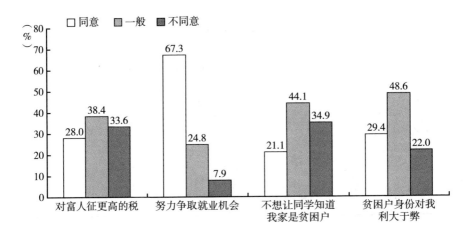

图 15 毕业生对"贫困"的态度（N毕业生=1393）

人征收更高的税来缩小贫富差距。在对自身贫困户身份的看法上，已毕业的大学生表现出更为开放的态度，有近80%的人表示无所谓或不介意同学知晓自己的贫困户身份；同时还有近30%的人表示贫困户的身份对自己的成长过程是利大于弊的。

在精准扶贫的环境下，教育扶贫的实施范围最大，在受调研的人群中有近60%的人表示获得过教育扶贫。其次是危房改造和医疗方面的扶贫类型，占比分别为24.9%和23.3%（见图16）。

在精准扶贫的作用和成效方面，有近70%的受访对象表示精准扶贫对自身及其家庭的帮助非常大或者比较大（见图17）。

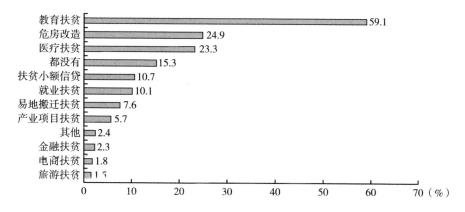

图16 毕业生获得的"精准扶贫"类型（N_{毕业生}=1393）

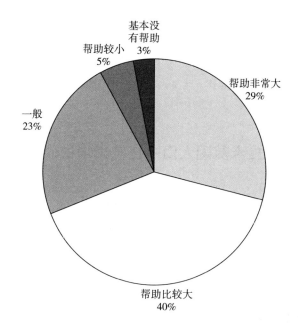

图17 毕业生评价精准扶贫的作用（N_{毕业生}=1393）

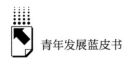

（五）大学生生活经历

如图18所示，本次调查发现，不管是建档立卡贫困在校大学生还是已毕业大学生，他们均有着一定的留守和打工经历，其中，在校学生中，具有童年留守经历的占27.87%，具有打工经历的占28.02%。已毕业大学生中，具有留守经历的占22.30%，具有打工经历的占31.90%。从调研的省（区）来看，广西的留守比例最高，为46.15%；河北的打工比例最高，为46.67%。

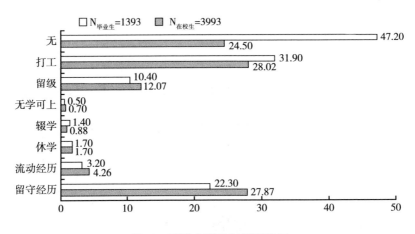

图18　两类人群童年经历情况

三　建档立卡贫困人口中在校大学生的就业认知

就业认知是个体对就业形势的态度以及就业状况的主观看法，是个体择业观的重要组成部分。为了解建档立卡贫困人口中在校大学生的就业认知，本报告主要从就业意向、就业单位及薪资、就业能力、就业压力、就业支持、自主创业等方面进行考察。

（一）就业意向

从就业意向来看，超过六成的建档立卡贫困人口中在校大学生希望留在城市中工作，其中希望留在省会城市（除北上广深外）的比例最高，为38.17%；其次是希望去北上广深之类的一线城市工作，占比为17.00%；之后是普通城市，占比为11.37%，而选择回到县城工作的人数较少，仅占9.57%（见图19）。这一方面表明建档立卡贫困大学生就业地区选择的多样化，另一方面也表明传统的一线城市对该群体的吸引力开始减弱。

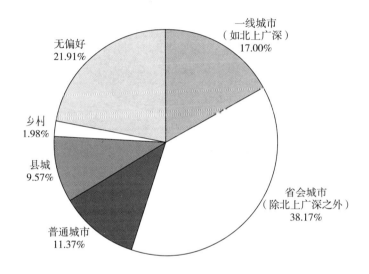

图19　在校生就业地点选择意愿（N_{在校生}＝3993）

在就业区域的选择意愿方面，东部地区最受青睐，35%的在校生想到东部地区工作；但中西部地区的选择比例也比较高，其中打算去中部地区就业的人数比例为14%，打算去西部地区就业的大学生比例为28%，希望去东北地区工作的人数最少，占2%（见图20）。

（二）就业单位及薪资

在期望的工作单位类型上，在校大学生呈现较为明显的体制内选择倾向。其中，59%的在校生表示想去国有企事业单位工作，12%的人表示去党政机关将是自己的首要选择，还有16%的人表示希望去其他类型的企业，希望自主创业的人数占比为8%（见图21）。在薪资方面，在校生的期望薪

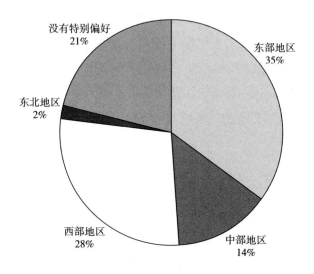

图20 在校生就业地区选择意愿（N$_{在校生}$ =3993）

资约为4800元，可接受的最低薪资约3300元，在期望薪资和可接受的薪资之间有约1500元的浮动范围（见图22）。

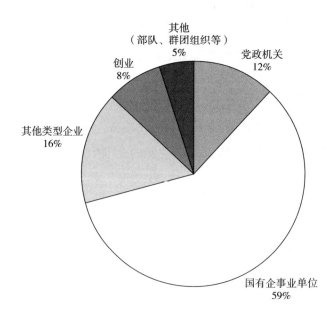

图21 在校生就业单位选择（N$_{在校生}$ =3993）

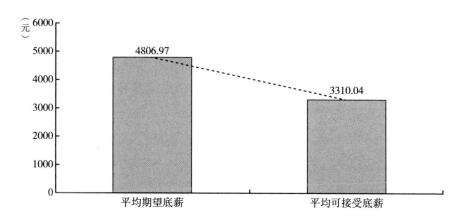

图22 在校生就业底薪选择（N_{在校生}－3993）

（三）就业能力

就业能力是个体通过知识的学习和综合素质的开发而获取工作的能力。就业能力不仅是个人所具有的各种技能的集合，也包括知识、态度、认知等因素。本报告主要从在校生所具备的能力特长、技能资格和自评的就业优势、职业生涯规划等几个方面来评价其就业能力。在主要特长方面，体育运动、组织活动、文艺以及写作是在校生比较认可的特长。其中，38.77%的在校生认为自己具有体育运动方面的特长；28.32%的认为自己具有组织活动方面的特长；具有文艺和写作特长的人数比例非常接近，均接近20%（见表11）。

表11 在校生的主要特长（N_{在校生}＝3993）

单位：%

主要特长	比例	主要特长	比例
体育运动	38.77	没有特长	14.65
组织活动	28.32	棋类活动	13.70
文艺	19.66	演讲/主持	13.37
写作	19.28	书法	11.80

注：受篇幅所限，只显示了超过10%的项目。

对于就业所具备的资格，研究报告主要对在校大学生的职业证书持有数量进行测量。数据显示，被调研学生中，考试等级证书的获得情况要好于职业资格证书。这一方面与受调研的在校学生就读年级较低（大学二三年级的人数占70%）、尚未开始职业生涯的规划和能力培养有关；另一方面也在一定程度上暴露了当下高校课程培养中重学业轻实践的问题，学生在整个大学生涯中缺乏接触职业学习和实践的机会（见图23）。

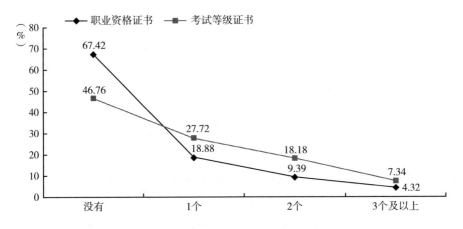

图23　在校生的职业资格准备情况（$N_{在校生}=3993$）

在自评就业优势上，超过72%的被调研学生认为吃苦耐劳的能力是自身具备的最强的就业优势，远远超过实习经历、工作能力和学业成绩等因素（见表12）。比较出乎意料的是，学校的名气、往届毕业生的声誉等这些在求职就业中具有较强信号功能的指标并没有受到较多受访学生的关注。

表12　在校生自身认为具备的就业优势（$N_{在校生}=3993$）

单位：%

自身具备的就业优势	比例	自身具备的就业优势	比例
吃苦耐劳的品质	72.65	形象气质好	17.10
有相关实习和工作经历	33.96	社会交际能力强	14.35
工作能力强	28.98	热门专业	11.67
学习成绩好	21.39	农村身份	10.07

注：受篇幅所限，只显示了超过10%的项目。

在被调研的在校生中，九成的人表示职业生涯规划是非常重要或者比较重要的（见图24）。但是，有清晰的规划的只有14%，近80%的人处于有规划但是没深入考虑或没有详细步骤的阶段（见图25）。

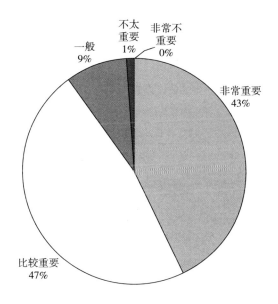

图24　在校生对"职业生涯规划"重要性的认识（N$_{在校生}$=3993）

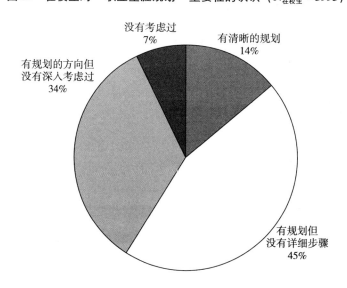

图25　在校生是否有清晰的职业发展规划（N$_{在校生}$=3993）

进一步调研发现，虽然九成以上的职业生涯规划培训是由学校组织开展的，但还是有63%的在校生表示没有参加过职业生涯规划培训。

在能力分类方面，被调研的在校大学生在"抗挫折能力"和"合作能力"两个方面表现出较好的结果，但通过计算较差和很差的人数比例发现，"组织能力"和"自控能力"两个方面的自评相对较低（见表13）。

表13　在校生就业能力自评结果（$N_{在校生}=3993$）

单位：%

能力分类	很好	较好	中等	较差	很差
社交能力	14.70	40.85	39.64	4.51	0.30
组织能力	10.97	35.01	45.83	7.76	0.43
自控能力	19.21	46.06	28.78	5.48	0.48
抗挫折能力	26.12	48.99	21.74	2.78	0.38
合作能力	22.64	53.44	22.04	1.63	0.25
语言组织及表达能力	22.65	40.50	40.60	5.48	0.40

（四）就业压力

认识就业压力、排解就业压力是当前大学生就业过程中的一项必备技能，也能够反映出建档立卡贫困人口中大学生的就业心态。结果显示，有64.89%的受访学生表示就业压力非常大或比较大，25.77%的表示就业压力一般（见图26）。

54.77%的受访学生认为，在求职就业过程中难以获得家庭的帮助和支持是他们最大的压力来源，其次是53.62%的感到压力来自自身人际交往能力不足，再次是近半数的受访者认为父母对他们职业上的期望给他们的求职带来了较大的压力（见图27）。面对就业压力，近70%的受访学生表示会主动向他人寻求建议；45.18%的人会通过改变自己的做法来调整压力（见表14）。整体来看，大多数受访学生会采用正面主动的方式调整自身的压力，但是也有少部分学生会选择抽烟、喝酒等途径来应对压力。

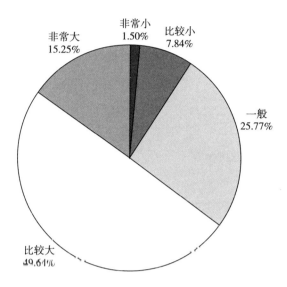

图26 在校大学生的就业压力情况 (N_{在校生} =3993)

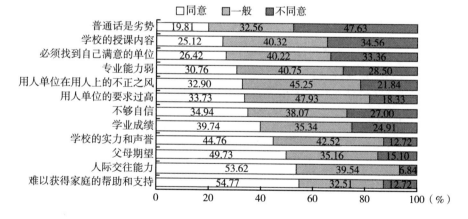

图27 在校大学生就业压力的来源 (N_{在校生} =3993)

表14 在校大学生就业压力的解决办法 (N_{在校生} =3993)

单位：%

解决办法	比例
向他人寻求建议	69.12
改变原来的做法	45.18
向他人倾诉烦恼	41.65

续表

解决办法	比例
找专业机构进行辅导	28.73
参加文体活动	28.10
睡觉	22.01
上网发泄	6.66
购物	5.68
通过抽烟喝酒或吃东西缓解	5.48
尚未考虑	2.83
其他	2.43

（五）就业支持

就业支持是大学生能够积极择业、顺利就业、保持就业稳定性的必要条件。当前针对高校学生的就业服务类型虽然比较多，但存在着服务内容不精准、服务覆盖面窄、服务支持力度小的问题，与在校大学生的需求之间还存在着比较大的差距。数据显示，在校大学生最期望获得的就业服务支持是"提供就业见习机会"，占比为61.8%；其次是"组织质量更好的校园招聘会"，占比为46.4%；再次是"提供更为准确的就业信息"，占比为41.9%（见表15）。

表15　在校大学生希望获得的就业服务支持（$N_{在校生}=3993$）

单位：%

期望获得的就业服务支持	比例
提供就业见习机会	61.8
组织质量更好的校园招聘会	46.4
专业性针对性强的就业创业辅导	41.3
提供更为准确的就业信息	41.9
提供就业创业资金支持	27.1
指导学生进行科学的职业规划	27.6
加强面试模拟训练	33.7
加强就业心理辅导	26.00
杰出校友就业创业经验分享会	20.00
其他	0.2
以上都不需要	2.2

（六）自主创业

2015 年，国务院印发了《关于大力推进大众创业万众创新若干政策措施的意见》，鼓励全社会形成良好的创业氛围。大学生思维活跃，接受新事物的能力比较强，理应成为创新创业的坚定践行者。从建档立卡贫困人口中在校大学生的创业意向来看，大部分在校生对创业只是停留在想法，并未付诸实际行动。调查结果显示，当前具有创业想法的在校生比例超过 70%；但有超过 60% 的人并未对创业一事进行认真的准备；准备开始创业和已经开始创业的人不足 10%（见表 16）。

表 16　在校生的创业意愿（$N_{在校生}$＝3993）

单位：%

创业意愿	占比
从未考虑过创业	24.64
偶尔想过创业，但没认真准备	65.99
认真考虑过，并做了准备	8.51
已经开始创业	0.85

在创业动机方面，76.93% 的在校大学生提出是出于个人的理想，61.68% 的在校大学生认为展示自我的价值和才能是支持自身创业的重要因素。可以看出大部分在校大学生创业更多是由个体成就感驱动的，即对某一领域有着极大的热爱和内心强烈的渴望。还有一定比例的在校生在创业动机选择上则表现出较为强烈的资源驱动倾向。结果显示，有超过 48% 的在校生认为有好的创业项目是创业的关键，还有 24.49% 的认为家庭或社会关系影响着自己的创业行为（见表 17）。

在可能的创业方式上，64% 的在校生倾向于采用合伙创业的方式，有 21% 的人希望个人创业，家庭创业的方式是较少考虑的，仅占总调查样本的 4%。在创业的条件方面，73.33% 的被调研者认为资金是最重要的；其次有 54.30% 的人认为个人的能力是创业的重要条件之一；技术和经验以及政策

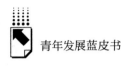

表 17　在校生创业原因选择（$N_{在校生}$ = 3993）

单位：%

创业原因	比例
个人的理想	76.93
有好的创业项目	48.79
家庭或社会关系的影响	24.49
展示自我的价值和才能	61.68
受学校或同学创业活动的影响	14.98
未找到合适的工作	15.00
其他	0.08

支持作为创业的条件之一，其重要程度不相上下（见表18）。对于创业资金来源，在校生最希望得到政府资金支持（60.15%）和银行贷款（55.87%），其次是自有资金（46.00）（见图28）。

表 18　在校生创业条件的选择（$N_{在校生}$ = 3993）

单位：%

创业条件	比例	创业条件	比例
资金	73.33	心态	21.29
能力	54.30	人才	14.22
相关知识和技术	35.49	家庭、朋友支持	13.32
经验	35.16	周围的创业氛围	1.58
政策支持	34.54	其他	0.03

在是否愿意返乡创业方面，41.75%的被调研人员表示尚不确定；有清晰的返乡创业目标和规划的人仅有8.74%（见表19）。而从返乡就业的意愿看，在校生最希望在家乡所在省份的省会城市就业，比例为41%；其次是在家乡所在的市县就业，比例为30.65%。关于之所以愿意返乡就业创业，超过半数的在校生表示"能够照顾家庭"（57.95%）和"为家乡发展

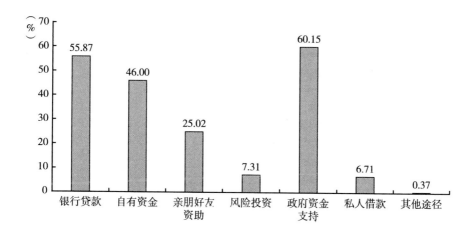

图28　在校生创业资金来源的选择（N$_{在校生}$=3993）

做贡献"（53.16%）是主要原因。同时，对家乡环境和生活的熟悉无疑也会为创业提供一定的便利。当然在校生也普遍反映，家乡发展落后等情况是阻碍回乡创业的最重要因素，这种阻碍不仅体现在创业收益的方面，也体现在创业者对回乡创业的发展前景和个人的创业心态的担忧方面（见图29）。因此，有超过半数的被调研者提到资金扶持是最需要的，其次需要的是创业技能培训方面的支持。

表19　在校生返乡创业意向（N$_{在校生}$=3993）

单位：%

返乡创业意向	比例
有，而且目标十分清晰	8.74
有，但只是暂时想法	27.25
不知道，现在还不确定	41.75
毕业后想在外面工作几年再回去	14.75
完全没有	7.51

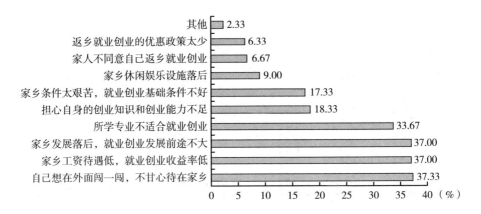

图 29　在校生返乡创业阻力分析（$N_{在校生}=3993$）

四　建档立卡贫困人口中大学毕业生的就业状况

在毕业生就业状况的调查中，本报告主要从择业标准、就业去向、就职单位、就业地区、就业质量以及创业实践等方面进行了考察。整体来看，绝大多数的毕业生是在毕业的当年就找到了工作，基本实现充分就业，并且在就业单位上，呈现相对多元化的趋势，就业单位以私营企业为主，但他们的就业期望则是事业单位等。从就业地区来看，毕业生在西部地区省会城市工作的人数最多。被调查的毕业生更加看重工作的福利待遇、与兴趣相符、工作稳定，并且工作流动性整体不高，追求个人的发展是他们换工作的主要原因。大部分毕业生认为应制订和实施清晰的职业发展规划，但具体实施的人数占比不高。受到创新创业的影响，毕业生的创业热情整体高涨，但也提出希望获取更多就业创业支持的诉求。

（一）择业标准

一般来说，择业标准是个体就业价值观的集中体现，它不但在一定程度上影响就业的实际行为，同时对于个体的工作稳定性也有着较为明显的影响。调查结果表明，建档立卡贫困人口中高校毕业生在选择工作时相对理性，经济收入并非其优先考虑的因素，反而福利待遇、兴趣相符、工作稳定以及发展前景才是该群体择业时考虑的重点。数据表明，28.40%的高校毕业生认为选择工作最重要的是福利待遇要好，选择符合个人兴趣爱好的人数占比27.10%，将经济收入高作为择业标准的人数比例则为17.20%（见表20）。

表 20　毕业生工作选择的重点（$N_{毕业生}$ = 1393）

单位：%

确定您现在的工作岗位时，您更看重的是	比例
福利待遇好	28.4
符合自己兴趣爱好	27.1
工作稳定	25.3
发展前景好	25.0
经济收入高	17.2
专业对口	13.2
利于施展个人才干	10.6
可照顾家庭	10.6
工作自由	10.5
工作舒适	9.8

（二）就业去向

在毕业去向方面，已落实就业（含已落实就业单位、自由职业、自主创业、各类基层就业项目等）的毕业生人数占比最多，为79.8%，其中以"签订劳动合同"形式确定工作去向的占比最多，为37%；同时有11.8%的人选择了自由职业或者创业；正处于求职中的人数比例为7.3%；另有约4%的人会继续求学。处于未就业状态的人占比为8.3%（见图30）。对于未就业的高校毕业生，原因是多方面的。其中，计划报考地方公务员/事业单位的人数占比为25.0%、准备行业资格考试的比例为15.5%，未确定发展方向（10.3%）、无法找到工作（9.5%）、因家庭原因暂不就业

（7.8%）、准备创业（1.7%）等也是高校毕业生暂时未就业的原因。可以看出其中大多在准备考试或寻找方向，真正无法找到工作的占比并不是很高。但考虑到这些毕业生及其家庭的经济状况，这一小部分毕业生将是重点帮扶对象。

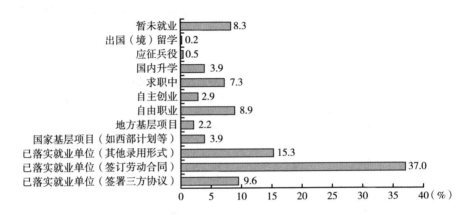

图30　毕业生的就业去向（N_{毕业生}=1393）

（三）就业单位

在就业单位上，建档立卡贫困人口中高校毕业生的就业呈现多元化趋势，就职行业相对分散。调查结果表明，目前所在单位类型的前五位依次为私营企业（35.4%）、事业单位（14.8%）、国有企业（9.8%）、党政机关（7.6%）和自主创业（4.5%）（见表21）。

表21　毕业生工作单位类型（N_{毕业生}=1393）

单位：%

工作单位类型	比例
党政机关	7.60
群团组织（如工会/共青团/妇联/科协等）	1.50
事业单位（如学校/研究机构/医院等）	14.80
国有企业	9.80

续表

工作单位类型	比例
集体企业	2.70
私营企业	35.40
外资企业	1.90
自主创业	4.50
军队	0.10
其他	2.10

从所在行业来看，大学毕业生就业于"科研及教育行业"和"党/政/群团组织及市政业"的人数比例较高，分别为 13.50% 和 10.10%；其次是卫生和社会工作以及互联网及计算机服务业，分别为 11.8% 和 11.0%（见图 31）。

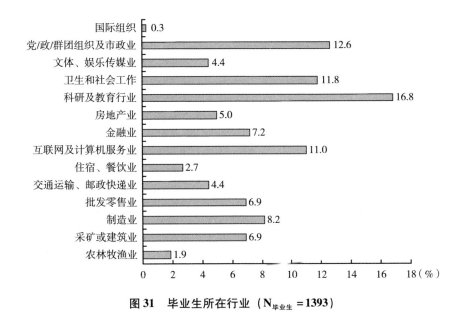

图 31　毕业生所在行业（N$_{毕业生}$ = 1393）

从目前所担任的职务来看，"普通办事人员"的比例最高，为 35.8%；其次是"专业技术人员"，占比为 18.3%（见表 22）。整体来看，比较符合就业 3 年内的职场新人的就业局面。

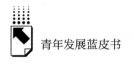
表22　毕业生目前的职务（N_{毕业生} = 1393）

单位：%

目前的职务	比例	目前的职务	比例
单位负责人	2.20	普通办事人员	35.80
中层管理人员	4.30	临时工作人员	10.60
专业技术人员	18.30	其他	9.10

（四）就业地区

建档立卡贫困人口中大学毕业生中，生源地来自西部的毕业生更倾向于留在西部，而中部和东北毕业生会有四成左右流向东部地区。数据显示，本次调查的建档立卡贫困大学毕业生工作分布情况为西部地区（46.2%）、中部地区（24.8%）、东部地区（24.2%）和东北地区（4.7%）。此外，调查结果还表明，在现有就业地区中，54.6%的大学毕业生在家乡所在省份工作，22.5%的人回到家乡所在的县（市、区）工作；25.7%的受访者在家乡省份以外的其他省份工作（见表23）。

表23　毕业生返乡工作所在地（N_{毕业生} = 1393）

单位：%

工作所在地	比例
家乡所在县（市、区）	22.5
是家乡所在市（州、区）的其他县（市）	6.8
家乡所在省会城市	16.0
家乡所在省份的其他市（州、区）	9.3
在家乡所在省份以外的其他省份	25.7

按照就业地类型来看，建档立卡贫困大学毕业生会选择（除北上广深外）省会城市（29.53%）、县城（24.92%）、除北上广深和省会城市外的较大城市（18.22%）、乡镇及农村（14.11%）和北上广深（13.21%）（见图32）。相较而言，建档立卡贫困大学毕业生选择省会城市、县城的占比较高，选择乡镇及农村和北上广深的占比较低。

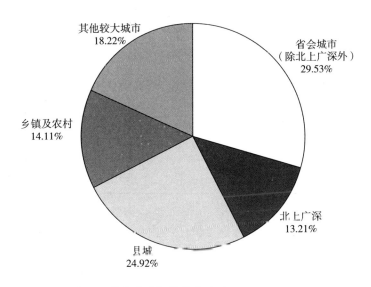

图32　毕业生选择的就业地（N毕业生=1393）

（五）就业质量

就业质量是检验高校毕业生就业满意度的重要标志，也是反映就业投入与就业产出之间关系的主要指标。本报告主要从高校毕业生专业匹配度、经济收入和工作稳定性进行分析。

在专业匹配度方面，大多建档立卡贫困大学毕业生从事着与所学专业相关的工作，专业匹配度较高，当前工作与自己的人生规划较为一致。有57.4%的人表示自己的工作和自己所学的专业是很相关或者相关的；有21.3%的人表示，自己工作和专业的相关程度一般；另有约22%的人表示自己工作与专业不相关。在人生目标的实现方面，毕业生认为目前工作与自己的人生规划或人生目标一致和很一致的占比近四成（39.8%），认为一般的超过四成（44.6%），不一致和很不一致的占比不到两成（15.7%）。综合来看，建档立卡贫困大学毕业生所学专业与从事工作不相关、目前工作与人生规划不一致的占比都不高。

经济收入方面，贫困大学毕业生的平均月收入为3432.56元（中位数为

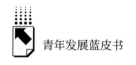

3000元），与他们在就业时的期望值存在1000多元的差距，但仍然略高于他们求职时能接受的最低起薪（见表24）。

表24　毕业生薪资情况（N_{毕业生}=1393）

单位：元

薪酬	均值
平均月收入	3432.56
期望的就业起薪	4560.187
能接受的最低起薪	3209.341

随着时代的发展，青年职业身份已经由单一逐渐转为多元，"斜杠青年"开始成为当代青年的特征之一。从调查来看，绝大部分建档立卡贫困毕业生除了工资之外，是没有其他收入来源的，但也有部分高校毕业生通过兼职或开发副业的形式增加自己的收入。数据显示，9%的受访者通过兼职获得其他的收入，开网店/微店等（2.4%）、做理财与投资（5.9%）也是工资外收入的来源（见表25）。

表25　毕业生的其他收入来源（N_{毕业生}=1393）

单位：%

其他收入来源	比例	其他收入来源	比例
没有其他收入	65.00	投资基金	2.40
兼职	9.00	理财产品等	2.40
开网店/微店等	2.40	投资股票	1.10

注：受限于篇幅，低于1%的项目没有展示。

在工作稳定性方面，有53%的大学毕业生表示目前从事的工作就是自己的第一份工作；有43%的人表示这是自己的第二或者第三份工作；有4%表示自己已经换了3份以上的工作（见图33）。这表明传统的"一份工作做一生"的观念已经被突破，越来越多的青年人不再将毕业后的工作视作稳定的开始、唯一的归宿，工作流动频率开始增大。

从换工作的原因来看，32.6%的高校毕业生提出原工作太累是最重要原

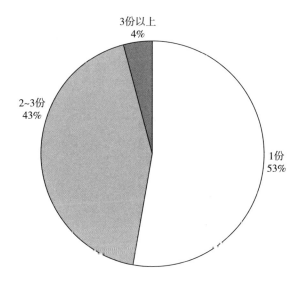

图33 毕业生的工作转换（N_{毕业生} = 1393）

因。原工作没有发展空间（15.9%）或者收入低（12.6%）以及为了找到更好的工作（11.8%）也影响了毕业生换工作的频率（见表26）。

表26 毕业生换工作的原因（N_{毕业生} = 1393）

单位：%

换工作的原因	比例	换工作的原因	比例
原工作太累	32.6	因故中断工作	5.1
原工作收入太低	12.6	企业倒闭	1.7
原工作没有发展空间	15.9	被雇主解雇	0.1
与原单位同事关系不好	0.4	其他	3.1
找到更好工作	11.8		

（六）创业实践

在创业实践方面，高校毕业生与建档立卡贫困人口中在校大学生的情况大致相同，九成以上的高校毕业生并没有创业实际行为。数据显示，仅有2.3%的大学毕业生已开始创业，10.3%的高校毕业生表示，自己认真考虑过，并做了准备。但从整个调研群体来看，该群体的创业发生率还是很低的。调查发现，21.2%的高校毕业生表示"从未考虑过创业"，还有一半以上的人表示"偶尔想过创业，但没认真准备"（见图34）。

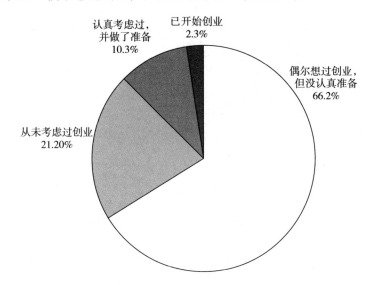

图34　毕业生的创业意愿（$N_{毕业生}$=1393）

关于创业原因，我们将其归纳为个人成就型驱动、社会导向驱动以及资源导向驱动。结果表明，毕业生选择创业的原因，最多的是"个人的理想"的实现，占比为70%；其次是"展示自我的价值和才能"（51.8%）；还有44.5%的人是因为有好的创业项目（44.5%）（见表27）。

表27　毕业生创业原因（$N_{毕业生}$=1393）

单位：%

创业原因	比例
个人的理想	70.00
有好的创业项目	44.50
家庭或社会关系的影响	33.50
展示自我的价值和才能	51.80
受学校或同学创业活动的影响	16.40
未找到合适的工作	15.80
其他	0.40

从已经创业的高校毕业生群体来看，合伙创业是目前最为流行的创业方式。在大学毕业生的创业形式中，合伙创业占比为61.0%，其次是个人创业（36.6%），而依赖家庭的家庭创业模式最少，仅占2.4%（见图35）。

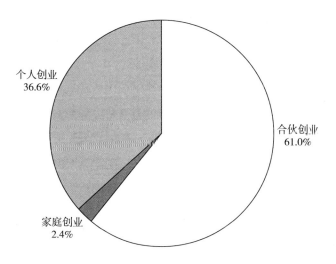

图35　毕业生的创业形式（N_{毕业生} =1393）

从创业资金来源来看，虽然建档立卡贫困人口中大学生最希望获得国家资助及银行贷款进行创业，但从高校毕业生的创业来看，获得这类资金的可行性很低，实际的资金更多来源于亲人资助和自有资金。数据显示，基于"亲友资助"和"自有资金"创业的比例较高，分别为53.70%和41.50%，而选择银行贷款的比例为29.30%（见图36）。

创业条件是指保证创业活动正常进行所需的各种物质条件及能力条件，正确评估自身的创业条件是创业成功的重要前提。数据表明，本次毕业生调查人数的84.8%表示在创业时最重要的条件是"资金"。可以说，稳定的创业资金成为大学生创业的首选条件，除了资金之外，创业能力和经验也是重要因素，其中42.6%的毕业生认为"能力"是创业的重要条件（见表28）。相比在校大学生，大学毕业生更加重视创业经验的价值，认为创业必须要有充足的经验才可以。

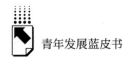

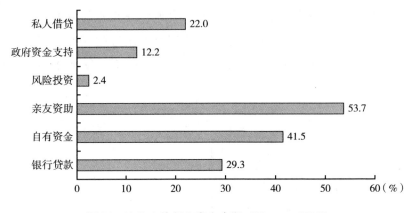

图36　毕业生的创业资金来源（N_{毕业生} = 1393）

表28　毕业生创业的重要条件（N_{毕业生} = 1393）

单位：%

创业的重要条件	比例	创业的重要条件	比例
资金	84.8	能力	42.6
政策支持	35.6	相关知识和技术	34.5
经验	38.1	人才	9.3
家庭、朋友支持	16.9	周围的创业氛围	2.6
心态	16.8	其他	0.1

五　建档立卡贫困人口中大学生就业存在的主要问题

（一）就业压力普遍存在，择业成本相对较高

受制于严峻的就业形势以及家庭贫困，建档立卡贫困大学生与一般大学生相比在就业时面临的问题更多，就业压力也更加明显。其中择业成本以及社会环境中的就业歧视问题严重影响了该群体的顺利就业。调查结果显示，超过一半的建档立卡贫困大学毕业生的求职花费（包括简历制作/投递、服装、出行旅费等）在千元以上，近四成毕业生表示费用超出了自己的承受范围，就业花费对毕业生造成了较大的经济压力。除了择业压力之外，建档

立卡贫困人口中大学生还面临着就业过程中的歧视问题。数据表明，不论是建档立卡贫困在校大学生还是已毕业大学生，大家都认为在找工作中会存在就业歧视现象。从整体上看，建档立卡大学生对学历歧视的感知最强烈，其次是学校歧视，再次是性别歧视、相貌/身高歧视、地域歧视和户口歧视。以学历歧视现象为例，86.6%的建档立卡贫困大学生认为在找工作中会存在学历歧视，51.3%的建档立卡贫困大学毕业生认为当前大学毕业生就业中存在歧视现象，并且在实际工作中遇到过就业歧视。

（二）就业能力整体不足，就业观念更新较慢

就业能力是个体就业过程中综合素质的体现，也是大学生实现高质量充分就业的必要条件。但从本次调查来看，建档立卡贫困人口中大学生的就业能力整体不足，尤其是在一些涉及就业创业的核心能力和关键技能上，还有较大的提升空间。结果显示，建档立卡贫困人口中高校大学生的抗挫折能力和合作能力较强，但社交能力、语言能力、组织能力等就业必备技能相对较弱。此外，从求职技巧的角度来看，他们搜寻就业信息能力不强，就业信息获取渠道较为狭窄。数据显示，校园招聘会（61.2%）、学校发布的招聘信息（52.8%）以及学校老师或校友推荐（41.6%）等常规渠道占比较高，但主动利用招聘网站（39.6%）、省高校就业信息网（27.1%）、自身及家庭社会关系（16.5%）等途径的比例相对较低。在职业生涯规划上，他们的职业生涯规划还不太清晰，部分建档立卡贫困人口中大学生制定规划仅仅是"随大流"，并非结合自身实际情况进行有效长远规划，这在一定程度上阻碍了其高质量充分就业的实现。从就业观念来看，建档立卡贫困大学生的就业观念还是相对保守，存在求稳怕变的心态，表现出较为强烈的体制内单位偏好倾向，愿意扎根基层的人群占比整体较小。有位长期从事学校就业工作的老师提出"这些孩子很喜欢考公务员，认为在学校里面或者是政府机关里面就是工作，到其他单位就是打工"。此外，该群体的就业保守观念还体现为热衷于选择离家近的工作单位。这一方面与建档立卡贫困大学生极强的家庭责任感有关，选择在离家近的单位就业，方便照顾家人；另一方面，

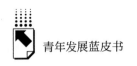
也与家庭支持力度不足有关。长期的家庭贫困，使得建档立卡贫困大学生及其父母在就业问题上观念更新较慢，这严重制约了该群体高质量就业的实现。

（三）就业政策感知度低，政策获得感普遍不强

从调研情况看，在校大学生对于国家和地方的就业政策了解不够。数据显示，34.96%的大学生对高校所在地和家乡所在地的就业政策"很不了解"和"不太了解"；42.27%的人"一般"了解；只有22.76%的人"非常了解"和"比较了解"。这就需要政府相关部门、高校和社会组织帮助大学生更多地知晓就业政策。对国家相关部门为大学生提供的就业创业服务项目，总体上说，在校大学生也是了解不够的。其中，了解比例最高的是"大学生志愿服务西部计划"，为53.72%。对其他各项目的了解比例都不到一半，尤其是对于专门服务贫困大学生的"困难家庭毕业生就业援助"计划的了解比例只有32.08%，不到1/3。而在创业政策的了解程度上，25.90%的建档立卡贫困在校大学生对服务项目表示"都不了解"。对于返乡就业创业的政策，无论是在校大学生，还是大学毕业生，总体上都了解不多。其中，在校大学生对于返乡就业创业相关政策了解最多的也不到1/4，有43.73%的人全"不了解"。对于返乡就业创业所能获得的政策支持，51.5%的大学毕业生被访者表示完全不了解此类政策；仅有20%左右的被访者表示对"设立创业扶持基金"和"技能培训和创业培训"等方面的返乡创业就业政策有一些了解。

（四）就业指导形式略显单一，就业服务欠缺精准

从本次调研来看，大多数高校创业教育是针对全体大学生，并未针对建档立卡贫困大学生的个性特点和家庭现状来建立相应的创业教育模式，这在一定程度上弱化了建档立卡贫困大学生创业教育的效果。另外，高校对创业教育的认识还存在理念偏差，没有确立创业教育的目标。在课程设置上，大多数学校的创业教育课程仅仅是选修课或是讲座形式，开课时间或是大一刚

入学，或是临近毕业，没有把创业意识和创业精神贯穿于整个教育教学的实践之中，这使高校中的创新创业课呈现走过场式、应急式、碎片化的特点。

六 深化建档立卡贫困人口中大学生就业工作的对策建议

（一）优化建档立卡贫困人口中大学生就业的社会环境

建档立卡贫困人口中大学生的就业问题，与全体大学生的就业问题和全社会的就业问题都直接相关。就业问题，本质上是一个经济问题。解决大学生就业难的问题，根本上有赖于经济持续发展和就业岗位的持续供给。实现充分就业是政府公共管理和社会服务的重要内容。因此，解决建档立卡贫困人口中大学生的就业问题，政府居于核心位置，应发挥主导作用，着力完善就业市场和就业服务，消除市场竞争的障碍。从调查情况看，在受访的在校生中，近60%的人认为是存在就业歧视的，认为不存在的只占12.67%。在被问及受歧视的方面时，选择最多的是学历歧视，占比为86.55%；其次是学校歧视，占比为61.36%；再次是相貌、身高、户口歧视等。针对就业歧视，政府要充当建档立卡贫困人口中大学生就业的协调者和保障者，进一步规范就业市场，对劳动力供给主体、需求主体及劳动力市场进行宏观调控，使这些大学生享有公平的就业环境、不被排斥在主流就业市场之外。

（二）加强对建档立卡贫困人口中大学生就业的政策支持

政府帮助建档立卡贫困人口中大学生就业，基本的手段是政策调控，用就业政策解决就业问题。因此，要不断加强对建档立卡贫困人口中大学生就业的政策支持。首先，要帮助建档立卡贫困人口中大学生了解和掌握就业政策，建议政府、学校、企业、共青团、人力资源等与大学生就业相关的部门，要加大体制机制创新力度，善于利用官方媒体、自媒体、新媒体等途径经常发声，利用微信公众号、微博、短视频、现场活动等年轻人接纳的政策

宣传工具，提高大学生对就业创业政策与项目的知晓度和理解度，激发大学生的就业热情与创业信心。

要出台新的促进建档立卡贫困人口中大学生就业的公共政策。建档立卡贫困人口中大学生属于特殊的大学生群体，有着特别的就业需求。除了一般性的就业政策和大学生就业政策之外，政府还应针对这部分大学生就业，制定新的特殊的就业政策。一是采用政府购买服务的方式，面向一些急需大学毕业生的边远地区和基层单位，为建档立卡贫困人口中大学生提供专门的就业岗位，或者优先让这些大学生应聘。这种就业岗位可以有一定的时限，比如2~3年。在规定的时限内，没有找到工作的建档立卡贫困人口中大学生都能够从事这种公益岗位工作。二是制定建档立卡贫困人口中大学生就业的财税补偿机制，对于录用符合条件的这些大学生的用人单位，给予一定的财政经费补偿或税收减免。三是政府鼓励和协调企业与高校合作，在高校举办定向班，为企业开展订单式培养工作。建档立卡贫困人口中大学生可优先进入定向班，毕业后进入定向企业就业。学校要主动与企业合作，实行订单式培养，学校、企业、学生签订合同，把企业对大学毕业生的需要与这些大学生的就业需要相对接，使这些大学生在入学阶段就已经确定未来就业单位，从而解决了找工作的后顾之忧。四是设立建档立卡贫困人口中大学生就业实习岗，为这些大学生提供免费的技能培训，增强他们的就业能力。五是制定建档立卡贫困人口中大学生就业的生活补贴政策，给予这些大学生适当的求职补贴，给予三年内未能就业的这部分大学生适当的生活补贴。这样可以缓解这些大学毕业生的生活压力，为他们找工作创造缓冲条件。

（三）提升建档立卡贫困人口中大学生的就业素质

外因是事物发展的条件，内因是事物发展的根据，对于大学生就业发展而言也是如此。就业机会是给有准备的人，建档立卡贫困人口中大学生要做有准备的人。只有努力提升自身的就业素质，才能找到更好的工作。从调研情况看，大学生在就业方面准备得充分，对促进就业、提高录用率起着至关重要的作用。

一是培育积极的就业心理。与普通大学生相比，建档立卡贫困人口中大学生由于家庭经济状况不佳，客观上容易产生消极的心理。"从贫困生的自我认知角度看，因出生在低收入的弱势家庭，相当多的贫困生会产生自卑心理，个别的会产生畸形心理。自卑心理表现在就业方面，就是对自己的竞争力缺乏底气"。[1] 这些大学生要克服家庭经济贫困给自身心理带来的负面影响，多涵养自身的积极心理。社会上有歧视贫穷的人，但毕竟是极少数。而且，要看到自身在贫穷的家庭条件下，仍能不甘落后，顽强奋斗考进大学的大学生具有比家庭经济条件好的同学更强的吃苦耐劳精神和积极进取精神。每一个建档立卡贫困人口中大学生都要努力去除自卑心理，减轻焦虑心态，消除源于经济压力大、家庭经济地位低的心理困扰。英雄不问出身，自己勤奋学习、努力成才，命运是可以改变的。要积极调整自己的心态，自立自强，不怨天尤人，轻松学习，愉快生活。

二是树立务实的就业观念。从调查情况看，部分建档立卡贫困人口中大学生就业期望过高，就业定位不准确，不同程度存在对就业地区、就业单位、薪资、工作环境等过于理想化的问题。大部分建档立卡贫困人口中大学生想去东部地区就业，想在城市就业，最好是在大城市包括省会城市工作。近60%的大学生想去国有企事业单位工作。这些大学生期望的薪资在4800元左右，可接受的最低薪资标准为3300元左右。这些想法都是正常的，也是合理的，但刚毕业时不应以此为限，还是要以先找到一份工作为优先考虑。不可否认，一些大学生因为择业标准脱离实际、期望过高，因而难以找到工作。有的大学生在择业中过分看重工作地点、薪资报酬、工作条件，忽视自身的职业兴趣、知识结构、能力水平和发展前景。"对发展前景好，但风险大的岗位，或者岗位不稳定的，都不愿意去尝试。因而，他们的选择必然受限，录用率自然会低于其他大学生"。[2] 面对高等教

---

[1] 周梅、刘彤：《关于扶助贫困大学生就业的探析》，《西南民族大学学报》（人文社会科学版）2012 年第 S2 期。

[2] 周梅、刘彤：《关于扶助贫困大学生就业的探析》，《西南民族大学学报》（人文社会科学版）2012 年第 S2 期。

育的普及化和激烈的大学生就业竞争形势，建档立卡贫困人口中大学生对自身就业不宜抱有不切实际的想法，而应持有合理的期望值，以务实的择业理念来做出职业选择。正确的观念是，既不能急于求成、不加挑选，也不要过于理想、脱离实际，还不能求稳怕变。要认识到就业发展不是一劳永逸的，就业是动态的，关键是自己要处于主动，更好地适应用人单位的需求。

三是打造过硬的就业能力。随着市场机制的完善和社会文明的进步，过去那种靠社会背景就业的状况正在逐渐变少。面对一定的就业岗位，谁的就业能力更强，就更容易得到就业机会。对于建档立卡贫困人口中大学生来说，天然缺乏家庭支持，与其抱怨社会不公，不如增强自身就业能力，靠实力竞争。就业的竞争是大学生综合素质的竞争，较高水平的知识、技能、综合素质才是立于不败之地的基础。因此，建档立卡贫困人口中大学生应该把知识的学习和能力的培养放在重要位置。学业成绩是衡量大学生素质的基本指标。大学生要好好读书，认真思考，努力提高学习成绩。这是就业能力的基础。当然，学科知识不是就业能力的全部。英国就业能力研究权威曼兹·约克（Mantz. Yorke）和彼得·奈特（Peter. knight）认为，雇主视大学毕业生的专业知识水平为聘用的必要条件但并非充分条件。在某些招聘状况下，学科知识甚至不是很重要。学生具有超越学科边界的知识（如拥有某些软技能）通常被认为是聘用高校毕业生的重要因素。从调查情况看，非学科知识在大学生就业中的作用日益凸显。用人单位在人员招聘时，对大学生综合素质的要求较高，越来越重视大学生的实习经历、性格气质、人际关系、语言表达、组织管理和特长才艺等方面的能力。建档立卡贫困人口中大学生受来自农村偏远地区和生活条件、教育条件差的局限，在有的用人单位较看重的外语口语、计算机应用、文体特长等方面存在相对劣势，部分建档立卡贫困人口中大学生性格内向，与人沟通较少，语言表达能力、组织协调能力及自我展示能力都较差。在这种情况下，建档立卡贫困人口中大学生尤其要积极参与相关的职业技能培训，获得一定的职业技能。同时，还要更加积极、更加经常地参加学校的相关社团活动，锻炼自己的社会活动能力，包括与别人友好相处、密切合作的能力和文艺特长。

（四）做好建档立卡贫困人口中大学生就业的具体服务

关于服务于建档立卡贫困人口中大学生就业，最直接的是职业生涯规划、就业技能、就业信息、就业招聘会、创新大赛、创业支持等具体的服务工作。从调查情况看，这些具体的服务工作涉及多个部门，但对这些大学生就业的帮助都有限，因而需要进一步加强改进。大学毕业生认为"帮助很大"和"要加强方面"的前三项都是"就业信息提供"、"技能培训"和"大型招聘会"。可见，对于大学生就业，最管用的是帮助他们获得就业信息和提高就业技能。因此，高校要着力做好这方面的服务工作，同时针对建档立卡贫困人口中大学生的特殊性，提供更加精准的服务。

一是把建档立卡贫困人口中大学生作为重点关注对象，关注他们的学业，引导他们勤奋学习、发奋成才；另外要针对这些大学生容易出现的心理问题，给予及时的关注，帮助他们积极参加集体活动。高校党团组织、学生组织要开展面向这些学生的送温暖活动，激发他们对生活、对学习、对未来的信心和热情。

二是要针对建档立卡贫困人口中大学生就业进行个性化的指导，建立大学生见习、实习基地，帮助建档立卡贫困人口中大学生获得岗位锻炼经历、提高其职业技能和社会实践能力，增强其就业竞争力。高校应专门针对这些大学生进行就业信息收集和发布。

三是要加强对建档立卡贫困人口中大学生就业的日程管理。从调查情况看，目前很多高校没有建立建档立卡贫困人口中大学生的信息库，缺少相关信息的及时更新和有序衔接，因而很难对这些大学生进行更加精准的帮扶。由于没有与各地政府的建档立卡贫困家庭信息库进行对接，很多高校对建档立卡贫困人口中大学生的认定，还只是看他们提供的证明材料。一些学校相关部门之间在建档立卡贫困人口中大学生信息对接上有出入，特别是高校学生资助管理中心、学生就业指导中心、学生工作处、团委等部门之间的信息

收集与统计不一致。高校对建档立卡贫困人口中大学生信息的细化不够，缺少对贫困类型、贫困等级、需求情况、帮扶情况等方面的细致统计和信息更新。在后续工作中，各地高校应更加重视建档立卡贫困人口中大学生信息库的建立和完善工作，将信息库建立和更新工作作为第一步。可积极对接地方政府建档立卡贫困家庭信息库；加强对建档立卡贫困人口中大学生的材料收集和贫困状况核定；建立统一的信息系统，供学校相关部门和下级院系开展工作之用，从建档立卡贫困人口中大学生的贫困类型、贫困等级、生活状况、需求情况和帮扶情况等方面，及时更新并完善信息库的内容，把信息库建设作为学校教育扶贫工作的重要考核内容。

四是要帮助建档立卡贫困人口中大学生做好职业生涯规划。从调查情况看，在就业准备方面，许多大学毕业生表示，职业生涯规划是非常重要或者比较重要的。但是，参加过相关培训、有清晰的职业发展规划的是少数，大多数处于有规划但是无明确方向及实施步骤的阶段。这就需要高校帮助这些大学生制定和实施职业生涯规划。

参考文献

周梅、刘彤：《关于扶助贫困大学生就业的探析》，《西南民族大学学报》（人文社会科学版）2012 年第 S2 期。

姚俊：《贫困大学生：城市就业中的新弱势群体》，《辽宁教育研究》2006 年第 10 期。

陈德明、张革华：《关注贫困大学生就业　构建学校支持体系》，《前沿》2004 年第 10 期。

欧阳增铜：《贫困大学生渴望就业公平》，《中国大学生就业》2008 年第 2 期。

梁丹、张人崧：《就业公平视角下贫困大学生就业扶助新机制的构建研究》，《电大理工》2016 年第 3 期。

调查篇

Investigation Reports

建档立卡贫困人口中在校大学生就业倾向调查报告

孙宏艳　孙锦露*

摘　要： 通过对建档立卡大学生就业观念、就业愿望、就业外部支持
条件、创业意愿、创业需求、职业生涯规划教育等方面进行
调查与数据分析发现，大学生就业选择特别看重发展前景和
兴趣爱好，偏好认为资金与能力是创业的重要条件。大学生
就业首选省会城市和事业单位，愿意到乡镇或农村的比例最
低。六成多大学生希望合伙创业，近半数大学生希望获得创
业资金扶持。有明确返乡创业意愿和目标的大学生均不足一

* 孙宏艳，中国青少年研究中心少年儿童研究所所长，研究员，主要从事青少年社会性发展、
青少年思想教育及家庭教育研究；孙锦露，北京航空航天大学积极心理体验中心教师，北京
航空航天大学卓越思政博士后，中国人民公安大学法学博士，主要研究领域为校园欺凌和青
少年心理问题。

成，想到外面闯荡是大学生不愿回乡创业的首要原因。近九成大学生认为就业形势严峻，逾七成大学生认为找到满意工作难度大。当前存在着对到基层就业态度不够积极、缺乏较强的创业意愿和清晰的职业规划、政策知晓度和受益率低，多数学校对大学生的就业创业指导工作形式单一等问题。研究建议，应构建大学生基层就业的长效引导机制，推进和完善大学生创新创业生态体系建设，提升大学生职业生涯规划教育的专业性，大力宣传与普及就业创业政策与服务，建立集教育、管理、指导、服务于一体的学校就业指导体系。

关键词： 建档立卡　大学生　就业意愿　职业生涯

一　就业观念与就业愿望

大学生的就业观念与就业愿望，对大学生的就业行为与能力有着根本性的影响。积极的观念和愿望是大学生积极就业的内在精神动因，是实现大学生充分就业的核心驱动力，也是大学生就业结果获得优化的原动力。党的十九大报告指出，"要坚持就业优先战略和积极就业政策，实现更高质量和更充分的就业"，[①] 了解贫困大学生的就业观念和愿望，有利于贫困大学生更好地构建自我就业目标，有利于精准地引领贫困大学生采取有效的就业行动，也有利于帮助大学生选择更适合自身情况的就业路径。

就业观念与就业愿望，包括就业时的优先考虑因素、对就业地域的想法以及收入待遇等方面的期望等。

---

① 习近平：《决胜全面建成小康社会　夺取新时代中国特色社会主义伟大胜利——在中国共产党第十九次全国代表大会上的报告》，http: //cpc. people. com. cn/n1/2017/1028/c64094 - 29613660. html。

（一）就业优先考虑因素

就业时优先考虑的因素体现了大学生的就业价值观，也影响大学生对就业的态度以及他们的就业选择。本次研究中将就业优先考虑因素分为两部分，即择业时看中的因素与创业最重要的条件。

1. 发展前景、兴趣爱好是大学生就业特别看重的要素

了解大学生择业看重哪些方面的因素，有利于我们给予大学生更精准的帮助与支持。调查发现，在读大学生就业最看重的因素前两项分别为发展前景好、符合自己的兴趣爱好，比例分别为 57.85%、57.1%，均接近六成（见图 1）。此外，工作稳定、福利待遇好也是大学生就业时比较在意的条件，占比分别是 52.44%、50.76%，均超过半数。

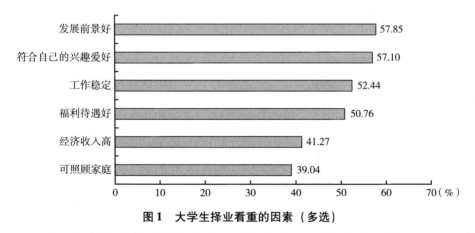

图 1　大学生择业看重的因素（多选）

注：本文数据，如无特殊说明，皆基于"建档立卡贫困人口中大学生就业发展研究"课题组对 3933 名在校大学生的调查。

群体比较发现，受教育程度对学生的择业影响显著。数据显示，高职学生更看重工作稳定，占比比本科生高 8.1 个百分点，比研究生高 28.5 个百分点。此外，高职生还更看重专业对口、工作单位声誉好等因素。其中，选择专业对口的占比比本科生高近 3 个百分点，比研究生高 15.2 个百分点。考虑单位声誉的高职高专生比本科生高 2.4 个百分点，比研究生高 6 个百分点（见表 1）；而随着学历升高，本科生更看重单位的发展前景好、符合自

己的兴趣爱好、利于施展个人才干、对社会的贡献大等因素。其中，差异最大的是符合自己的兴趣爱好一项，本科生比研究生高 16.1 个百分点，比高职高专学生高 8.4 个百分点。其次是发展前景好这一因素，本科生比研究生和高职高专学生分别高 11.4 个、2.2 个百分点；和高职高专学生、本科生相比，研究生更看重在大城市工作、福利待遇好、经济收入高以及单位的规模等因素。其中，研究生最看重的是能在大城市工作，比本科生高 13.1 个百分点，比高职高专学生高 12.9 个百分点；其次研究生更看重福利待遇好，比本科生、高职高专学生分别高 11.3 个、12.8 个百分点。另外，工作舒适、工作单位规模大、能解决户口等是研究生更看重的因素。

表 1　不同教育水平的大学生择业看重的因素比较（多选）

单位：%

选项	高职高专生	本科生	研究生
发展前景好	56.4	58.6	47.2
符合自己的兴趣爱好	51.1	59.5	43.4
工作稳定	58.7	50.6	30.2
福利待遇好	49.5	51.0	62.3
经济收入高	39.5	41.9	43.4
可照顾家庭	38.9	39.4	22.6
利于施展个人才干	28.9	36.1	32.1
对社会的贡献大	27.3	30.5	26.4
工作自由	28.3	27.4	20.8
专业对口	28.4	25.5	13.2
工作舒适	27.6	25.4	30.2
工作单位声誉好	19.2	16.8	13.2
工作单位规模大	15.9	15.2	22.6
在大城市工作	15.4	15.2	28.3
能获得权力和社会资源	14.3	14.5	11.3
能够解决户口	2.4	5.1	5.7
其他	0.2	0.1	1.9

　　2. 资金与能力是大学生认为创业特别重要的条件

　　如图 2 所示，大学生认为创业最重要的条件是资金，比例超过七成（73.3%），其次是能力，比例也超过了半数（54.3%）。另外，相关知识和技术、经验、政策支持在大学生看来也很重要，比例分别为 35.49%、35.16%、34.54%，均超过三成。

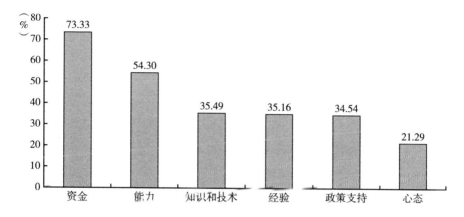

图 2　大学生认为特别重要的创业条件（多选）

教育水平不同，大学生所看重的条件略有差异。表 2 数据显示，研究生更看重资金和政策支持。看重资金的比例（81.1%）分别比高职高专和本科学生高 8.2 个和 7.8 个百分点。看重政策支持的比例（39.6%）也分别比上述两类群体高 6.2 个和 4.8 个百分点；本科生更看重能力，比例比高职高专学生和研究生分别高出 9.7 个、11.7 个百分点。本科生认为人才对于创业也更重要，比例比上述两类群体分别高出 2.5 个和 7.5 个百分点；高职高专学生认为经验对于创业更重要，比本科生、研究生分别高出 4.8 个、14.3 个百分点。其次是相关知识和技术，比本科生、研究生分别高 1.6 个、10.4 个百分点。另外，心态、家庭朋友支持也是高职高专学生更看重的创业条件。

表 2　不同教育水平的大学生认为创业重要的条件（多选）

单位：%

选项	高职高专生	本科生	研究生
资金	72.9	73.3	81.1
能力	47.3	57.0	45.3
相关知识和技术	36.8	35.2	26.4
经验	38.8	34.0	24.5

续表

选项	高职高专生	本科生	研究生
政策支持	33.4	34.8	39.6
心态	22.0	21.2	13.2
人才	12.5	15.0	7.5
家庭、朋友支持	15.7	12.4	15.1
周围的创业氛围	1.9	1.5	0.0
其他	0.1	0.0	0.0

（二）就业期望

要破解大学生的就业难题，还需要了解大学生对就业前景的期望。例如，他们对毕业后工作去向的选择以及影响大学生就业的因素等，这样才有利于对贫困大学生实施精准扶贫，为学生提供精准的服务信息与措施。本部分关于贫困大学生就业期望主要由毕业后想去的工作地区、城市级别、是否返乡工作等就业相关因素组成。

1. 三成多大学生毕业后最想去东部地区工作

图3显示，从工作地区来看，在校大学生毕业后最青睐的工作去向是东部地区，比例超过三成（34.96%），其次是西部地区（28.02%），比例接近三成。数据可见，东部地区对大学生未来就业依然有着较强的吸引力，居大学生毕业去向的首位。但是数据也显示，西部地区对大学生的吸引力也较大，超过了中部地区和东北地区，位居第二。

不同教育阶段的学生对毕业后想去地区的选择倾向存在显著差异。比较而言，研究生（13.2%）与本科生、高职高专学生差异最大的是到东北地区去工作，比例分别高出高职高专生、本科生10.4个、11.3个百分点（见表3）。其次，研究生希望到中部工作的比例也比高职高专和本科生高8.6个和3.4个百分点。当然大多数研究生对工作地的期望集中在东部地区（39.6%），比高职高专学生和本科生均高4.7个百分点；本科生想到西部工作的比例高出高职高专和研究生1.1个和17.2个百分点；高职高专学生表示没有特别偏好的比例最高，比本科生和研究生分别高5.4个和7.8个百分点。

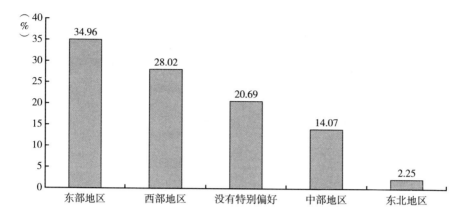

图3 大学生毕业后最想去工作的地区（单选）

表3 不同教育阶段学生毕业后最想去工作的地区比较（单选）

单位：%

偏好地区	高职高专生	本科生	研究生
东部地区	34.9	34.9	39.6
西部地区	27.4	28.5	11.3
中部地区	10.2	15.4	18.8
东北地区	2.8	1.9	13.2
没有特别偏好	24.7	19.3	16.9

2. 省会城市成为大学生毕业后就业首选城市，愿意到乡镇或农村的比例最低

从城市级别来看，大学生毕业后最想去省会城市工作（38.17%），比例接近四成。其次是没有特别偏好（21.91%）。北上广深对大学生的吸引力已经不及省会城市，选择毕业后到北上广深的比例不足两成（17.0%）。毕业后想到县城去工作的大学生比例不足一成（9.57%），表示愿意到乡镇或农村去工作的大学生最少，比例不足2%（见图4）。

从大学生回乡工作选择来看，大部分学生愿意毕业后回到家乡贡献智慧。其中，超过四成选择回到家乡所在的省会城市，约两成（21.96%）愿意回到家乡所在的市（州、区）工作（见图5）。这两项位居大学生回乡工作意愿的前两位。这说明，大学生回乡工作更希望能落脚在本省的大型城市。

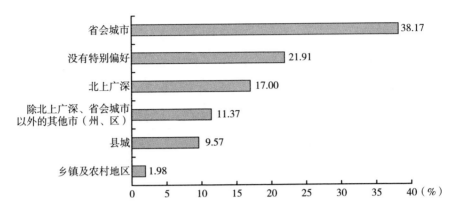

图4　毕业后最想去工作的城市（单选）

数据还显示，多数学生并不愿意回到家乡的县里工作。其中，愿意回到家乡所在省的其他市、县或者家乡所在市其他县的学生分别占比9.27%、8.69%以及7.16%。可见，在回乡工作大学生中，省会城市、所在市级行政单位成为重要选择，这与大城市工作岗位多、工作单位规模大、发展前景好等就业选择倾向相匹配。另外，也有约一成的大学生会选择离开家乡到其他省份（11.92%）去工作。这也说明愿意离开熟悉的生活环境、成长环境的大学生比例并不高。

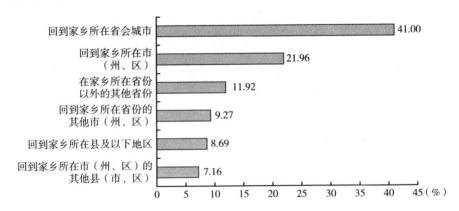

图5　大学生毕业后愿意回到家乡工作的比例（单选）

对不同教育水平的大学生进行比较发现，研究生选择回到家乡所在省会城市工作的意愿最高（62.3%），比平均数高出 21.3 个百分点，比高职高专和本科学生分别高 27.4 个、19.5 个百分点。而高职高专学生回到家乡所在市工作的意愿最高（23.7%），比本科生和研究生高 2.3 个、8.6 个百分点（见表4）。

表4　不同教育水平的学生毕业后愿意回家乡工作的比例（单选）

单位：%

选项	高职高专生	本科生	研究生
回到家乡所在省会城市	34.9	42.8	62.3
回到家乡所在市(州、区)	23.7	21.4	15.1
在家乡所在省份以外的其他省份	11.2	12.3	7.5
回到家乡所在省的其他市(州、区)	10.6	8.8	7.5
回到家乡所在县及以下地区	9.9	8.3	3.7
回到家乡所在市(州、区)的其他县(市、区)	9.6	6.3	3.7

3. 大学生毕业后想到事业单位工作的比例最高

图6的数据显示，有超过三成（31.4%）的大学生选择毕业后到事业单位去工作，在各选项中占比最高。国有企业排在第二位（27.7%），也接近三成。可见，多数学生希望毕业后能在企事业单位工作，这两种类型成为大学生就业单位类型选择的主体，二者合计近六成。党政机关虽然排在第三位，但是比例仅有一成多（12.2%）。而自主创业（7.6%）、外资企业（6.3%）、私营企业（6.1%）、集体企业（3.7%）等企业类型均占10%以下。可见，大学生的就业选择仍然以稳定型、保障型为主，但是党政机关已经不再受到大学生的特别青睐。

男女生在工作单位类型的选择上存在较大差异。从表5数据可见，男生在单位类型的选择上排名前四位的分别是国有企业、事业单位、党政机关、自主创业，分别占33.3%、17.8%、14.9%、11.1%；女生排名前四位的单位类型是事业单位、国有企业、党政机关、外资企业，分别占比43.0%、22.9%、9.8%、7.6%。其中差异最大的是女生选择到事业单位的比例比男生

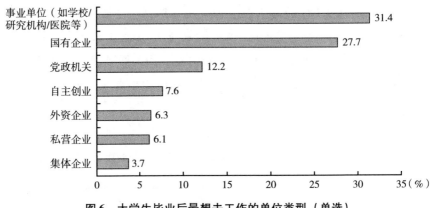

图 6　大学生毕业后最想去工作的单位类型（单选）

高 25.2 个百分点，男生希望到国企工作的比例高出女生 10.4 个百分点。由此可见，男生更倾向于到国有企业去工作，女生更倾向于在事业单位工作。

表 5　男女大学生毕业后最想去工作的单位类型比较（单选）

单位：%

单位类型　　　性　　别	男	女
党政机关	14.9	9.8
事业单位	17.8	43.0
国有企业	33.3	22.9
自主创业	11.1	4.6
外资企业	4.7	7.6
私营企业	8.0	4.6
集体企业	5.1	2.4
群团组织	1.6	1.9
军队	2.0	1.4
其他	1.5	1.8

比较不同教育水平的学生发现，研究生更倾向于到党政机关（16.9%）和事业单位（37.7%）去工作，高职高专学生更倾向于到国有企业去工作，比例高出本科生和研究生 6～14 个百分点；此外，高职高专学生更倾向于自主创业（10.0%），比例比本科生（6.9%）和研究生（1.8%）分别高 3.1 个和 8.2 个百分点（见表 6）。

表6　不同教育水平的大学生毕业后最想去工作的单位类型比较（单选）

单位：%

单位类型＼教育水平	高职高专生	本科生	研究生
党政机关	13.0	11.8	16.9
事业单位	26.3	33.1	37.7
国有企业	32.3	26.2	18.8
自主创业	10.0	6.9	1.8
外资企业	3.9	7.1	7.5
私营企业	4.6	6.7	7.5
集体企业	4.1	3.5	1.8
群团组织	2.2	1.6	1.8
军队	2.1	1.5	3.7
其他	1.6	1.7	1.8

4. 六成大学生愿意到县级及以下基层地区工作

对于毕业后到县级及以下基层工作的意愿进行调查发现，19.6%的大学生表示非常愿意，41.4%的大学生表示比较愿意，二者合计达到61.0%（见图7）。可见有超过六成大学生愿意到县级及以下基层去工作。此外，还有三成（32.7%）大学生表示"一般"，只有不到一成（6.2%）的大学生表示"不太愿意"和"很不愿意"。

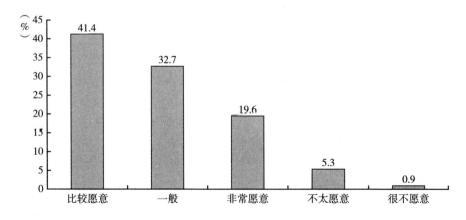

图7　大学生愿意到县级及以下基层工作的比例（单选）

不同教育水平的学生对到基层工作意向有较大差异。表7显示，研究生不愿意到基层工作的比例最高，表示很不愿意的比例占到近一成（9.4%），比高职高专学生和本科学生均高8个多百分点。而高职高专的学生愿意到基层工作的比例最高，表示非常愿意、比较愿意的比例合计66.0%，其次是本科生（59.4%）、研究生（52.9%）。

表7　大学生愿意到县级及以下基层工作的比例（单选）

单位：%

选项	高职高专生	本科生	研究生
非常愿意	24.4	17.9	18.9
比较愿意	41.6	41.5	34.0
一般	30.2	33.6	37.7
不太愿意	3.1	6.2	0.0
很不愿意	0.7	0.8	9.4

（三）创业意愿

自主创业是大学生就业选择的一种方式，可以缓解社会转型进程中的大学生就业压力问题。近年来，国家一直积极支持大学生的创新创业，倡导以创业带动就业，也为大学生提供了很多创业方面的优惠政策和创业项目、活动，使大学生能抓住创业机遇、迎接创业挑战。大学生创业不仅要有创业意愿和创业能力，还需要有一定的创业条件与社会支持。本部分主要分析大学生的创业意愿、创业形式、创业原因等创业相关问题。

1. 有过创业想法并做了准备的大学生不足一成

如图8所示，偶尔想过创业但没认真准备的大学生占六成多（66.0%），还有两成多大学生（24.6%）从未考虑过创业。真正有创业想法且做好创业准备的学生不足一成（8.5%）。这说明多数大学生对创业是没有准备的。在访谈中也发现，绝大多数学生被问到创业意愿时也说"没想过"。仅有0.9%的大学生开始了创业尝试。

比较发现，大学生的创业意愿存在显著的性别差异，男生的创业意愿比

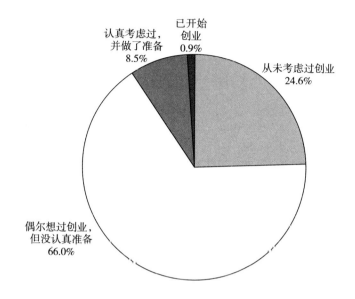

图8　大学生的创业意愿（单选）

女生更强烈。表8显示，从未考虑过创业的女生比例比男生高9.2个百分点；而认真考虑过并做了创业准备的男生比例比女生高5.5个百分点。

表8　大学生创业意愿的性别比较（单选）

单位：%

选项	男	女
偶尔想过创业,但没认真准备	67.8	64.4
从未考虑过创业	19.7	28.9
认真考虑过,并做了准备	11.5	6.0
已经开始创业	1.0	0.7

　　表9对不同教育水平进行比较，从中可见，研究生中从未考虑过创业（34.0%）的人占比远高于平均水平（24.6%），但认真考虑过并做了准备的比例（13.2%）也是平均水平（8.5%）的约1.5倍，说明他们如果考虑过创业就会为之做好充分的准备。另外，高职高专生开始创业的比例略高于其他两个群体。

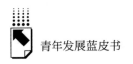

表9 不同教育水平的大学生创业意愿比较（单选）

单位：%

创业意愿 教育水平	高职高专生	本科生	研究生
偶尔想过创业，但没认真准备	68.8	65.2	52.8
从未考虑过创业	18.9	26.6	34.0
认真考虑过，并做了准备	11.0	7.5	13.2
已经开始创业	1.3	0.7	0.0

2. 六成多大学生倾向于合伙创业

大学生的创业形式多种多样，了解大学生喜欢的创业形式，有利于为大学生创造更好的创业项目与环境。图9考察大学生"如果创业，你的创业形式是什么"，发现大学生更倾向于合伙创业（63.78%），该比例高居各种方式的榜首。其次为个人创业（20.51%）、家庭创业（4.42%）。另外，也有约一成的人表示没想好具体的创业形式（11.13%）。

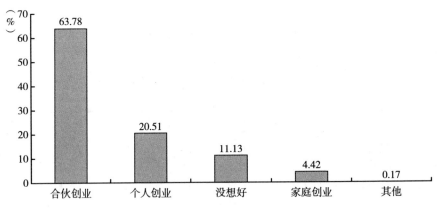

图9 大学生最期待的创业形式为合伙创业（单选）

不同教育水平的学生在创业形式上存在一定差异。如表10所示，高职高专的学生选择合伙创业（59.4%）的比例最低，低于本科（65.5%）和研究生（65.7%）约6个百分点。这说明高职高专生对于合伙创业的热情较低。而在家庭创业方面，研究生的占比（2.8%）远低于高职高专生（5.0%）和本科生（4.2%）。

表10　大学生期待的创业形式为合伙创业（单选）

单位：%

选项	高职高专生	本科生	研究生
合伙创业	59.4	65.5	65.7
家庭创业	5.0	4.2	2.8
个人创业	24.2	18.9	25.7
没想好	11.1	11.2	5.7
其他	0.2	0.1	0.0

3. 大学生希望创业资金来源于政府资金支持和银行贷款

创业需要一定的资金支持。除了来自政府的一些资金支持外，大学生还需要通过银行贷款等渠道去筹借资金。哪些资金渠道大学生更愿意接纳呢？从图10可见，大学生对于创业资金更倾向于政府资金支持（60.2%）与银行贷款（55.9%），二者均占比半数以上。其次为自有资金（46.0%）与亲朋好友资助（25.0%）。

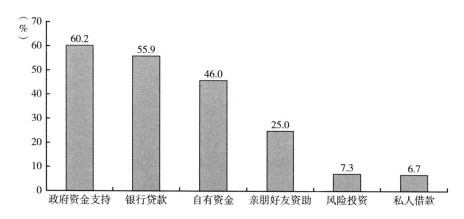

图10　大学生希望创业资金的来源（多选）

如表11所示，对不同教育水平的学生进行比较后发现，高职高专学生对亲朋好友资助的选择比例更高，比本科生和研究生分别高2.5个、3.9个百分点；本科生则对银行贷款、自有资金、风险投资、私人借款等各种方式的倾向程度更高，也表明本科生对于资金来源的态度更加大胆与开放；从表

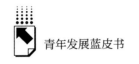

11 中还可以看出，研究生选择政府资金支持的比例明显低于高职高专学生和本科生，相差 10 多个百分点。对自有资金的选择比例也比另外两类群体低约 6 个百分点。而对银行贷款的选择比例则较高（57.1%）。这说明研究生更希望通过银行借贷的形式解决创业资金问题。

表 11　不同教育水平的大学生希望创业资金的来源比较（多选）

单位：%

资金来源	高职高专生	本科生	研究生
银行贷款	51.9	57.5	57.1
自有资金	45.8	46.2	40.0
亲朋好友资助	26.8	24.3	22.9
风险投资	4.6	8.4	5.7
政府资金支持	59.1	60.8	48.6
私人借款	5.0	7.5	2.9
其他	0.8	0.2	0.0

4. 逾七成大学生选择创业的首要原因是实现个人理想

图 11 显示了大学生选择创业的主要原因，从中可见，个人的理想高居首位（76.9%），其次为展示自我价值和才能（61.7%）、有好的创业项目（48.8%）。另外，家庭或社会关系的影响、未找到合适工作、受其他创业活动影响分别占比 24.5% 和 15.0%、15.0%。由此可见，许多大学生希望通过创业实现个人理想与自我价值。

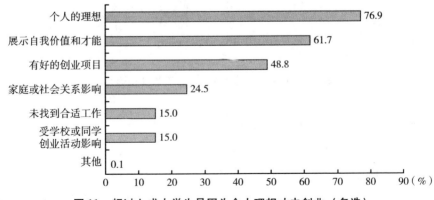

图 11　超过七成大学生是因为个人理想才去创业（多选）

比较不同受教育水平的学生后发现，高职高专学生为了实现个人理想选择创业的比例最高，比本科生、研究生高 1~5 个百分点；研究生因为有好的项目选择创业的比例最高，比高职高专生、本科生高 3~7 个百分点，而因未找到合适工作、受他人影响而选择创业的比例最低。尤其是未找到合适工作一项，比本科生低 8.1 个百分点，比高职高专生低 6.4 个百分点（见表12）；而本科生因他人影响或找不到合适工作而选择创业的比例最高，这也说明了本科生在创业时更易受现实需求及他人影响。

表12　不同教育水平的大学生创业原因比较（多选）

单位：%

选项	高职高专生	本科生	研究生
个人的理想	77.9	76.7	73.6
展示自我价值和才能	60.4	62.4	49.1
有好的创业项目	45.9	49.8	52.8
家庭或社会关系影响	23.2	25.0	22.6
未找到合适工作	13.9	15.6	7.5
受学校或同学创业活动影响	13.0	15.8	11.3
其他	0.1	0.1	0.0

5. 有明确返乡创业意愿和目标的大学生不足一成

调查发现，在返乡就业创业意愿方面，四成大学生表示现在还不能确定（41.75%），近三成大学生有过返乡创业就业的想法（27.25%）但并没有具体安排；一成多的大学生（14.75%）打算毕业后在外面工作几年再回去，仅有不到一成（8.74%）的大学生想返乡就业创业且目标十分清晰（见图12）。一位大学生说："我只考虑了就业，没考虑创业。创业需要太多的东西了，如钱、市场、资源等，市场方面已经没有什么优势了。"

从受教育程度来看，研究生的数据相对于高职高专生和本科生来说波动较大，呈两极化趋势。从表13可见，有想法且目标清晰的占比（13.2%）是高职高专生（8.8%）和本科生（8.6%）的约1.5倍，完全没有的占比

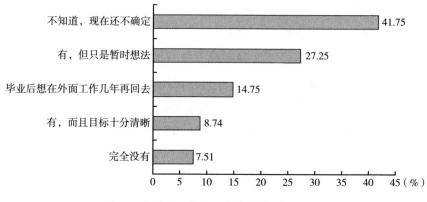

图12　大学生返乡就业创业的意愿（单选）

（11.3％）是高职高专生的约三倍，这说明研究生较迷茫，但有很强的执行力，有了目标就会全力以赴，而高职高专生尚未将"梦想照进现实"。

表13　不同教育水平的大学生返乡就业创业意愿比较（单选）

单位：%

就业创业意愿＼教育水平	高职高专生	本科生	研究生
不知道，现在还不确定	40.7	42.0	47.2
有，但只是暂时想法	29.3	26.6	20.8
毕业后想在外面工作几年再回去	16.2	14.3	7.5
有，而且目标十分清晰	8.8	8.6	13.2
完全没有	4.8	8.4	11.3

6. 想到外面闯荡是大学生不愿回乡创业的首要原因

对不打算返乡就业创业的大学生进行调查后发现，主要原因是想在外面闯一闯、不甘心待在家乡（37.3％），其次是家乡工资待遇低、就业创业回报率低（37.0％）和家乡发展落后、就业创业发展前途不大（37.0％），所学专业不适合就业创业（33.7％），以上四项原因均占三成以上（见图13）。另外，担心创业能力不足、家乡缺乏创业条件分别占比18.3％与17.3％，均接近两成。

如表14所示，比较不同教育水平的学生后发现，高职高专学生选择家乡

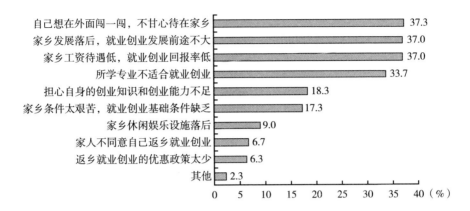

图13　大学生不愿意回乡创业的原因（多选）

发展落后、就业创业发展前途不大（43.1%）及家乡工资待遇低、就业创业回报率低（37.3%）这两项的比例均高于本科生和研究生。此外，担心自己能力不足、认为家乡条件艰苦缺乏创业基础、家人不同意的比例也高于本科生、研究生。可见，高职高专学生不愿意回乡就业创业的主要原因是担心家乡的环境、基础等不适宜创业；而本科生想在外面闯荡的比例比研究生、高职高专学生高5.4个、7.3个百分点，选择专业不合适创业的比例比研究生、高职高专生分别高18.3个、5.6个百分点。而研究生选择其他原因的比其他两类人比例高。

表14　不同教育水平大学生不愿意回乡创业的原因比较（多选）

单位：%

选项	高职高专生	本科生	研究生
自己想在外面闯一闯，不甘心待在家乡	31.4	38.7	33.3
家乡工资待遇低，就业创业回报率低	37.3	37.0	33.3
家乡发展落后，就业创业发展前途不大	43.1	35.8	33.3
所学专业不适合就业创业	29.4	35.0	16.7
担心自身的创业知识和创业能力不足	19.6	18.1	16.7
家乡条件太艰苦，就业创业基础条件缺乏	17.6	17.3	16.7
家乡休闲娱乐设施落后	5.9	9.9	0.0
家人不同意自己返乡就业创业	7.8	6.6	0.0
返乡就业创业的优惠政策太少	5.9	6.6	0.0
其他	2.0	2.1	16.7

7. 吸引大学生返乡就业创业的主要因素是照顾家庭和为家乡做贡献

调查发现，超过五成毕业生返乡就业创业主要原因在于照顾家庭与为家乡做贡献。数据显示，选择能够照顾家庭的比例为57.9%，选择希望为家乡发展做贡献的比例为53.2%，二者均占比半数以上（见图14）。可见，照顾家庭、为家乡做贡献是大学生返乡的主要因素。此外，因为喜欢在自己熟悉的环境中生活而选择回乡的大学生占比三成（31.4%），认为家乡可利用资源更多、家乡发展机遇多的比例均在两成以上，占比分别为24.8%、21.1%。而选择政策优惠多、生活成本低、就业压力小的比例均在一成多。这也说明多数大学生并没有感受到返乡就业创业的政策优惠力度大，也并不认为回到家乡会减轻生活和就业的压力。

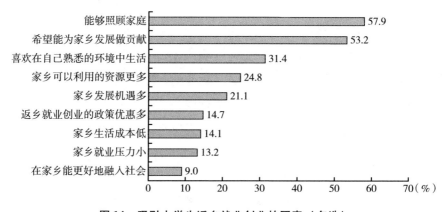

图14 吸引大学生返乡就业创业的因素（多选）

对不同教育水平的学生进行比较发现，高职高专的学生更喜欢熟人环境。例如，喜欢在自己熟悉的环境中生活这一比例，高职高专学生比本科生高2.3个百分点，比研究生高28.8个百分点（见表15）。高职高专学生也认为在家乡能更好地融入，比例高出本科生和研究生1.4个和10.1个百分点。这既说明了高职高专生很喜欢在熟人环境里发展，也说明了研究生非常不喜欢熟悉的人际环境。比较而言，研究生也更看重家乡发展机遇多这一原因，比例高出高职高专生和本科生10~11个百分点。同样，研究生更看重家乡可以利用的资源多（31.8%），比高职高专学生和本科生高约7个百分点。

家乡就业压力小也是研究生看重的因素，比例分别高出高职高专学生和本科生8.4个、3.7个百分点。而本科生则比较务实。他们更看重能照顾家庭、为家乡做贡献、优惠政策多、生活成本低等因素，比例均高于另外两类群体。

表15　不同教育水平大学生返乡就业创业的因素比较（多选）

单位：%

选项	高职高专生	本科生	研究生
能够照顾家庭	57.4	58.2	54.5
希望能为家乡发展做贡献	48.3	55.3	36.4
喜欢在自己熟悉的环境中生活	33.3	31.0	4.5
家乡可以利用的资源更多	25.1	24.5	31.8
家乡发展机遇多	21.3	20.8	31.8
返乡就业创业的政策优惠多	13.3	15.4	4.5
家乡生活成本低	12.6	14.7	13.6
家乡就业压力小	9.8	14.5	18.2
在家乡能更好地融入社会	10.1	8.7	0.0
其他	0.7	0.2	0.0

8. 近半数大学生希望获得创业资金扶持

对于大学生返乡就业创业过程中最渴望获得的帮助进行调查后发现，学生希望能加大创业资金扶持力度的占比最高，达50.9%，超过了半数。其次，为当地增加技能培训和创业培训课程，占比42.2%，希望提供或提高返乡创业补贴的占比29.5%。除此之外，提供住房或购房优惠、加大税费优惠减免力度、加大银行贷款优惠力度也都占比约二成，分别是24.9%、22.1%、20.4%（见图15）。

比较而言，研究生更渴望加大创业资金扶持力度（54.5%），比例高出本科生1.9个百分点，高出高职高专生7.9个百分点。希望获得或提高返乡创业补贴的比例，也高出高职高专生和本科生3个、2个百分点。可见，研究生更希望得到资金上的帮助与支持，以实现就业创业梦想。而高职高专生更希望得到技能培训、场地租赁优惠和公益性岗位补贴。在技能培训方面比例高出本科生5.7个百分点，高出研究生0.7个百分点；在增加公益性岗位

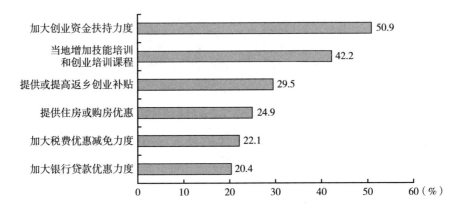

图15 大学生返乡就业创业希望获得的帮助（多选）

补贴上的比例高出本科生 0.8 个百分点，高出研究生 11.7 个百分点。这说明高职高专生更希望得到立竿见影的帮助，如培训课程、减免租金或增加岗位补贴。本科生在创业就业上的需求则比较居中，他们既希望得到实惠的帮助，又希望这些帮助的幅度能更大一些。例如，他们希望获得住房或购房优惠（26.6%），比例高出高职高专生 5.8 个百分点，高出研究生 8.4 个百分点（见表16）。

表16 不同教育水平的大学生返乡就业创业希望获得的帮助（多选）

单位：%

希望获得的帮助＼教育水平	高职高专生	本科生	研究生
当地增加技能培训和创业培训课程	46.2	40.5	45.5
加大税费优惠减免力度	21.1	22.5	22.7
加大创业资金扶持力度	46.6	52.6	54.5
加大银行贷款优惠力度	16.2	22.2	9.1
提供或提高返乡创业补贴	28.8	29.8	31.8
提供或提高场地租赁优惠	13.1	11.7	4.5
增加社会保险补贴	14.3	15.6	13.6
增加公益性岗位补贴	16.2	15.4	4.5
提供住房或购房优惠	20.8	26.6	18.2
加大对有基层工作经历的优先录取力度	14.8	15.7	0.0
其他	0.3	0.3	0.0

（四）就业观念

随着市场经济与社会生活的不断发展，在国家"双向选择、自主择业"的政策背景下，大学生们的就业观念、择业标准等也在悄悄发生着变化。观念不同，大学生的择业、就业、创业行为也有所不同。本次研究对就业观念的考察，主要考察对就业形势的评价、对工作满意度的评价、可接受的最长待业时间、父母对就业的影响、基层就业、诚信就业态度等方面。

1. 近九成大学生认为就业形势严峻

数据统计发现，有87.3%建档立卡贫困在校大学生认为就业形势严峻。图16 数据显示，53.9%的认为就业形势比较严峻，33.4%的认为非常严峻，二者合计接近九成（87.3%）。

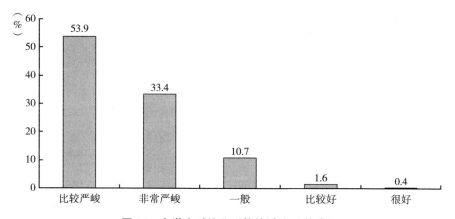

图16 大学生对就业形势的看法（单选）

不同教育水平的大学生对就业形势的评价有差别。比较而言，本科生认为就业形势严峻的比例最高（88.6%），研究生认为就业形势严峻的比例最低（83.0%），高职高专生认为就业形势严峻的比例为83.9%（见图17）。

另外，不同性别大学生的就业观念也有较大差异。从图18可见，女生对就业形势的看法更悲观，认为比较严峻（55.2%）与非常严峻（33.9%）的比例合计89.1%，而男生为85.1%，女生比男生高4个百分点。这说明女生的就业压力更大。

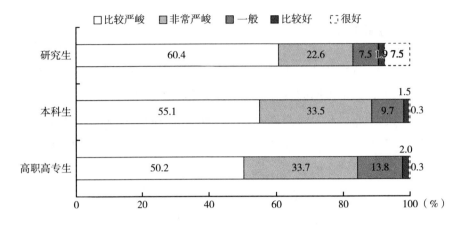

图17 不同教育水平的大学生对就业形势的看法（单选）

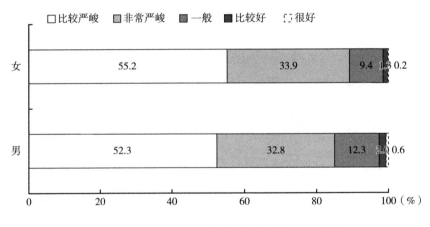

图18 大学生对就业形势看法的性别比较（单选）

2. 逾七成大学生认为找到满意工作难度大

统计数据显示，有七成（75.7%）大学生认为毕业时找到一份让自己满意的工作有难度，其中认为非常难的比例为17.4%，认为比较难的比例为58.3%。而认为找到满意工作容易的比例只有2.1%（见图19）。

比较不同教育水平的大学生发现，本科生认为毕业后找到满意工作的难度最大。认为比较难、非常难的本科生合计77.0%，高职高专生为72.8%，研究生为64.1%（见图20）。可见，比较而言，本科生认为找到满意工作

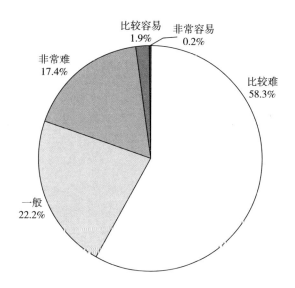

图19 大学生认为找到自己满意工作的难易度（单选）

的难度更大，而研究生认为找到满意工作非常难的比例比本科生、高职高专
生低约 10 个百分点。

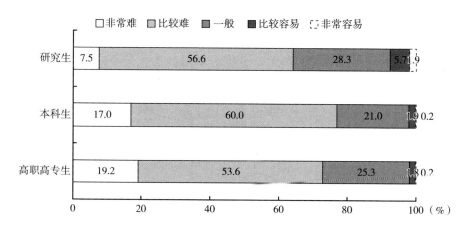

图20 不同教育水平的大学生认为找到满意工作的难易度比较（单选）

3. 逾八成大学生能接受的最长待业时间为3个月及以内

总体而言，在校大学生可接受的最长待业时间多数在 3 个月及以内。图

21 显示，大学生能接受待业时间为 1 个月以下的比例为 14.7%，1 个月的为 21.44%，2 个月的为 21.71%，3 个月的为 22.31%，以上合计 80.16%。可见，超过八成大学生能接受的最长待业时间在三个月及以内。

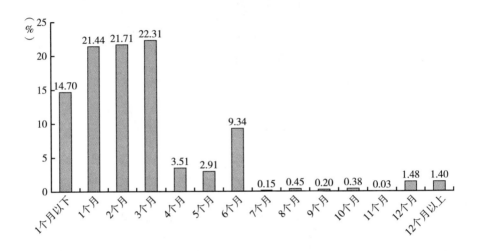

图 21　大学生能接受的最长待业时间（单选）

随着时间的延长，大学生可接受的比例有下降趋势，在 6 个月、12 个月时可接受的比例出现波动。表 17 显示，不同教育水平的大学生可接受的最长待业时间存在差异，高职高专生可接受的最长待业时间较短，多集中在 2 个月及以内，合计有 67.0%。而本科生两个月及以内的比例为 36.7%，研究生为 30.2%。高职高专生比本科生、研究生分别高 30.3 个、36.8 个百分点；研究生能接受的待业时间更长，选择 4 个月的比例为 26.4%，比高职高专生和本科生高 20 多个百分点。而且在 5 个月、7 个月的比例上也均最高。本科生居于高职高专生和研究生之间，选择 3 个月的比例最高（23.3%）。

4. 多数大学生拥有积极向上的就业观念，但也有近两成认为找工作靠关系

对大学生的就业观念进行调查后发现（见图 22），大学生中有 41.3% 认为"读大学不一定有好工作，但不读大学肯定没好工作"，有 71.5% 的认为"尽管就业起点低，也会有美好的未来"，有 70.5% 的认为基层就业有利

表17　不同教育水平大学生能接受的最长待业时间（单选）

单位：%

待业时长　　　教育水平	高职高专生	本科生	研究生
1 个月以下	17.9	13.5	1.9
1 个月	25.9	2.0	17.0
2 个月	23.2	21.2	11.3
3 个月	19.3	23.3	20.8
4 个月	2.4	3.8	26.4
5 个月	2.5	3.0	7.5
6 个月	6.0	10.5	3.8
7 个月	0.5	0.0	11.3
8 个月	0.1	0.6	0.0
9 个月	0.1	0.2	0.0
10 个月	0.3	0.4	0.0
11 个月	0.1	0.0	0.0
12 个月	0.6	1.8	0.0
12 个月以上	1.2	1.5	1.9

于了解社会和增长本领，有87.5%的认为毕业生在就业环节中应该讲求诚信。另外，有近二成（17.6%）大学生认同父母对找工作的影响，认为现在找工作主要靠"拼爹"。

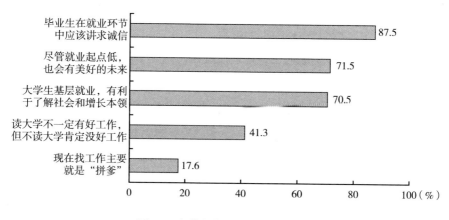

图22　大学生的就业观念（单选）

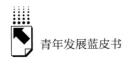
二 职业生涯规划

职业在人的一生发展中占据重要位置，它不仅是一个人的生存基础，也影响着未来的人生幸福指数。选择了合适职业的人，不仅个人价值能够得到很好的实现，也能更好地实现社会价值。一些大学生一毕业就失业，找不到理想的工作，有的大学生只能用考研来逃避就业。大学生就业难的背后有着复杂的社会和经济原因，但缺乏职业生涯规划教育是重要的原因之一。职业生涯规划不仅能帮助大学生对职业生涯有合理的规划，也能为有创业志向的大学生找到发挥自我潜能的路径，提高大学生的创业创新能力。因此，了解大学生职业生涯规划教育的现状、需求、困境，有利于加强高校职业生涯规划教育，有效解决大学生的就业问题，有效提高大学生的创业能力，使大学生自身得到发展。

（一）职业生涯规划意识与行动

一些学生存在"升学无意识、就业无意识、发展无意识、生涯无规划、学习无动力"等现象。缺乏规划的大学学习生活，对未来的就业与发展都有很不利的影响。本部分重点了解大学生对职业生涯规划的看法、需求以及大学生的职业生涯规划教育培训等情况。

1. 近九成大学生认为职业生涯规划很重要

调查发现，将近九成的在读大学生认为"职业生涯规划"是重要的。从图 23 可见，认为非常重要的大学生比例为 42.8%，认为比较重要的比例为 46.9%，二者合计为 89.7%。

通过年级比较发现，低年级学生认为职业生涯规划重要，而高年级学生认为职业生涯规划重要的比例最低。其中，认为重要的一年级大学生比例为 93.3%，五年级及以上大学生的比例为 86.6%，降低了 6.7 个百分点（见表 18）。

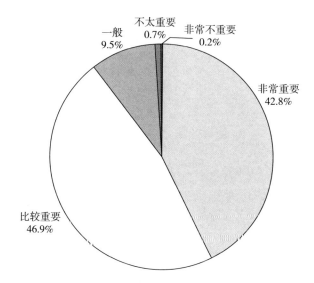

图23　大学生对职业生涯规划重要性的看法

表18　大学生对职业生涯规划重要性看法的年级比较（单选）

单位：%

重要程度　　年级	一年级	二年级	三年级	四年级	五年级及以上
非常重要	52.7	45.2	40.7	38.8	45.5
比较重要	40.6	44.1	49.4	49.5	41.1
一般	6.1	9.9	9.3	10.3	11.7
不太重要	0.6	0.7	0.4	1.4	1.3
非常不重要	0.0	0.2	0.2	0.0	0.4

2. 仅一成多大学生有清晰的职业规划

图24显示，大多数大学生对于自身今后职业发展有大致规划，其中有规划但没有详细步骤的超过四成（44.9%），有规划方向但没有深入考虑过的占三成多（34.2%），有清晰规划的仅占一成多（13.7%）。访谈中一位大学生说："我感到就业有很大压力，在前三年对学业没有很大的重视，都是根据自己的兴趣爱好参加文体活动等，因为我喜欢文体活动，所以经常参加，但是对自己的各类证书没很好地准备，到现在一个证书都没有。面临实习、毕业论文等事情，感觉压力更大。"

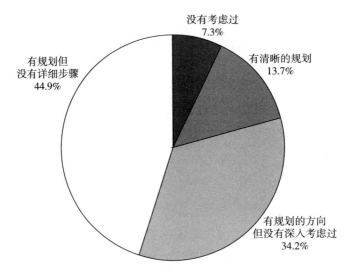

没有考虑过
7.3%

有清晰的规划
13.7%

有规划但
没有详细步骤
44.9%

有规划的方向
但没有深入考虑过
34.2%

图 24   大学的职业规划行动（单选）

从表 19 的年级比较可发现，五年级及以上的大学生有清晰规划的比例最高（19.5%），其次是四年级（16.7%），而一年级、二年级、三年级大学生比例略低。可见，高年级的大学生有职业规划的比例更高，比低年级的大学生高出约 6 个百分点。这可能是因为随着毕业的临近或进入更高年级，大学生开始考虑更现实的就业问题，因此职业发展规划成为大学生考虑比较多的问题。规划要及早开始，这样才能在几年里更好地按步骤、有节奏地实施规划，而不至于临时抱佛脚，也不至于让规划成为束之高阁的"课堂作业"。数据显示，大学生没有规划的情况呈现"U"形分布：大学一年级学生没有规划的比例最高（12.7%），随着年级升高逐渐降低，到了五年级没有规划的比例又呈现上升趋势。

表 19   大学生职业规划行动的年级比较（单选）

单位：%

规划＼年级	一年级	二年级	三年级	四年级	五年级及以上
有清晰的规划	13.3	12.1	12.9	16.7	19.5
有规划但没有详细步骤	43.6	41.5	46.2	47.4	44.2
有规划方向但没有深入考虑	30.3	37.2	35.3	30.4	28.1
没有考虑过	12.7	9.3	5.6	5.4	8.2

3. 逾三成大学生具有主动进行职业生涯规划的意识

职业生涯规划主动还是被动，对未来的职业发展有着较为深刻的影响。主动的职业生涯规划，以学生的发展需求与职业目标为出发点，有利于学生结合自身特点及发展需求，全面融合多方发展资源，对就业前的职业准备有通盘考虑。而被动的职业生涯规划，则易流于"随大流"，有的学生或许被裹挟向前，也有的学生则在盲目中迷失了自我的发展目标。所以，大学生主动进行职业生涯规划，是获得良好职业发展的起点。

本次调查数据显示，有三成大学生（31.5%）认为自己的职业生涯规划是主动的，有50.3%的认为自己的职业生涯规划既有主动行为也有随大流的情形，还有一成多表示说不清（10.3%），有7.8%的承认是随大流（见图25）。可见，多数学生在职业生涯规划的过程中，主动行为与被动行为参半。

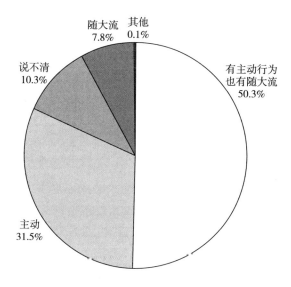

图25　大学生的职业生涯规划情况（单选）

通过年级比较发现，低年级学生有职业生涯规划意识的比例更高。表20的数据显示，能主动规划职业生涯的一年级学生占38.8%，二年级占31.4%，三年级占29.5%，四年级占32.4%，五年级及以上占34.2%，可

见一年级比其他年级高出 4.6 个 ~9.3 个百分点。而高年级学生随大流的人数较多，大学四年级学生、五年级及以上学生随大流的比例分别为 9.0%、8.2%，比大学一年级分别高 4.8 个、4 个百分点。

表 20　大学生职业生涯规划意识的年级比较（单选）

单位：%

规划意识　　　　　年　级	一年级	二年级	三年级	四年级	五年级及以上
主动	38.8	31.4	29.5	32.4	34.2
随大流	4.2	7.7	8.0	9.0	8.2
有主动行为也有随大流	46.4	49.3	52.3	50.3	45.0
说不清	10.0	11.7	10.1	8.2	12.6
其他	0.6	0.0	0.1	0.2	0.0

4. "考证"成为大学生实施职业生涯规划的首要途径

大学生需要通过一系列的活动或渠道来逐步实现职业生涯规划、靠近职业目标、培育职业素养、提升职业能力。图 26 的数据显示，参加各种职业证书考试是大学生实现职业生涯规划的首要方法（47.16%）。其次有四成多通过多参加社会活动积累人脉（43.1%），再次是涉猎相关领域知识（39.44%），接近四成。而到相关领域实习仅占三成多（34.86%）。另外，选择坚持学外语、自费参加培训的比例分别为 33.33% 和 11.17%。

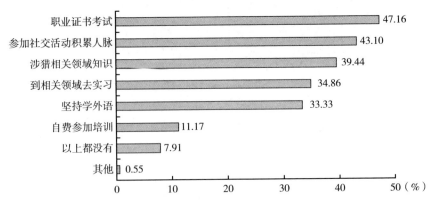

图 26　大学生为实施职业生涯规划采取的行动（多选）

男女生对职业生涯规划所采取的行动存在显著的性别差异。女生在职业证书考试（52.4%）和坚持学外语（38.5%）方面的比例均远高于男生，说明女生更倾向于通过学习与培训来实施自身职业生涯规划。男生更倾向于以实习（35.2%）与参加社交活动积累人脉（47.0%）等实际行动来实施自身的职业生涯规划（见表21）。

表 21　大学生职业生涯规划行动的性别比较（多选）

单位：%

选项	男	女
职业证书考试	41.0	52.4
参加社交活动积累人脉	47.0	39.8
涉猎相关领域知识	44.2	35.3
到相关领域去实习	35.2	34.6
坚持学外语	27.3	38.5
自费参加培训	10.2	12.0
其他	0.5	0.6

虽然低年级学生具有更强的职业生涯规划意识，但从实施职业生涯规划的行动来看，各项规划都随年级上升而实施得更多，到三、四年级时达到顶峰，说明随着年级的上升，学生开始采取更多的职业生涯规划行动。出现这种特征，一方面可能缘于学校的课程设置，低年级学生课程较多，虽有主动规划职业生涯的意识，但能实际参加考证、实习等活动的比例较少；另一方面可能因为高年级学生的职业生涯规划意识虽然不强，但受到就业压力及同辈群体的影响，其职业生涯规划实际行动的发生率较高。以考证为例，一年级学生考证的比例为28.2%，四年级为51.6%，比一年级高23.4个百分点（见表22）。五年级学生的数据有所回落，可能是因为很多学生在三、四年级时已经考取各类证书。

（二）职业规划教育相关培训

参加培训、接受就业指导、实习见习，是大学生职业生涯规划的重要组

表22　大学生职业生涯规划行动的年级比较（多选）

单位：%

选项	一年级	二年级	三年级	四年级	五年级及以上
职业证书考试	28.2	39.8	53.5	51.6	45.0
参加社交活动积累人脉	43.6	46.4	42.9	38.1	42.9
涉猎相关领域知识	32.7	34.9	41.0	48.7	31.6
到相关领域去实习	31.8	31.5	33.4	44.9	38.5
坚持学外语	33.6	31.3	34.2	36.9	25.5
自费参加培训	10.0	9.8	10.8	13.3	15.6
其他	2.1	0.4	0.4	0.5	0.0

成部分，通过有效的培训与指导，可使学生在入职前能结合自身素质与能力选择适合自己的职业路径。

1. 逾六成大学生没参加过职业生涯规划类的教育培训

了解职业生涯规划的特征与规律，学习结合自身条件与需要设计生涯规划图景的方法，才能使职业生涯规划更有效。因此，参加相关的教育培训，更有利于学生进行职业生涯规划。如图27所示，有37.4%的大学生参加过职业生涯规划类的教育培训，62.6%的没有参加过。参加相关培训的大学生

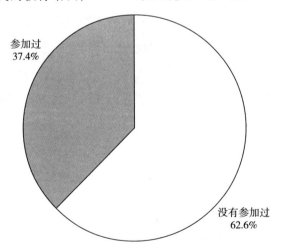

图27　大学生参加职业生涯规划教育培训的比例（单选）

不足四成，这说明多数大学生缺乏相关的培训，也许是因为重视程度不够，也许是因为当地缺乏教育条件。

2. 大学生的职业生涯规划培训近九成由学校就业指导中心组织

对参加过职业生涯规划教育类培训的大学生进行统计后发现，学生参加的培训近九成（89.4%）由学校就业指导中心组织（见图28）。可见，学校对职业生涯规划类的教育培训具有主导作用，在学生中有着广泛的影响；其次为社会组织（13.1%）和团组织（12.9%），二者相差无几，均约占一成；而学生参加由政府部门组织的教育类培训较少。

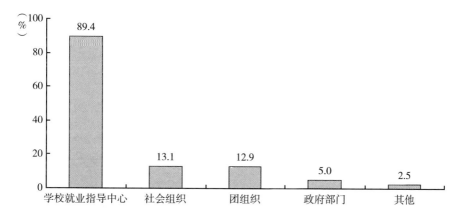

图28　大学生职业生涯规划的培训机构（多选）

通过性别比较发现，女生到就业指导中心参加培训的比例高于男生，男生通过社会组织或团组织活动等参加教育培训的比例更高。从表23可见，女生到学校就业指导中心的比例（91.2%）高出男生3.8个百分点。

通过年级比较发现，高年级大学生参加学校就业指导中心的教育培训更多，大学一年级学生参加社会组织、团组织、政府部门的培训较多。从表24可见，四年级学生比一年级学生参加就业指导中心培训的比例高5.8个百分点，一年级学生参加社会组织、团组织培训的比例分别比四年级高7.4个、9.6个百分点。这可能是因为低年级学生就业压力还未来临，他们更多喜欢社团组织、政府部门组织的内容更宽泛的职业生涯规划培训，而高年级学生更希望就业指导中心给他们提供更有针对性的帮助。

表23　大学生职业生涯规划培训活动组织单位的性别比较（多选）

单位：%

选项	男	女
学校就业指导中心	87.4	91.2
社会组织	15.9	10.7
团组织	15.8	10.4
政府部门	5.7	4.3
其他	2.3	2.8

表24　大学生职业生涯规划培训组织单位的年级比较（多选）

单位：%

选项	一年级	二年级	三年级	四年级	五年级及以上
学校就业指导中心	85.5	88.0	91.0	91.3	80.0
社会组织	20.3	10.8	12.9	12.9	18.9
团组织	21.7	11.7	13.3	12.1	10.0
政府部门	14.5	4.6	3.9	5.0	7.8
其他	2.9	2.0	2.6	2.9	3.3

3. 六成多大学生参加过学校开设的就业指导课

数据统计发现，六成多大学生参加过学校开设的就业指导课或讲座（65.1%），没参加过的比例为34.9%。可见，学生对学校开设的就业指导课程的参与程度刚刚达到"及格"水平。

年级比较发现，大四学生参加的比例最高，其次是大三、大二、大五及以上、大一。如表25所示，四年级学生参加就业指导课的比例为75.6%，比一年级学生高36.8个百分点。可见，总体而言在本科教育阶段，年级越高，学生参加就业指导课的比例越高。

表 25　是否参加过学校开设的就业指导课的年级比较（单选）

单位：%

选项	一年级	二年级	三年级	四年级	五年级及以上
是	38.8	59.7	70.2	75.6	58.0
否	61.2	40.3	29.8	24.4	42.0

到了研究生阶段，学生参加就业指导课的比例有所下降。这是因为对于本科生来说，毕业在即，就业指导成为学生找到理想工作岗位的"救命稻草"，研究生的就业问题得到缓解，或者就业难度减小，因此参加就业指导课的学生比例有所下降。

1. 近六成大学生认为学校开设的就业指导课对自己帮助大

图 29 显示，有 57.6% 的大学生认为学校开设的就业指导课程对自己帮助大，其中认为有很大作用的比例为 18.1%，认为有较大作用的比例为 39.5%。也有不足一成的学生认为作用较小和没有作用（各占 3.5%、1.2%）。

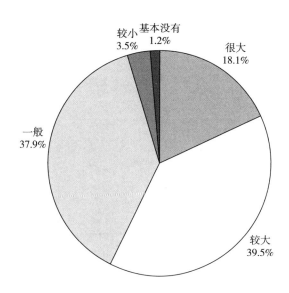

图 29　大学生对学校就业指导课作用的评价（单选）

通过性别比较发现，男生认为就业指导课对自己作用大的比例比女生高6.5个百分点；通过年级比较发现，低年级学生认为作用大的比例最高，其中一年级为78.9%，接近八成；而二年级的比例为63.2%，三年级为55.4%，四年级为48.8%，五年级及以上为62.7%（见表26）。

表26　大学生对学校就业指导课作用评价的性别比较与年级比较（单选）

单位：%

选项	性别		年级				
	男	女	一年级	二年级	三年级	四年级	五年级及以上
很大	20.5	16.1	38.3	19.6	17.0	12.1	23.1
较大	40.6	38.5	40.6	43.6	38.4	36.7	39.6
一般	34.8	40.4	18.0	33.3	40.1	44.1	34.3
较小	3.1	3.8	3.1	2.5	3.6	4.9	1.5
基本没有	1.1	1.2	0.0	1.0	0.9	2.3	1.5

表27对不同教育阶段学生进行比较，高职高专生认为学校开设的就业指导课作用大（61.1%），高于本科生（56.5%）和研究生（48.6%）。研究生认为作用一般的占比（46.1%）近一半，远高于其他两个学业阶段。

表27　不同教育水平的大学生对学校就业指导课作用的评价（单选）

单位：%

选项	高职高专生	本科生	研究生
很大	20.6	17.1	23.0
较大	40.5	39.4	25.6
一般	35.7	38.5	46.1
较小	2.5	3.8	2.5
基本没有	0.7	1.3	2.5

5. 近六成大学生有过实习经历

调查发现，有59.0%的大学生在学校里有过实习或见习经历。通过年级比较发现，大体而言，随着年级升高大学生对实习的参与程度逐渐升高。其中，比例最高的为四年级学生，有八成多大学生有实习或见习经历（83.0%），与一年级大学生相比高了54.8个百分点。五年级及以上的大学生实习或见习的参与度有所下降（64.9%），比四年级低了18.1个百分点（见表28）。

表28　大学生是否有实习或见习经历的比例（单选）

单位：%

选项	总体	一年级	二年级	三年级	四年级	五年级及以上
有	59.0	28.2	41.8	65.1	83.0	64.9
没有	41.0	71.8	58.2	34.9	17.0	35.1

6. 九成大学生认为实习见习对就业有帮助

对参加实习的2355名大学生进行统计后发现，有42.3%的认为实习见习对今后就业非常有用，有47.7%的认为比较有用，合计90.0%的学生认为实习或见习对就业有帮助。可见，岗位体验与实践，的确对学生选择就业目标、适应就业岗位有很大的作用。

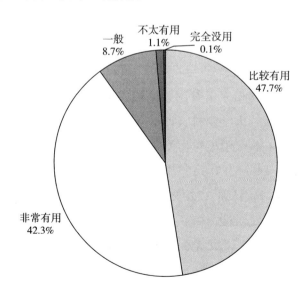

图30　大学生认为实习见习对就业的作用（单选）

三 对外部支持的认知和期望

帮助大学生获得适合自己的就业机会、提高大学生的就业质量，离不开政府、学校、群团组织及家庭的支持。要使大学生获得满意的就业结果，不能只靠大学生的个人努力与奋斗，还需要政府起到宏观调控的作用、企业多承担社会责任、高校创新大学生就业能力培育模式、家庭为大学生提供更多的情感支持，只有全社会形成良好的助力大学生成长与发展的环境，才能使大学生科学规划职业发展路径、提升自身的就业竞争力，从而更好地实现自身发展。本部分重点研究大学生对就业外部支持的认知与期望，从而更好地为提高大学生的就业质量服务。

（一）对政策支持的认知与期望

大学生的就业质量在很大程度上受到政府政策、项目、服务的影响。为了精准帮扶大学生就业，我国政府通过创设就业项目、提供就业服务、制定就业政策等，来改善大学生的就业环境，加强就业保障。大学生了解相关政策与服务项目，是提升大学生就业质量的前提。

1. 一成多大学生对相关政策与项目均不了解

本次研究发现，建档立卡贫困家庭的大学生对大学生志愿服务西部计划、应征入伍服兵役、大学生村官计划等政策的知晓率较高。图31数据显示，建档立卡贫困在校大学生对相关服务、政策、项目等了解最多的是大学生志愿服务西部计划（53.7%），比例超过半数；其次是应征入伍服兵役（46.7%）、大学生村官计划（42.4%），二者均达到四成以上。另外，对困难家庭毕业生就业援助（32.1%）、农村义务教育阶段学校教师特设岗位计划（28.3%）、三支一扶（22.8%）等相关政策、项目的了解也较多。一位大学生接受访谈时说："国家鼓励大学生积极就业和自主创业，但是我们并不了解国家政策，学校政策也没去了解过。"

近年来，中央和地方政府为了增加毕业生的就业机会、提高大学生的就

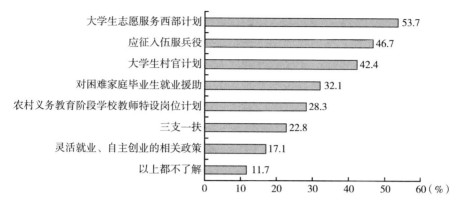

图31 大学生对相关政策与项目的了解程度（多选）

业质量、鼓励高校毕业生到基层和中西部就业，采取了一系列促进计划与措施。大学生知晓这些政策与项目，才能结合自身实际积极参与相关项目或活动。但是，本次调查数据也显示，有11.7%的大学生对调查问卷上所列举的11个相关政策与项目都不了解。

对一些政府扶持政策的受益效果进行调查后发现，85.42%的大学生从未获得过其他定向培养项目、免费师范生资助、大学生服兵役及退役复学资助、少数民族骨干计划、退役士兵教育资助、国防生等扶持政策的资助。从图32可见，在获得过政策资助的大学生中，其他定向培养项目（7.16%）受益率较高，免费师范生资助项目（5.16%）次之。

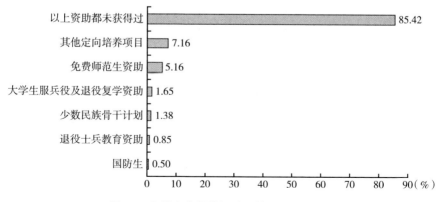

图32 大学生获得的相关政策支持（单选）

2. 三成多大学生不了解家乡的就业政策

在当前就业形势普遍严峻的情况下，返乡就业是贫困家庭大学生获得更多就业机会的重要途径。因此，建档立卡贫困家庭大学生了解家乡就业政策是他们得到精准帮扶的前提。但是，从调查结果看，多数大学生对家乡的就业政策知晓率并不高。图33数据显示，表示非常了解家乡就业政策的大学生仅占3.1%，比较了解的大学生占19.6%，二者合计达22.7%。而表示不太了解的大学生占30.0%，很不了解的比例为4.9%，二者合计达34.9%。还有四成多（42.3%）大学生表示了解程度"一般"。

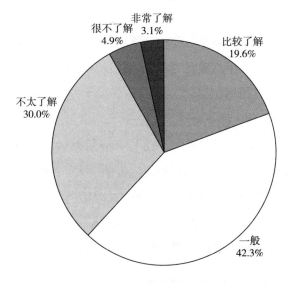

图33 大学生对家乡就业政策的了解程度（单选）

3. 仅有两成多大学生了解高校所在地的就业政策

一些大学生希望毕业后留在高校所在地就业，他们认为这里更适合发展、有更多的职业机会等。但是调查发现，虽然建档立卡贫困家庭大学生对于高校所在地就业政策的了解略多于家乡就业政策，但是也仅占两成多。图34数据显示，非常了解和比较了解的比例合计25.7%，不太了解的比例为24.2%，一般了解的比例为47.4%。

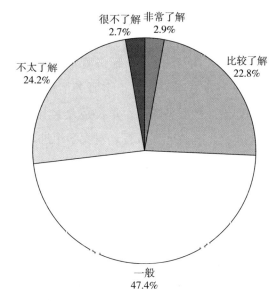

图 34 大学生对高校所在地就业政策的了解情况（单选）

4. 大学生最希望增加就业岗位和建立就业动态信息系统

对于当前大学生就业服务的宏观政策，大学生认为最需要的是增加就业岗位，其次是建立全国性大学生就业动态信息系统，二者的比例均超过了半数，分别为 54.7% 和 53.6%（见图 35）。此外，规范招聘信息网络平台（46.4%）、完善就业政策法规（35.6%）等也是大学生期待的完善就业服务宏观政策的重要方面。

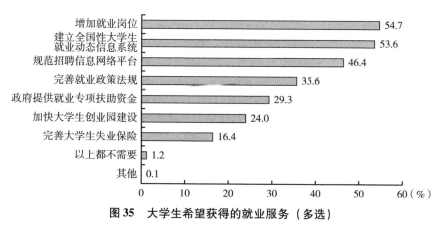

图 35 大学生希望获得的就业服务（多选）

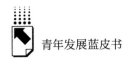
（二）对共青团与学校支持的认知与期望

共青团作为群团组织，在引导青年、服务青年方面起到了不可忽视的作用，在助力大学生就业创业方面采取了很多服务措施，设计了很多服务项目，拓展了大学生创业就业的服务资源。学校是大学生成长与发展的重要环境，承担着对大学生进行正确就业观教育、对大学生进行就业指导、提升大学生就业能力、纾解大学生就业焦虑的重要任务。

1. 大学生对共青团提供的就业创业服务的知晓度仍需提高

共青团在助力大学生就业创业方面采取了一系列的服务措施，设计了很多服务项目。例如，实施10万名建档立卡贫困家庭大中专毕业生就业帮助项目，实施青年就业见习计划、建设青年就业创业见习基地、开展"就业青年—见习岗位"对接、举办"创青春"中国青年创新创业大赛、建立中国青年创业联盟、发挥中国青年创业导师团作用、开展青年创业就业培训、依托建设中国青年创新创业板为青年提供综合金融扶持、开展"中国青年创业奖"评选活动，等等，为青年的就业创业工作提供了全方位的服务。建档立卡贫困家庭大学生也是共青团服务的主体，了解大学生对共青团提供的就业创业支持措施、政策等的认知与期望，有助于共青团更好地服务青年、引领青年。

本次调查发现，多数大学生并不了解共青团为大学生就业创业所提供的服务。图36数据显示，大学生对青年就业创业知识讲座了解最多（35.11%），其次是青年创业小额贷款（32.13%），二者均占三成以上。另外，大学生对就业创业的资金支持（29.13%）、青年就业创业移动信息服务平台、青年创业就业基金会、青年就业创业见习基地的了解均在两成及以上。还有25.9%的大学生表示对共青团提供的上述服务都不了解。这说明共青团为大学生提供的各类就业创业服务项目在大学生中的知晓度并不高，要想实现为青年成长服务的目标，还需要提高各类措施、项目、活动等在大学生中的知晓度，不仅要青年来找共青团，共青团还要主动去寻找青年，为青年提供精准的帮扶措施。

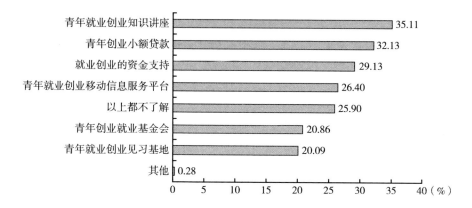

图36　大学生对共青团就业创业服务的了解（多选）

2. 大学生最希望共青团帮助提供就业见习机会

当被问到最希望共青团提供哪些就业服务时，选择"提供就业见习机会"的比例接近七成（68.4%），高居榜首。其次是需要共青团多提供更为准确的就业信息（47.0%）、组织质量更好的校园招聘会（40.8%）、专业性针对性强的就业创业辅导（40.3%）、指导学生进行科学的职业规划（35.2%）、加强面试模拟训练（32.5%）、加强就业心理辅导（31.1%）等。表示不需要任何就业服务的比例仅为1.5%。可见，多数大学生希望获得共青团组织提供的各类就业服务。

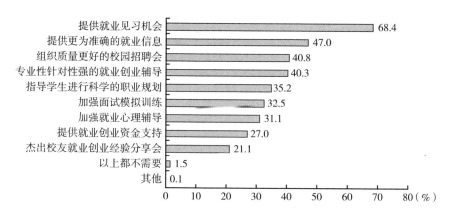

图37　大学生希望共青团提供的就业创业服务（多选）

3. 学校提供的创业服务以讲座和课程为主

图 38 数据显示，在学校提供的创业服务方面，创业讲座与创业课程占比较高，分别为 52.7% 与 47.9%；其次为创业竞赛与创业导师，分别为 33.3% 与 26.2%；创业资金与创业孵化器较少，仅为 18.9% 与 15.7%。

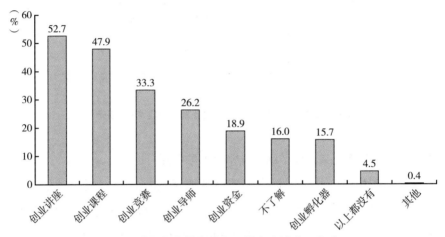

图38　学校提供最多的创业服务为讲座（多选）

4. 四成多大学生不了解返乡就业创业政策

调查数据显示，对国家为大学生返乡就业创业提供的相关政策，多达

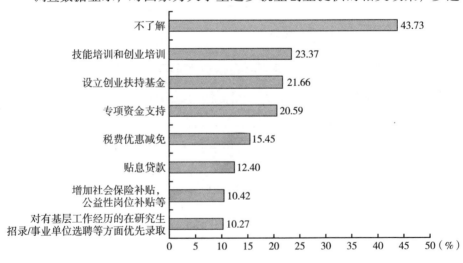

图39　大学生对返乡就业创业政策的了解（多选）

43.73%的大学生并不了解（见图39）。在课题组提供的相关就业创业政策选项中，大学生对技能培训和创业培训、设立创业扶持基金、专项资金支持三项政策了解的比例较高，分别为23.37%、21.66%、20.59%，但也仅仅逾两成。

四　问题与对策

综合本部分的数据与研究可发现，虽然多数大学生具有积极的就业观念与就业意识，并且在就业能力提升和职业生涯规划方面做了多方努力，但是在就业倾向和职业生涯规划方面仍存在一些问题，需要我们有针对性地找到对策，这样才能实现精准扶贫建档立卡贫困家庭大学生的目的。

（一）大学生就业倾向和职业生涯规划方面存在的五个主要问题

1. 多数大学生对到基层就业态度不积极

本次调查发现，建档立卡贫困家庭的在校大学生希望毕业后到东部地区工作的比例最高，而且大多数希望到省会城市去工作，愿意到县城和乡镇的合计不到一成。即使愿意回到家乡的大学生，也多是希望到家乡的省会城市工作，表示愿意回到家乡所在县或家乡其他城市所在县的比例合计也只有一成多。这说明，建档立卡贫困家庭的大学生就业期望的关键词是"东部""省会城市""事业单位"，追求稳定仍然是建档立卡贫困家庭的大学生首先考量的因素。在调研访谈中笔者也发现，一些贫困县的企业纷纷表示非常需要人才，希望能招到大学毕业生到本企业工作，但是最终能来并且能留下的大多是40岁以上的、文化程度不高的中老年人，企业招不到大学生，大学生不愿意回到家乡的县、乡、镇工作。因此，大学生就业出现了结构性就业难问题——即并非真正缺乏工作岗位，也并非真正人才过剩，而是"工作岗位需要大学生，大学生需要工作岗位"，但"泪眼相看两茫茫"。大学生的就业观念会直接影响到大学生的就业选择，反之大学生就业结构性问题也会影响到大学生的就业观念。

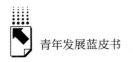

2. 多数大学生缺乏创业意愿与准备

自主创业是大学生主动就业的行为，在"大众创业、万众创新"的号召下，虽然国家已经为大学生创业设计了很多项目，但是调查发现建档立卡贫困家庭的大学生创业意愿并不强烈，更缺乏创业方面的准备与行动，真正有准备有行动的学生合计不足一成，想将来返乡创业的学生也不足一成。可见，大学生自主创业的精神和积极性尚比较匮乏。大学生不愿意自主创业，与他们追求安稳和保障等就业观念有密切联系。另外，大学生对创业资金的来源也以"政府资金支持"作为第一来源，能接受"风险投资"的比例不足一成。对希望获得的创业帮助也首选"加大资金扶持力度"。这也说明大学生的创业行动仍缺乏主动性，创业心态仍存在"等靠要"的依赖心理。

3. 多数大学生缺乏清晰的职业规划

本次调查发现，虽然九成多大学生认为职业生涯规划很重要，但是认为自己能主动规划职业生涯的学生也仅仅三成，真正有清晰规划的大学生仅一成多。访谈中也发现，绝大多数大学生的职业生涯规划都是从大学开设职业生涯规划课程开始的，很少有学生从初中、高中开始规划自己的职业生涯。并且，大学生的职业生涯规划行动也比较单一，有近半数学生以"考证"为主，六成多学生没有参加过职业生涯规划类的教育培训。由此可见，大学生在职业生涯规划方面还存在比较被动的现象与心理。访谈中了解到，有的大学生认为职业生涯规划就是一门很好拿分数的课程，自己的规划是老师课堂留的作业，作业写完了规划也就束之高阁了。也有的大学生说："我到大学毕业时还是比较迷茫的，没有什么职业规划。我认为学生大三之后才可能会有规划，在之前几乎没想过。现在很多同学都是因为怕找不到工作才去考研。大学也上过就业指导课，每周一节，但是我从来没去过，都是大课，几个班一起上。去上课的同学也大多数在写作业、玩手机或者聊天。我们学校还可以雇人签到。"本次调查发现，大学生的职业生涯规划培训近九成由学校就业指导中心安排，如果学生用敷衍的态度去对付这类课程，自然很难得到有效的帮助与指导。

4. 多数大学生政策知晓度较低、受益率更低

本次调查发现，多数大学生对相关就业创业政策不够了解。例如，大学生对西部志愿服务计划了解的比例最高，但是也仅刚刚够半数，有一成多学生对各种政策均不了解；建档立卡贫困家庭的大学生对家乡和高校所在地的就业政策了解比例也较低，表示非常了解和比较了解的比例均刚刚超过两成；对国家提供的返乡创业就业政策了解的最多也只有两成多，有四成多学生表示"都不了解"。可见，总体来看大学生对国家各类就业创业政策的知晓度较低。而且，大学生对共青团提供的一些就业创业方面的帮助也了解非常少，对多数项目了解的比例最多三成，还有四分之一的大学生表示对"以上都不了解"。因为知晓度低，学生获得政策帮助的比例自然也很低，调查显示有近九成的学生表示从未获得任何政策帮助，可见学生的政策受益率也非常低。这可能与大学生积极主动了解政策的意识不够有关，也可能与政策的普及与宣传不够有关。

5. 多数学校就业创业指导工作形式单一

本次调查还发现，学校在学生的就业指导方面占据重要位置，对学生影响巨大。有近九成学生的职业生涯教育培训由学校就业指导中心完成，有六成多学生参加过学校开设的就业指导课，约六成学生认为就业指导课对自己帮助很大。但是，我们也不能不看到，还有约四成学生没有参加就业指导课，有约四成学生认为学校就业指导课的帮助"一般"。这可能和学校为学生提供的指导形式比较单一有关。例如，有的学生就在访谈时谈到，学校的就业指导更多还是知识的传授，有学生说就业指导课"主要是了解就业前景、制定就业规划，学到了一些东西，但更多是理论的，没有实践加经验，光说不做没有什么效果"。学校对学生提供的创业帮助也以讲座和课程为主。大学生的社会实践课程往往流于形式，学校对学生的指导也缺乏实践和就业创业思想的融合引导。本次调查还发现，学生更希望提供就业实习的岗位，有九成大学生认为就业见习实习对自己帮助很大。但是，有创业孵化器的比例只有一成多。

（二）针对大学生就业观念与职业生涯规划的建议

1. 构建大学生基层就业的长效引导机制

针对大学生服务基层意识不强的问题，建议政府、社会、高校、群团组

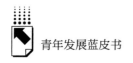
织等共同构建对大学生基层就业的长效引导机制。高校教师要多了解大学生就业观念的变化特点，强化大学生就业观念中的积极因素，对大学生进行具有新时代特点的就业引导及教育，培育大学生形成正确的价值观、人生观、世界观和就业创业观念，帮助大学生理性正确认识自我、了解自我。

对于建档立卡家庭的大学生来说，他们也很想改变现状、摆脱贫困，有更好的出路。可是，回到家乡就业又面临着很多发展的障碍。例如，当地的企事业单位"不够档次"，不能让他们更好地发挥才智，或者当地经济落后、缺乏用人激励机制等。建档立卡家庭的大学生虽然有报效家乡父老乡亲的心愿，但是如果缺乏更有效的就业帮扶，或者缺乏良好的就业创业环境，要让大学生积极返乡就业创业是非常困难的事情。所以，需要健全和完善基层就业的相关配套措施，减少大学生到基层或西部工作的后顾之忧，为大学生到基层就业提供更加有序便捷的通道。例如，加大资金投入，打通人才上下的通道，改善当地的就医就学环境等，这样才能健全基层就业环境，丰富基层就业资源。另外，我们还要鼓励市场化的运营方式，吸引更多社会资源为大学生基层就业服务，吸引优秀大学生到基层就业。尤其是在贫困地区，要出台更多人才激励措施，提高人才待遇，营造人才进入的洼地。如果有条件可设立大学生基层就业第三方专业指导机构，对大学生基层就业提供服务，提高大学生基层就业的成功率。

2. 推进和完善大学生创新创业生态体系建设

针对大学生创业意愿低迷的问题，建议从国家层面进一步加大对大学生创业的支持力度，不仅要通过加大资金投入力度来鼓励大学生创业，还要通过一定措施鼓励民间风险投资参与到大学生创业中去；进一步完善相关法律法规与制度，简化大学生创业贷款等相关手续，保障大学生创业者的利益；学校还要加强创新创业教育，在学生中营造创新创业文化，激发大学生的创业热情和积极性，加强大学生创业心理引导工作，提升大学生的创业能力和技能；要将创业教育融入大学生的各学科教学中去，挖掘大学生的创业潜力；要优化大学生创业实践培育体系，为大学生提供创新创业的服务机构或场所，通过资金支持或补贴等方式鼓励大学生进入一些企业孵化器；校企合作也是创新创业实践教育的重要渠道，高校要积极与所在地企业合作，为大学生创业提供良好的平台。

3. 采取系列措施强化大学生职业生涯规划教育的专业性

针对大学生缺乏清晰职业规划、求职前准备不足、自我定位不够清晰、对职场能力素质的需求不够了解等问题，建议采取系列措施强化大学生职业生涯规划的专业性。第一，出台职业生涯规划教育分层指导框架，为不同年级的大学生提供"各取所需"的分层教育内容，提升职业生涯规划教育的质量。第二，建议形成系统化的课程体系，学校要将"自选动作"与"必做动作"结合起来，使每一位大学生都能接受必需的就业教育。第三，建议配备专兼职的生涯规划教师队伍，提高职业生涯规划教育的专业化水平。对从事职业生涯规划教育的专职教师要有一定的资质要求。例如，加拿大要求从事就业指导的咨询师必须具有教育学、心理学、咨询学或相应的人文社会科学的博士学位，并有一定工作经验，要求指导教师或管理员具有人文科学方面的硕士学位。对专职教师还要进行定期培训和考核。① 第四，大学生的见习实习应得到全社会的支持，要把"请进来"和"走出去"结合起来。瑞典、德国、瑞士、美国等国家特别强调企业责任，各学校都与附近的企业有着密切的联系，使学生有更多的机会到企业去学习和体验。如在瑞士，约有三分之一的企业参与了学徒培训，他们和学校一起确定教学和考试内容，向学生介绍企业情况，为学生提供实习岗位，还提供部分工资。一些企业还出资建立了培训中心和实习车间。② 建议整合高校所在地的教育资源，为学生搭建共享的职业体验平台。

4. 大力宣传与普及就业创业政策与服务

针对大学生对相关就业创业政策认知度低、受益率低的情况，建议政府、学校、企业、共青团、人力资源等与大学生就业相关的部门，大力宣传和普及大学生就业创业等方面的优惠政策，使学生能够得到贴近自身实际的政策解读，获得与自身需求相匹配的政策帮助。同时，还要通过微信公众号、微

---

① 孙宏艳：《国外中小学职业生涯规划教育：经验与启示》，《中小学管理》2013 年第 8 期。
② 孙宏艳：《国外中小学职业生涯规划教育：经验与启示》，《中小学管理》2013 年第 8 期。

博、短视频、现场活动等年轻人易接纳的政策宣传工具，将线下传播与线上传播相结合，提高大学生对就业创业政策与项目的知晓度和理解度，激发大学生的就业热情与创业信心。在政策的宣传和传播过程中，传播的主体部门如政府、学校、群团组织、公益组织等不能缺位，要有较强的服务意识和主动传播意识，传播的渠道要有效。相关部门还要定期实行大学生政策满意度评估，了解大学生对政策、项目的兴趣，培育大学生积极就业、敢于创业的心态。

5. 建立集教育、管理、指导、服务于一体的学校就业指导体系

针对一些学校就业指导工作内容枯燥、形式单调、功能单一等问题，建议通过多种渠道、多种方式丰富大学生的就业指导工作，尽快建立和完善集教育、管理、指导和服务于一体的就业指导体系，从而积极引导和推进大学生就业。虽然很多学校已经有就业创业方面的指导课程，但是落实得远远不够。有的措施和方法还停留在文件上、课本中。要将就业创业的实践课程融入学生的课程体系中去，贯穿到学校教育的全过程中去。

同时，高校应结合不同群体大学生的就业心理需求，采取适当的教育方法对大学生进行分层次分群体就业指导，不仅要丰富大学生就业指导的内容，帮助大学生解读相关就业政策，培养大学生提高撰写简历、面试、了解和考察应聘单位等方面的就业技能，还要关注大学生的就业"软技能"养成，如思考、行动、合作、变通、创新、表达等方面的能力。

高校还要给学生体验真实社会的机会，将对学生的就业指导渗透到日常教学中，充分用好团委及社团的组织优势，通过多姿多彩的活动、丰富的社会实践等提高大学生的就业能力。日本政府就曾经为开展大学生就业指导工作设立了各种专门机构和制度来协调大学生的就业体验，例如成立了"学生职业综合支援中心"、推广"就业体验制度"等[1]。因此，高校应积极争取政府的支持，帮助大学生树立正确的求职观，引导大学生服务基层、创新创业，找到适合自己的工作和发展方向。

---

[1] 武毅英、黄芳：《日本高等教育大众化时期大学生就业特点及启示》，《中国高教研究》2018年第8期。

B.3
建档立卡贫困人口中在校
大学生就业能力培养调查

赵 霞 史国枫*

摘 要： 本次调查发现，通过参与校内外社会实践、接受就业创业指
导，建档立卡贫困人口中在校大学生的就业能力得到了一定
的培养；但仍存在一些需要关注的问题，如专业兴趣不足、
基本技能和个人特长不突出、求职途径有限、对就业政策不
够了解，等等。建议从优化就业能力的提升支持政策、创新
人才培养模式、完善就业指导体系、积极推进创业实践以及
加强积极心理素质培养等方面加以解决。

关键词： 建档立卡贫困人口 大学生 就业能力 就业指导

解决好建档立卡贫困人口中大学生就业问题是当前促进扶贫攻坚精准发
力的重要举措，提升大学生就业能力是其中的核心要素。许多研究者指出，
就业能力不足等引起的结构性问题是大学生就业难的主要原因。随着高等教
育的普及化，以及我国产业技术升级和结构的调整，高校毕业生就业能力不
足和供需的结构性矛盾将长期存在，并成为制约毕业生就业的关键因素[1]。

---

* 赵霞：中国青少年研究中心少年儿童研究所副研究员，博士，主要研究领域为青少年发展
与教育；史国枫：洛阳师范学院马克思主义学院讲师，博士，主要研究领域为青少年思想
政治教育。

[1] 卿石松：《大学生就业决定因素分析——基于多层模型的方法》，《人口与经济》2012 年第
1 期。

因此，培养和提升贫困家庭大学生的就业能力对于促进毕业生就业具有关键作用。本报告将在分析建档立卡贫困人口中在校大学生就业能力状况及培养现状的基础上，探讨提升其就业能力的对策。

一 在校大学生就业能力的基本状况

关于就业能力，并没有一个统一的定义。不同学者对就业能力有不同的理解。有些学者将就业能力理解为获得或保持工作的能力，有些学者将就业能力理解为求职技能，有些学者将就业能力理解为与竞争对手相比较的竞争力，等等[1]。在校大学生尚未进入职业领域，对他们而言，更重要的是了解获取一份工作应具备什么样的能力、素质和条件。因此，在本研究中，就业能力是一种综合能力，是指大学生在校期间通过知识的学习和综合素质的培养而获得的发现并获得工作机会的能力。关于就业能力的结构，USEM 就业能力模型比较有代表性，该模型认为，大学生就业能力结构由专业知识的理解力、通用和专业技能、自我效能感及元认知四大要素组成[2]。可见，就业能力不仅是个人所具有的各种技能的集合，也包括知识、态度、认知等因素。本报告关于就业能力的指标包括专业素质、关键技能、求职技能等三个方面，每个方面又由许多具体指标构成。

（一）专业素质

大学生专业素质是指"大学生掌握的专业理论及相关知识，以及运用这些知识解决实际问题的技能，并进而将获得的专业知识和专业能力内化，所形成的一种相对稳定的能较出色地从事专业工作的品质"[3]。专业素质是大学生可持续发展的基础，是大学生就业核心竞争力之所在，也是用人单位

---

① 黄敬宝：《就业能力与大学生就业——人力资本理论的视角》，经济管理出版社，2008。
② 史秋衡、文静：《中国大学生的就业能力——基于学情调查的自我评价分析》，《北京大学教育评论》2012 年第 1 期。
③ 郭平：《大学生专业素质与拓展》，《求实》2006 年第 S2 期。

挑选大学生的关键标准[①]。本报告对专业素质的考察包括专业兴趣、专业满意度、学习投入、专业水平。

首先来看本次调查的建档立卡贫困人口中在校大学生的就读学历、学校类型、专业等基本情况。

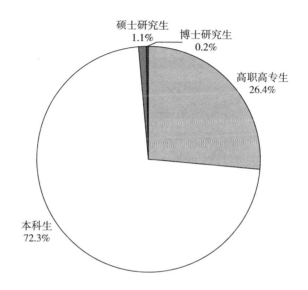

硕士研究生
1.1%
博士研究生
0.2%
高职高专生
26.4%
本科生
72.3%

图1 建档立卡贫困人口中在校大学生就读学历分布

由图1可知，本次调查的建档立卡贫困人口中在校大学生以本科生为主，占72.3%，其次是高职高专生，占26.4%，硕士和博士研究生共占1.3%。

由图2可知，本次调查的建档立卡贫困人口中在校大学生就读学校以非"双一流"本科院校为主，占49.2%；其次是公立高职高专，占20.7%；民办本科、"双一流"高校和民办高职高专院校较少，分别占14.4%、11.2%和4.5%。

由图3可知，本次调查的建档立卡贫困人口中在校大学生就读专业以工学最多，占28.6%，其次是理学和管理学，分别占11.7%和11.5%，其他专业还包括医学、教育学、经济学、文学、艺术学、法学、农学、历史学、

---

① 任江林：《关于提高大学生就业能力的几点思考》，《教育与职业》2005年第6期。

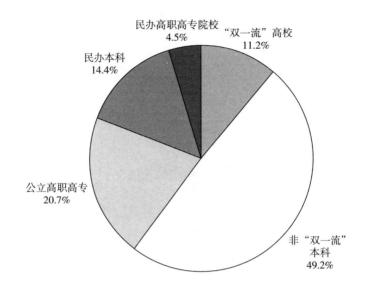

图2 建档立卡贫困人口中在校大学生就读学校类型分布

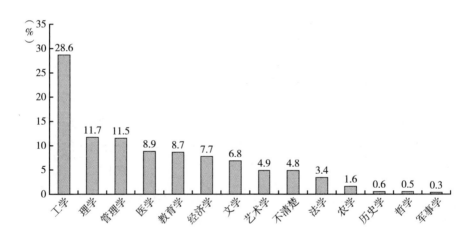

图3 建档立卡贫困人口中在校大学生就读专业类型分布

哲学和军事学，占比均未超过1成。

综合来看，本次所调查的建档立卡贫困人口中在校大学生以普通本科院校的本科生居多，专业以工学为最多，占近三成，理学和管理学各占一成多，其他专业占比均不到一成。

1. 专业兴趣

专业兴趣是导致学生学业收获大的重要因素。认可所学专业的社会价值，在专业学习中体验到愉悦情绪，希望在该领域继续深造的学生，能够更深入地学习，从而取得较多的学业收获①。因此，发展和培养专业兴趣是提升大学生专业素质的重要方面。

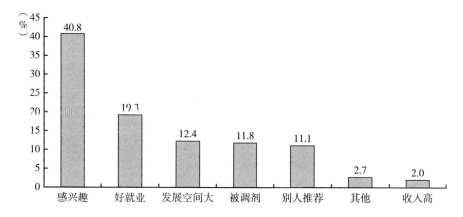

图4　建档立卡贫困人口中在校大学生选择所学专业的原因

由图4可知，建档立卡贫困人口中在校大学生选择所学专业的首要原因是感兴趣，占40.8%，这为他们在大学期间持续提升专业素质提供了良好基础。除此之外，建档立卡贫困人口中在校大学生选择所学专业的第二位原因是好就业，占19.3%。第三位原因是发展空间大，占12.4%。可见，就业和发展是建档立卡贫困人口中在校大学生选择专业时的重要考虑。"被调剂"居选择专业原因的第四位，比例达11.8%。访谈中发现，调剂生的专业学习和发展是一个值得关注的问题。一些专业调剂生心理状态消极，对所学专业没有兴趣，学习动力不足；对未来的前途没有明确目标，缺乏信心；不知道现在该干什么，更不知道将来该干什么。

贵州师范大学的一位女生说：

---

① 张萍等：《专业兴趣与深层学习方式在大学生主动合作学习与学业收获关系中的中介作用研究》，《黑龙江高教研究》2018年第2期。

我是被调剂到生物专业的，特别不喜欢这个专业。现在跟着老师在实验室工作，程序简单，却很繁杂，我不是太想做；而且老师主张学生自主发展，很多事情没有人引导，需要自己去摸索，对我来说太难了。生物技术方面的就业岗位要求很高，要有三年以上的工作经验才能进入大企业，本科毕业后很难找到理想的工作。我一直希望毕业后考研，换一个专业。但是，因为学习成绩还可以，到现在为止没有挂科，如果我申请本专业保研的话，是有一些优势的。所以，我现在很困惑，不知道该如何选择。

这位女生的困惑在专业调剂生群体中比较普遍，一方面他们对本专业的兴趣和认可度较低；另一方面，他们也面临着更大的学习困难。如果不能及时得到相应的帮助，他们的学习和就业将会受到负面的影响。

2. 专业满意度

专业满意度即大学生对所学专业的认同度，体现了其学习需求获得满足的程度，是衡量大学生对所学专业态度的重要指标。本研究设计了两个题目来了解建档立卡贫困人口中在校大学生的专业满意度，一是对本专业就业率的了解程度，二是对本专业的满意程度。

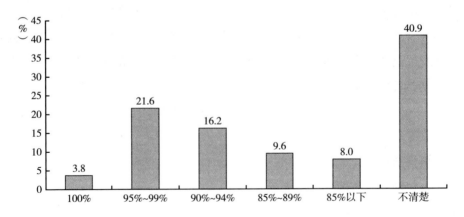

图5 建档立卡贫困人口中在校大学生所读专业2018年就业率

由图5可知，建档立卡贫困人口中在校大学生有四成不清楚自己所读专业的就业率，这体现出他们对职业生涯发展的认知具有模糊性。访谈中了解到，建档立卡贫困人口中在校大学生普遍感觉到就业压力较大，但对于具体的就业前景信息又缺乏深入了解，这造成他们在专业学习上缺乏计划和目标、随大流的情况非常普遍。除此之外，也有六成建档立卡贫困人口中在校大学生了解所读专业2018年的就业率，其中，25.4%表示所就读专业就业率超过95%，认为在90%～94%的占16.2%，认为在85%～89%的占9.6%，认为低于85%的占8%。

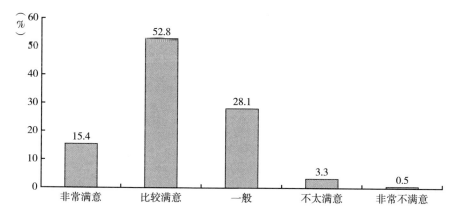

图6 建档立卡贫困人口中在校大学生对所读专业的满意度

由图6可知，建档立卡贫困人口中在校大学生对所就读专业的满意度尚可，15.4%表示非常满意，52.8%表示比较满意，合计有68.2%的大学生对所就读专业感到满意；表示不太满意和非常不满意的只有3.8%，另有28.1%表示满意度一般。

综合来看，建档立卡贫困人口中在校大学生对所就读专业的满意率接近七成，但对所就读专业的就业率了解程度一般，约四成不清楚所读专业的就业率，这不利于他们做出合理的专业发展规划和职业生涯规划。

3. 学习投入

学习投入是影响大学生专业成绩的重要因素，也是构成专业素质的重要方面。本研究主要考察建档立卡贫困人口中在校大学生学习的时间投入，即他们在学习上所花的时间。

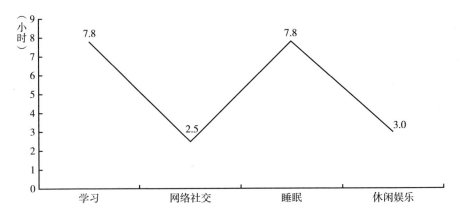

图7 建档立卡贫困人口中在校大学生每天的时间安排

图7呈现了建档立卡贫困人口中在校大学生每天的时间安排，从中可以看到，建档立卡贫困人口中在校大学生每天的学习时间是7.8小时，睡眠时间也是7.8小时，休闲娱乐时间是3.0小时，网络社交时间是2.5小时。访谈中发现，学校的教育环境是影响学生个体学习投入的重要因素。良好的校园风气、活跃的校园学术文化，能够吸引学生投入校园学习活动。有些高校推行导师制，对于提升学生的专业兴趣和学习投入起到了积极的促进作用。

一位来自贵州大学的女生说：

大二开始，系里给我们安排了导师。我的导师是一位刚博士毕业的年轻老师，她给我们买了很多专业书，每周与我们见面，要求我们做读书报告；带着我们做社会实践项目，还指导我做了一个本科生导师制的调查，是一位特别负责的导师。通过做这些事情，我逐渐认识到自己对科研很感兴趣，科研能力也还比较强。我觉得自己跟导师有点像，性格、做事方面都比较相似，所以受她影响，想选择类似的职业道路。导师很专注，只要她努力就能做到。我觉得自己是在朝着她的方向努力。

现在我每天疯狂学英语，强迫自己每天读一小时的书，把每天要做的事情做完，也在积极准备司法考试。很幸运遇到这个导师。

4. 专业水平

专业水平是专业素质的核心体现，也是用人单位挑选大学生最明确、可量化的标准。本研究对建档立卡贫困人口中在校大学生专业水平的评估主要使用两个指标：一是最近一学年班级排名，二是是否辅修第二学位。

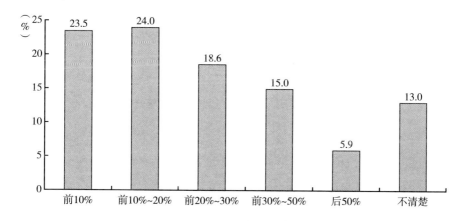

图8　建档立卡贫困人口中在校大学生最近一学年班级排名

由图8可知，建档立卡贫困人口中在校大学生学业水平较高，最近一学年班级排名前50%的占81.1%，其中，排名前10%的占23.5%，排名前10%～20%的占24.0%；而排名中等以下的只占5.9%。

由图9可知，建档立卡贫困人口中在校大学生辅修第二学位的比例较低，仅占8.9%，多达91.1%的人学生没有辅修第二学位。辅修第二学位是大学生在校期间提高综合素质、增强就业竞争力的重要途径，但可能受限于个人的精力和经济能力，建档立卡贫困人口中在校大学生辅修第二学位的比例较低。

综合来看，建档立卡贫困人口中在校大学生专业能力尚可，最近一学年班级排名中等以上的超过八成，但辅修第二学位的比例尚不足一成，不利于他们成长为跨学科的复合型人才。

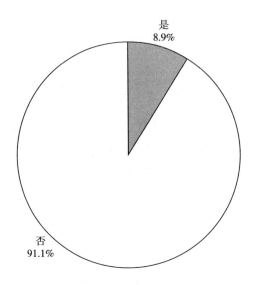

图9　建档立卡贫困人口中在校大学生是否辅修第二学位

（二）关键技能

大学生的关键技能是从事所有工作都必须具备的基本能力以及大学生具备的特长和优势能力。关键技能是大学生各种能力素质中最具特色、最强有力的部分，是相对于其他学生的优势能力，是在专业素质基础上加以提升的竞争优势。

1. 基本能力

基本能力主要包括社交能力、组织能力、自控能力、抗挫折能力、合作能力、语言组织及表达能力等基本职业技能。

由图10可知，建档立卡贫困人口中在校大学生具备的最突出能力是抗挫折能力，26.1%的大学生认为自己抗挫折能力很强，49.0%认为比较强，二者合计，75.1%的大学生抗挫折能力强。这充分体现出贫困大学生的特点。由于家庭经济条件不佳，贫困大学生在成长过程中往往遭遇了更多的挫折和困难，这在一定程度上锻炼了他们抗挫折的能力，这项能力也成为他们今后就业的一大优势。

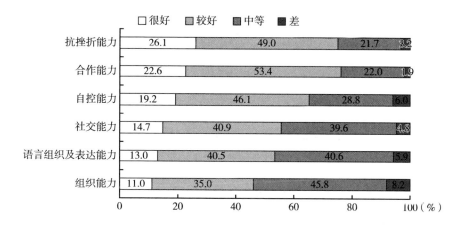

图10 建档立卡贫困人口中在校大学生基本能力自评

访谈中，贵州民族大学的一名男生说：

> 贫困让我们有了吃苦耐劳的韧性和面对挫折的勇气，更能勇往直前，靠自己的努力给家人幸福和回报社会。贫困不可怕，可怕的是没有直面贫困的勇气和乐观的态度。

建档立卡贫困人口中在校大学生具备的第二大能力是合作能力，22.6%的大学生认为自己合作能力很强，53.4%的认为比较强，二者合计，76.0%的大学生合作能力强。第三是自控能力，19.2%的大学生认为自己自控能力很强，46.1%的认为比较强，二者合计，65.3%的大学生认为自控能力强。

相对而言，建档立卡贫困人口中在校大学生社交能力、语言组织及表达能力、组织能力要弱一些，认为这三种能力强的分别占55.6%、53.5%、46%。访谈中发现，多数贫困生来自欠发达地区、少数民族地区，成长环境信息闭塞，观念落后，日常交流以方言或少数民族语言为主。上大学后，由于普通话不标准，一些贫困生会刻意回避社交或公开场合的表现，这进一步限制了其社交能力、语言组织及表达能力、组织能力的发展。

贵州师范大学的一位男生说：

我特别想毕业后回到自己的高中母校当老师，但是我表达能力不好，从小说少数民族语言，普通话不标准，所以非常担心面试遇到问题。

长沙大学的一位男生在进入大学后针对自己表达和社交能力上的不足，有意识地进行了锻炼，能力得到很大提升：

我上中学时比较内向，跟人交往比较少，真正的朋友就两三个。上大学之后，我想改变自己，有意去跟外人打交道，主动跟老师交流，或者在人比较多的情况下，自己做一些口才方面的演讲训练。刚开始比较胆怯，心里会有点慌，常常想"上去该说些什么？会不会说不好？"之类的问题。但是，我发现，你只要努力站上去，大声地把心里话说出来就可以。在公开演讲之前可以准备一些稿子。我感觉这样训练下来还是有效果的，至少现在感觉跟人交流脸不会红，心也不会跳得太快。

如果能够针对建档立卡贫困人口中在校大学生的能力特点，提供更切合他们需要的帮助和指导，弥补其不足，发挥其特长，无疑将有助于他们更好地就业。

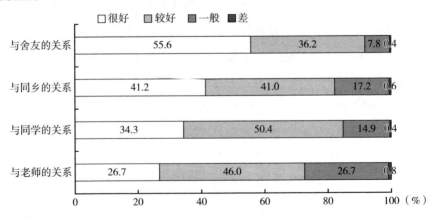

图11　建档立卡贫困人口中在校大学生人际关系状况

从图 11 可知，建档立卡贫困人口中在校大学生的人际关系中，55.6%的大学生与舍友关系很好，36.2%与舍友关系较好，二者合计，91.8%的大学生与舍友关系好；其次是与同乡的关系，41.2%与同乡关系很好，41.0%关系较好，二者合计，82.2%的大学生与同乡关系好；再次是与同学的关系，34.3%与同学关系很好，50.4%与同学关系较好，二者合计，84.7%的大学生与同学关系好；最后是与老师的关系，26.7%与老师关系很好，46.0%与老师关系较好，二者合计，72.7%的大学生与老师关系好。总的来看，建档立卡贫困人口中在校大学生的人际关系状况良好，但也反映出他们在社会交往方面，更倾向于与舍友、同学、同乡等同质性更强的身边小团体交流，而与老师的交往相对要少一些。

2. 就业优势

关键技能不仅包括基本的职业技能，还包括各种个人特长及就业优势。本研究从特长、证书获取和个人自认为拥有的就业优势三个指标来评估建档立卡贫困人口中在校大学生的就业优势。

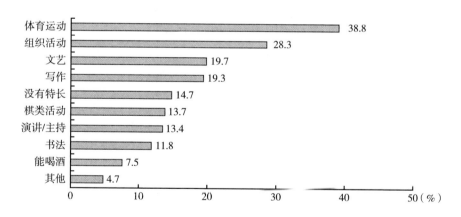

图 12　建档立卡贫困人口中在校大学生的特长

特长是个人求职简历中的重要一项，它往往反映了一个人的天赋或某方面的长期训练，是用人单位挑选大学生的重要参考。由图 12 可知，建档立卡贫困人口中在校大学生具备体育特长的最多，占 38.8%；其次是具有组织活动特长的，占 28.3%；再次是文艺特长，占 19.7%，而具备写作特长的占 19.3%；明确表示没有特长的占 14.7%。

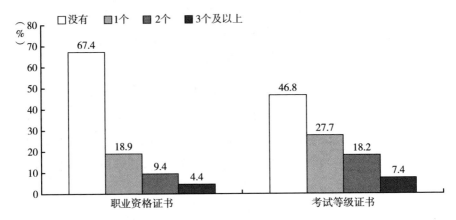

图 13　建档立卡贫困人口中在校大学生的证书获取情况

大学期间考取证书在一定程度上证明了大学生的能力，对于其将来的就业也有一定的帮助。由图 13 可知，建档立卡贫困人口中在校大学生拥有考试等级证书（如大学英语等级证书、钢琴考级证书等）的超过半数，占 53.3%，其中，拥有 1 个证书的占 27.7%，有 2 个证书的占 18.2%，有 3 个及以上证书的占 7.4%。拥有职业资格证书（如会计证、社工证、钳工证等）的占 32.7%，其中，拥有 1 个证书的占 18.9%，有 2 个证书的占 9.4%，有 3 个及以上证书的占 4.4%。但是，访谈中也发现，建档立卡贫困人口中在校大学生中存在盲目考证、跟风考证的现象，比如教师资格证，一些大学生明确表示不喜欢当老师，但也考了教师资格证，"多考个证多条出路"，考证成了就业压力之下的无奈之举。这样的心态会直接影响大学生的就业选择和今后的长期发展。

由表 1 可知，建档立卡贫困人口中在校大学生具备的最突出就业优势是吃苦耐劳的品质，选择此项的占比高达 72.7%，比第二位高出近 40 个百分点；居第二位的就业优势是有相关实习和工作经历，有 34.0% 的建档立卡贫困人口中在校大学生具备这一优势；第三位是工作能力强，占 29.0%；第四位是学习成绩好，占 21.4%；具备其他就业优势的均不足两成。

表1　建档立卡贫困人口中在校大学生的就业优势自评

单位：%

优势	占比	优势	占比
吃苦耐劳的品质	72.7	性别为男性	6.2
有相关实习和工作经历	34.0	学生干部	6.1
工作能力强	29.0	父母、亲戚的帮助	4.7
学习成绩好	21.4	老师的推荐	4.5
形象气质好	17.1	党员身份	3.7
社会交际能力强	14.4	学校名气大	3.5
热门专业	11.7	往届毕业生的声誉好	2.8
农村身份	10.1	应聘技巧好	1.5
朋友的帮助	8.7	拥有就业地户口	1.0
学历层次高	6.4	以上都没有	0.9

综合来看，建档立卡贫困人口中在校大学生的就业优势并不突出。第一，在特长方面，有体育特长的最多，不足四成；其次是有组织活动特长的，不足三成；再次是有文艺特长的，不足两成。第二，拥有证书的比例不高，拥有考试等级证书的刚过半数，拥有职业资格证书的只有三成多。第三，建档立卡贫困人口中在校大学生最突出的就业优势是吃苦耐劳，选择率超过七成，第二大和第三大优势分别是有相关实习和工作经历、工作能力强，但有这两项优势的只占三成左右，拥有其他就业优势的比例更低。增强建档立卡贫困人口中在校大学生的就业优势，应成为学校就业指导和服务的重要工作目标。

（三）求职技能

求职不仅需要能力储备，也需要掌握求职技巧和方法，这样才能使求职行动更加有效。求职能力强弱关系到大学生是否实现劳动者和生产资料的结合、能否实现人职匹配[①]。对建档立卡贫困人口中在校大学生求职能力的考察主要关注就业资源获取能力、就业政策和服务获取能力。

---

① 任江林：《关于提高大学生就业能力的几点思考》，《教育与职业》2005年第6期。

1. 就业资源获取能力

由图 14 可知，建档立卡贫困人口中在校大学生获取就业信息最主要的渠道是校园招聘会，使用率超过六成；其次是学校发布的招聘信息，使用率超过五成；再次是学校老师或校友推荐，使用率超过四成。此外，通过各类招聘网站获取就业资源的也接近四成，通过高校就业信息网、工作实习获取就业资源的超过两成，通过家庭或其他社会关系、政府/社会机构组织的招聘会、直接向用人的单位申请、父母或亲戚介绍、报纸/杂志发布的招聘信息等途径获取就业资源的均只有一成多。

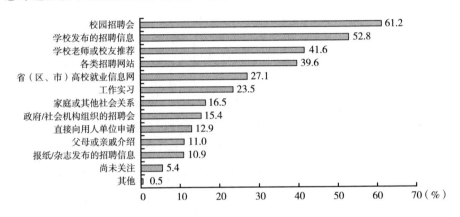

图 14　建档立卡贫困人口中在校大学生就业资源获取渠道

2. 就业政策和服务获取能力

建档立卡贫困人口中在校大学生就业政策获取能力主要涉及对大学生家乡和高校所在地就业政策的了解程度、对大学生返乡就业创业相关政策的了解程度、对共青团大学生就业创业服务的了解程度，以及对基层/西部就业项目、就业服务和就业政策的了解程度。

由图 15 可知，建档立卡贫困人口中在校大学生对就业政策的了解程度不高，"非常了解"和"比较了解"家乡就业政策的合计只占 22.7%，"非常了解"和"比较了解"高校所在地就业政策的合计只占 25.7%，而"不太了解"和"很不了解"家乡就业政策的合计占 34.9%，"不太了解"和"很不了解"高校所在地就业政策的合计占 26.9%。

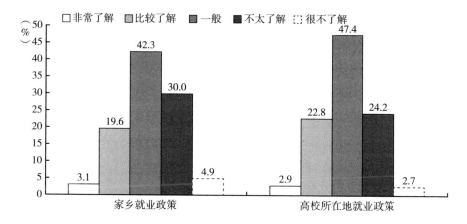

图15 建档立卡贫困人口中在校大学生对就业政策了解程度

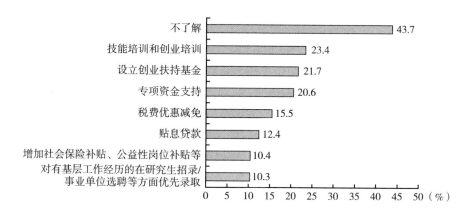

图16 建档立卡贫困人口中在校大学生对大学生返乡就业创业相关政策了解程度

由图16可知，建档立卡贫困人口中在校大学生对大学生返乡就业创业相关政策的了解程度较低，明确表示不了解的占43.7%；了解技能培训和创业培训的最多，也只占23.4%；此外，有两成多对设立创业扶持基金、专项资金支持等政策有所了解，有一成多对税费优惠减免、贴息贷款、增加社会保险补贴和公益性岗位补贴以及对有基层工作经历的在研究生招录/事业单位选聘等方面优先录取等政策有所了解。

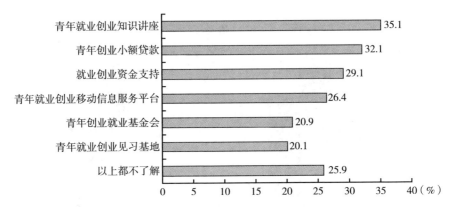

图17 建档立卡贫困人口中在校大学生对共青团大学生就业创业服务了解程度

由图17可知，建档立卡贫困人口中在校大学生对共青团大学生就业创业服务的了解程度不高，了解青年就业创业知识讲座、青年创业小额贷款服务的均有三成多，了解就业创业资金支持、青年就业创业移动信息服务平台、青年创业就业基金会、青年就业创业见习基地服务的均有两成多，另有两成多明确表示对以上就业创业服务都不了解。

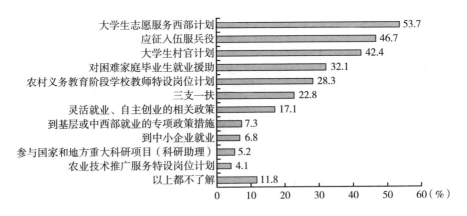

**图18 建档立卡贫困人口中在校大学生对相关就业项目、
就业服务和就业政策的了解程度**

由图18可知，建档立卡贫困人口中在校大学生对基层/西部就业项目、就业服务和就业政策有一定程度的了解。第一，了解最多的是大学生志愿服务西部计划,有53.7%的大学生了解该计划;第二是应征入伍服兵役,了解该计划的大学生占46.7%;第三是大学生村官计划,了解该计划的大学生占42.4%。此外,有三成多大学生了解困难家庭毕业生就业援助,有两成多了解特岗教师计划、三支一扶计划,有一成多了解灵活就业和自主创业的相关政策,也有11.8%的人对所有基层/西部就业项目等都不了解。

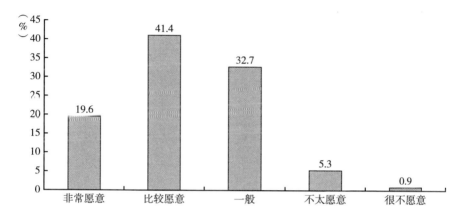

图19　建档立卡贫困人口中在校大学生基层就业意愿

由图19可知,建档立卡贫困人口中在校大学生基层就业意愿较强,19.6%表示非常愿意去基层就业,41.4%比较愿意去基层就业,合计有61.0%的大学生愿意去基层就业。而明确表示"不太愿意"和"很不愿意"去基层就业的只占6.2%。

总的来看,建档立卡贫困人口中在校大学生对就业政策的了解程度不高,了解家乡和高校所在地就业政策的分别只有两成多;对大学生返乡就业创业相关政策的了解程度也较低,有四成多明确表示不了解,了解最多的是技能培训和创业培训,知晓率也只有两成多;对共青团大学生就业创业服务了解程度不高,了解最多的是青年就业创业知识讲座,知晓率有三成多;对基层/西部就业项目、就业服务和就业政策的了解程度相对高一些,了解大学生志愿服务西部计划的超过半数,了解应征入伍服兵役、大学生村官计划的有四成多。不少学生在完成问卷后发出感叹:"没想到国家出台了这么多

就业政策!"访谈中进一步了解到，相当一部分建档立卡贫困人口中在校大学生没有意识到国家的就业政策与个人职业发展的关系，在积极主动地了解政策方面存在惰性；另外，学校和相关部门对大学生就业政策的宣传不到位不及时，导致大学生无法及时获取相关政策信息。

二 在校大学生就业能力培养状况

大学生就业能力是高等教育人才培养的重要内容，也是反映高等教育人才培养是否"契合"社会发展的重要维度①。同时，大学生就业能力也可成为人才培养模式创新的重要切入点，通过分析建档立卡贫困人口中在校大学生就业能力培养状况，来审视人才培养过程，探寻影响大学生就业能力提升的内在动因，能够更有针对性地建构建档立卡贫困人口中在校大学生就业能力培养机制，帮助其实现就业能力提升。

（一）社会实践

大学生不仅要有扎实的理论知识，还要有丰富的实践经历。实践能力在用人单位的人才选择标准中占据越来越重要的位置。大学期间，大学生可以通过担任学生干部、参加社团活动、提供志愿服务以及进行岗位实习来锻炼实践能力，提升综合素质。大多数建档立卡贫困人口中在校大学生注重在各种各样的校内外社会实践中磨炼自己。

下面是贵州民族大学的一名大三男生大学期间的主要实习经历和收获：

上大学三年来，我参与过很多校内外实践实习。大一刚进校就参加了学院学生会。大二代表班级承办学校摄影展，代表学院参加学校各级足球赛事，带领团队在学校举办的创新创业大赛中拿到名次。大二大三

---

① 史秋衡、文静：《中国大学生的就业能力——基于学情调查的自我评价分析》，《北京大学教育评论》2012 年第 1 期。

均有在贵阳国际车展实习，主要负责展会现场场务。2017年暑假也在国际山地旅游大会服务，主要是热气球大赛；在第十届东盟教育交流周也做过志愿者。在第一、第二届贵阳建材家居博览会，我作为组委会成员去贵州各市、州邀请客户参观展会。现在我在中国青年旅行社贵州公司会展部实习。我现在学习的专业是会展经济与管理，实习能够让我真正地了解会展这个行业以及贵州会展业的发展，我对自己将来的就业也有了一定的认识。

1. 担任学生干部

担任学生干部为建档立卡贫困人口中在校大学生提供了锻炼综合能力的机会，尤其是社交能力、表达能力和组织能力。由图20可知，担任过学生干部的贫困大学生和没有担任过学生干部的贫困大学生在六项基本能力上均存在非常显著的差异，组织能力的差距最大，担任过学生干部的贫困大学生自评组织能力比其他同学"好"的比例为59.3%，而没有担任过学生干部的该比例仅为31.8%，相差27.5个百分点；社交能力的差距达21.3个百分点，表达能力差距为18.7个百分点，合作能力差距为12个百分点；抗挫折能力、自控能力的差距相对小一些，分别为4.9个百分点和4.2个百分点。

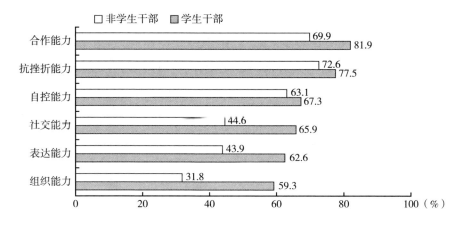

图20 是否担任学生干部的贫困大学生基本能力自评为"好"的比例差异

2. 社团参与

由图 21 可知，建档立卡贫困人口中在校大学生在校参加社团的接近八成，达到 78.3%。其中，49.5% 是社团一般成员，25.0% 担任过社团骨干成员，9.4% 担任过社团副职，2.7% 担任过社团主席。

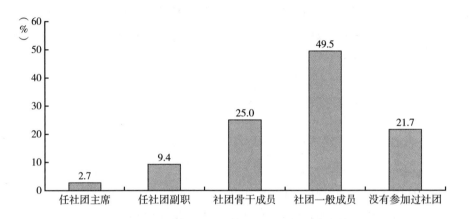

图21　建档立卡贫困人口中在校大学生的社团参与情况

高校学生社团是在校大学生进行自我教育、自我管理、自我服务的重要平台，是促进大学生社会化的有效载体。建档立卡贫困人口中在校大学生参加社团活动，有助于提升综合素质。由图 22 可知，参加社团的贫困大学生和没有参加过社团的贫困大学生在六项基本能力上均存在非常显著的差异，合作能力、表达能力方面差距最大，参加过社团的贫困大学生合作能力自评比其他同学"好"的比例为 78.0%，而没有参加过社团的仅为 69.3%，相差 8.7 个百分点；参加过社团和没有参加过社团的贫困大学生表达能力自评比其他同学"好"的差距也有 8.7 个百分点；此外，组织能力的差距为 6.7 个百分点，社交能力的差距为 6.4 个百分点，自控能力的差距为 5.2 个百分点，抗挫折能力的差距为 4.8 个百分点。

3. 志愿服务

由图 23 可知，建档立卡贫困人口中在校大学生 2017 年以来参加过志愿服务的接近八成，达到 78.9%。其中，就近服务身边有需要的人最多，占

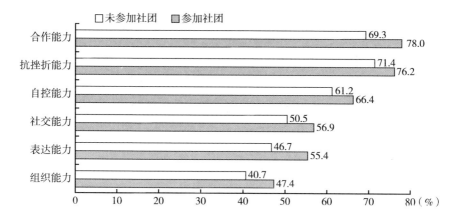

图22　是否参加社团的大学生基本能力自评为"好"的比例差异

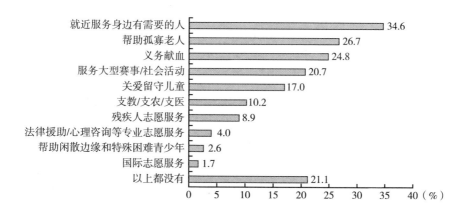

图23　建档立卡贫困人口中在校大学生2017年以来志愿服务参与类型

34.6%；其次是帮助孤寡老人，占26.7%；再次是义务献血，占24.8%；服务过大型赛事或社会活动的也占两成；参加过关爱留守儿童、支教/支农/支医的各有一成多；此外，也有一些大学生参加了残疾人志愿服务、法律援助/心理咨询等专业志愿服务、帮助闲散边缘和特殊困难青少年以及国际志愿服务。

　　志愿服务活动是促进大学生综合素质提升的重要推动力之一。由图24可知，参加志愿服务的贫困大学生和没有参加过志愿服务的贫困大学生在六项基本能力上均存在非常显著的差异，组织能力的差距最大，参加过志愿服务的贫困大学生组织能力自评比其他同学"好"的比例为49.2%，而没有参加过志愿服务的仅为34.1%，相差15.1个百分点；参加过志愿服务和没有参加过志愿服务的贫困大学生表达能力自评比其他同学"好"的差距有13.9个百分点；此外，社交能力的差距为12.2个百分点，合作能力的差距为10个百分点，自控能力的差距为7.7个百分点，抗挫折能力的差距为7.1个百分点。

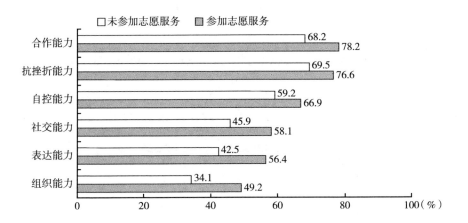

图24 是否参加志愿服务的大学生基本能力自评为"好"的比例差异

一位来自贵州师范大学的男生利用暑期回到家乡进行扶贫调研，收获颇丰：

今年暑假，我在自己从小长大的村子里做了一个调研，目的是了解扶贫给村子带来的变化。调研中，我了解到政府给予村里的各种政策扶持，比如产业扶持，主要是芒果种植、火龙果种植产业，农民用上地入股，栽种还能发工资，增加了收入；在基础设施方面，变化最大的是道路硬化，村里没有泥巴路了，装上了太阳能路灯，为村民晚上出行提供了方便。还有修桥、建小垃圾池等等。政府还为精准扶贫户安排了易地搬迁，不仅按人头分住房，还安排工作岗位。扶贫政策很好，对家乡经济水平提高有很大帮助。但是，通过深入去农村走访，我觉得要全面脱贫还面临不少困难，比如残疾人家庭；还有一些人口特别少的家庭，比如我知道的一个家庭，妈妈出走，爸爸不在了，只剩一个 16 岁的孩子，自己去外面打工。还有老龄化的问题，在乡村最无聊的就是老年人，没有娱乐设施，生活很无聊。

平时，我会去村委会观察驻村干部的工作，帮他们做些事情，跟他们聊天，他们也给我很多就业方面的建议，建议我考公务员，为家乡做一些贡献。主动跟他们交流，对我很有帮助。我现在还是挺向往基层工作的。我现在学文化产业管理专业，以后想借助文创，把村里搞成旅游地，传承布依族文化。

通过暑期的志愿服务，这位同学对家乡的发展和国家的扶贫工作有了深入了解，激起了反哺家乡的强烈愿望，也进一步明确了自己的职业方向。

4. 岗位实习

工作实习是提升就业能力的主要方式。通过实习，大学生能够准确了解企业对就业能力的需求，从而自我评估与发展有利于就业的能力素质[1]。因此，就业能力中的核心技能，如沟通能力、适应能力、团队合作和时间管理能力等，主要通过兼职工作或实习来提升[2]。研究发现，实习经历不仅有利于提高就业能力，对促进毕业生从学校到工作的顺利转移也有显著作用[3]。

由图 25 可知，建档立卡贫困人口中在校大学生有实习经历的接近六成，达 58.3%。其中，实习 1 次的占 22.1%，实习 2 次的占 18.9%，实习 3 次及以上的占 17.3%。

---

[1] Crebert G. et al., "Developing Generic Skills at University, during Work Placement and in Employment: Graduates' Perceptions", *Higher Education Research and Development*, 2004, 24 (2).

[2] Neill, N. et al., "The Influence of Part‐time Work on Student Placement", *Journal of Further and Higher Education*, 2004.

[3] Mason, G., Williams, G., Cranmer, S., "Employability Skills Initiatives in Higher Education: What Effects Do They Have on Graduate Labour Market Outcomes?", *Education Economics*, 2009.

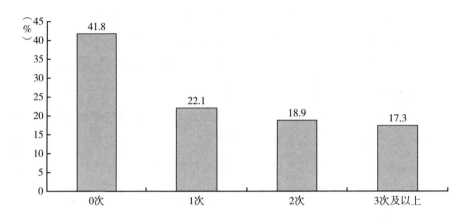

图25　建档立卡贫困人口中在校大学生的实习次数

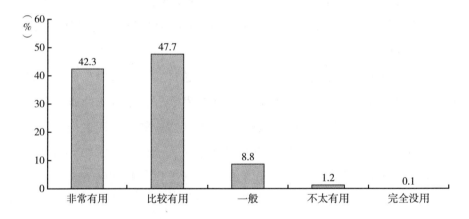

图26　建档立卡贫困人口中在校大学生评价参加实习对就业的帮助

　　由图26可知，建档立卡贫困人口中在校大学生普遍认为参加实习对今后就业有帮助，42.3%认为非常有用，47.7%认为比较有用，合计达到90.0%。而认为实习没什么用的只占1.3%。

　　由图27可知，参加实习对提升建档立卡贫困人口中在校大学生的基本能力起到了促进作用。有过实习经历的贫困大学生和没有实习经历的贫困大学生在六项基本能力上均存在非常显著的差异，组织能力的差距最大，参加过实习比贫困大学生组织能力自评比其他同学"好"的比例为50.2%，而

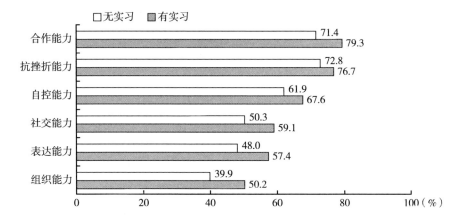

图27 是否参加实习的贫困大学生基本能力自评为"好"的比例差异

没有参加过实习的仅为39.9%，相差10.3个百分点；参加过实习比没有参加过实习的贫困大学生表达能力自评比其他同学"好"的比例高9.4个百分点；此外，社交能力自评为"好"的比例相差8.8个百分点，合作能力自评为"好"的比例相差7.9个百分点，自控能力自评为"好"的比例相差5.7个百分点，抗挫折能力自评为"好"的比例相差3.9个百分点。

下面是贵州财经大学一位大三女生的实习经历：

我目前就读经济学专业，学的主要是理论，我不喜欢，我想创业、自主发展。到目前为止，我有过三次实习经历。第一次实习是在大一暑假，去浙江的一个做电子产品的私人小企业，厂子是做车灯的，我负责贴灯珠。活挺简单，不累，一天八小时，我做了20多天，赚了3000多块钱。当时的老板经常跟我说，做企业有风险，还是要好好读书，培养能力。第二次实习是在苏州，一个做"苹果"手机线的工厂，工厂管理很严格，但厂长很有人情味，感觉很好。工资是每小时17元，我做了一个多月，赚了5000多元。第三次实习也是在苏州，遇到了很严厉的领导，做错事先一顿骂，不告诉你解决方案，让你自己想办法。我做了一个多月，到离开的时候还不知道做的电子产品是干什么用的。在这

131

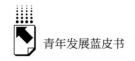

次实习中我感觉到，管理很重要，这个企业老板的管理有问题。通过这几次实习，我意识到我喜欢做管理工作，以后我做管理工作一定要避免他们的问题。

通过积极主动参加实习，大学生不仅增加了自己的经历、丰富了就业体验、提升了各方面的能力，还更加明确了自己的就业意向。但是，对于不少建档立卡贫困人口中在校大学生来说，自主实习的首要动力来自经济驱动，即赚取自己的学习和生活费用，实习的目的也不再限于课堂所学习的理论和知识的应用实践，他们较少关注专业对口性，学用结合的程度较低，实习质量难以得到保证。

另一位贵州师范大学的女生谈到了自己对实习的不同看法：

实习有利有弊。我在大一就想实现财务自由，所以，上大学之前的那个暑假，就去给餐馆洗碗、去理发店洗头，干了一个多月。后来听老师说，知识改变命运，你有能力考上大学，将来还只能去做刷碗、洗头的事情吗？要去做更有意义的事情。于是，我就在外面参加培训学习，大一整个暑假都在外面学习。从大二开始早上带领大学生晨读、卖书。第二份兼职是在培训机构当讲师，学到组织活动的经验。同时也在社团当会长，学习怎么表达、组织会议，这些对我有很大帮助。你要能表达你想表达的东西。这一点我庆幸自己学到了。专业实习也非常好，我本来觉得我这个专业没有出路，实习之后我觉得这个专业是有出路的。但是在外面实习花的时间多了，这学期奖学金就没有得到。

可见，对于建档立卡贫困人口中在校大学生而言，需要尽早明确专业兴趣，进行职业规划，在充分自我认知的基础上以及在学有余力的情况下有针对性地适度、深度参加实习，从而既能获得一定的经济补偿，又能丰富职业体验、提高就业能力。

（二）就业指导

就业指导是高等教育的重要组成部分，就业指导工作有助于提升大学生展现自身优势的能力，因此，也是提升建档立卡贫困人口中在校大学生就业能力的重要途径。

1. 就业指导课程

就业指导课程是高校就业指导工作的重要实施途径，对大学生就业能力培养有着重要的推动作用。2003 年，《教育部关于进一步深化教育改革，促进高校毕业生就业工作的若干意见》明确要求：加强毕业生就业指导，将就业指导课作为学生思想政治教育的重要组成部分，并纳入日常教学。2007年，《国务院办公厅关于切实做好 2007 年普通高等学校毕业生就业工作的通知》明确要求高校"将就业指导课程纳入教学计划"。同时，该文件制定了《大学生职业发展与就业指导课程教学要求》，进一步明确了课程的教学目标、内容、方式、管理与评估。就业指导课主要帮助学生在态度、知识和技能三个层面达到以下目标：态度层面，树立起职业生涯发展的自主意识，树立积极正确的人生观、价值观和就业观念，把个人发展和国家需要、社会发展相结合，确立职业的概念和意识，愿意为个人的生涯发展和社会发展主动付出积极的努力。知识层面，基本了解职业发展的阶段特点；对自己的特性、职业的特性以及社会环境有较为清晰的认识；了解就业形势与政策法规；掌握基本的劳动力市场信息、相关的职业分类知识以及创业的基本知识。技能层面，掌握自我探索技能、信息搜索与管理技能、生涯决策技能、求职技能等，还应该通过课程提高学生的各种通用技能，比如沟通技能、问题解决技能、自我管理技能和人际交往技能等①。

由图 28 可知，建档立卡贫困人口中在校大学生大多参加过学校就业指导课或讲座，比例达 64.6%。其中，参加 1~5 课时的最多，占 27.8%，6~

---

① 《教育部办公厅关于印发〈大学生职业发展与就业指导课程教学要求〉的通知》，教高厅〔2007〕7 号，http://www.moe.gov.cn/s78/A08/moe_745/tnull_11260.html。最后检索时间：2020 年 3 月 16 日。

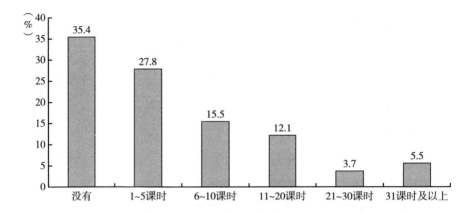

图28 建档立卡贫困人口中在校大学生参加学校就业指导课或讲座课时数

10 课时的占 15. 5% ，11 ~ 20 课时的占 12. 1% ，21 ~ 30 课时的占 3. 7% ，31
课时及以上的占 5. 5% 。

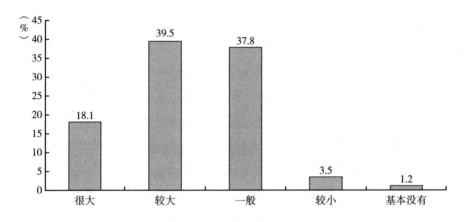

图29 建档立卡贫困人口中在校大学生认为学校开设就业指导课的帮助程度

由图 29 可知，多数建档立卡贫困人口中在校大学生认为学校开设的就
业指导课帮助较大，认为帮助"很大"、"较大"的共占 57. 6% ，但是也有
相当一部分大学生对就业指导课评价不高，认为帮助"一般"的占 37. 8% ，
认为帮助"较小"或"基本没有"的占 4. 7% 。

由图 30 可知，参加就业指导课程或讲座对强化建档立卡贫困人口中在

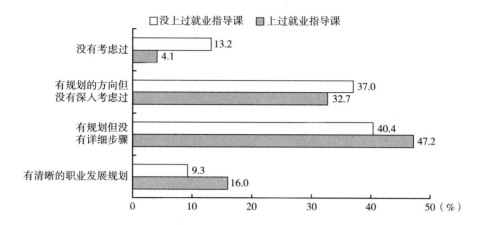

图30 是否上过就业指导课与个人职业发展规划之间的关系

校大学生的职业生涯发展意识起到了促进作用。上过就业指导课程的贫困大学生有清晰的职业发展规划的比例为16.0%，而没上过就业指导课程的贫困大学生有清晰的职业发展规划的比例仅为9.3%，差距为6.7个百分点；上过就业指导课程的贫困大学生有规划但没有详细步骤的比例为47.2%，而没上过就业指导课程的仅为40.4%，差距为6.8个百分点。

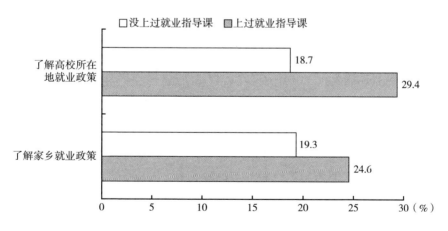

图31 是否上过就业指导课与就业政策了解程度之间的关系

由图31可知，参加就业指导课程或讲座有助于增进建档立卡贫困人口中在校大学生对就业政策的了解。上过就业指导课程的贫困大学生了解家乡就业政策的占 24.6%，了解高校所在地就业政策的占 29.4%，分别比没上过就业指导课程的贫困大学生多 5.3 个百分点、10.7 个百分点，差异非常显著。

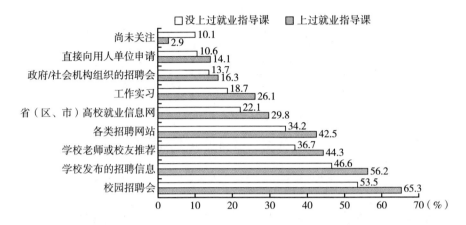

图 32　是否上过就业指导课与就业资源获取渠道的关系

由图 32 可知，参加就业指导课程或讲座有助于促进建档立卡贫困人口中在校大学生对就业信息的关注，并丰富获取就业资源的渠道。上过就业指导课程的贫困大学生尚未关注就业信息的仅占 2.9%，而没上过就业指导课的占 10.1%，相差 7.2 个百分点；上过就业指导课程的贫困大学生通过校园招聘会、学校发布的招聘信息、学校老师或校友推荐、各类招聘网站、高校就业信息网、工作实习、政府/社会机构组织的招聘会以及直接向用人单位申请等多种途径获取就业资源的比例均显著高于没上过就业指导课程的大学生。

由图 33 可知，参加就业指导课程或讲座对于建档立卡贫困人口中在校大学生的各种基本能力也起到了促进作用。上过就业指导课程的贫困大学生的组织能力、表达能力、社交能力、自控能力、抗挫折能力、合作能力自评比其他同学"好"的比例均高于未上过就业指导课程的大学生。

综合以上分析可见，六成多建档立卡贫困人口中在校大学生参加过学校的就业指导课程或讲座，其中六成多认为对自己帮助比较大。而且，上过就业指导课的大学生在职业生涯规划意识、就业政策认知、就业资源获取能力及基本能力方面均显著优于未上过就业指导课的大学生。这说明，高校的就

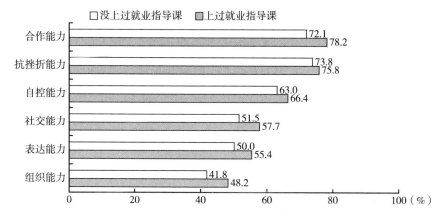

图33　是否上过就业指导课与基本能力自评为"好"的关系

业指导课程在建档立卡贫困人口中在校大学生就业能力培养上发挥了积极的作用。但是，访谈中也发现，不少高校的就业指导服务仍处于较为初级的阶段，学生对高校就业指导服务满意度不高，在就业指导服务的广度和深度方面，还存在许多要加以完善的地方，实效性也仍有较大的提升空间。

2. 创业教育

创业教育是增强大学生就业竞争力、扩大就业渠道的重要举措。国务院办公厅于2015年5月发布《关于深化高等学校创新创业教育改革的实施意见》，提出面向全体学生建设创新创业教育专门课程群。2015年10月，首届中国"互联网＋"大学生创新创业大赛总决赛举行，目前已连续举办数届，创新创业成为大学校园新时尚。教育部将创新创业教育改革与高等教育综合改革紧密结合，促进专业教育与创新创业教育有机融合，将创新创业教育贯穿于人才培养全过程。并加强创业指导服务，建立国家、地方、高校三级创业信息服务平台，提供创业项目对接、创业培训实训等服务[①]。

由图34可知，学校提供了一系列创业服务，超过半数建档立卡贫困人

① 周畅等：《线上线下精准帮扶——2018国务院大督查聚焦高校毕业生就业创业》，http://www.xinhuanet.com/politics/2018 - 09/05/c_ 1123384568. htm，最后检索时间：2020年3月16日。

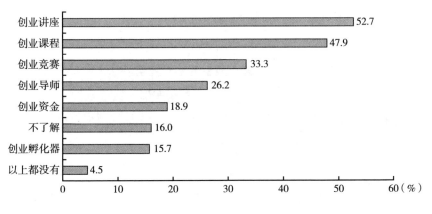

图34　学校提供的创业服务

口中在校大学生表示学校开展了创业讲座，占52.7%；47.9%的学校开设了创业课程，33.3%的学校开展创业竞赛，26.2%的学校有创业导师，18.9%提供了创业资金，15.7%有创业孵化器；表示以上都没有的只占4.5%；另外，也有16%的表示不了解学校提供了哪些创业服务。但是，访谈中也了解到，建档立卡贫困人口中在校大学生普遍承载着改变个人和家庭命运的压力，他们中的绝大多数人都面临着毕业后尽快就业的压力，而且多数贫困生认为自身经济基础薄弱、创业资源贫乏，缺乏尝试创业的勇气。大学期间的创业教育对于贫困大学生提升心理素质和综合技能、拓展创业思维、树立正确价值观都能起到积极的作用，因而，探索建档立卡贫困人口中在校大学生创业教育的有效模式显得尤为重要。

三　加强建档立卡贫困人口中在校大学生就业能力培养的对策建议

就业能力是一种综合能力，建档立卡贫困人口中在校大学生的就业能力通过众多指标共同体现出来。基于对全国10个省（区）3993名建档立卡贫困人口中在校大学生的问卷调查，课题组发现建档立卡贫困人口中在校大学生的就业能力及培养主要有以下特点。

第一，专业素质方面，建档立卡贫困人口中在校大学生专业兴趣不足，因兴趣选择专业的仅占四成，专业满意度不足七成，专业学习投入每日平均7.8小时，专业水平较高，居前50%的占八成多，但辅修第二学位的不足一成。

第二，关键技能方面，建档立卡贫困人口中在校大学生最突出的就业能力是抗挫折能力和合作能力，社交能力、语言组织及表达能力、组织能力相对较弱；最突出的就业优势是吃苦耐劳；个人特长不突出，有体育特长的最多，占比近四成；半数以上拥有考试等级证书，三成多拥有职业资格证书。

第三，求职技能方面，建档立卡贫困人口中在校大学生获取就业信息最主要的渠道是校园招聘会、学校发布的招聘信息以及学校老师或校友推荐；对就业政策了解程度不高，了解家乡就业政策和高校所在地就业政策的都只占两成多；有四成多不了解大学生返乡就业创业相关政策；对基层/西部就业项目、就业服务和就业政策的了解程度相对高一些，了解大学生志愿服务西部计划的超过半数，了解应征入伍服兵役、大学生村官计划的占四成多。

第四，社会实践方面，建档立卡贫困人口中在校大学生参加社团的接近八成，参加志愿服务的也接近八成，有实习经历的接近六成，担任学生干部、参加社团、参加志愿服务及实习均对提升就业能力有显著的促进作用。

第五，就业指导方面，建档立卡贫困人口中在校大学生参加过学校就业指导课或讲座的超过六成，其中六成多认为对自己帮助比较大；就业指导课对于提升大学生职业生涯规划意识、就业政策认知、就业资源获取能力及基本能力方面均有显著的促进作用；学校提供了一系列创业服务，超过半数开设了创业讲座，近半数开设了创业课程，三成多开展了创业竞赛。

针对建档立卡贫困人口中在校大学生的就业能力及培养现状，建议从以下五个方面有针对性地采取措施加以改进。

（一）优化建档立卡贫困人口中在校大学生就业能力提升支持政策

通过政策措施提升建档立卡贫困人口中在校大学生的就业能力，关键在于发挥政策的根本性调节作用，找准政策制定工作的突破点，推出劳动力素质能力提升的全方位举措，确保政策的持续性和前瞻性。比如，政府通过统筹宏观就业政策，引导高校结合社会需求培养人才，积极向高校反馈就业市场信息和就业市场对毕业生的能力要求，并为高校修订培养方案、提升大学生就业能力提供有力支持①。另外，也要围绕国家战略发展新需求，注意采取应急性、周期性的政策措施，以解决就业市场上的紧迫问题与矛盾。比如，从建档立卡贫困人口中在校大学生对宏观政策的需求来看（见图35），增加就业岗位仍然是第一位的就业政策需求，第二是建立全国性大学生就业动态信息系统，第三是规范招聘信息网络平台，这些政策措施对于促进建档立卡贫困人口中在校大学生就业、提升就业率都能起到积极的作用。政府要对毕业生就业市场进行统一调控，减少就业歧视，创造更加公平的就业环境。针对建档立卡贫困人口中在校大学生就业能力亟待提高的现实，政府应为高校加强建档立卡贫困人口中在校大学生就业能力培训提供政策和经费支持。

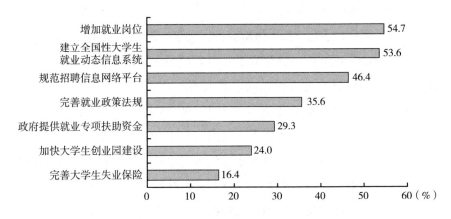

图35　大学生就业服务的宏观政策措施需要加强的方面

（二）创新高校人才培养模式，全面提升建档立卡贫困人口中在校大学生综合素质

高校人才培养是全面提高大学生综合素质的过程。它集中体现了高等教

---

① 李光红、李文喜、孙丽丽：《大学生就业力研究——人才筛选标准演化视域》，山东人民出版社，2015。

育的价值，是形成大学生就业能力的核心环节、关键环节。2017 年中共中央办公厅、国务院办公厅发布《关于深化教育体制机制改革的意见》，提出："为适应社会需要，不同类型高校要不断探索适应自身特点的培养模式，着重培养创新型、复合型、应用型人才。"2018 年 10 月，《教育部关于加快建设高水平本科教育全面提高人才培养能力的意见》，要求高校主动适应国家战略发展新需求和世界高等教育发展新趋势，牢牢抓住全面提高人才培养能力这个核心点，把本科教育放在人才培养的核心地位、教育教学基础地位、新时代教育发展的前沿地位，形成高水平人才培养体系。

培养模式作为人才培养的具体体现，主要包括课程的数量、质量及其市场适应度和课程的组合方式、学习方式、考评方式等方面[1]。本研究发现，建档立卡贫困人口中在校大学生在选择专业时以兴趣为导向的仅占四成，因此，要紧紧围绕激发学生学习兴趣和潜能来深化高校教育教学改革。一是实行产学研用协同育人，强化实践育人，鼓励学生通过参加社会实践、科学研究、创新创业、竞赛活动等获取学分，提高学生的实践能力；要积极探索专业教育与通识教育相互结合，促进文理知识交融，促进跨专业、多学科的交叉整合；要推行科研和教学互动，让本科生能够参与科研活动，努力培养学生的综合能力与创新能力。二是要深化课程体系与教学内容改革，根据不同类型与层次的人才培养特点，完善专业人才培养方案，积极建构科学、合理的课程体系和学习支持体系。三是要扩大学生选修专业、课程和教师的自主权利，积极推进学分制改革，完善促进学生综合素质和个性发展的评价方法[2]。

（三）完善建档立卡贫困人口中在校大学生就业指导体系

高校就业指导服务的数量、质量及其市场适应度决定着建档立卡贫困人口中在校大学生可能获得的就业指导服务的最大边界。完善高校就业指导体系，要充分发挥高校共青团组织的作用。从本次调研的情况看，建档立卡贫

---

[1] 黄敬宝：《就业能力与大学生就业——人力资本理论的视角》，经济管理出版社，2008。
[2] 贺腾飞：《改革开放 40 年我国高等教育人才培养理念的创新与问题》，《河北师范大学学报》（教育科学版）2018 年第 5 期。

困人口中在校大学生最希望共青团提供的大学生就业创业服务主要有提供就业见习机会、提供更为准确的就业信息、组织质量更好的校园招聘会、专业性针对性强的就业创业辅导、指导学生进行科学的职业规划，等等（见图36）。一是加强就业指导课程体系建设，要从新生开始着手，在不同年级实施阶段性的就业能力提升和职业规划，帮助贫困生转变就业观念、加强职业生涯规划、职业能力提升、就业政策指引、求职技能提升等，建立全程化的就业指导体系。二是应结合学科特点与行业方向进行就业指导，制定具有专业特色的职业辅导总体规划和实施方案[①]。三是主动发挥共青团组织的作用，开展多种形式的就业指导服务，面向建档立卡贫困人口中在校大学生提供免费的职业生涯咨询服务、就业能力培训、面试模拟、创业教育等，开展一对一就业帮助，为贫困生提供个性化指导与服务。四是加强就业指导信息网络建设，全方位搜集、提供用人单位实习信息、招聘信息，宣传发布就业政策信息，并提升贫困生获取就业信息的能力。五是加大对建档立卡贫困人口中在校大学生就业扶持的力度，发放贫困生就业补贴，免除报考公务员、事业单位考试等报名费用或参加各类招聘会的入场费用，切实减轻贫困生的

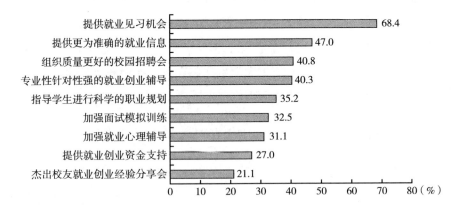

**图36 建档立卡贫困人口中在校大学生最希望共青团
提供的大学生就业创业服务**

---

① 王涛：《家庭经济困难大学生的就业能力提升》，《教育与职业》2014 年第 32 期。

求职负担。六是打造专业素质高、业务能力强、结构合理的就业指导人员队伍。除校、院系两级就业指导中心的专职工作人员外，还应发挥辅导员、学生干部乃至用人单位人力资源部门的积极作用，将用人单位对学生的能力需求和学校培养学生的能力要求有机结合起来①，实现更有针对性、实效性的就业指导服务。

（四）积极推进建档立卡贫困人口中在校大学生创业实践教育

大学生创业是一项有风险的活动，建档立卡贫困人口中大学生创业往往面临更多的挑战和困难。开展建档立卡贫困人口中在校大学生的创业教育，是以提升贫困生综合素质为出发点，不仅是把创业实践作为实现多渠道就业、提高就业率的途径，更是从根本上通过创业教育探索创新高校贫困生人才培养的路径。一是构建以心理素质提升为前提，以理论学习为基础，以实践行动为载体的创新创业教育体系。通过职业生涯辅导、心理咨询与辅导，帮助贫困生明确自己的兴趣、性格、价值观、技能等，发现发展倾向及潜能，提升自我效能感，以良好的心理状态接受创业教育；要建立专业教育与创业教育相融合的创业理论学习系统，引导贫困生了解利用所学专业知识进行科研创新或产品化投放市场的可行性，学习创业基本要素，树立创新意识，培养创业思维；推动贫困生积极参与创业实践，利用校内的创客空间、实践中心、孵化基地等为贫困生提供的实践平台和试错机会②，参与"创青春""挑战杯""互联网＋"等创新创业赛事，让贫困生真正进行实际的创业运作，锻炼创业实践能力，积累创业经验。二是成立学校创新创业学生组织，吸引有创新潜质、创业意愿的同学相互交流、相互学习。这不仅能提升其个人创新能力，还有可能助其找到合适的创业活动，并推动校园创新创业文化氛围的营造。三是连接政府、企业和学校多方资源，搭建贫困生创业实践平台，提供专业的校内外创业导师指导，争取贫困生创业专项资金支持，

---

① 杨志增：《探索提升高校贫困生就业竞争力的方法和路径》，《高教学刊》2018 年第 14 期。
② 黄贵闽：《发展性资助模式下高校贫困生创业实践教育路径探索》，《福州大学学报》（哲学社会科学版）2018 年第 2 期。

并建立贫困生创业跟踪和反馈的长效机制，帮助贫困生在创业道路上走得更加顺畅。

（五）培养建档立卡贫困人口中在校大学生的积极心理素质

大学生是就业能力的载体。再好的政策支持和教育条件，如果没被很好地利用，也是无效的。在 USEM 就业能力模型中，自我效能感和自我意识等个人特质是非常重要的构成要素，是就业能力提升的主观动因，也是就业能力培养的基石。建档立卡贫困人口中大学生受到自身成长经历的影响，在自我效能感、自尊、自信等积极心理素质的培养方面尤其需要加强，应主动完善自我，塑造健康人格。一是主动通过心理测评、咨询和辅导，明确自身优势，进行针对性训练，扬长补短，提升自我价值感。二是主动寻找、选择有利于自身能力提升的机会，学会正确归因，学会调节情绪，增加积极体验，提高自我效能感。三是要强化自身责任意识，勇敢面对自己的劣势和不足，勇于尝试，发展有效的问题应对策略，不断提高自身适应能力。

B.4
建档立卡贫困人口中
大学毕业生就业状况

李　偍*

摘　要： 本报告通过对建档立卡贫困人口中的大学毕业生就业观念、就业质量、就业满意度的调查分析，了解到他们成绩优秀、能力均衡，在寻找工作中较多重视收入及福利等保障性因素，具有收入构成整体偏低、就业中易受到学历歧视、就业流动较为频繁、劳动权益不能完全落实、虽有返乡就业创业的意愿但难以抉择的就业特点。相应地提出建立全国层面的建档立卡贫困大学毕业生就业信息平台，加强追踪帮扶机制，以专项政策及法律为保障、经济手段为激励，联动各部门、高校、地方共同提高建档立卡贫困大学毕业生就业质量，激发建档立卡贫困大学毕业生返乡就业创业的热情等建议，为共青团精准服务贫困地区青年的就业工作提供智力支持。

关键词： 就业观念　择业过程　就业质量　就业满意度

　　本报告以建档立卡贫困人口中大学毕业生为主要研究群体，通过对该群体就业观念、就业质量、就业满意度的调查分析，了解他们的就业现状、意

---

* 李偍，中国青少年研究中心青年研究所助理研究员，博士，主要研究领域为青年发展、青年社会流动和日本青年。

愿，以及就业创业发展中的主要问题和制约因素，从而提出完善建档立卡贫困人口中大学毕业生就业政策的建议措施。

本报告以 2018 年在全国范围对建档立卡贫困人口中大学毕业生就业发展所开展的问卷调查及访谈为基础，调查范围为河北、山西、河南、湖南、陕西、广西、四川、贵州、青海和黑龙江 10 个省（区）的共 20 个国家级贫困县，其中回收建档立卡贫困人口中大学毕业生问卷 1393 份。

一 就业观念与选择

就业观念反映出就业者在就业过程中的目标和选择，是直接影响其就业质量和就业满意度的重要因素。以下主要从就业价值观、择业过程、对就业政策的认知和运用三个方面展开论述。

（一）就业价值观

就业价值观既表现在择业观上，也表现在人们具体的工作态度上，是人们对职业的一种信念和态度[①]，也是人生价值观在职业问题上的反映[②]。以下从职业能力及基本就业状况、就业目的和期待、收入、地域取向、职业生涯规划与继续学习意愿、创业意愿、返乡就业创业意愿七个方面对建档立卡贫困大学毕业生的就业价值观进行分析描述。

1. 职业能力及基本就业状况

建档立卡贫困大学毕业生成绩优秀，能力均衡，大部分已实现就业，创业占比 2.9%。随毕业后时间增加，正在求职者占比减少，选择自由职业和自主创业的占比增加。

依据调查，近三成的建档立卡贫困大学毕业生（28.3%）在大学毕业时学习成绩的班级总排名为前 10%，近三成（26.3%）为班级总排名的前 10% ~

---

① 崔杰：《大学生职业生涯规划理论与方法》，浙江工商大学出版社，2008。
② 杨娟：《高职院校学生职业价值观特点的调查研究》，《高教学刊》2018 年第 12 期。

20%，三成（31.0%）为班级总排名的前30%～50%，可以看出建档立卡贫困大学毕业生在大学期间学习成绩优异，绝大多数排名在班级的前50%。

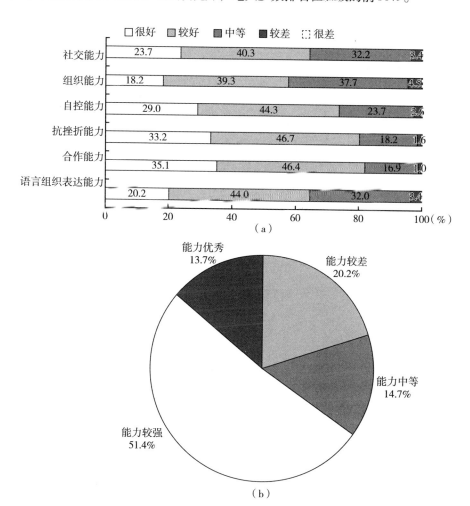

图1　毕业生职业能力评价

建档立卡贫困大学毕业生的单项职业能力评价如图1（a）所示。从中可以看出与大学同学相比，超过六成的毕业生（64.0%）认为自己的社交能力很好/较好，近六成的毕业生（57.5%）认为自己的组织能力很好/较好，超过七成的毕业生（73.3%）认为自己的自控能力很好/较好，近八成的毕业生（79.9%）认为自己的抗挫折能力很好/较好，超过八成的毕业生（81.5%）认为自己的合作能力很好/较好，超过六成的毕业生（64.2%）认为自己的语言组织表达能力很好/较好。建档立卡贫困大学毕业生对自身能力的自信程度依次为合作能力、抗挫折能力、自控能力、语言组织表达能力、社交能力和组织能力，其中对合作能力和抗挫折能力尤其具有信心。

为了更加综合、全面了解建档立卡贫困大学毕业生的职业能力，在此对上述6个方面的回答重新赋值，很好、较好、中等、较差、很差依次被赋值为5、4、3、2、1，并将各毕业生在这6个方面的得分相加，生成"职业能力"变量，取值范围6～30分，得分6～17分为能力较差，18分为能力中等，19～24分为能力较好，25～30分为能力优秀，图1（b）为其分类结果。从中可以看出超过一成的毕业生（13.7%）具有优秀的综合职业能力，超过一半的毕业生（51.4%）具有较强的综合职业能力，超过一成的毕业生（14.7%）能力中等，还有两成毕业生（20.2%）能力较差。综合来看建档立卡贫困大学毕业生大多成绩优秀，且具有较强的综合职业能力，但同时也有部分毕业生职业能力及学习成绩较差，在就业竞争中处于劣势。

依据调查，建档立卡贫困大学毕业生的就业去向依次为已落实就业单位（签订劳动合同）（37.0%）、已落实就业单位（其他录用形式）（15.3%）、已落实就业单位（签署三方协议）（9.6%）、自由职业（8.9%）、暂未就业（8.3%）、求职中（7.3%）、升学（4.0%）、国家基层项目（如西部计划等）（3.9%）、自主创业（2.9%）、地方基层项目（2.2%）和应征兵役（0.5%）。从中可以看出超过六成的建档立卡贫困大学毕业生已落实就业单位，近一成为自由职业者，参加国家基层/地方基层/兵役项目的不足一成，自主创业的占比为2.9%，并有超过一成的毕业生暂未就业或在求职中。

按照工作年数的分组可以看出（见图2），1～3年组中已落实就业单位的比重最高，接近七成（68.6%）；1年以内组中参加西部计划等国家基层项目的占比最高（5.6%），求职中占比（10.7%）和暂未就业占比（11.9%）也最高，反映出毕业1年以内的建档立卡贫困大学生有较大一部分没有落实就业单位，仍在寻找工作；随毕业后参加工作时间增长，毕业生

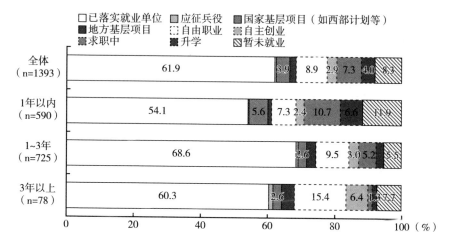

图 2　不同工作年数毕业生的就业去向

选择自由职业和自主创业的占比增加，工作 3 年以上组中超过一成（15.4%）选择了自由职业，另有 6.4% 选择了自主创业。

在此次调查中，暂未就业的人数为 116 人，占被调查建档立卡贫困大学毕业生的 8.3%。原因依次为拟报考地方公务员/事业单位（25.0%）、准备行业资格考试（15.5%）、未确定发展方向（10.3%）、无法找到工作（9.5%）、基于家庭原因暂不就业（7.8%）、准备创业（1.7%）和其他（30.2%），可以看出其中大多在准备考试或寻找方向，真正无法找到工作的占比并不是很高。但考虑到这些毕业生及其家庭的经济状况，这一小部分毕业生和求职中的毕业生将是重点的帮扶对象。

2. 就业目的和期待

建档立卡贫困大学毕业生较多重视保障因素，亦考虑发展因素，较少顾及声望因素。工作 1~3 年的毕业生兼重保障和发展，工作 3 年以上毕业生更加重视保障。

依据调查，建档立卡贫困大学毕业生在确定工作岗位时最看重的前十位依次是福利待遇好（35.3%）、符合自己的兴趣爱好（33.7%）、工作稳定（31.5%）、发展前景好（31.0%）、经济收入高（21.4%）、专业对口（16.4%）、利于施展个人才干（13.2%）、可照顾家庭（13.1%）、工作自由（13.0%）和工作舒适（12.2%），参考凌文辁等①的分类，可以看出毕业生在寻找工作时较多重视福利、稳定、收入、照顾家庭等保障性因素，同时也会考虑自己的兴趣爱好、工作前景、专业对口、施展才干等发展性因素，较少考虑到单位声誉、在大城市工作、对社会贡献大等社会声望因素。这与既往大学生就业研究中认为的：大学生最看重的是企业地域、性质和规模，最不看重的是企业福利、待遇和专业对口指标②，自我实现因素正超越经济收入因素成为大学生就业选择时的第一因素③等结论有较大差异。在一定程度上反映出建档立卡贫困大学毕业生迫切希望通过工作获得物质生活保障，暂时不能更多顾及声望、回报社会、自我实现等更高需求的现状。

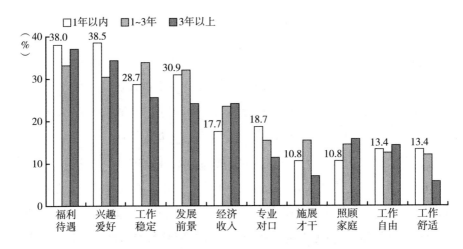

图3 工作年数不同毕业生就业最重视因素（多选）

图3为按工作年数不同，对上述毕业生就业中最重视的十个因素的分类比较。可以看出随着毕业后工作年数的增长，毕业生对就业中不同因素的重视程度也有一定的变化。比较明显的是工作1~3年的毕业生对工作稳定、

---

① 凌文辁、方俐洛、白利刚：《我国大学生的职业价值观研究》，《心理学报》1999年第3期。
② 韩丽勃、刘业政、赵勇：《基于模糊AHP的大学生就业满意度研究》，《职业时空》2009年第12期。
③ 龚惠香、汪益民、袁加勇、陈杭渝：《大学生职业价值观的演变趋势——对两次问卷调查结果的比较分析》，《青年研究》1999年第7期。

发展前景、经济收入、施展才干等因素的重视程度增加，而工作 3 年以上的毕业生对经济收入、照顾家庭、工作自由等的重视程度有所增加。

3. 收入状况

建档立卡贫困大学毕业生收入来源基本仅为工资，收入构成有待优化。薪资从高到低依次为东部、中部、西部和东北地区。

依据调查，建档立卡贫困大学毕业生包含津贴和奖金在内的实际薪资在 0～999 元、1000～2999 元、3000～4999 元、5000～9999 元、1 万元及以上的占比分别为 5.1%、45.4%、35.3%、12.3% 和 1.9%，超过一半的毕业生的实际薪资在 3000 元以下，超过三成的毕业生的实际薪资在 3000～4999 元，收入构成有待优化。

对于除工资外的其他收入，在多选的情况下，有超过八成的毕业生（81.0%）表示没有，有一成多的毕业生（11.3%）有兼职收入，此外分别有 2.9% 的毕业生有开网店/微店、投资基金、投资理财产品的收入，可以看出大多建档立卡贫困大学毕业生只有工资收入。

对于工资外其他收入占总收入的比例，约八成的毕业生（77.7%）表示为 0，超过一成（13.7%）的毕业生表示为 10% 以下，仅有 8.6% 的毕业生表示占 20% 及以上。综上，可以进一步确定绝大多数建档立卡贫困大学毕业生的收入来源仅为工资。

按照当前工作地区来看（见图 4），东部地区的实际薪资较高，超过四成的毕业生（43.8%）的薪资在 3000～4999 元，较大幅度超过中部（37.5%）、西部（29.9%）和东北地区（34.0%）；东部地区近三成毕业生（29.6%）的薪资在 5000～9999 元，亦大幅度超过中部（8.3%）、西部（6.6%）和东北地区（0.0%）。各地区之间，东北地区的低薪资群体占比最大。东部地区的实际薪资较高在一定程度上解释了人力向其流动的原因。

4. 地域取向

建档立卡贫困大学毕业生总体有约七成回到家乡所在省份，近三成回到家乡所在县/市/区。西部地区毕业生更倾向于留在西部，而中部和东北地区毕业生会有四成左右流向东部地区。

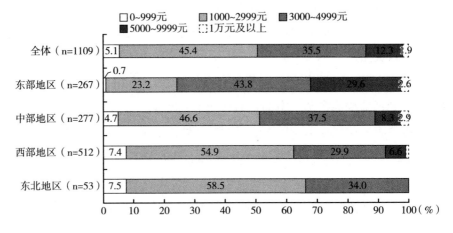

图4 不同地区毕业生的实际薪资

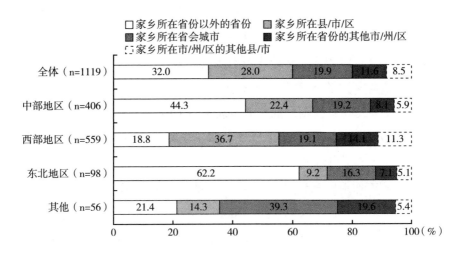

图5 原籍不同毕业生的返乡工作状况

从就业地区来看（见图5），有约三成（32.0%）的建档立卡贫困大学毕业生到了家乡所在省份以外的省份，在家乡所在省份的占近七成（68.0%），其中在家乡所在省会城市的占比为19.9%、家乡所在省份的其他市/州/区的占比为11.6%、家乡所在县/市/区的占比为28.0%、家乡所在市/州/区的其他县/市的占比为8.5%，可以看出有近三成会回到家乡所在县/市/区。

如图5所示，按照原籍地的分类可以看出，除去其他之外，东北地区的毕业生在家乡所在地以外的省份就业的占比最高（62.2%），其次为中部地区（44.3%）。西部地区的毕业生回到家乡所在县/市/区的占比（36.7%）、家乡所在省份的其他市/州/区的占比（14.1%）、到家乡所在市/州/区的其他县/市的占比（11.3%）均最高；其次为中部地区，占比分别为22.4%、8.1%和5.9%。可以看出，有约八成的西部建档立卡贫困大学毕业生和超过一半的中部建档立卡贫困大学毕业生回到家乡所在省份就业。

按照目前工作的城市级别分，建档立卡贫困大学毕业生依次会选择省会城市（29.5%）、县城（24.9%）、除北上广深和省会城市外的较大城市（18.2%）、乡镇及农村地区（14.1%）和北上广深（13.2%）。相较而言，建档立卡贫困大学毕业生选择省会城市、县城的占比较高，选择乡镇/农村地区和北上广深的占比较低。

本次调查中，建档立卡贫困大学毕业生的目前工作地区分布情况为西部

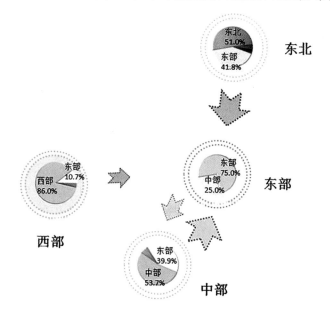

图6　原籍不同毕业生的地区流动示意

地区（46.2%）、中部地区（24.8%）、东部地区（24.2%）和东北地区（4.7%）。按照原籍的不同可以看出，原籍为东部地区的毕业生大多留在东部，有1/4流向中部①。原籍为中部地区的毕业生有超过一半（53.7%）会留在中部，另有近四成毕业生（39.9%）流向东部。原籍为西部地区的毕业生大多数（86.0%）留在西部，约一成（10.7%）流向东部。原籍为东北地区的毕业生有超过一半（51.0%）留在东北，另有超过四成毕业生（41.8%）流向东部（见图6）。综合来看，西部的建档立卡贫困大学毕业生更倾向于留在西部，而中部和东北的毕业生有四成左右会流向东部地区。

5. 职业生涯规划和继续学习意愿

绝大多数建档立卡贫困大学毕业生认可职业生涯规划并有规划方向。最主要的实施方式是参加职业证书考试，女性考证的占比明显高于男性。随工作年数不同，毕业生参与的职业生涯规划活动亦有所变化。

依据调查，有近九成的建档立卡贫困大学毕业生（89.9%）认为职业生涯规划重要，近一成（8.4%）认为一般，只有极少的毕业生（1.7%）认为不重要。两成毕业生（20.0%）表示有清晰的规划，近一半毕业生（48.5%）表示有规划但没有详细步骤，超过1/4的毕业生（26.5%）表示有规划的方向但没有深入考虑过，只有极少的毕业生（5.1%）表示没有考虑过。从中可以看出绝大多数建档立卡贫困大学毕业生都认为职业规划重要，大部分有规划或方向。

有近四成毕业生（36.1%）表示自己主动进行职业生涯规划，一成（11.1%）表示自己的职业生涯规划是随大流，超过四成（45.9%）的毕业生表示既有主动规划也有随大流的行为。

建档立卡贫困大学毕业生实施职业生涯规划的主要活动依次为职业证书考试（47.2%）、参加社交活动/积累人脉（39.6%）、涉猎相关领域知识（38.7%）、到相关领域实习（17.1%）、坚持学外语（17.1%）、自费参加培训（14.5%）等。具体来看，女性参加职业证书考试的占比（52.5%）

---

① 因原籍为东部地区的数据极少，此处仅作参考示意。

明显高于男性（40.6%），男性涉猎相关领域知识（45.1%）、参加社交活动/积累人脉的占比（44.5%）明显高于女性（分别为33.5%和35.7%）。

工作1年以内的毕业生坚持学外语的占比（21.7%）明显高于工作1~3年毕业生（13.7%）和工作3年以上毕业生（14.1%）。涉猎相关领域知识的占比随工作年数增加而下降，工作3年以上毕业生占比（34.6%）低于1年以内毕业生（39.8%）和1~3年毕业生（38.2%）。自费参加培训的占比随工作时间增加稍有增长，工作3年以上毕业生占比（16.7%）稍高于1年以内毕业生（13.2%）和1~3年毕业生（15.3%），表现出工作3年以上毕业生在经济能力上略有增长的特点。

超过四成的毕业生（45.9%）表示大学毕业后参加过培训，超过一半的毕业生（54.1%）表示大学毕业后没有参加过。参加培训类型的前五位依次为工作技能类（54.5%）、职业生涯规划类（11.4%）、人际交往类（7.2%）、劳动安全类（6.1%）和语言培训类（5.5%），可以看出建档立卡贫困大学毕业生毕业后参加培训的比率不算很高，且参加的培训多与工作技能相关，参加心理类、修养类相关培训的占比较少。

大学毕业后参加培训的组织单位依次为现在工作单位（61.3%）、自费（23.4%）、社会组织（15.9%）、政府劳动就业部门（15.8%）、团组织（11.1%）和工会（4.5%），可以看出建档立卡贫困大学毕业生参加的培训大部分是由工作单位组织，也有一部分自费。社会组织、政府劳动就业部门和团组织也有效组织了毕业后的培训，但仍有大幅提升空间。

6. 创业意愿

绝大多数建档立卡贫困大学毕业生认可大学生创业，近八成毕业时有过创业的想法，其中一成有明确的创业意愿。实际创业占比不高，合伙创业为主要形式，创业资金主要依靠自筹。

依据调查，对于大学生选择创业的原因，有七成建档立卡贫困大学毕业生（70.0%）认为是为了个人理想，五成（51.8%）认为是为了展示自我价值和才能，超过四成（44.5%）认为是有好的创业项目，超过三成（33.5%）认为是家庭/社会关系的影响，一成多（16.4%）认为是学校/同学创业活动的影响，还有一成多的毕业生（15.8%）认为是因为没有找到合适的工作，总体来看建档立卡贫困大学毕业生认为大学生选择创业多是缘于积极正向的因素。

建档立卡贫困大学毕业生认为创业中最重要条件的前五位依次为资金（84.8%）、能力（42.6%）、经验（38.1%）、政策支持（35.6%）和相关知识技术（34.5%）。对资金的重视度最高，在一定程度上反映出资金是制约建档立卡贫困大学毕业生创业的一个主要因素。

对于大学毕业时是否有创业意愿，超过两成的建档立卡贫困大学毕业生（21.2%）表示从未考虑过，超过六成的毕业生（66.2%）表示偶尔想过但未认真准备，约一成的毕业生（10.3%）表示认真考虑并做了准备，2.3%的毕业生表示毕业时已经开始创业。从中可以看出：近八成的建档立卡贫困大学毕业生（78.8%）在毕业时或多或少有过创业的想法，其中一成多毕业生有着明确的创业意愿。

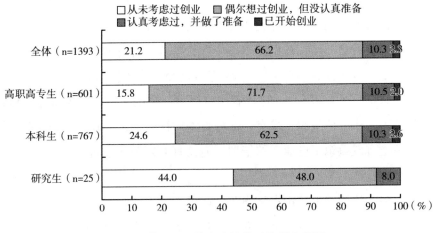

图7 学历不同毕业生毕业时的创业意愿

按照学历分组可以看出（见图7），随学历增高，建档立卡贫困大学毕业生毕业时从未考虑过创业的占比增长显著，高职高专生、本科生和研究生毕业时从未考虑过创业的占比分别为15.8%、24.6%和44.0%。与此相对，高职高专生和本科生认真考虑过并做了准备和已开始创业的占比则大致相同，高职高专生分别为 10.5% 和 2.0%，本科生分别为 10.3% 和 2.6%，本科生实际创业的占比略高，研究生认真考虑过并做了准备的占比较低，为 8.0%，实际创业的占比为 0，表现出高职高专生在毕业时有创业意愿的最多、本科生在毕业时的创业行动能力较强、研究生中有创业意愿者和行动者较少的特点。

在此次调查中，现已开始自主创业的毕业生有 41 人，占建档立卡贫困大学毕业生的 2.9%，占比不高。其中合伙创业为主要形式，占 61.0%，个人创业占比 36.6%，家庭创业占比 2.4%。

创业资金依次来自亲朋好友资助（53.7%）、自有资金（41.5%）、银行贷款（29.3%）、私人借款（22.0%）、政府资金支持（12.2%）和风险投资（2.4%），从中可以看出建档立卡贫困大学毕业生的创业资金主要依靠自己筹集，有一定的银行贷款和从政府获得的资金支持，但占比不高。

7. 返乡就业创业意愿

建档立卡贫困大学毕业生中明确表示会和不会返乡的占比都不高，大多有返乡意愿，但并不坚定。照顾家庭、希望为家乡发展做贡献是建档立卡贫困大学毕业生选择返乡的主要原因。

依据调查，对是否打算返乡就业创业，有不到一成的建档立卡贫困大学毕业生（6.7%）表示"有，而且目标十分清晰"，有超过两成的毕业生（24.3%）表示"有，但只是暂时想法"，有近四成（37.1%）表示"不知道，现在还不确定"，有近两成（18.9%）表示"毕业后想在外面工作几年再回去"，还有超过一成的毕业生（13.1%）表示"完全没有"。从中可以看出，目标清晰地打算返乡就业创业和表示不会回去的毕业生占比都不高，大多建档立卡贫困大学毕业生有返乡意愿，但并不坚定，还有很多毕业生没有明确的规划，这表明促进毕业生返乡就业创业还有很大的提升空间。

吸引建档立卡贫困大学毕业生返乡就业创业原因的前五位依次为"能够照顾家庭"（58.0%）、"希望能为家乡发展做贡献"（43.3%）、"喜欢在自己熟悉的环境中生活"（28.9%）、"家乡可以利用的资源更多"（27.7%）和"家乡发展机遇多"（19.6%）。从中可以看出建档立卡贫困大学毕业生选择返乡就业创业的原因比较分散，照顾家庭是毕业生选择返乡就业创业的最重要原因，希望为家乡发展做贡献也是一个重要因素，此外，喜欢熟悉的环境、家乡可利用的资源多、发展机遇多、生活成本低、就业压力小、政策优惠多也是吸引毕业生返乡就业创业的多维度因素。

对于完全没有返乡就业创业意愿的毕业生而言，无意愿的主要原因的前五位依次为"家乡发展落后，就业创业发展前途不大"（36.4%）、"自己想在外面闯一闯，不甘心待在家乡"（36.4%）、"所学专业不适合返乡就业创业"（34.1%）、"家乡工资待遇低，就业创业回报率低"（32.6%）和"担心自身的创业知识和创业能力不足"（19.4%）。从中可以看出，建档立卡贫困大学毕业生不愿意返乡就业创业的主要原因是家乡发展落后等。

（二）择业过程

1. 就业优势

吃苦耐劳的品质是建档立卡贫困大学毕业生对自身最认可的就业优势，相关实习和工作经验也在就业中起到关键作用。

依据调查，建档立卡贫困大学毕业生认为自身就业优势的前十位依次为吃苦耐劳的品质（63.7%）、相关实习和工作经验（49.5%）、工作能力强（25.2%）、学习成绩好（21.1%）、形象气质好（20.8%）、学历层次高（10.6%）、社会交际能力强（10.0%）、朋友的帮助（9.4%）、父母亲戚的帮助（7.0%）和热门专业（6.9%）。从中看出贫困大学生特有的吃苦耐劳的品质是他们自身最认可的就业优势。其次，相关实习和工作经验也在就业中起到关键性作用，工作能力强、学习成绩好、学历层次高、社交能力强等也反映出建档立卡贫困大学毕业生对自身能力的肯定。同时，朋友、父母亲戚的帮助等强关系也在就业过程中起到一定帮助，而从学校中获得的附加价值如老师推荐、学生干部、学校名气、往届毕业生声誉等对建档立卡贫困大学毕业生就业的影响较弱。

2. 择业过程

建档立卡贫困大学毕业生可接受待业时间短，在求职过程中积极努力，有求职意愿的毕业生绝大多数可以找到接收单位，且大多对毕业后第一份工作表示认可。

依据调查，对毕业当时可接受的待业时间，超过 1/4 的建档立卡贫困大学毕业生（25.1%）表示为 1 个月以内，超过一半的毕业生（55.3%）表示为 1~3 个月，超过一成的毕业生（12.1%）表示为 4~6 个月，7.5% 的毕业生表示为 6 个月以上。这反映出建档立卡贫困大学毕业生可承受待业时间短，急于寻找工作的特点。

对于目前可接受的待业时间，超过三成的毕业生（32.2%）表示为 1 个月以内，一半的毕业生（49.9%）表示为 1~3 个月，一成毕业生（9.9%）表示为 4~6 个月，7.9% 的毕业生表示为 6 个月以上。与毕业时可接受待业时间相比，可以看出随毕业后时间增加，建档立卡贫困大学毕业生对待业时间的承受程度进一步微弱下降，表现出越来越急于找工作的趋势。

大多建档立卡贫困大学毕业生（82.1%）认为自己在找工作的过程中"非常努力"／"比较努力"，认为"一般"的占一成多（16.2%），认为"不太努力"／"很不努力"的仅占 1.7%，说明绝大多数建档立卡贫困大学毕业生认为自己在择业过程中颇为努力。

在大学毕业后的求职过程中，只有极少的毕业生（6.8%）没有发出过求职简历，近一半的毕业生（48.5%）发出 1~5 份，超过两成的毕业生（21.2%）发出 6~10 份，超过一成的毕业生（11.3%）发出 11~20 份，一成的毕业生（12.2%）发出 20 份以上的求职简历。

只有极少的毕业生（6.8%）没有收到过招聘考核单位的邀请，有超过一半的毕业生（50.5%）收到 1~3 个第一轮考核的邀请，超过三成的毕业生（33.2%）收到 4~10 个，近一成的毕业生（9.5%）收到 10 个以上的邀请。

极少的毕业生（8.8%）表示没有单位愿意接收，超过六成的毕业生（61.2%）表示有 1~3 个单位愿意接收，近两成的毕业生（17.8%）表示有 4~6 个单位愿意接收，超过一成的毕业生（12.3%）表示有 6 个以上单位愿意接收。综合来看，发出求职简历的建档立卡贫困大学毕业生基本都获得了第一轮考核的机会，且对于有求职意愿的毕业生而言，绝大多数都可以

找到接收单位。

超过一半的毕业生（52.0%）对毕业后的第一份工作表示满意，超过三成的毕业生（36.0%）表示一般，明确表示不满意的占比只有一成略多（12.0%），说明绝大多数建档立卡贫困大学毕业生对自己毕业后的第一份工作表示认可。

3. 就业成本和压力

超过一半的建档立卡贫困大学毕业生的求职花费在千元以上，近四成毕业生表示费用超出了自己的承受范围，就业花费对毕业生造成了较大的经济压力。

依据调查，对于包括简历制作/投递、服装、出行旅费在内的毕业时的求职花费，超过四成的建档立卡贫困大学毕业生（43.7%）表示在1000元以下，超过三成（33.2%）表示在1000～2999元，近一成（9.8%）表示在3000～4999元，超过一成的毕业生（13.2%）表示在5000元及以上。可以看出，超过一半的建档立卡贫困大学毕业生的求职花费在1000元及以上，其中更有超过两成毕业生的花费在3000元及以上。

对于这些费用是否在承受范围，近四成的毕业生（37.9%）表示"完全没超出"/"没有超出"，1/4的毕业生（25.3%）表示"一般"，超过两成的毕业生（24.3%）表示"超出一点"，超过一成的毕业生（12.5%）表示"超出非常多"。

图8为建档立卡贫困大学毕业生对求职花费表现出的承受能力。从中可以看出，随求职花费的增高，越来越多的毕业生表示超出自己的承受范围；在求职费用为100～999元区间时，只有一成多的毕业生（16.1%）表示超出承受范围；在求职费用为1000～2999元区间时，四成多的毕业生（44.5%）表示超出承受范围；在费用为3000～4999元区间时，近六成毕业生（59.1%）表示超出承受范围；在5000元及以上的区间时，近七成毕业生（69.6%）表示超出承受范围，其中近四成（37.5%）的毕业生表示超出承受能力非常多，这些求职中的高额花费显然对建档立卡贫困大学毕业生造成了较大的经济压力。

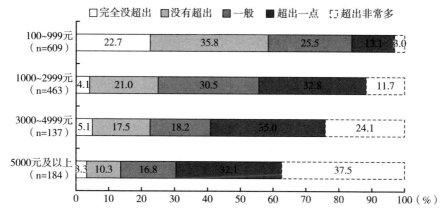

图8 对求职费用的承受能力

（三）对就业政策的认知和运用情况

1. 就业创业服务

学校与政府提供的就业创业服务中对建档立卡贫困大学毕业生帮助最大的是就业信息提供，在校期间获得的创业服务偏少，且大多为创业课程/讲座。希望共青团可以提供更多的就业见习的机会。

从"学校与政府提供的就业创业服务对自己的帮助程度"（见图9）可以看出，对建档立卡贫困大学毕业生帮助很大和较大的服务主要有就业信息提供（49.5%）、技能培训（41.6%）、大型招聘会（41.4%）、职业生涯规划（40.7%），主要集中在就业层面。对于创业资金支持、创业实践导师以及创业大赛，认为帮助很大和较大的合计占比均不到三成，还有两成左右的毕业生表示没有接触过，说明还需进一步在建档立卡贫困大学毕业生中进行创业宣传及推广创业支撑项目。

结合自己的就业经历，建档立卡贫困大学毕业生认为学校与政府应进一步加强的就业创业服务依次为大型招聘会（54.1%）、技能培训（52.9%）、就业信息提供（52.3%）、职业生涯规划（36.5%）、创业资金支持（30.9%）、创业实践导师（28.2%）和创业大赛（19.5%），与学校和政府

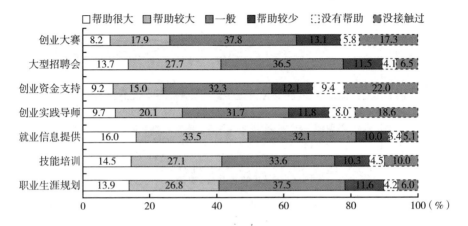

图9　学校与政府提供的就业创业服务对自己的帮助程度

提供的就业创业服务对自己帮助程度的选择结果相似，表明毕业生认为最有帮助的，也是他们最期望进一步加强的服务。

对于大学期间获得过的创业服务，超过三成的建档立卡贫困大学毕业生表示获得过创业讲座（32.6%）和创业课程（30.4%）服务，超过一成表示获得过创业导师（12.4%）和创业竞赛（12.4%）服务，不到一成表示获得过创业资金（6.2%）和创业孵化器（5.6%）服务，有近三成（28.9%）表示从未获得以上服务，还有近两成（16.7%）表示不了解。从中可以看出，在大学期间建档立卡贫困大学毕业生获得的创业服务偏少，且大多为创业课程和讲座，与具有实践性的创业导师、创业竞赛、创业资金以及创业孵化器的接触较少，今后在大学期间需进一步提高基础性创业课程和讲座的普及程度，以及扩大具有针对性和实用性创业服务的覆盖面。

大学期间获得的由共青团提供的就业创业服务，依次为毕业生就业创业知识讲座（33.0%）、毕业生就业创业移动信息服务平台（26.1%）、毕业生就业创业见习基地（13.1%）、就业创业的资金支持（12.5%）、毕业生创业就业基金（6.9%）、毕业生创业小额贷款（6.6%）。可以看出分别有三成左右的建档立卡贫困大学毕业生获得过就业创业知识讲座和移动信息平台的服务，另外有少数毕业生获得过见习基地以及各种资金支持。有近四成的毕业生（39.8%）表示都没有获得过，说明由共青团提供的就业创业服务还需要进一步拓展和深入。

在大学毕业时，最希望共青团提供的大学生就业服务的前五项依次为提供就业见习机会（61.8%）、组织质量更好的校园招聘会（46.4%）、提供更为准确的就业信息（41.9%）、专业性针对性强的就业创业辅导（41.3%）和加强面试模拟训练（33.7%）。结合择业过程中的就业优势分析可以看出，就业见习经验对建档立卡贫困大学毕业生的就业至关重要，因此大部分毕业生希望共青团组织可以提供更多的就业见习的机会。此外，还有近一半的毕业生希望组织质量更好的招聘会/提供更准确的就业信息，以及加强专业性就业创业辅导和面试训练。

2. 返乡就业创业政策

建档立卡贫困大学毕业生对相关政策了解较少，在返乡就业创业过程中期望获得资金扶持、补贴/优惠/减免等经济方面及课程培训等技能提升方面的帮助。

依据调查，对于国家对大学生返乡就业创业的相关政策，两成左右的建档立卡贫困大学毕业生表示了解"设立创业扶持基金"（20.5%）和"技能培训/创业培训"（19.7%），超过一成表示了解"税费优惠减免"（16.6%）、"专项资金支持"（16.4%）、"贴息贷款"（14.6%）、"对有基层工作经历的在研究生招录/事业单位选聘等方面优先录取"（11.8%）和"增加社会保险补贴/公益性岗位补贴"（11.6%）。还有超过一半的毕业生（51.5%）表示均不了解。从中可以看出，建档立卡贫困大学毕业生对大学生返乡就业创业相关政策的了解较少，今后需进一步加强相关政策的宣传普及。

返乡就业创业过程中建档立卡贫困大学毕业生最希望获得帮助的前五位依次为加大创业资金扶持力度（46.3%）、当地增加技能培训和创业培训课程（39.7%）、提供或提高返乡创业补贴（29.4%）、提供住房或购房优惠（24.7%）和加大税费优惠减免力度（22.8%）。从中可以看出，建档立卡贫困大学毕业生在返乡就业创业过程中希望获得的帮助比较分散，但主要集中在资金扶持、补贴/优惠/减免等经济方面以及课程培训等技能提升方面。

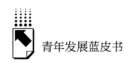

二　就业质量

目前，在高校就业的实际工作中，相关方面往往只关注就业率，而不重视就业质量[①]，而毕业生的就业质量直接关系到他们对就业的满意程度以及之后的生活质量。以下主要从就业领域和岗位分布、收入与期望、专业匹配度和就业流动几个方面对建档立卡贫困大学毕业生进行分析描述。

（一）就业领域和岗位分布

建档立卡贫困大学毕业生的就业主体为私营企业和事业单位/国有企业/党政机关，就职行业相对分散，职务主要为普通办事人员和专业技术人员。

依据调查，目前所在单位类型的前五位依次为私营企业（44.1%）、事业单位（18.4%）、国有企业（12.2%）、党政机关（9.5%）和自主创业（5.6%），可以看出建档立卡贫困大学毕业生的就业主体是私营企业和事业单位/国有企业/党政机关，自主创业的占比不高。所在行业的前五位依次为科研及教育行业（16.8%）、党/政/群团组织及市政业（12.6%）、卫生和社会工作（11.8%）、互联网及计算机服务业（11.0%）和制造业（8.2%），可以看出建档立卡贫困大学毕业生的就职行业类别相对分散。

建档立卡贫困大学毕业生目前的职务类型依次为普通办事人员（44.6%）、专业技术人员（18.3%）、临时工作人员（10.6%）、其他（9.1%）、中层管理人员（4.3%）和单位负责人（2.2%），职务类型主体是普通办事人员，但也有近两成的专业技术人员、近5%的中层管理人员和超过2%的单位负责人。

（二）收入与期望

建档立卡贫困大学毕业生收入整体偏低，实际薪资分布与期望起薪有较

---

① 王慧琦：《大学毕业生就业创业质量研究》，《中国市场》2016年第47期。

大落差，而与可接受最低起薪分布大致相同。

从调查中可以看出（见图10），建档立卡贫困大学毕业生包含津贴和奖金在内的实际薪资在 0～999 元、1000～2999 元、3000～4999 元、5000～9999 元、1 万元及以上的占比分别为 5.1%、45.4%、35.3%、12.3% 和 1.9%。超过一半的毕业生的实际薪资在 3000 元以下，超过三成的毕业生的实际薪资在 3000～4999 元，收入整体偏低。

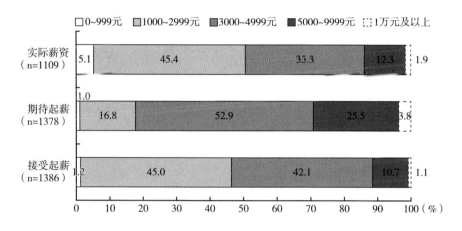

图 10 毕业生的实际薪资、期望起薪和可接受最低起薪分布

而毕业生期望起薪在 0～999 元、1000～2999 元、3000～4999 元、5000～9999 元、1 万元及以上的占比分别为 1.0%、16.8%、52.9%、25.5% 和 3.8%。可接受最低起薪的上述分类占比分别为 1.2%、45.0%、42.1%、10.7% 和 1.1%。从中可以看出，超过一半毕业生的期望起薪为 3000～4999 元，超过 1/4 毕业生的期望起薪为 5000 元及以上，明显高于毕业生的实际薪资分布比例，表现出毕业生对薪酬有着较为理想化的期待，而实际薪资明显低于期望起薪。超过四成毕业生的可接受最低起薪为 1000～2999 元，另有超过四成毕业生的可接受最低起薪为 3000～4999 元，通过综合对比可以看出建档立卡贫困大学毕业生的实际薪资分布与期望起薪有较大落差，而与可接受最低起薪分布大致相同。

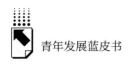

（三）专业匹配度

大多建档立卡贫困大学毕业生从事着与所学专业相关的工作，专业匹配度较高，当前工作与自己的人生规划较为一致。

依据调查，建档立卡贫困大学毕业生所学专业与从事工作"很相关"以及"相关"的占比有近六成（57.4%），"一般"约占两成（21.3%），"不相关"和"很不相关"的占比约为两成（21.3%），从中可以看出大多建档立卡贫困大学毕业生从事着与所学专业相关的工作，专业匹配度较高。

毕业生认为目前工作与自己的人生规划或人生目标一致和很一致的占比近四成（39.8%），认为一般的超过四成（44.6%），认为不一致和很不一致的占比不到两成（15.7%）。综合来看，建档立卡贫困大学毕业生所学专业与从事工作不相关、目前工作与人生规划不一致的占比都不高。

（四）就业流动

近一半的建档立卡贫困大学毕业生更换过工作，就业稳定性偏低。随毕业后工作年数增长，毕业生更换工作的次数明显增加。更换工作的主要原因是原单位没有发展空间和收入太低。

依据调查，当前工作是第一份的占比超过一半（53.3%），是第二份的占比超过三成（33.1%），是第三份及以上的占比为一成左右（13.7%），从中可以看出，建档立卡贫困大学毕业生中有近一半（46.8%）更换过工作，就业流动较为频繁，就业稳定性偏低。

图11为按工作年数分组的建档立卡贫困大学毕业生就业流动状况。对于工作年数1年以内的毕业生，当前工作是第一份的占比超过七成（75.6%），是第二份的占比为近二成（19.6%），只有极少的是第三份及以上（4.8%）。对于工作年数1~3年的毕业生，目前这份工作是第一份的占比超过四成（42.0%），是第二份的占比超过四成（41.0%），是第三份及以上的占比为近二成（17.0%）。对于工作年数3年以上的毕业生，目前这份工作是第一份的占比仅为二成（21.4%），是第二份的占比超过四

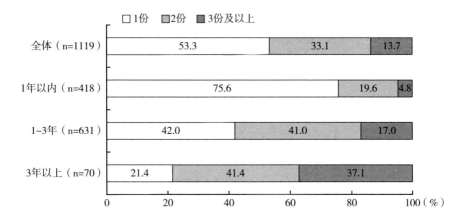

图11　毕业生工作年数分组下的就业流动状况

（41.4%），是第三份及以上的占比为近四成（37.1%）。可以看出，随毕业后工作年数增长，建档立卡贫困大学毕业生更换工作的次数明显增加，且较为频繁。

最近一次换工作的前五位原因依次为没有发展空间（42.30%）、收入太低（33.50%）、找到更好工作（31.40%）、因故中断工作（13.60%）和工作太累（13.20%）。

图12为按工作年数不同，对上述毕业生更换工作原因前五位的分类比较。可以看出随着毕业后工作年数的增长，毕业生更换工作的原因也有一定

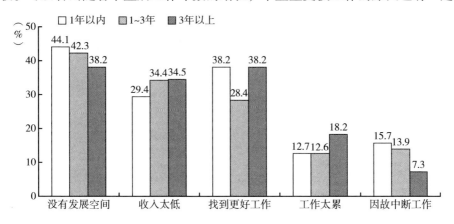

图12　毕业生工作年数分组下更换工作原因分布

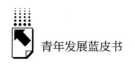
的变化。比较明显的是随工作年数增加，因原工作没有发展空间而更换工作的占比减少，而因原工作收入太低、工作太累而更换工作的占比增加。

三　就业满意度

（一）收入满意度

两成建档立卡贫困大学毕业生认为目前收入不合理。认为收入合理的毕业生略多于认为不合理的毕业生。工作1～3年的毕业生认为收入合理的占比最低。

依据调查，超过两成的建档立卡贫困大学毕业生（26.8%）认为根据自己的能力和工作状况，目前收入"非常合理"／"比较合理"，超过一半的毕业生（52.6%）认为一般，两成的毕业生（20.5%）认为"不太合理"／"非常不合理"，即有1/5的建档立卡贫困大学毕业生认为目前收入不合理。

图13为按工作年数不同，建档立卡贫困大学毕业生对目前收入的满意程度。可以看出工作1～3年的毕业生认为根据自己的能力和工作状况目前收入合理的占比（22.7%）最低，其次为工作1年以内毕业生（31.9%），

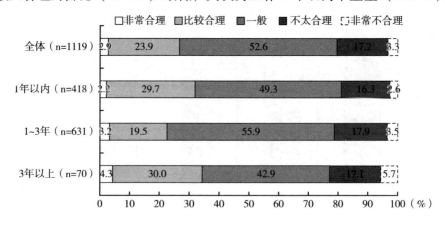

图13　毕业生工作年数分组下对目前收入的满意度

工作3年以上毕业生（34.3%）认为合理的占比相对较高。而明确表示收入不合理的占比随着工作年数的增长呈微增趋势。

（二）职务晋升

大部分建档立卡贫困大学毕业生比较认可单位的职务/职称晋升状况，但认为晋升慢的毕业生明显多于认为快的毕业生。大部分毕业生对自己的晋升情况持乐观态度。

依据调查，超过一成的毕业生（11.9%）表示单位职务或职称的晋升很快/比较快，近六成的毕业生（57.9%）表示一般，二成的毕业生（30.2%）表示晋升很慢/非常慢，可以看出大部分建档立卡贫困大学毕业生比较认可单位的职务或职称晋升状况，但认为晋升慢的毕业生明显多于认为快的毕业生。

有超过一成的毕业生（16.1%）认为凭自己的能力，在1年内可以晋升到更高一级的职务/职称，有近五成的毕业生（47.2%）认为可以在1~3年内晋升，超过两成的毕业生（23.5%）认为可在3~5年内晋升，超过一成的毕业生（13.2%）认为需要5年及以上，从中可以看出大部分建档立卡贫困大学毕业生对自己职务/职称的晋升情况持乐观态度。

（三）权益保障

大部分建档立卡贫困大学毕业生受到劳动合同的保护，全面具备五险一金的占比较低，有近一半的毕业生没有享受过带薪休假，超过一成的毕业生遭遇过拖欠工资的情况。

依据调查，超过一半的毕业生（52.1%）表示签订了固定期限劳动合同；一成毕业生（12.7%）表示签订了无固定期限劳动合同；近一成毕业生（7.2%）表示是国家机关/事业单位编内人员，无须签订劳动合同；有两成毕业生（20.2%）表示没有签订。从中可以看出，大部分建档立卡贫困大学毕业生的劳动权益得到劳动合同的保障，但也有少部分毕业生没有劳动合同的保护。

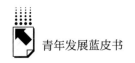

对于社会保障，超过六成的毕业生（62.3%）表示有医疗保险、约半数的毕业生表示有养老保险（51.1%）和工伤保险（49.1%），四成左右的毕业生表示有失业保险（43.8%）和生育保险（38.9%），超过三成的毕业生表示有住房公积金（35.1%），还有超过三成的毕业生（33.4%）表示以上保障都没有。从中可以看出五险一金的权益保障中，建档立卡贫困大学毕业生获得其中医疗保险和养老保险的占比较高，随后依次为工伤保险、失业保险和生育保险，获得住房公积金的比例最低，综合来看，全面拥有五险一金权益保障的毕业生占比较低，还有一部分毕业生没有获得任何社会保障。

对于是否享受过带薪休假，超过三成的毕业生（35.8%）表示享受过，超过一成的毕业生（14.6%）表示暂时没有资格，超过四成的毕业生（44.0%）表示没有，可以看出有近一半的建档立卡贫困大学毕业生没有享受过带薪休假的权益。

对于所在单位是否有拖欠工资现象，超过八成的毕业生（86.8%）表示没有，超过一成的毕业生（13.2%）表示有，其中拖欠1个月的占比（7.3%）最高，拖欠3个月的占2.9%，半年以上占2.9%，可以看出建档立卡贫困大学毕业生遭遇拖欠工资的状况并非偶发，具有一定的普遍性，但长期拖欠的情况并不多。综合来看，由于建档立卡贫困大学毕业生的就业单位大多为私营企业，劳动权益方面的落实还有待加强。

（四）职业压力

加班较为普遍，近一半建档立卡贫困大学毕业生的职业压力较大，压力来自能力、发展、薪酬、与家庭的平衡等方方面面，毕业生会采取较为积极的方式面对职业压力。

依据调查，对于工作负荷状况，超过六成的毕业生（65.6%）表示需要加班。平均每周加班1~5小时、6~10小时、11~15小时和16小时以上的毕业生占比分别为21.6%、17.0%、9.8%和17.2%，即超过四成毕业生需要每天加班1小时以上，其中近二成每天需加班3小时以上，可以看出建档立卡贫困大学毕业生的工作负荷较大。

只有一成略多的毕业生（13.9%）认为职业压力非常小/比较小，近四成的毕业生（38.8%）认为一般，近四成的毕业生（39.1%）认为比较大，还有近一成的毕业生（8.2%）认为非常大，可以看出有近一半的建档立卡贫困大学毕业生感受到很大的职业压力。

毕业生的职业压力依次为专业能力有待提高（41.0%）、薪水太少（38.2%）、工作内容复杂（26.2%）、晋升机会少（22.9%）、经常加班（18.1%）、职场关系难处理（16.2%）、家人就业期望高（15.0%）、工作环境较差（13.1%）、找不到自己的位置（11.0%）、家庭与工作难平衡（10.9%）、领导太强势（3.9%），从中可以看出毕业生的职业压力来自工作能力、发展、薪酬、加班、工作环境以及家人的期望、家庭与工作的平衡等方方面面，其中自身能力有待提高以及就业质量不高是造成建档立卡贫困大学毕业生职业压力的主要原因。

面对职业发展中的压力，毕业生采用的方法依次为向他人寻求建议（46.3%）、向他人倾诉烦恼（36.5%）、改变原来的做法（31.5%）、睡觉（29.3%）、参加文体活动（25.4%）、购物（11.4%）、上网发泄/玩游戏（10.5%）、通过抽烟喝酒吃东西缓解（8.7%）、找专业机构进行辅导（7.6%）等。可以看出对待职业发展中的压力，毕业生采取积极地向他人寻求建议/倾诉、改变原来做法的方式较多，也有一定比例以睡觉、参加文体活动以及其他各种方式转移和缓解压力，寻找专业机构进行辅导的比例不高。总体来说，建档立卡贫困大学毕业生大多抗挫折能力较强，能够以积极应对或主动转移注意力来缓解压力，但今后仍需要进一步的追踪来了解和帮助建档立卡贫困大学毕业生缓解职业发展中的过大压力。

（五）工作适应能力和就业满意度评价

对目前工作适应情况的评价反映出毕业生对自我工作能力的认知，这也是影响就业满意度的一个深层次要因。

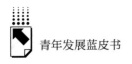
1. 工作适应能力评价

大部分建档立卡贫困大学毕业生认为适应当前工作，具有快速适应工作环境、跟上工作节奏的能力。随工作年数增长，对自身工作适应能力的评价有较为明显的提升。

依据调查，对目前工作的适应情况，有近七成的建档立卡贫困大学毕业生（67.1%）表示非常/比较适应，近三成（29.7%）表示一般，只有极少的毕业生（3.2%）表示不适应，可以看出大部分毕业生认为适应当前工作。

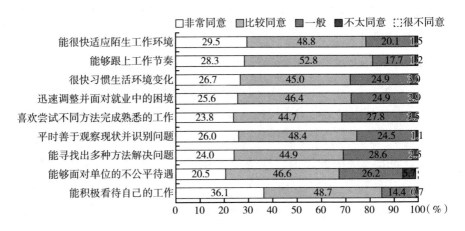

图14　毕业生对自身工作适应能力的评价

对于毕业生工作适应能力的具体状况，本次调查采用了由图14中的9个陈述构成的工作适应能力量表，测量了对工作环境、工作节奏、工作挑战、发现问题、解决问题以及生活环境变化等多个方面的适应性。从图14可以看出，毕业生对自己的工作适应能力评价较高，约八成的毕业生认为能积极看待自己的工作（84.8%）、能跟上工作节奏（81.1%）、能很快适应陌生的工作环境（78.3%），超过七成的毕业生认为自己平时善于观察现状并识别问题（74.4%）、能迅速调整并面对就业中的困境（72.0%）、能很快习惯生活环境变化（71.7%），近七成的毕业生认为自己能寻找出多种方法解决问题（68.9%）、喜欢尝试不同方法完成熟悉的工作（68.5%）、能够面对单位的不公平待遇（67.1%）。这反映出建档立卡贫困大学毕业生积极看待工作，具有快速适应工作环境、跟上工作节奏的能力，且善于发现问题，面对就业中的困境和生活环境变化能够迅速作出调整。相较而言，毕业生对自身面对单位不公平待遇及用多种方法处理工作/解决问题的能力评价较低。

为了更加综合、全面了解建档立卡贫困大学毕业生对工作适应能力的评价，在此对上述 9 个陈述的回答重新赋值，非常同意、比较同意、一般、不大同意、很不同意依次赋值为 5、4、3、2、1，并将各毕业生在这 9 个问题上的得分相加，生成"工作适应能力"变量，取值范围 9~45 分，得分 9~26 分为适应能力低，27~36 分为适应能力中等，37~45 分为适应能力高。表 1 为全体及分组比较结果。

表1 毕业生对自身工作适应能力评价的分类比较

单位：%

对自身工作适应能力评价 类　　别	低	中	高	χ^2	P
总体	3.9	57.4	38.7		
男	3.8	54.3	41.9	3.870	0.144
女	4.0	59.8	36.2		
1 年以内	5.0	62.4	32.5		
1~3 年	3.5	55.3	41.2	15.452	0.004
3 年以上	1.4	45.7	52.9		
高职高专	4.4	60.2	35.4	4.299	0.117
本科及以上	3.6	55.1	41.4		
0~999 元	8.8	57.9	33.3		
1000~2999 元	4.2	58.6	37.2		
3000~4999 元	2.6	56.1	41.3	8.977	0.344
5000~9999 元	4.4	55.9	39.7		
1 万元及以上	9.5	57.1	33.3		

从表 1 中可以看出毕业生对自身工作适应能力的评价集中在中（57.4%）、高（38.7%）两档。从性别来看，女性毕业生对自身工作适应能力评价的低、中档占比高于男性，但不具有显著性性别差异。

不同工作年数的毕业生对自身工作适应能力的评价存在显著性差异，随

毕业后工作年数增长，毕业生对自身工作适应能力的评价有较为明显的提升。

从教育程度来看高职高专毕业生对自身工作适应能力评价的低、中档占比高于本科及以上毕业生，但不具有显著性学历差异。

从实际薪资来看，0～999元和1万元及以上收入毕业生对自身工作适应能力评价的低档占比明显高于其他收入毕业生，高档占比明显低于其他收入毕业生，可以看出对自身工作适应能力的评价与工资呈现倒U形倾向，但不具有显著性薪资差异。

2. 就业满意度评价

超过一半的建档立卡贫困大学毕业生对工作整体表示满意。对人际关系的满意度较高，对单位文化、工作环境、工作时间的满意程度尚可，对工资水平和工资外福利满意度较低，对工作满意度的评价与薪资呈倒U形倾向。

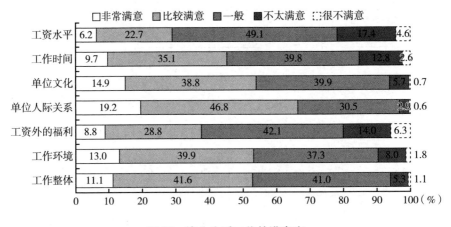

图15　毕业生对工作的满意度

关于建档立卡贫困大学毕业生对工作满意度的评价采用了由图15所示，包括工资水平、工作时间、单位文化、单位人际关系、工资外的福利、工作环境和工作整体7个维度的满意度量表。

从中可以看出，有超过一半的毕业生（52.7%）对工作整体表示满意，仅有6.4%的毕业生明确表示不满，这表明毕业生对当前工作整体的满意度尚可。毕业生对工作单位的不同方面的满意度有很大差异，近七成的毕业生

（66.0%）对单位人际关系表示满意，超过五成的毕业生对单位文化（53.7%）、工作环境（52.9%）表示满意，四成左右的毕业生对工作时间（44.8%）、工资外的福利（37.6%）表示满意，近三成的毕业生（28.9%）对工资水平表示满意。这反映出建档立卡贫困大学毕业生对单位中的人际关系基本满意，对单位文化、工作环境、工作时间的满意程度尚可，但对工资水平和工资外的福利满意度较低的现状。其中有两成多毕业生对工资水平（22.0%）和工资外的福利（20.3%）表示明确不满。

为了更加综合、全面了解建档立卡贫困大学毕业生对工作的满意度，在此对上述指标中除去"工作整体"的6个方面的回答重新赋值，非常满意、比较满意、一般、不大满意、很不满意依次赋值为5、4、3、2、1，并将各毕业生在这6个方面的得分相加，生成"工作满意度"变量，取值范围6～30分，得分6～17分为满意度低，18～24分为满意度中等，25～30分为满意度高。表2为总体及分组比较结果。

表2 毕业生对工作满意度的分类比较

单位：%

类别 对工作满意度评价	低	中	高	χ^2	P
总体	20.2	66.1	13.7		
男	18.2	66.8	15.0	2.878	0.237
女	21.8	65.6	12.6		
1年以内	19.6	64.8	15.6		
1～3年	20.6	67.5	11.9	4.424	0.352
3年以上	20.0	61.4	18.6		
高职高专	21.2	65.0	13.8	0.636	0.728
本科及以上	19.4	67.0	13.6		
0～999元	26.3	52.6	21.1		
1000～2999元	24.7	62.6	12.7		
3000～4999元	15.1	70.9	14.0	20.655	0.008
5000～9999元	14.7	72.1	13.2		
1万元及以上	23.8	61.9	14.3		

从表2中可以看出毕业生对工作的满意度集中在中档（66.1%），低档（20.2%）占比略高于高档（13.7%），总体来说大部分毕业生对当前工作表示满意。从性别来看，男性毕业生工作满意度的中、高档占比略高于女性，但不具有显著性性别差异。

工作1~3年的毕业生工作满意度为低档/中档的占比、工作3年以上毕业生的工作满意度为高档的占比分别高出其他毕业生群体，但不具有显著性差异。

从教育程度来看高职高专毕业生工作满意度的低、高档占比稍高于本科及以上毕业生，但不具有显著性学历差异。

从实际薪资来看，除去1万元及以上收入毕业生，随薪资增长，工作满意度低档的占比逐步减少，满意度为中档的占比逐步增加。对工作的满意度评价与工资呈现倒U形倾向，且具有显著性薪资差异。

四 就业发展中的主要困境与问题

（一）数据缺乏整合，后续不能及时跟踪反馈、了解就业和工作困难

自2014年建档立卡在全国范围推广以来，各部门联合对贫困户展开了积极的精准帮扶工作，但此次对建档立卡贫困人口中大学生就业的调研结果也反映出当前关于该群体的信息仍缺乏一定的整合性和有效性。目前，建档立卡贫困人口的信息主要来自扶贫办，但扶贫办的信息中往往没有关于学校/学历的相关记录，且联系方式缺乏准确性和有效性，难以及时联系到需要帮扶的毕业生群体。这一点在访谈中也反映出来。

精准，咱们应该是一对一地弄，现在一跨部门，扶贫部门有统计数字我们也有统计数字，我们统计的数字和扶贫（部门）老是碰不上，统计的时候以扶贫部门的为准，我们这边找不见这个人了，前段时间（这种状况）挺严重的，现在相对来说好一点（河北省怀安县就业局）。

另外，当前对建档立卡贫困大学毕业生的就业状况缺少后续追踪和后续帮扶机制。目前，高校对建档立卡贫困大学生的帮助只限于在校期间，同时也往往只统计初次就业率，并不考虑毕业生的就业质量。

离校前学生有意愿随时可以来我办公室，没有问题，单独推荐这都可以，难点就是离校以后，如果他中间更换工作，但没有及时来跟学校反馈，对咱们的工作会带来一定的困难……追踪的难度比较大，就是会有一些更换信息，包括现在他的手机号、他当时登记的信息，学生毕业了一换号就没有必要跟老师再去反馈了。（河北省张家口市高校就业中心指导教师）

我们扶贫这方面的目标就是促进就业，就业后我们就不怎么跟踪关注了。我们有一个扶贫系统，实名登记，谁没就业我们就关注谁，至于就业了以后就业的质量高低，这个我们好像没有单独地建一个群去关注。（河北省怀安县就业局）

从中可以看出，对建档立卡贫困大学毕业生在离校后基本没有追踪制度和帮扶办法，既不能及时跟踪反馈就业指导效果，也不能了解他们在工作和再就业中遇到的困难，从而不能真正有效地提高建档立卡贫困大学毕业生的就业质量。

（二）基层就业的待遇过低、发展空间不足、创业缺乏资金、技术指导等严重制约了返乡就业创业的热情

从前面的就业价值观分析可以看出，建档立卡贫困大学毕业生中明确表示不愿意返乡就业创业的仅占一成左右，主要原因是家乡发展落后、发展空间不足。大部分毕业生虽然有返乡的意愿但并不坚定，主要是由于待遇过低而难以抉择。前面的分析也反映出建档立卡贫困大学毕业生在就业中更注重薪资和福利等保障性因素，从访谈中也可以深入了解到，建档立卡贫困大学

毕业生由于受到经济条件的制约，比其他毕业生更期望经济独立。虽然对家乡和家庭的感情深厚，但过低的待遇影响了建档立卡贫困大学毕业生回乡就业创业的热情。

　　这方面倒想过。但是说到底还是一个经济问题，经济问题解决了都好说，但是解决不了很多很难实现……三支一扶……当时考虑过，当时也是限于经济压力，因为家庭条件不是特别好的话，想的还是怎么样帮助家庭。当然有理想是好，但是理想和现实要结合。(河北省怀安县毕业生 W)[①]

　　可能建档立卡贫困户的孩子更需要赶紧挣钱，因为家里的负担重，像西部计划也就两千多块钱，相对于他能出去闯一闯挣的工资还是少的。(河北省张家口市团市委)

对于创业，虽然很多建档立卡贫困大学毕业生有过考虑，其中一成左右有着明确的创业意愿，但实际创业占比仅为 2.9%，其中的主要原因有缺少创业资金、相关技能和相关信息的获取渠道等。从前面的分析可以看出，当前建档立卡贫困大学毕业生的创业资金主要依靠自筹，虽有一定的银行贷款和从政府获得的资金支持，但占比不高。这一点在访谈中也明显地反映出来，访谈对象还反映在返乡创业的过程中，找不到扶助/协商部门的困惑和担忧。

　　有这个创业的想法，但是在我们当地这个贫困县，说实话，想创业，得有资金、有技术，这些东西不知道从哪找，也没有什么路子，而且当地的经济也不好，不如在市里头机会多一些……首先得有可以咨询的地方，有这个政策我们去哪找专家或者是人愿意帮助，我们自己单跑

---

① 访谈中的学生及毕业生以姓氏为编号，姓氏相同时加入数字以示区别。

的话得跑很多地方，要不然比如说是创新种一些当下价格比较贵的蔬菜，你中间要是出现灾害了，或者是种植的方面都没有地方问……就是要对风险这方面没有后顾之忧。（河北省怀安县毕业生L）

（三）就业中存在较为普遍的学历歧视、学校歧视和性别歧视

超过一半的建档立卡贫困大学毕业生（51.3%）认为当前大学毕业生就业中存在歧视现象，1/4的毕业生（25.2%）认为不存在，超过两成的毕业生（23.5%）表示不知道。这表明大学毕业生就业中的歧视并非偶发，而是一种具有一定普遍性的现象。

在表示有歧视现象的毕业生中，在找工作中遇到的就业歧视依次为学历歧视（62.9%）、学校歧视（40.3%）、性别歧视（30.8%）、相貌/身高歧视（26.7%）、地域歧视（24.1%）、户口歧视（21.7%）和年龄歧视（16.4%）。

以歧视中最主要的学历分类来看，高职高专毕业生遇到学历歧视的占比（75.4%）要远远高于本科及以上毕业生（54.1%）。这点在访谈中也反映出来。

> 我希望就业的门槛不要特别的高。像咱们这边的很多就业的，但凡稍微正式一些的工作，都得本科以上，像我们专科的话肯定是不行。还有一些技术工人都已经很高（学历）了，就是最低也是专科以上了。我觉得这可以针对不同行业吧，就是能够把住这个行业门槛，能不能区别对待。不要一刀切。（河北省怀安县毕业生J）

与统计数据相结合可以看出，"稍微正式一些的工作"的就业门槛是本科，降低了高职高专毕业生相对稳定就业的可能。

从性别来看，女性遇到性别歧视的占比（39.6%）要远远高于男性（20.1%），这在访谈中也有明显体现。

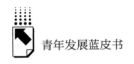

压力就是因为是女生嘛，因为学工科类的女生不太占优势……我感觉只要好好学习的话，一般不会有人不喜欢学习好的或者学习能力强的人。（河北省张家口市大四学生 L1）

我的一个老师就说女生学土木的也少，不是很好找工作。所以我还是更倾向于考研。（河北省张家口市大三学生 L2）

与统计数据相结合可以看出，女性在就业中会受到较为明显的性别歧视，她们主要通过提高自己的专业能力来弥补这点或通过考研暂时避开这一歧视。

（四）就业费用及就业前培训费用造成了较大的经济压力

从前面的分析可以看到，超过一半的建档立卡贫困大学毕业生表示找工作时的服装、旅费、简历制作投递等求职花费在千元以上，其中更有超过两成毕业生的花费在 3000 元及以上。近四成毕业生表示费用超出了自己的承受范围。就业花费的压力在访谈中也有体现。

有的单位要求比较高，正装这些，其实花销不小的，吃饭住宿（花费）就是很大的困难，再加上这些条件确实会造成一些压力。（河北省怀安县毕业生 W）

同时在访谈中还可以看到，就业/考研前的培训费用对于建档立卡贫困大学生更是一笔巨大的花费。

我是理工生，但是我们是偏艺术的，然后我们就要自己去上一些手绘班……一次二十天吧，基本上最少要上两个班吧。两个班八千（元）……我之前的时候做一些代理兼职，就可以把这些钱挣出来。现在不做了，所以有点压力。（河北省张家口市大四学生 Z）

其实我还是想考公务员，公务员班比较贵，一万多（元）……就是十几天的课。（河北省张家口市大四学生 L1）

为了就业或考研,毕业生不得不参加校外培训,究其根本是许多高校教材内容陈旧,课程设置的时代性不强,跟不上社会改革、科技进步的步伐[①],造成毕业生的知识结构与社会需求间存在一定的脱节,而校内的职业生涯规划训练及培训也不能及时弥补这一不足,以致毕业生不得不花费高额费用,依靠培训机构来提升自己的能力和经验。这给毕业生,尤其是迫切希望提升就业能力又缺乏经济基础和社会经验的建档立卡贫困大学毕业生造成了极大的压力,极易使其卷入"培训贷"等风险。

五 对策与建议

(一)建立全国层面的建档立卡贫困大学毕业生就业信息平台

应在有效保护隐私的前提下,以现有平台为基础,进一步整合高校、省市县以及各部门的就业信息系统,建立建档立卡贫困大学毕业生的就业信息平台,加强追踪机制,切实提高贫困大学毕业生的就业质量。

其中需要包括至少三个方面的信息整合。首先是要以高校为单位建立精准、有效的就业信息平台。目前,各高校虽然已经基本实现就业信息发布的移动平台化,但大多没有根据不同专业和岗位需求对学生,尤其是建档立卡贫困大学毕业生进行精准推送。高校就业信息平台应是毕业生和用人单位之间最有效的沟通渠道。不仅应根据不同专业和岗位需求进行精准推送,节省学生收集就业信息的时间、费用,还应有效避免虚假信息,成为推动毕业生尤其是建档立卡贫困大学毕业生就业的第一助力。

其次,对建档立卡贫困大学毕业生的帮扶应成为一项长期工程,追踪和结果反馈是决定其成效的重要一环。现在往往只统计就业率,而忽视了就业质量,尤其是没有一个对毕业生就业后的追踪反馈机制。因此,既不能了解

---

① 荣立和、贾春水:《贫困大学毕业生就业焦虑状态与应对方式研究》,《卫生职业教育》2017年第17期。

其就业质量，也不能对其职业发展或失业后的再就业起到帮助作用。建档立卡贫困大学毕业生就业的一个显著特点就是稳定性低、流动频繁，仅靠学校很难继续追踪。因此，应建立有一定强制性的信息更新制度，例如可考虑依托教育部的学信网就业服务平台，要求学校和毕业生双方定期进行就业信息的登记、核实，从而进一步完善就业指导体系，检验学校就业指导工作的成效，同时提高建档立卡贫困大学毕业生的就业率和就业质量。

最后也是最关键的是各省份和各部门间的数据整合。目前还没有针对建档立卡贫困大学毕业生的统计数据，数据获取需要在各部门之间协调、拼凑，以致不能有效掌握建档立卡大学毕业生的整体就业状况以及每一位需要帮助的毕业生的联络信息，影响了对其进行精准帮扶。此外，目前对建档立卡贫困大学毕业生的补贴政策主要是以省份为单位。例如高校发放求职补贴时也仅以所在省份为单位，增加了跨省求学的建档立卡贫困大学毕业生领取经济补贴的难度。因此，在有效保护隐私的前提下，整合高校、省（区、市）和各部门间的数据，并引入长期追踪机制，最终在全国层面建立起建档立卡贫困大学毕业生就业信息平台将是切实提高贫困大学毕业生的就业质量，实现其脱贫、发展的重要保障。

（二）国家、地方、学校联动，保障、促进返乡就业创业

国家层面应制定、完善专项优惠政策，地方层面应落实专属管理/咨询/扶助部门，学校层面应进一步加强相关政策宣传并与地方一起建立返乡就业创业帮扶平台，共同激发建档立卡贫困大学毕业生返乡就业创业的热情。

建档立卡贫困大学毕业生出身于贫困县，熟悉家乡状况，且通过在外求学具备较高的知识技术水平以及较为宽阔的视野，是贫困地区脱贫致富的主力军，并具备被培养成为家乡致富带头人的潜力。大力促进建档立卡贫困大学毕业生返乡就业创业是阻断贫困代际传递、打赢2020年贫困人口彻底脱贫攻坚战的重要环节。

激发建档立卡贫困大学毕业生返乡就业创业的热情，首先要从国家和省市层面进一步制定和完善大学生尤其是建档立卡贫困大学毕业生返乡、到基

层就业以及创业的扶持政策，切实提高基层就业的福利待遇、加强后续保障、加大创业资金和技术的扶持力度，从政策保障和经济激励两方面引导、推动建档立卡贫困大学毕业生返乡就业创业。

其次要以县镇乡为单位具体落实返乡就业创业专项政策、专属的管理/咨询/扶助部门，应将扶助成效纳入考核体系。同时，进一步加强创业孵化基地的建设和技术支持，对返乡就业创业提供坚实的硬件支持，帮助建档立卡贫困大学毕业生成功就业创业。

最后，建档立卡贫困大学毕业生对于大学生返乡就业创业相关政策的了解较少，此次调研中有超过一半的毕业生表示不了解，今后在学校层面需进一步加强相关政策的宣传普及。此外，大学应进一步发挥高校优势，联合地方，建立起专门针对农业农村的就业创业见习园区，为有志在农村就业创业的毕业生提供免费培训和技术指导，培养其在农村就业创业的能力和技能，解决就业创业过程中可能遇到的困惑，与地方共同打造返乡就业创业帮扶平台。

（三）法律、经济、社会导向相结合，有效消除就业歧视

应以法律为保障，以经济手段为激励，以合理的评分加分机制为社会导向，有效消除就业中的歧视现象，并应对有意愿回到基层就业的建档立卡贫困大学毕业生给予一定的政策倾斜。

当前就业环境中的就业歧视，尤其是片面追求高学历、名校，以及对性别的歧视不仅对建档立卡贫困大学毕业生的就业造成了极大的影响，也造成了社会人力资源的极大浪费。对此首先需要尽快出台相关法律。目前我国法律所禁止的就业歧视仅限于民族、宗教、性别、户籍和身体健康状况方面，不涵盖学历歧视和学校歧视[①]，保护范围小，且缺乏有效的救济途径和赔偿制度，难以对用人单位进行责任认定和对被歧视者进行救济赔偿。专门的

---

① 熊懿清、李贺伟：《大学毕业生就业中学校档次、学历歧视问题刍议》，《云南电大学报》2010 年第 4 期。

《反就业歧视法》的颁布和有效执行将是实现平等就业的先决条件和保障。

其次，可考虑以经济激励为手段，协调用人单位和被歧视群体之间的矛盾。在胜任工作的前提下，国家或社会可以对优先聘用高职高专学历、女性以及建档立卡贫困大学毕业生的单位给予一定的财政补贴、税收减免、优惠贷款等经济激励，以经济手段调动用人单位反就业歧视的积极性。

最后，对于用人单位而言，应建立合理的评分加分制度，既考虑到公平性，又要关注特殊群体，有效消除就业中的歧视现象。考虑到返乡就业的建档立卡贫困大学毕业生今后在贫困地区起到的典范和带头人作用，应对有意愿回到基层就业的建档立卡贫困大学毕业生给予一定的政策优惠、加分和经济奖励。

（四）以需求为导向，加强课程和培训的针对性及实用性

在落实就业补贴的前提下，高校应进一步以社会需求为导向，调整课程设置，提升教学质量，提高校内职业生涯规划、培训的系统性、针对性和实用性；并考虑建立以劳动换福利的心理补偿机制，消除帮扶中的隐性歧视。

毕业生在求职前的培训和求职过程中会产生较多的费用，首先需要通过落实就业补贴，切实解决建档立卡贫困大学毕业生的后顾之忧，从经济上帮助学生顺利找到工作。

其次，高校应以社会和市场需求为导向，调整专业课程设置，提升教学质量，培养出符合社会需求的毕业生。并应进一步提高校内职业生涯规划和培训的系统性、针对性和实用性，弥补学生知识结构与社会需求之间的沟壑。例如参照培训机构，整合各类资源，在校内举办办公礼仪、办公/绘图软件使用、计算机编程、商务英语、考研等各类免费就业培训班，使毕业生，尤其是建档立卡贫困大学毕业生不用依靠费用不菲的培训机构也能切实提升自己的就业竞争力。又如高校经常会邀请名人或成功人士来做创业讲座，但其实往往不及同校毕业的学长学姐介绍自己的切身体验、经验教训更具有说服力，更能对即将毕业的学生起到有效的示范作用。

此外，目前给予建档立卡贫困大学毕业生的帮扶大多只停留在就业补贴或免费培训等经济层面，还未能更多地考虑到贫困毕业生的心理以及帮扶中的隐性歧视。今后可考虑在领取经济补贴或免费培训的同时，安排一些力所能及的志愿活动作为交换，建立以劳动换福利的心理补偿机制，一方面可以化解贫困毕业生领取补贴的困窘感，另一方面也可以消除个别不劳而获以及对该群体污名化的现象。

参考文献

崔杰：《大学生职业生涯规划理论与方法》，浙江工商大学出版社，2008。

龚惠香、汪益民、袁加勇、陈杭渝：《大学生职业价值观的演变趋势——对两次问卷调查结果的比较分析》，《青年研究》1999 年第 7 期。

凌文辁、方俐洛、白利刚：《我国大学生的职业价值观研究》，《心理学报》1999 年第 3 期。

韩丽勃、刘业政、赵勇：《基于模糊 AHP 的大学生就业满意度研究》，《职业时空》2009 年第 12 期。

杨娟：《高职院校学生职业价值观特点的调查研究》，《高教学刊》2018 年第 12 期。

王慧琦：《大学毕业生就业创业质量研究》，《中国市场》2016 年第 47 期。

B.5
建档立卡贫困人口中大学生就业压力调查

高艳蓉*

摘　要： 本报告基于调查数据，对建档立卡贫困人口中在校大学生的就业压力和大学毕业生的职业压力的现状、来源，就业压力的自我调适及造成的心理影响，应对就业压力和职业压力的方式，以及家庭、朋友、政府及公益慈善组织等社会支持网络在大学生成长过程中发挥的作用进行了分析，描述了不同性别、不同家庭籍贯、不同类型的大学生面对这些问题时的群体差异。研究发现，在校与已毕业大学生普遍面临着比较大的就业/职业压力。针对此问题提出三个层面的建议：从在校学生自身角度要认清就业市场形势，合理设计自己的求职、就业目标；从学校角度要加强对贫困大学生就业指导的精准性与有效性；从社会角度要完善针对贫困大学生的就业政策、就业市场和就业服务。研究结果有利于引导在校大学生、大学毕业生缓解就业压力和职业压力。

关键词： 大学生　就业压力　职业压力　压力应对　社会支持

自20世纪90年代中期以来，随着我国大学生就业政策由"国家包办分配"向"自主择业、双向选择"的转变，我国大学生就业问题逐渐呈现出来，部分专业供过于求、市场需求不足的大学毕业生面临着就业质量下降、委屈就业乃至失业问题，大学毕业生逐渐褪去了昔日"天之骄子"的耀眼光环，

---

* 高艳蓉，北京青年政治学院科研处副研究员，主要研究领域为青少年教育与发展、教育管理、志愿服务。

昔日"皇帝女儿不愁嫁"的就业状态逐渐消失，许多大学生和家长也开始为就业问题而焦虑[①]。自 2000 年以来，随着大学的扩招，我国大学毕业生逐年大幅度增加。据 2018 年 11 月 28 日召开的"2019 届全国普通高校毕业生就业创业工作网络视频会议"的消息，当时预计 2019 届全国普通高校毕业生达 834 万人[②]。如果加上中专技校及往届毕业生中未能实现就业的学生的数量，以及考虑到我国经济发展现状和国际贸易摩擦的诸多不确定因素，2019 届大学生的就业形势将更加复杂严峻，可能面临更大的就业压力。

本篇调查报告对建档立卡贫困人口中大学生就业压力，包括高校在读学生的就业压力和高校毕业生的职业压力进行分析，主要分析就业/职业压力的现状、就业/职业压力来源、就业/职业压力认知与自我调适及心理健康、就业/职业压力的应对方式及其社会支持等。除特别注明外，凡本报告中出现的统计数据均来源于团中央"建档立卡贫困人口中大学生就业发展研究"课题组所进行的问卷调查结果。

一　在校生就业压力与毕业生职业压力情况

就业压力已成为大学生面临的众多压力中的一个主要压力，而对于有幸已经就业的大学生来说，职业压力也是不容忽视的问题。

（一）高校在校学生的就业压力

1. 建档立卡贫困人口中在校大学生感觉就业"压力山大"，女大学生、家庭户籍为陕西省和青海省的在校学生、非"双一流"本科高校和民办高职高专在校学生感觉的就业压力更大

本课题组对建档立卡贫困人口中高校在校学生的调查显示，3993 个参与

---

① 吴克明：《中国大学生就业问题研究》，山东人民出版社，2015。

② 教育部：《2019 届全国普通高校毕业生就业创业工作网络视频会议召开》，http：//www.moe. gov. cn/jyb_ xwfb/gzdt_ gzdt/moe_ 1485/201811/t20181128_ 361821. html。最后检索时间：2020 年 3 月 20 日。

调查的学生中，49.6%的学生感觉到"比较大"的就业压力，15.3%的学生感觉到"非常大"的就业压力，25.8%的学生感觉就业压力"一般"，仅有少数（7.8%）的学生感觉就业压力"比较小"，极少数（1.5%）的学生感觉就业压力"非常小"。总体而言，接近2/3（64.9%）的高校在校学生感觉到就业"压力山大"。伴随每年大量的大学生毕业，在当前及今后相当长一个时期内，大学生就业都会是一个热门的话题，每当临近毕业季，都会一次次地听到"史上最难就业季"之说。在校女大学生感觉到的就业压力要大于男大学生：女大学生感觉到就业压力"比较大"和"非常大"的比例合计达到68.4%，比男大学生高7.7个百分点（见表1）。

表1　不同性别在校大学生对就业压力的感觉（N=3993）

单位：%

选项	男	女	总体
非常小	2.3	0.8	1.5
比较小	9.5	6.5	7.8
一般	27.5	24.3	25.8
比较大	46.8	52.0	49.6
非常大	13.9	16.4	15.3

注：Sig.=0.000。

家庭所在省份不同的在校大学生感觉到的就业压力有所不同：家庭户籍为陕西省和青海省的高校在校学生感觉到就业压力"非常大"的分别占21.2%和21.0%，高于其他省份的高校在校学生的选择比例。相对而言，家庭户籍为湖南省和黑龙江省的高校在校学生感觉到就业压力"非常大"的比例更小些（见表2）。

就读学校类型不同，所感觉到的就业压力不同：非"双一流"本科高校和民办高职高专在校学生感觉到就业压力"非常大"的分别占16.2%和16.8%，高于其他三种学校类型的在校学生的选择比例，其中，"双一流"高校在校学生该比例为11.2%，这是相对较为淡定的群体（见表3）。

表2　不同省份在校大学生对就业压力的感觉（N＝3993）

单位：%

选项	河北	陕西	山西	河南	湖南	广西	四川	贵州	青海	黑龙江	总体
非常小	1.7	2.4	1.0	1.0	1.6	1.0	1.6	2.2	0.8	2.5	1.5
比较小	8.3	5.0	6.7	8.6	9.8	6.7	7.1	9.3	8.1	9.9	7.8
一般	24.2	21.7	20.5	29.2	36.7	23.3	23.1	29.7	18.7	34.2	25.8
比较大	50.0	49.7	56.3	48.9	45.9	53.8	50.1	42.7	51.5	44.1	49.6
非常大	15.8	21.2	15.5	12.3	6.0	15.1	18.1	16.0	21.0	9.4	15.3

注：Sig. ＝0.000。

表3　不同学校类型在校大学生对就业压力的感觉（N－3993）

单位：%

选项	"双一流"高校	非"双一流"本科高校	公立高职高专	民办本科	民办高职高专	总体
非常小	3.1	1.0	1.6	1.9	1.7	1.5
比较小	11.6	7.9	7.4	4.5	10.6	7.8
一般	28.1	23.7	28.2	27.1	27.4	25.8
比较大	46.0	51.2	48.0	51.2	43.6	49.6
非常大	11.2	16.2	14.9	15.3	16.8	15.3

注：Sig. ＝0.000。

2. 接近九成的高校在校贫困大学生对2018届大学生就业形势的判断是"比较严峻"和"非常严峻"，家庭户籍为四川省的在校学生、民办高职高专在校学生相对更多地感受到就业形势"非常严峻"

2018届大学生中的大多数人已陆续步入社会。对于2018届大学生就业形势，高校在校学生通过与学长的接触、联系，或通过媒体的报道，会形成自己的判断。从调查反映的数据看，高校在校学生对就业形势的判断是"非常严峻"和"比较严峻"，选择比例分别占33.4%和53.9%，即有接近九成（87.3%）的被访在校大学生认为就业形势是严峻的。10.7%的在校学生的判断是"一般"，极少数学生认为"比较好"或"很好"。与上面对自己的就业压力的感觉相比，在校大学生对就业形势更不乐观，用"严酷"形容也不为过。

家庭所在省份不同的在校大学生对就业形势的判断存在统计上的显著性差异：家庭户籍为四川省的高校在校学生认为就业形势"非常严峻"的达41.8%，高于其他省份的高校在校学生的判断。其中，湖南省的在校学生认为就业形势"非常严峻"的占19.0%，相对要乐观一些（见表4），这与上述湖南省在校大学生对就业压力的感觉调查数据一致。

表4　不同省份在校大学生对就业形势的判断（N=3993）

单位：%

选项	河北	陕西	山西	河南	湖南	广西	四川	贵州	青海	黑龙江	总体
非常严峻	31.7	33.9	35.8	26.8	19.0	34.0	41.8	36.0	38.6	32.2	33.4
比较严峻	55.0	56.1	55.5	60.7	57.3	55.1	48.5	49.8	50.8	51.0	53.9
一般	10.8	9.0	8.0	10.1	20.4	9.4	6.9	12.3	8.6	13.9	10.7
比较好	2.5	0.5	0.7	1.5	3.4	1.5	2.0	1.5	1.5	2.0	1.6
很好	—	0.5	—	1.0	—	—	0.8	0.4	0.5	1.0	0.4

注：Sig.=0.000。

就读学校类型不同，对就业形势的判断不同：民办高职高专在校学生认为就业形势"非常严峻"的达37.4%，高于其他四种学校类型的在校学生对就业形势的判断（见表5）。

表5　不同学校类型在校大学生对就业形势的判断（N=3993）

单位：%

选项	"双一流"高校	非"双一流"本科高校	公立高职高专	民办本科	民办高职高专	总体
非常严峻	29.7	34.9	32.2	31.6	37.4	33.4
比较严峻	55.4	54.9	50.5	56.3	46.9	53.9
一般	11.8	8.8	14.6	10.2	12.8	10.7
比较好	2.2	1.2	2.3	1.4	2.2	1.6
很好	0.9	0.3	0.4	0.5	0.6	0.4
合计	100.0	100.0	100.0	100.0	100.0	100.0

注：Sig.=0.001。

3. 高校贫困在校学生认为毕业时要找到一份让自己满意的工作具有相当的难度，家庭户籍为陕西省的在校学生、民办高职高专在校学生认为找到满意的工作"非常难"的比例相对更多

2016 年一项针对中国大陆不同地区不同层次的 12 所高校的 10765 个在校大学生的调查显示，学生对毕业后能找到满意的工作"有一点信心"和"充满信心"的比例分别占 35.0% 和 23.9%，在校大学生总体上对于找到满意的工作还是比较有信心的，持比较乐观的态度①。但理想是丰满的，现实是骨感的，有信心并不意味没有难度。事实上，根据本次课题组调查反映的数据看，参加调查的高校在校学生要想找到一份令自己满意的工作具有相当的难度，这进一步加深了大学生对就业"压力山大"的切身感受与体会：17.4% 的在校学生对毕业时找到一份让自己满意的工作的难度的判断是"非常难"，58.3% 的在校学生选择的是"比较难"，也就是说，超过 3/4（75.7%）的高校在校学生认为在毕业之际要想找到一份令自己满意的工作存在着相当的难度。22.2% 的在校学生选择的是"一般"，少数（1.9%）的在校学生选择的是"比较容易"，极个别（0.2%）的学生选择的是"非常容易"。

家庭户籍为陕西省的高校在校学生表示毕业时找到一份令自己满意的工作"非常难"的占 24.6%，高于其他省份的高校在校学生对找到满意工作的难度判断。其中，家庭户籍为湖南省的高校在校学生表现得要更乐观一些，仅 8.1% 的学生对毕业时找到一份让自己满意的工作的难度选择了"非常难"（见表 6）。

民办高职高专在校学生对找到一份让自己满意的工作选择"非常难"的占 20.7%，高于其他四种学校类型的在校学生对找到一份让自己满意的工作难度的判断（见表 7）。

---

① 李培林、陈光金、张翼主编《2018 年中国社会形势分析与预测》，社会科学文献出版社，2018。

表6　不同省份在校大学生对毕业时找到一份满意的工作的难度判断（N＝3993）

单位：%

选项	河北	陕西	山西	河南	湖南	广西	四川	贵州	青海	黑龙江	总体
非常难	16.7	24.6	15.2	14.7	8.1	14.6	21.7	21.6	21.7	12.9	17.4
比较难	59.2	60.8	66.3	54.3	53.7	65.5	56.0	50.7	61.6	51.0	58.3
一般	19.2	13.2	16.4	28.0	34.5	18.6	20.9	25.7	16.2	32.2	22.2
比较/非常容易	5.0	1.3	2.1	2.9	3.8	1.2	1.4	1.9	0.5	4.0	2.1

注：Sig.＝0.000。

表7　不同学校类型在校大学生对毕业时找到一份满意的工作的难度判断（N＝3993）

单位：%

选项	"双一流"高校	非"双一流"本科高校	公立高职高专	民办本科	民办高职高专	总体
非常难	16.5	16.6	18.0	19.1	20.7	17.4
比较难	54.7	62.0	53.9	57.1	49.7	58.3
一般	26.1	19.2	26.1	22.0	27.4	22.2
比较/非常容易	2.7	2.2	1.9	1.7	2.2	2.1

注：Sig.＝0.001。

（二）建档立卡贫困人口中高校毕业生的职业压力

1. 接近一半的毕业生感觉到"比较大"和"非常大"的职业压力，近一成的毕业生感觉到"非常大"的职业压力

在1119名已就业的高校毕业生中，39.1%的毕业生感觉到职业压力"比较大"，8.2%的毕业生感觉到职业压力"非常大"，即接近一半（47.3%）的毕业生感觉到来自职业的压力，这一结果与高校在校学生面临的就业/求职"压力山大"相比，尽管相对要和缓一些，但也是不容忽视的。38.8%的毕业生感觉职业压力"一般"，10.8%的毕业生感觉职业压力"比较小"，3.0%的毕业生感觉职业压力"非常小"。

2. 超过三成的毕业生表示单位职务或职称晋升"非常慢"和"很慢"，超过六成的毕业生认为自己在3年内能够晋升到更高一级的职务或职称

对于单位职务或职称晋升状况的整体判断，11.9%的高校毕业生选择的是"晋升非常慢"，18.3%的毕业生选择的是"晋升很慢"，即超过三成（30.2%）的毕业生认为，单位职务或职称的晋升缓慢。57.9%的毕业生选择的是"一般"，10.1%的毕业生选择的是"晋升比较快"，极少数（1.8%）的毕业生选择"晋升很快"。

2017年进行的一项针对2014届大学毕业生的跟踪调查显示，毕业三年后的大学生，有58%的人获得职位晋升（既包括不换雇主的内部提升，也包括通过更换雇主实现的晋升）①。本次课题组的调查显示，通过自己的努力，三年内能够获得职务或职称晋升的高校毕业生的比例有所提高：当问及个人自身对职务或职称晋升的预期时，16.1%的高校毕业生表示凭自己的能力最快在"1年之内"能够晋升到更高一级的职务或职称，47.2%的毕业生表示最快在"1~3年"能够晋升到更高一级的职务或职称，即有超过六成（63.3%）的毕业生认为自己在3年内能够晋升到更高一级的职务或职称。与此同时，23.5%的毕业生表示最快在"3~5年"能够晋升到更高一级的职务或职称，6.2%的毕业生表示最快在"5~8年"能够晋升到更高一级的职务或职称，2.0%的毕业生表示最快在"8~10年"能够晋升到更高一级的职务或职称，5.1%的毕业生表示最快在"10年及以上"能够晋升到更高一级的职务或职称。总的看来，不论是对单位职务或职称晋升状况的整体判断，还是就个人的职务或职称晋升的预期而言，相当一部分大学毕业生不得不面对职务或职称晋升这一职业压力的煎熬。

3. 超过三分之二的毕业生能适应目前所从事的工作，六成以上的毕业生每周的平均工作时长超过40小时

对于目前所从事的工作的适应程度，13.6%的高校毕业生表示"非常适应"，53.5%的毕业生表示"比较适应"，29.7%的毕业生表示"一般"，

---

① 麦可思研究院编著《2018年中国本科生就业报告》，社会科学文献出版社，2018。

2.6%的毕业生表示"有点不适应",极个别(0.6%)的毕业生表示"非常不适应"。就工作适应程度这个方面而言,超过2/3(67.1%)的高校毕业生适应工作的能力还是不错的。

对于每周的平均工作时长,8.5%的高校毕业生选择的是"35小时及以下",25.9%的毕业生选择的是"36~40小时",21.6%的毕业生选择的是"41~45小时",17.0%的毕业生选择的是"46~50小时",9.8%的毕业生选择的是"51~55小时",17.2%的毕业生选择的是"56小时及以上"。如果以每周工作5天、每天工作8小时计算的话,意味着六成以上(65.6%)的高校毕业生每周的平均工作时长超出了社会的平均时间,而且,男性毕业生每周的平均工作时长要多于女性毕业生,其中,每周平均工作时长在"56小时及以上"的男性毕业生占22.9%,比女性毕业生高出10.3个百分点(见表8)。

表8 不同性别高校毕业生每周的平均工作时长 (N=1119)

单位:%

选项	男	女	总体
35小时及以下	7.5	9.3	8.5
36~40小时	23.7	27.7	25.9
41~45小时	17.2	25.1	21.6
46~50小时	18.2	16.0	17.0
51~55小时	10.5	9.3	9.8
56小时及以上	22.9	12.6	17.2
合 计	100.0	100.0	100.0

注:Sig. =0.000。

职务或职称晋升快或容易,工作适应好,每周平均工作时长适当,面临的职业压力相对就会小一些;否则,职业压力相对就会大一些。从调查的结果看,相当一部分的高校毕业生面临比较大的职业压力,工作时间偏长,一些毕业生还面临着个人职务或职称晋升缓慢、工作适应的困境和压力。

二 就业压力、职业压力来源

在校大学生的就业压力、大学毕业生的职业压力来源是多种多样的，包括个人自身、父母（或家庭）、学校声誉、工作负荷、人际关系、职务/职称的晋升、社会大环境（如经济的景气状况）等都可能对在校大学生的就业及已入职的年轻大学毕业生的职业带来不同的压力。

（一）在校大学生的就业压力来源

课题组从学生自身、父母（或家庭）、专业（内容）、用人单位等维度对高校在校学生的就业压力来源进行了测量，共涉及 9 个压力来源因素。通过对原始调查数据赋值与转换，用 1、2、3、4、5 分表示某项就业压力从弱到强，理论的中值为 3 分，分值越高意味着该项就业压力越大。调查数据显示，学生的就业压力是多方面导致的结果。

1. 高校在校学生的就业压力来源：自身能力的欠缺与高期望

学业成绩欠佳、自身信心不足、某项（些）能力的欠缺与对就业的高期望是高校在校学生就业压力的重要来源。从与在校大学生自身相关的四个压力来源的分值看，"担心自己的学习成绩在找工作中没有竞争力"、"自信心不够，影响了我找工作"、"普通话不标准是我找工作时的劣势"和"我要找到一家自己满意的单位才会就业"的分值分别是 3.20 分、3.09 分、2.60 分和 2.94 分（见图 1）。一方面是学业不佳、自信心不足；另一方面又对就业单位产生不切实际的高期望，这本身就是矛盾的。在校学生需要根据实际的市场需求，调整对就业单位的期望，以缓解就业压力。

在校男大学生在"我要找到一家自己满意的单位才会就业"和"普通话不标准是我找工作时的劣势"两方面的压力分值高于在校女大学生，而在校女大学生在"担心自己的学习成绩在找工作中没有竞争力"和"自信心不够，影响了我找工作"两方面的压力分值高于在校男大学生（见表9）。

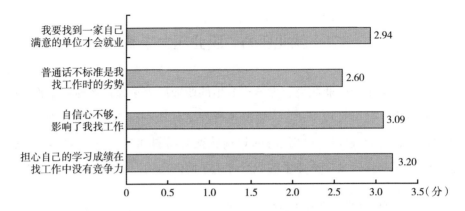

图1　高校在校学生的就业压力来源：自身的欠缺与高期望（N=3993）

表9　不同性别在校大学生在"就业压力来源：自身的欠缺与

高期望"上的得分（N=3993）

选项	男	女	总体
担心自己的学习成绩在找工作中没有竞争力	3.13	3.25	3.20
自信心不够,影响了我找工作	2.98	3.19	3.09
普通话不标准是我找工作时的劣势	2.71	2.51	2.60
我要找到一家自己满意的单位才会就业	3.02	2.88	2.94

注：Sig. =0.000。

家庭户籍为广西壮族自治区的高校在校学生在"担心自己的学习成绩在找工作中没有竞争力"上的压力分值是 3.32 分，高于其他省份的在校学生在这项上的就业压力分值。贵州省和广西自治区的在校学生在"自信心不够，影响了我找工作"上的压力分值分别是 3.29 分和 3.27分，高于其他省份的在校学生在这项就业压力上的分值。贵州省的在校学生在"普通话不标准是我找工作时的劣势"上的压力分值是 3.13 分，高于其他省份的在校学生在这项就业压力上的分值。黑龙江省和山西省的在校学生在"我要找到一家自己满意的单位才会就业"上的压力分值分别是 3.09 分和 3.07 分，高于其他省份的在校学生在这项就业压力上的分值（见表10）。

表 10 不同省份在校大学生在"就业压力来源：自身的欠缺与

高期望"上的得分（N＝3993）

选项	河北	陕西	山西	河南	湖南	广西	四川	贵州	青海	黑龙江	总体
担心自己的学习成绩在找工作中没有竞争力	3.20	3.23	3.18	3.01	3.11	3.32	3.26	3.26	3.27	3.07	3.20
自信心不够，影响了我找工作	3.20	3.06	3.00	2.91	3.11	3.27	3.09	3.29	3.10	2.76	3.09
普通话不标准是我找工作时的劣势	2.69	2.63	2.39	2.26	2.68	2.62	2.67	3.13	2.63	1.93	2.60
我要找到一家自己满意的单位才会就业	3.01	2.97	3.07	3.04	2.88	2.81	2.79	2.97	2.90	3.09	2.94

注：Sig.＝0.000。

就读学校类型不同的在校学生在"自信心不够，影响了我找工作"的压力分值上不存在统计显著性差异。非"双一流"本科高校、民办本科和民办高职高专在校学生在"担心自己的学习成绩在找工作中没有竞争力"上的压力分值分别是 3.24 分、3.22 分和 3.26 分，高于"双一流"高校和公立高职高专在校学生在这项就业压力上的分值。公立高职高专和民办高职高专在校学生在"普通话不标准是我找工作时的劣势"上的压力分值都是 2.74 分，高于其他三种学校类型的在校学生在这项就业压力上的分值。"双一流"高校在校学生在"我要找到一家自己满意的单位才会就业"上的压力分值是 3.16 分，高于其他四种学校类型的在校学生在这项就业压力上的分值（见表11）。

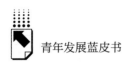

表 11　不同学校类型在校大学生在 "就业压力来源：自身的欠缺与
高期望" 上的得分 （N = 3993）

选项	"双一流"高校	非"双一流"本科高校	公立高职高专	民办本科	民办高职高专	总体
担心自己的学习成绩在找工作中没有竞争力	3.10	3.24	3.11	3.22	3.26	3.20
自信心不够，影响了我找工作	3.00	3.12	3.06	3.10	3.12	3.09
普通话不标准是我找工作时的劣势	2.61	2.52	2.74	2.62	2.74	2.60
我要找到一家自己满意的单位才会就业	3.16	2.96	2.89	2.80	2.95	2.94

注：Sig. = 0.000。

2. 高校在校学生的就业压力来源：父母的期望与帮助的有限

不可否认，在当前我国社会里，父母的社会资源对子女的职业选择、职业发展以及其他方面的事业发展有着巨大的作用和帮助，"拼爹""拼妈"并非空穴来风。在社会阶层结构 "固化" 的当下社会，父母及其他亲戚关系的社会资源对后代的发展几乎具有决定性的影响。

从与父母和家庭相关的两个压力来源的分值看，"父母的期望会增加我的就业负担"和"父母和家庭对我找工作提供的帮助有限"的分值分别是3.16 分和 3.20 分（见图 2）。由此可以看出，父母希望子女能得到好的发展，对子女的就业寄予了（高）期望，但限于他们自身及家庭资源有限，无法为子女找工作提供更多的帮助，家庭责任的压力又比较重，对在校就读的子女的就业产生了不小的压力。当然，高校在校学生在就业过程中对父母及家庭的依赖，某种程度上说明了学生自身能力的不足，但更多地反映了"拼爹""拼妈"的客观事实的存在。在经济景气欠佳、岗位不足、竞争激烈的就业市场中，高校在校学生在求职、就业的过程中寻求父母和家庭的帮助与支持将会成为一种普遍的现象并继续存在下去，这无疑给大学生的父母也带来了很大的压力。

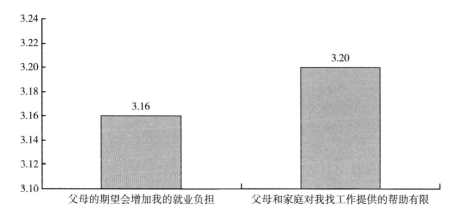

图2　高校在校学生的就业压力来源：父母的期望与帮助的有限（N＝3993）

家庭户籍为陕西省和广西壮族自治区的高校在校学生在"父母的期望会增加我的就业负担"上的压力分值分别是 3.54 分和 3.52 分，高于其他省份的在校学生在这项就业压力上的分值。陕西省的在校学生在"父母和家庭对我找工作提供的帮助有限"上的压力分值是 3.82 分，高于其他省份在校学生在这项就业压力上的分值（见表 12）。

表 12　不同省份在校大学生在"就业压力来源：父母的期望与帮助的有限"上的得分（N＝3993）

选项	河北	陕西	山西	河南	湖南	广西	四川	贵州	青海	黑龙江	总体
父母的期望会增加我的就业负担	3.30	3.54	3.39	3.35	3.40	3.52	3.44	3.47	3.48	3.08	3.16
父母和家庭对我找工作提供的帮助有限	3.72	3.82	3.70	3.60	3.48	3.51	3.62	3.54	3.58	3.42	3.20

注：Sig. ＝0.011。

非"双一流"本科高校和民办本科在校学生"父母的期望会增加我的就业负担"的压力分值分别是 3.46 分和 3.45 分，高于其他三种学校类型的在校学生这项就业压力的分值。非"双一流"本科高校、民办本科和民办高职高专在校学生"父母和家庭对我找工作提供的帮助有限"的压力分值分别是 3.63 分、3.61 分和 3.62 分，高于"双一流"高校和公立高职高专在校学生这项就业压力的分值（见表 13）。

表 13　不同学校类型在校大学生在"就业压力来源：父母的期望与帮助的有限"上的得分（N = 3993）

选项	"双一流"高校	非"双一流"本科高校	公立高职高专	民办本科	民办高职高专	总体
父母的期望会增加我的就业负担	3.36	3.46	3.36	3.45	3.41	3.16
父母和家庭对我找工作提供的帮助有限	3.56	3.63	3.55	3.61	3.62	3.20

注：Sig. = 0.002。

3. 高校在校学生的就业压力来源：学校授课内容与社会需求脱节

尽管大学的培养目标、专业设置、教学内容的设计不应该以学生的就业为导向，但如果所教授的内容与社会需求脱节，甚至是严重地偏离社会需求，则会增加学生的求职难度，影响学生的就业。

从调查的数据看，高校在校学生对"学校的授课内容与社会需求脱节，使我很难就业"的评价分值是 2.90 分，某种程度上说明，一些高校专业的设置、教学内容的设计可能不适应当前社会的需求，与就业市场需求的知识、技能存在一定的差距，这成为学生就业压力的来源之一。家庭户籍为贵州省和青海省的高校在校学生对"学校的授课内容与社会需求脱节，使我很难就业"的评价分值分别是 3.01 分和 3.02 分，高于其他省份的在校学生这项就业压力的分值。民办高职高专在校学生的评价分值是 3.03 分，高于其他四种学校类型的在校学生对这项就业压力评价的分值。

4. 高校在校学生的就业压力来源：用人单位的要求过高

从"985""211"到现在的"双一流"，再到普通院校、高职院校，中国的高校被人为地划分为不同的等级，很多用人单位也心照不宣地参照这种等级分明的层次看待应聘的大学生。媒体中、网络上报道的，一些用人单位非"985""211""双一流"高校的毕业生不招，即便不是普遍的现象，也是客观的事实，给其他普通院校学生的求职设置了难以逾越的门槛，进一步加重了高校学生的就业压力。

从与用人单位相关的两个压力来源的分值看，"用人单位在用人上的不正之风，使我很难找到工作"和"用人单位招聘要求过高，使我很难找到工作"的分值分别是 3.16 分和 3.20 分（见图 3）。

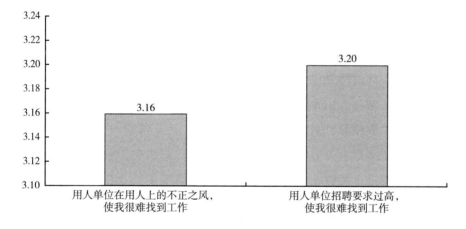

图 3　高校在校学生的就业压力来源：用人单位的不正之风与要求过高　(N=3993)

家庭户籍为河北省和贵州省的高校在校学生在"用人单位在用人上的不正之风，使我很难找到工作"上的压力分值分别是 3.29 分和 3.33 分，高于其他省份的在校学生在这项就业压力上的分值。河北省、四川省和贵州省的在校学生在"用人单位招聘要求过高，使我很难找到工作"上的压力分值分别是 3.32 分、3.30 分和 3.33 分，高于其他省份的在校学生在这项就业压力上的分值（见表 14）。

表14　不同省份在校大学生在"就业压力来源：用人单位的不正之风与
要求过高"上的得分（N = 3993）

选项	河北	陕西	山西	河南	湖南	广西	四川	贵州	青海	黑龙江	总体
用人单位在用人上的不正之风，使我很难找到工作	3.29	3.21	3.16	2.96	3.06	3.22	3.14	3.33	3.21	2.88	3.16
用人单位招聘要求过高，使我很难找到工作	3.32	3.26	3.09	3.02	3.13	3.24	3.30	3.33	3.27	2.97	3.20

注：Sig. = 0.000。

从图4可以看出，在9个就业压力来源中，父母和家庭对大学生找工作难以提供实质性的帮助以及父母对子女就业的（高）期望是大学生感到就业压力的主要来源。用人单位招聘的高标准及用人上的不正之风也是大学生就业压力的主要来源。因此，为大学生求职、就业营造一个公平的竞争环境，杜绝为拉关系、走后门开绿灯的社会环境，以大学毕业生自身的能力素质作为聘用标准，能够在一定程度上缓解在校大学生的就业压力。

（二）高校毕业生的职业压力来源

与对在校学生的就业压力来源的五分制测量有所不同，测量高校毕业生的职业压力来源是让被调查对象在所列出的11项职业压力来源中进行多项选择，最多可选11项，最少可一项都不选。统计结果显示，高校毕业生职业压力来源中这两项："专业能力有待提高"和"薪水太少"，选择率最高，分别占41.0%和38.2%。列第三位和第四位的职业压力来源是"工作内容复杂"和"晋升机会少"，选择率分别占26.2%和22.9%。其他的职业压力来源还包括"经常加班"、"职场关系难处理"、"家人就业期望高"、"工

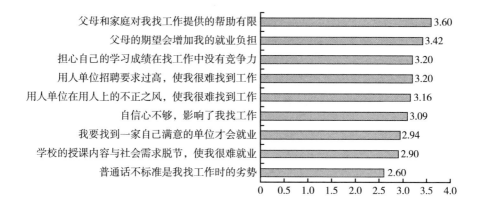

图4　高校在校学生的就业压力来源（N = 3993）

作环境较差"、"找不到自己的位置"和"家庭与工作难平衡"，选择率在10%～20%。少数（3.9%）的毕业生还面临着"领导太强势"的职业压力（见图5）。

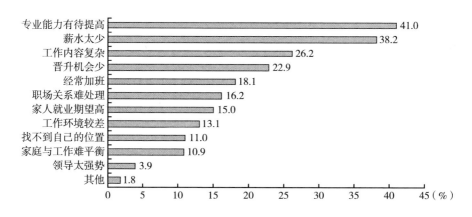

图5　高校毕业生的职业压力来源（N = 1119）

不同性别的高校毕业生对"专业能力有待提高"、"工作环境较差"和"家庭与工作难平衡"三项职业压力来源的选择存在统计的显著性差异。高校女毕业生对职业压力来源于"专业能力有待提高"的选择占44.6%，高于男毕业生8.2个百分点。男毕业生对职业压力来源于"工作环境较差"

和"家庭与工作难平衡"的选择分别占 17.2% 和 15.2%，高于女毕业生对这两个职业压力来源的相应选择比例（见表 15）。

表 15　不同性别高校毕业生对职业压力来源的选择（N = 1119）

单位：%

选项	男	女	总体
专业能力有待提高	36.4	44.6	41.0
薪水太少	38.5	37.9	38.2
工作内容复杂	27.7	25.0	26.2
晋升机会少	23.1	22.7	22.9
经常加班	19.4	17.1	18.1
职场关系难处理	15.4	16.8	16.2
家人就业期望高	14.6	15.4	15.0
工作环境较差	17.2	9.9	13.1
找不到自己的位置	10.1	11.7	11.0
家庭与工作难平衡	15.2	7.5	10.9
领导太强势	3.0	4.6	3.9
其他	1.4	2.1	1.8

注：Sig. = 0.000。

三　就业压力的调适与对心理健康造成的影响

严峻的就业形势和激烈的竞争环境对大学生带来的心理压力是非常大的，寻求职业的成败对大学生未来的前途和命运会产生重要的影响。可以说，每到就业季，爆满的招聘会现场，求职、竞争的激烈程度对大学生的心理会产生强烈冲击。就业压力是客观存在的，也是无法逃避的。对在校大学生来说，要做的就是去认识压力，继而认识自己周遭的问题，以积极的心态，形成积极的认知，从而缓解求职、就业的压力。从在校大学生就业压力来源看，既有来自外部的压力，也有来自大学生自身的压力。引导在校大学生调适就业压力，既包括引导他们对学校有积极认知，也包括引导他们对自己有积极认知。

（一）高校在学生就业压力调适中的作为

1. 半数以上的在校学生对学校就业指导工作给予了肯定，做好做实高校的就业指导工作，为在校大学生的就业提供实质性的支持与帮助，有利于缓解学生的就业压力

为应对、帮助学生就业，高校都设有类似就业指导中心的职能部门，为学生提供就业服务。调查显示，10.9%的在校大学生对学校的就业指导工作对自己有所帮助持"非常同意"的态度，39.6%的学生持"比较同意"的态度，43.1%的学生持"一般"的态度，少数（5.3%）的学生持"不太同意"的态度，只有极少数（1.1%）的学生持完全否定（"很不同意"）的态度。可以看出，超过一半（50.5%）的在校学生还是对学校就业指导工作给予了肯定，因此，学校就业指导中心（或部门）要继续扎实地做好就业指导服务工作，为学生提供切实有用的就业指导，帮助学生形成合理的就业心态与就业预期，从而舒缓、减轻学生的就业压力。

家庭户籍为贵州省、河北省和广西壮族自治区的高校在校学生对学校的就业指导工作对自己有所帮助持肯定态度（"比较同意"与"非常同意"之和）的比例分别为61.0%、60.8%和60.3%，高于其他省份的在校学生的肯定性评价占比，其中，贵州省的在校学生评价"非常同意"的占15.3%。家庭户籍为河南省和黑龙江省的高校在校学生对学校的就业指导工作对自己有所帮助持否定态度（"不太同意"与"很不同意"之和）的比例分别占9.6%和8.9%，高于其他省份的高校在校学生的否定性评价占比（见表16）。高校需要切实做好就业指导各项工作，将就业指导合理贯穿在学生的整个大学生涯中，让大学生逐渐形成正确的择业观、增强就业实力、提高求职技巧。要让学生认识到就业指导工作对他们实现职业规划、就业目标等有帮助，进而达到减缓学生就业压力的目的。

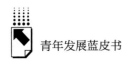

表16 不同省份在校大学生对"学校的就业指导工作对我有所帮助"的评价（N＝3993）

单位：%

选项	河北	陕西	山西	河南	湖南	广西	四川	贵州	青海	黑龙江	总体
非常同意	13.3	11.6	8.5	11.5	11.4	11.2	8.7	15.3	8.6	10.9	10.9
比较同意	47.5	43.1	35.4	35.9	38.7	49.1	32.5	45.7	41.7	29.2	39.6
一般	36.7	38.9	48.9	43.0	43.8	36.2	51.9	34.1	42.9	51.0	43.1
不太同意	1.7	5.0	5.7	8.6	5.8	3.2	6.3	3.9	5.1	5.4	5.3
很不同意	0.8	1.3	1.5	1.0	0.2	0.2	0.6	0.9	1.8	3.5	1.1

注：Sig. ＝0.000。

2. 四成以上的在校学生对学校的实力和声誉给予客观的认可，高校要加强学校实力和声誉的建设，增强学生在就业市场上的吸引力，成为学生就业强有力的后盾

社会上各种中国高校排行榜的出炉，以及事实上的"985""211"到现在的"双一流"的划定，无疑使高校大学生、家长、用人单位对不同的高校形成不同的看法，"双一流"院校的学生可能会得到更多的瞩目。但"双一流"院校毕竟有限，对于那些非"双一流"院校而言，要抓好专业课程的建设、教学内容的设计，提高学生的专业能力与技能，着力提高学校的实力和声誉，从而提高学生在就业市场上的竞争力。从调查结果来看，在校大学生对学校的实力和声誉对自己的就业帮助的评价还是比较中肯的：10.1%的在校大学生对"学校的实力和声誉对我的就业有帮助"持"非常同意"的态度，34.6%的学生持"比较同意"的态度，即有四成以上（44.7%）的学生对学校的实力和声誉给予了肯定的评价。42.5%的在校学生对"学校的实力和声誉对我的就业有帮助"评价"一般"，10.5%的学生持"不太同意"的态度，只有极少数（2.2%）的学生持完全否定（"很不同意"）的态度。在当前"双一流"高校建设这种大格局下，非"双一流"院校及其他高职高专院校要结合当地经济发展的需要，突出适合当地就业市场需求的特色专业和课程的设置与建设，提高学校的实力和声誉，增强学生在就业市场的吸引力，

成为学生求职、就业强有力的后盾。

"双一流"高校在校学生对学校的实力和声誉对自己就业有帮助持肯定态度（"比较同意"与"非常同意"）的比例分别为16.3%和46.9%，高于其他四种学校类型的在校学生的肯定性评价占比。民办本科和民办高职高专在校学生对学校的实力和声誉对自己就业的帮助持否定态度（"不太同意"与"很不同意"）的比例分别为16.1%和18.4%，高于其他三种学校类型的在校学生的否定性评价占比（见表17）。非"双一流"的各种院校加强学校实力和声誉建设任重而道远，但从学校长远发展以及提高学生就业竞争力而言，这是值得做且是大有作为的。

表17 不同学校类型在校大学生对"学校的实力和声誉对我的就业有帮助"的评价（N=3993）

单位：%

选项	"双一流"高校	非"双一流"本科高校	公立高职高专	民办本科	民办高职高专	总体
非常同意	16.3	9.3	10.5	7.5	10.1	10.1
比较同意	46.9	35.2	32.3	29.2	26.3	34.6
一般	33.0	41.6	45.9	47.2	45.3	42.5
不太同意	2.5	11.7	8.8	13.7	14.5	10.5
很不同意	1.3	2.1	2.4	2.4	3.9	2.2

注：Sig. =0.001。

（二）在校学生对就业压力的自我调适

如果面临就业压力，又不能自我调适、自我认同，极有可能丧失求职、就业的自信。以乐观的心态看待就业形势、增强自信、主动出击是在校大学生面对就业压力应有的态度。

1.近四成的在校学生通过与人倾诉的方式调适就业压力

心理学的很多研究表明，当个体面临压力时，找人倾诉是一种纾解压力的有效方式。调查显示，找人倾诉是一些大学生自我调适就业压力的有效方式：7.2%的在校大学生对"面对就业压力我会找人诉说"持"非常同意"的态度，30.8%的在校大学生持"比较同意"的态度，即有接近四成（38.0%）的在校大学生会通过与人倾诉的方式调适就业压力。43.2%的在校大学生对"面对就业压力我会找人诉说"持"一般"的态度，15.6%的在校大学生持"不太同意"的态度，3.2%的在校大学生持"很不同意"的态度。适当的倾诉是进行自我调适的一种手段，但如果倾诉成为一种诉苦，成为倾听者的一种负担，反而达不到调适的目的，因此，大学生面对就业压力时，最好找学校就业指导中心的老师或职业规划专业人士进行倾诉或咨询，寻求专业帮助。

在校女大学生找人倾诉的意愿要高于在校男大学生：女大学生对"面对就业压力我会找人诉说"持"非常同意"和"比较同意"态度的分别占7.6%和33.5%，合计比男大学生高6.7个百分点（见表18）。

表18　不同性别在校大学生对"面对就业压力我会找人诉说"的态度（N=3993）

单位：%

选项	男	女	总体
非常同意	6.7	7.6	7.2
比较同意	27.7	33.5	30.8
一般	45.4	41.2	43.2
不太同意	16.2	15.0	15.6
很不同意	4.0	2.6	3.2
合　计	100.0	100.0	100.0

注：Sig.=0.000。

家庭户籍为贵州省的高校在校学生对"面对就业压力我会找人诉说"持"非常同意"和"比较同意"态度的分别占10.6%和36.6%，高于其他省份的高校在校学生的倾诉意愿。相对而言，青海省的高校在校学生更不愿意找人倾诉，选择"不太同意"与"很不同意"的比例分别为20.5%和7.8%，倾诉意愿低于其他省份的高校在校学生（见表19）。

表19　不同省份在校大学生对"面对就业压力我会找人诉说"的态度（N = 3993）

单位：%

选项	河北	陕西	山西	河南	湖南	广西	四川	贵州	青海	黑龙江	总体
非常同意	8.3	6.6	5.2	7.1	7.6	8.2	6.3	10.6	5.6	7.4	7.2
比较同意	35.0	28.0	30.9	30.7	35.6	33.5	28.0	36.6	22.5	25.7	30.8
一般	35.8	42.6	43.9	45.7	44.1	44.2	45.2	38.1	43.7	45.0	43.2
不太同意	19.2	18.5	16.7	15.0	11.4	12.2	17.4	12.3	20.5	15.8	15.6
很不同意	1.7	4.2	3.3	1.5	1.3	2.0	3.0	2.4	7.8	5.9	3.2

注：Sig. = 0.000。

2.接近3/4的大学生会主动去寻找解决困难或挫折的办法以调适就业压力

那些既认识压力、敢于面对压力、善于把压力化为动力的人，通常具有乐观旷达、积极向上的性格，也通常会体会到成功的喜悦；相反，那些不敢直面压力的人，一般具有行为消极、不思进取甚至是悲观厌世的特征，最终可能会被压力压垮。调查显示，面对就业压力，多数在校大学生会采取积极的行动，主动出击，解决困难或挫折：21.5%的在校大学生对"我会主动去寻找求职困难或挫折的解决办法"这种缓解压力的方式持"非常同意"的态度，52.4%的大学生持"比较同意"的态度，即有接近3/4（73.9%）的大学生会主动去寻找解决困难或挫折的办法，达到调适就业压力的目的。23.9%的大学生对"我会主动去寻找求职困难或挫折的解决办法"持"一般"的态度，1.9%的大学生持"不太同意"的态度，极少数（0.3%）的大学生持"很不同意"的态度。可见，多数的大学生具有积极进取的精神，面对就业困难愿意积极行动、主动出击。

家庭户籍为河北省和陕西省的高校在校学生对"我会主动去寻找求职困难或挫折的解决办法"持"非常同意"态度的分别占27.5%和28.3%，高于其他省份的高校在校学生的选择比例。相对而言，家庭户籍为黑龙江省的高校在校学生积极行动、主动出击的意愿（选择"非常同意"与"比较同意"的比例之和为64.8%）低于其他省份的高校在校学生（见表20）。

表20　不同省份在校大学生对"我会主动去寻找求职困难或
挫折的解决办法"的态度（N＝3993）

单位：%

选项	河北	陕西	山西	河南	湖南	广西	四川	贵州	青海	黑龙江	总体
非常同意	27.5	28.3	21.3	23.3	20.1	19.4	16.8	25.2	17.2	19.8	21.5
比较同意	53.3	51.9	55.5	49.4	49.0	58.1	50.7	51.9	56.1	45.0	52.4
一般	18.3	17.5	20.8	25.3	28.4	21.6	30.2	20.5	24.2	32.7	23.9
不太/很不同意	0.8	2.4	2.5	2.0	2.5	1.0	2.2	2.4	2.5	2.5	2.2

注：Sig.＝0.000。

3. 超过半数的大学生会通过自我肯定的方式，增强自己的信心，缓解就业压力

积极的心理暗示、自我肯定，有利于增强大学生的自信心，有利于缓解、调适就业压力：13.5%的在校大学生对"我的人际交往能力有利于找到工作"这种缓解压力的方式持"非常同意"的态度，40.1%的大学生持"比较同意"的态度，即有过半数（53.6%）的大学生会通过积极的心理暗示，肯定自己某（些）方面的能力如人际交往能力（当然也可以是其他方面的能力），从而提高自己的信心，达到调适就业压力的目的。39.5%的大学生对"我的人际交往能力有利于找到工作"持"一般"的态度，5.9%的大学生持"不太同意"的态度，极少数（1.0%）的大学生持"很不同意"的态度。可以看出，多数的大学生会通过积极的心理暗示、自我肯定的方式，认同自己的某个（些）优势、能力，增强自己的信心，缓解就业压力带来的困惑或挫折感。

在校男大学生对自己的人际交往能力的认同度要高于在校女大学生：男大学生对"我的人际交往能力有利于找到工作""非常同意"的占15.8%，比女大学生高4.3个百分点，男大学生比女大学生对自己的人际交往能力更有信心（见表21）。

表21　不同性别在校大学生对"我的人际交往能力有利于找到工作"的态度（N＝3993）

单位：%

选项	男	女	总体
非常同意	15.8	11.5	13.5
比较同意	39.9	40.4	40.1
一般	37.2	41.5	39.5
不太/很不同意	7.1	6.6	6.9
合计	100.0	100.0	100.0

注：Sig.＝0.000。

（三）就业压力对在校学生造成的心理影响

就业压力对一些在校大学生的心理健康造成了一定的影响，主要体现在两个方面，一是担心自己的专业能力不足而害怕就业，二是想到就业就会忧心忡忡。

1. 近1/3的在校大学生因对自己的专业能力没有信心而产生害怕就业的心理

专业能力主要是指从事某一职业的专业能力，是职业能力的一种体现，包括三个基本的含义：一是必须具备的、能胜任特定职业的能力，并表示为资格，如不同职业所要求的资格证书就是最基本的表现形式；二是进入职场后表现出的专业素质；三是在职业生涯开始后管理职业的能力。每个职业都需要一定的特殊能力才能胜任，例如，教师必须具备专业的教学能力，因此，在应聘教学工作岗位时，招聘单位往往会非常看重应聘者是否具备最基本的教学能力。对于在校大学生而言，提高专门能力首先是要夯实自己的专业基础知识，同时要做好自己的职业规划，多争取实践机会，在实践中积累更多的专业经验，尽可能地参加专业的培训和学习并取得职业所需要的相应资格证书。调查显示，面对严峻的就业形势，在激烈漫长的求职过程中，就业压力对一些大学生造成了不良的心理影响，使得他们对自己的专业能力不自信从而害怕就业：6.5%的在校大学生对"专业能力弱让我害怕就业"持"非常同意"的态度，24.3%的大学生持"比较同意"的态度，即近1/3

（30.8%）的在校大学生对自己的专业能力没有信心，从而害怕就业。40.7%的大学生对"专业能力弱让我害怕就业"持"一般"的态度，23.9%的大学生持"不太同意"的态度，4.6%的大学生持"很不同意"的态度。

在校女大学生对"专业能力弱让我害怕就业"的认同度要高于男大学生：女大学生持"非常同意"和"比较同意"的分别占7.2%和26.2%，合计比男大学生高5.9个百分点。女大学生因担心自己的专业能力弱而更害怕就业，这种担心所造成的心理影响更深（见表22）。

表22　不同性别在校大学生对"专业能力弱让我害怕就业"的态度（N=3993）

单位：%

选项	男	女	总体
非常同意	5.7	7.2	6.5
比较同意	21.8	26.2	24.3
一般	40.2	41.2	40.7
不太同意	26.6	21.6	23.9
很不同意	5.7	3.7	4.6

注：Sig.=0.000。

家庭户籍为河北省和贵州省的高校在校学生对"专业能力弱让我害怕就业"持"非常同意"态度的分别占9.2%和10.6%，高于其他省份的在校学生的选择比例（见表23）。

表23　不同省份在校大学生对"专业能力弱让我害怕就业"的态度（N=3993）

单位：%

选项	河北	陕西	山西	河南	湖南	广西	四川	贵州	青海	黑龙江	总体
非常同意	9.2	6.6	4.4	3.9	5.1	8.7	7.9	10.6	5.8	2.5	6.5
比较同意	21.7	22.2	24.2	19.4	22.8	29.8	23.7	28.4	27.5	14.9	24.2
一般	46.7	39.9	38.5	43.5	43.4	39.0	40.8	34.9	43.4	48.0	40.7
不太同意	19.2	25.7	27.5	28.0	23.3	18.9	23.5	22.4	21.2	26.2	23.9
很不同意	3.3	5.6	5.4	5.2	5.4	3.7	4.1	3.7	2.0	8.4	4.6

注：Sig.=0.000。

民办高职高专在校学生对"专业能力弱让我害怕就业"持"非常同意"和"比较同意"态度的分别占 8.9% 和 27.9%，高于其他四种学校类型的在校学生的选择比例。"双一流"高校在校学生对自己的专业能力最有信心（见表 24）。

表 24 不同学校类型在校大学生对"专业能力弱让我害怕就业"的态度（N = 3993）

单位：%

选项	"双一流"高校	非"双一流"本科高校	公立高职高专	民办本科	民办高职高专	总体
非常同意	6.7	6.4	6.7	6.1	8.9	6.5
比较同意	17.6	25.9	22.0	25.5	27.9	24.2
一般	40.6	39.1	43.7	43.2	38.0	40.7
不太同意	30.4	24.3	23.1	20.3	19.0	23.9
很不同意	4.7	4.3	4.6	4.9	6.1	4.6

注：Sig. = 0.000。

2. 超过四成的在校大学生在就业压力下对就业产生了焦虑、抵触甚至是逃避的心理

与由于对自己的专业能力没有信心而产生害怕就业的心理相比，就业压力对一些在校学生造成了更为严重的心理问题甚至是心理障碍，即"想到就业，我就忧心忡忡"：10.4% 的在校大学生对此持"非常同意"的态度，32.9% 的大学生持"比较同意"的态度，即超过四成（43.3%）的在校大学生在就业压力下对就业失去了信心，对就业产生了焦虑、抵触甚至是逃避的心理。37.6% 的大学生对"想到就业，我就忧心忡忡"持"一般"的态度，15.5% 的大学生持"不太同意"的态度，3.6% 的大学生持"很不同意"的态度。

在校女大学生对"想到就业，我就忧心忡忡"的认同度要高于在校男大学生：女大学生持"非常同意"和"比较同意"的分别占 11.7% 和 35.2%，合计比男大学生高 7.7 个百分点。面对就业压力，女大学生焦虑、抵触、逃避心理更为严重（见表 25）。

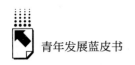

表 25   不同性别在校大学生对"想到就业，我就忧心忡忡"的态度（N = 3993）

单位：%

选项	男	女	总体
非常同意	9.0	11.7	10.4
比较同意	30.2	35.2	32.9
一般	39.1	36.3	37.6
不太同意	17.5	13.8	15.5
很不同意	4.2	3.0	3.6
合计	100.0	100.0	100.0

注：Sig. = 0.000。

家庭户籍为河北省、陕西省、广西自治区、四川省、贵州省和青海省的高校在校学生对"想到就业，我就忧心忡忡"持认同态度（"非常同意"与"比较同意"占比之和）的分别占 47.5%、49.0%、48.1%、46.1%、47.5% 和 46.4%，高于其他省份的高校在校学生的选择比例（见表26）。

表 26   不同省份在校大学生对"想到就业，我就忧心忡忡"的态度（N = 3993）

单位：%

选项	河北	陕西	山西	河南	湖南	广西	四川	贵州	青海	黑龙江	总体
非常同意	12.5	15.9	7.7	8.8	6.3	11.4	12.0	12.1	12.6	5.4	10.4
比较同意	35.0	33.1	33.2	28.5	29.3	36.7	34.1	35.4	33.8	27.2	32.9
一般	31.7	33.6	40.1	39.1	40.3	37.0	38.9	34.0	37.9	39.1	37.6
不太同意	14.2	14.6	16.0	17.4	18.6	12.4	13.8	16.0	13.4	19.3	15.5
很不同意	6.7	2.9	2.9	6.1	5.6	2.5	1.2	2.4	2.3	8.9	3.6

注：Sig. = 0.000。

四   就业压力、职业压力的应对措施与社会支持

根据心理学的研究，当个体面临压力时，会调动自身的资源来寻找策略，以处理引起困扰的状况。不同的个体在不同的情景下可能使用不同的压力缓解策略，如有些人可能会否认问题的存在，有些人可能在对问题进行分

析后采取一定的行动，而另一些人可能向人寻求帮助等。如果个人成功地缓解了压力，就可能在认知水平上增强将来应对同样问题的信心，并使个体自我成就感增强。如果应对行为不能有效地减轻威胁或冲突，压力将继续作用并导致进一步的结果或后果。

（一）高校在校学生应对就业压力的措施与社会支持的获得

1. 高校在校学生应对就业压力的三个最主要措施是"向他人寻求建议"、"改变原来的做法"和"向他人倾诉烦恼"

认识压力就是认识自己所处的境遇，只有认识压力，才可能采取一些相应的应对措施以更好地缓解压力。调查结果显示，"向他人寻求建议"是高校在校学生采取最多的一项应对就业压力的措施，选择率为69.1%。居第二位和第三位的措施是"改变原来的做法"和"向他人倾诉烦恼"，选择率分别为45.2%和41.6%。居第四到第六位的措施是"找专业机构进行辅导"、"参加文体活动"和"睡觉"，选择率分别为28.7%、28.1%和22.0%。其他三项措施分别是"上网发泄/玩游戏"、"购物"和"通过抽烟喝酒或吃东西缓解"，选择率相对要低一些（见图6）。

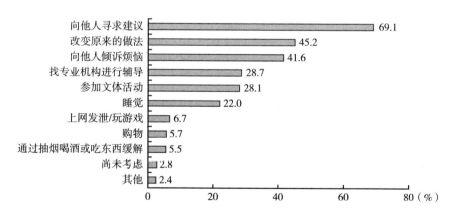

图6 高校在校学生对就业压力的应对措施的选择（N=3993）

除"改变原来的做法"和"睡觉"这两项措施外，不同性别的在校大学生对其他7项应对就业压力的措施的选择存在统计的显著性差异：在校男大学生对"参加文体活动"、"上网发泄/玩游戏"和"通过抽烟喝酒或吃东西缓解"三项应对措施的选择分别占31.1%、10.4%和8.7%,高于女大学生对这三项措施的相应选择。在校女大学生对"向他人寻求建议"、"向他人倾诉烦恼"、"找专业机构进行辅导"和"购物"四项应对措施的选择分别占73.5%、45.6%、31.6%和9.1%,高于男大学生对这四项措施的相应选择率(见表27)。

表27　不同性别在校大学生对"就业压力的应对措施"的选择（N＝3993）

单位：%

选项	男	女	总体
向他人寻求建议	64.0	73.5	69.1
改变原来的做法	43.5	46.6	45.2
向他人倾诉烦恼	37.0	45.6	41.6
找专业机构进行辅导	25.4	31.6	28.7
参加文体活动	31.1	25.5	28.1
睡觉	20.5	23.3	22.0
上网发泄/玩游戏	10.4	3.4	6.7
购物	1.7	9.1	5.7
通过抽烟喝酒或吃东西缓解	8.7	2.7	5.5
尚未考虑	3.3	2.5	2.8
其他	2.7	2.2	2.4

注：Sig.＝0.000。

　　除"改变原来的做法"措施外,不同省份的在校大学生对其他8项应对就业压力的措施的选择存在统计的显著性差异:家庭户籍为山西省、河南省、湖南省和广西壮族自治区的在校大学生对"向他人寻求建议"的选择分别占73.6%、74.9%、73.4%和77.2%,高于其他省份的在校大学生对这个措施的选择。湖南省和广西自治区的在校大学生对"向他人倾诉烦恼"的选择分别占54.1%和51.6%,高于其他省份的在校大学生对这个措施的选择。陕西省、山西省、广西自治区和青海省的在校大学生对"找专业机构进行辅导"的选择分别占33.1%、35.7%、30.8%和31.6%,高于其他省份的在校大学生对这个措施的选择率。广西自治区的在校学生对"参加文体活动"的选择占41.9%，高于其他省份的在校大学生对这个措施的选择率。河北省、陕西省、湖南省、广西自治区、四川省和贵州省的在校大学生对"睡觉"的选择分别占26.7%、23.5%、27.1%、24.3%、25.6%和22.9%，高于其他省份的在校大学生对这个措施的选择率。不同省份的在校大学生对"上网发泄/玩游戏"、"购物"和"通过抽烟喝酒或吃东西缓解"的差异具体见表28。

表28　不同省份在校大学生对"就业压力的应对措施"的选择（N=3993）

单位：%

选项	河北	陕西	山西	河南	湖南	广西	四川	贵州	青海	黑龙江	总休
向他人寻求建议	69.2	66.1	73.6	74.9	73.4	77.2	66.5	59.7	65.2	62.9	69.1
改变原来的做法	40.0	45.0	44.5	46.9	45.6	49.9	44.0	45.3	47.0	35.6	45.2
向他人倾诉烦恼	41.7	37.0	36.5	44.5	54.1	51.6	41.6	41.4	28.5	39.1	41.6
找专业机构进行辅导	26.7	33.1	35.7	28.7	23.3	30.8	22.3	27.2	31.6	22.8	28.7
参加文体活动	22.5	28.8	22.6	20.4	34.7	41.9	24.1	32.3	26.0	22.8	28.1
睡觉	26.7	23.5	19.8	19.9	27.1	24.3	25.6	22.9	13.6	16.8	22.0
上网发泄/玩游戏	8.3	6.1	6.5	6.6	12.1	5.2	7.7	6.2	1.8	6.4	6.7
购物	7.5	7.7	3.9	4.7	9.4	8.7	5.9	4.7	2.5	2.5	5.7
通过抽烟喝酒或吃东西缓解	5.0	7.7	2.5	5.2	7.4	2.7	6.1	8.6	4.3	5.4	5.5
尚未考虑	4.2	1.1	2.5	1.7	2.0	2.0	3.4	3.9	4.0	5.4	2.8
其他	2.5	2.9	2.5	2.2	2.5	2.0	2.6	2.4	2.5	2.0	2.4

注：Sig.=0.000。

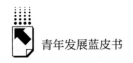

除"找专业机构进行辅导"、"睡觉"、"上网发泄/玩游戏"和"购物"四项措施外,就读学校类型不同的在校大学生对其他5项应对就业压力措施的选择存在统计的显著性差异:非"双一流"本科高校在校学生对"向他人寻求建议"的选择占71.7%,高于其他四种学校类型的在校学生对这个措施的选择率。非"双一流"本科高校和民办本科在校学生对"改变原来的做法"的选择分别占48.1%和46.4%,高于其他三种学校类型的在校学生对这个措施的选择率。公立高职高专在校学生对"向他人倾诉烦恼"的选择占46.3%,高于其他四种学校类型的在校学生对这个措施的选择率。"双一流"高校和民办本科在校学生对"参加文体活动"的选择分别占32.6%和30.2%,高于其他三种学校类型的在校学生对这个措施的选择率。民办高职高专在校学生对"通过抽烟喝酒或吃东西缓解"的选择占8.9%,高于其他四种学校类型的在校学生对这个措施的选择率(见表29)。

表29　不同学校类型在校大学生对"就业压力的应对措施"的选择　(N=3993)

单位:%

选项	"双一流"高校	非"双一流"本科高校	公立高职高专	民办本科	民办高职高专	总体
向他人寻求建议	63.2	71.7	66.5	68.9	68.2	69.1
改变原来的做法	40.6	48.1	40.5	46.4	42.5	45.2
向他人倾诉烦恼	35.7	41.2	46.3	41.0	42.5	41.6
找专业机构进行辅导	29.0	30.2	24.9	30.0	25.1	28.7
参加文体活动	32.6	27.7	27.1	30.2	19.0	28.1
睡觉	25.7	20.6	23.7	21.5	21.8	22.0
上网发泄/玩游戏	7.6	6.0	8.3	6.3	5.0	6.7
购物	6.9	4.7	6.4	5.9	9.5	5.7

续表

选项	"双一流"高校	非"双一流"本科高校	公立高职高专	民办本科	民办高职高专	总体
通过抽烟喝酒或吃东西缓解	5.8	4.2	7.0	6.3	8.9	5.5
尚未考虑	3.1	2.3	3.9	3.1	1.7	2.8
其他	2.9	2.7	1.7	2.4	1.7	2.4

注：Sig. = 0.000。

2. 高校在校学生获得的最主要的两个社会支持来自家人和老师

社会支持通常是指来自社会各方面包括父母、亲戚、同学、朋友、各级政府与公益性的社会组织等给予个体的精神或物质上的帮助和支持系统。通过这些支持，个人得以维持社会身份并且获得情绪支持、物质援助和服务、信息与新的社会接触。依据社会支持理论的观点，一个人所拥有的社会支持网络越强大，就能够越好地应对各种来自环境的挑战。个人所拥有的资源可以分为个人资源和社会资源。个人资源包括个人的自我功能和应对能力，社会资源是指个人社会网络中的广度和网络中的人所能提供的社会支持功能的程度。前文提到的自我心理调适与应对措施主要是从大学生自身角度分析其应对就业压力的策略，这里进一步分析高校在校学生面临就业压力时所获得的各种外部的社会支持状况。

调查问卷中设计了大学生在成长过程中可能获取的外部社会支持源（即对大学生的帮助），通过对原始数据赋值与转换，用1、2、3、4、5分表示某项社会支持从弱到强，理论的中值分值为3分，分值越高意味着该项社会支持对大学生的成长帮助越大。分析结果显示，在个人成长过程中，家人是高校在校学生的最主要社会支持，得分达4.36分；其次是老师，得分为4.00分。相对而言，邻居和社工机构/慈善组织对大学生的社会支持要小一些，分别得2.89分和2.99分（见图7）。

不同性别的在校大学生对"地方政府"、"扶贫干部"和"邻居"三个社会支持的评价得分存在统计的显著性差异：在校女大学生对"地方政府"

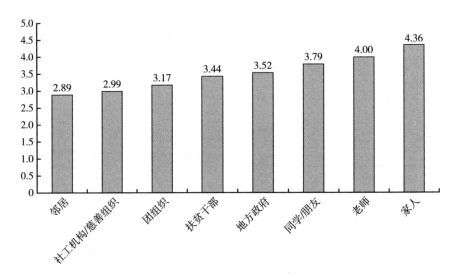

图7　高校在校学生对不同社会支持的获得的评价得分（N = 3993）

和"扶贫干部"的社会支持的评价分别得3.56分和3.48分，高于男大学生对这两个社会支持的相应评价。在校男大学生对"邻居"的社会支持的评价为2.95分，高于女大学生对这一社会支持的评价（见表30）。

表30　不同性别在校大学生对不同社会支持的获得的评价得分（N = 3993）

选项	男	女	总体
家人	4.39	4.34	4.36
同学/朋友	3.77	3.80	3.79
邻居	2.95	2.84	2.89
老师	4.01	3.98	4.00
扶贫干部	3.40	3.48	3.44
地方政府	3.48	3.56	3.52
团组织	3.17	3.18	3.17
社工机构/慈善组织	3.01	2.98	2.99

注：Sig. = 0.000。

不同省份的在校大学生对8个社会支持的评价得分都存在统计的显著性差异：家庭户籍为陕西省、山西省和青海省的在校学生对"家人"的社会支持的评价分别得 4.49 分、4.44 分和 4.49 分，高于其他省份的在校学生对这一社会支持的评价。陕西省、山西省、河南省、广西自治区、贵州省和黑龙江省的在校学生对"同学/朋友"的社会支持的评价分别得 3.85 分、3.88 分、3.86 分、3.81 分、3.82 分和 3.80 分，高于其他省份的在校学生对这一社会支持的评价。贵州省的在校学生对"邻居"的社会支持的评价得 3.09 分，高于其他省份的在校学生对这一社会支持的评价。河北省、陕西省、山西省、广西自治区、贵州省和青海省的在校学生对"老师"的社会支持的评价分别得 4.05 分、4.02 分、4.02 分、4.03 分、4.08 分和 4.03 分，高于其他省份的在校学生对这一社会支持的评价。青海省和黑龙江省的在校学生对"扶贫干部"的社会支持的评价分别得 3.71 分和 3.66 分，高于其他省份的在校学生对这一社会支持的评价。青海省的在校学生对"地方政府"的社会支持的评价得 3.80 分，高于其他省份的在校学生对这一社会支持的评价。陕西省、广西自治区和黑龙江省的在校学生对"团组织"的社会支持的评价分别得 3.33 分、3.32 分和 3.35 分，高于其他省份的在校学生对这一社会支持的评价。贵州省和青海省的在校学生对"社工机构/慈善组织"的社会支持的评价分别得 3.24 分和 3.27 分，高于其他省份的在校学生对这一社会支持的评价（见表 31）。

表 31　不同省份在校大学生对不同社会支持的获得的评价得分（N = 3993）

选项	河北	陕西	山西	河南	湖南	广西	四川	贵州	青海	黑龙江	总体
家人	4.34	4.49	4.44	4.36	4.25	4.33	4.26	4.34	4.49	4.28	4.36
同学/朋友	3.73	3.85	3.88	3.86	3.77	3.81	3.65	3.82	3.66	3.80	3.79
邻居	2.80	2.94	2.84	2.87	2.72	2.99	2.85	3.09	2.88	2.83	2.89
老师	4.05	4.02	4.02	3.97	3.91	4.03	3.90	4.08	4.03	3.94	4.00
扶贫干部	3.33	3.55	3.18	3.59	3.10	3.59	3.31	3.59	3.71	3.66	3.44
地方政府	3.36	3.62	3.37	3.67	3.19	3.62	3.42	3.60	3.80	3.68	3.52
团组织	3.09	3.33	3.05	3.26	2.93	3.32	3.00	3.26	3.26	3.35	3.17
社工机构/慈善组织	3.05	3.09	2.73	2.90	2.82	3.15	2.80	3.24	3.27	3.13	2.99

注：Sig. = 0.000。

就读学校类型不同的在校大学生对"同学/朋友"和"老师"两个社会支持的评价得分存在统计的显著性差异：非"双一流"本科高校在校学生对"同学/朋友"的社会支持的评价得3.83分，高于其他四种学校类型的在校学生对这一社会支持的评价。"双一流"高校和非"双一流"本科高校在校学生对"老师"的社会支持的评价分别得4.09分和4.03分，高于其他三种学校类型的在校学生对这一社会支持的评价（见表32）。

表32　不同学校类型在校大学生对不同社会支持的获得的评价得分（N=3993）

选项	"双一流"高校	非"双一流"本科高校	公立高职高专	民办本科	民办高职高专	总体
家人	4.39	4.39	4.30	4.36	4.29	4.36
同学/朋友	3.79	3.83	3.72	3.78	3.68	3.79
邻居	3.00	2.88	2.89	2.82	2.92	2.89
老师	4.09	4.03	3.93	3.96	3.84	4.00
扶贫干部	3.37	3.42	3.50	3.47	3.44	3.44
地方政府	3.47	3.52	3.54	3.53	3.59	3.52
团组织	3.21	3.17	3.16	3.17	3.13	3.17
社工机构/慈善组织	3.15	2.97	2.96	3.00	2.95	2.99

注：Sig. =0.000。

（二）高校毕业生应对职业压力的措施与社会支持的获得

1. 高校毕业生应对职业压力的三个最主要措施是"向他人寻求建议"、"向他人倾诉烦恼"和"改变原来的做法"

与高校在校学生一样，高校毕业生应对职业压力的前三个措施也是"向他人寻求建议"、"改变原来的做法"和"向他人倾诉烦恼"，只是第二位和第三位的排序发生变化，依次是"向他人寻求建议"、"向他人倾诉烦恼"和"改变原来的做法"，选择率分别为46.3%、36.5%和31.5%。居第四位和第五位的措施是"睡觉"和"参加文体活动"，选择率分别为29.3%和25.4%。其他的四项措施分别是"购物"、"上网发泄/玩游戏"、

"通过抽烟喝酒或吃东西缓解"和"找专业机构进行辅导",选择率相对要低一些(见图8)。

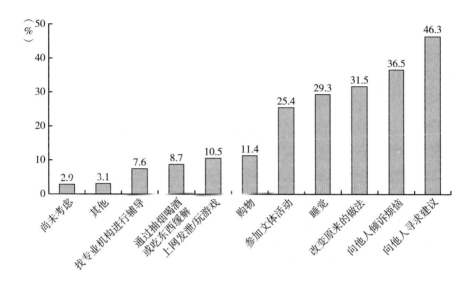

图8 高校毕业生对职业压力的应对措施的选择 (N=1119)

除"改变原来的做法"、"睡觉"和"找专业机构进行辅导"这三项措施外,不同性别的高校毕业生对其他6项应对职业压力的措施的选择存在统计的显著性差异:男性毕业生对"参加文体活动"、"上网发泄/玩游戏"和"通过抽烟喝酒或吃东西缓解"三项应对措施的选择分别占30.8%、17.2%和15.4%,高于女性毕业生对这三项措施的相应选择率。女性毕业生对"向他人寻求建议"、"向他人倾诉烦恼"和"购物"三项应对措施的选择分别占50.6%、43.2%和16.2%,高于男性毕业生对这三项措施的相应选择率(见表33)。

表33 不同性别高校毕业生对"职业压力的应对措施"的选择 (N=1119)

单位:%

选项	男	女	合计
向他人寻求建议	40.9	50.6	46.3
向他人倾诉烦恼	27.9	43.2	36.5
改变原来的做法	33.4	29.9	31.5

选项	男	女	合计
睡觉	28.5	29.9	29.3
参加文体活动	30.8	21.1	25.4
购物	5.5	16.2	11.4
上网发泄/玩游戏	17.2	5.3	10.5
通过抽烟喝酒或吃东西缓解	15.4	3.4	8.7
找专业机构进行辅导	6.7	8.3	7.6
其他	3.2	3.0	3.1
尚未考虑	4.0	2.1	2.9

注：Sig. =0.000。

2. 高校毕业生获得的最主要的两个社会支持来自家人和同学/朋友

在个人成长过程中，家人是高校毕业生的最主要社会支持来源，得分达4.40分。与在校大学生有所不同的是，毕业生更看重"同学/朋友"对自己的社会支持，列第二位，得分为3.97分，"老师"的社会支持被排在第三位，得分为3.89分。相对而言，邻居和社工机构/慈善组织对高校毕业生的社会支持要小一些，分别得2.90分和2.85分（见图9）。

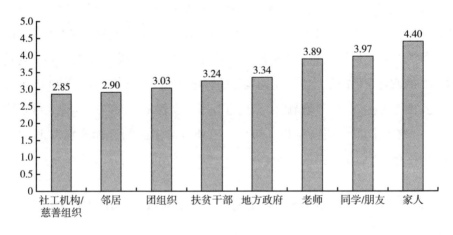

图9　高校毕业生对不同社会支持的获得的评价得分（N=1393）

不同性别的高校毕业生对"地方政府"和"扶贫干部"两个社会支持的评价得分存在统计的显著性差异：女性毕业生对"地方政府"和"扶贫

干部"的社会支持的评价分别得 3.41 分和 3.33 分，高于男性毕业生对这两个社会支持的相应评价（见表34）。

表34 不同性别高校毕业生对不同社会支持的获得的评价得分 （N = 1393）

选项	男	女	合计
家人	4.39	4.40	4.40
同学/朋友	3.95	3.98	3.97
邻居	2.93	2.88	2.90
老师	3.88	3.90	3.89
扶贫干部	3.13	3.33	3.24
地方政府	3.25	3.41	3.34
团组织	2.99	3.06	3.03
社工机构/慈善组织	2.81	2.88	2.85

注：Sig. = 0.000。

五 结语

本报告根据调查数据，描述了在校大学生和已毕业大学生的就业/职业压力状况及压力来源、就业/职业压力应对方式及大学生在成长过程中获得的社会支持状况。研究发现，在校与已毕业大学生普遍面临着比较大的就业/职业压力。为此，我们提出如下建议。

第一，从在校学生自身角度而言，要认清就业市场形势，适当设计自己的求职、就业目标，对就业单位的性质或所有制类型、就业城市、收入水平等要进行综合的衡量，形成一个与自己各方面能力基本吻合的就业预期。如果不切实际地将就业目标定得过高，可选择的就业机会势必会减少，相应地会增加自己的就业压力与就业难度。与此同时，家长一方面也要对在校大学生子女的就业有合理的预期，不要人为地增加大学生子女的压力；另一方面还要尽力为大学生子女在求职/就业过程中提供力所能及的帮助，毕竟父母、家庭是大学生社会支持的重要来源。

第二，从学校角度而言，继续加强对贫困大学生就业指导的精准性与有效性。高校要在就业信息、就业观念、就业能力、职业规划、社会/企业实践机会等方面多渠道多方式做好做实高校大学生的就业指导服务工作，为在校大学生的就业提供实质性的支持。就业指导工作者应重点关注贫困生群体，积极为其争取更充足的求职补贴，从资金方面解决贫困生因求职而面临的经济困难。就业指导部门可根据实际情况加强企业和贫困生的交流，促成贫困生与就业实践基地签订订单式合同，贫困生在校期间由企业资助完成学业。学校也应根据市场需求，合理调整学科结构和专业设置，使之与就业趋向相结合，使毕业生的创造能力、竞争能力和承受能力不断提高。

第三，从社会角度而言，进一步完善针对贫困大学生的就业政策、就业市场和就业服务。继续制定与完善促进大学毕业生就业的社会政策，建立和完善全国性的大学毕业生就业社会服务网络，完善原有的就业政策以及加大户籍管理、人事管理、社会保障等领域改革与创新的力度。政府应进一步完善贫困大学生的各项优惠政策，在优惠政策的作用下，为贫困生设立专项就业基金，鼓励贫困生服务于一线；用人单位要考虑高校贫困生的实际状况，为贫困生设置就业专用通道，在岗位数量、岗位设置方面向贫困生倾斜，扩大贫困生就业渠道；各级公共人才与就业服务机构要加强就业指导和政策信息咨询，加强就业培训，提高毕业生素质能力，增强适应能力。

第四，对于已毕业、如今在职场上的大学生来说，认识职业压力就是认识自己所处境遇的过程，是促进自己成长的过程。入职不久的大学生，面对职业压力首先要做的是找出产生工作压力的根源。针对不同的压力，采取不同的应对措施。有时，甚至涉及个人对职业目标如职称/职务晋升、收入等预期的调整，这样才能有效地释放、缓解、减少压力。同时，要学会以积极、愉悦的心态对待工作过程中的压力。在高强度、紧张的职业生活中，学会转移自己的注意力，适当放松自己，摆脱职场中的"高压"氛围，度过压力低潮，把压力转化为自己前进的动力，并取得职业的成功。

参考文献

陈晓云：《就业行为管理》，上海人民出版社，2007。

李德海、张敏：《大学生就业问题研究》，石油工业出版社，2017。

李培林、陈光金、张翼主编《2018年中国社会形势分析与预测》，社会科学文献出版社，2018。

麦可思研究院编著《2018年中国本科生就业报告》，社会科学文献出版社，2018。

吴克明：《中国大学生就业问题研究》，山东人民出版社，2015。

张进辅：《青年职业心理发展与测评》，重庆大学出版社，2009。

刘鹏：《贫困大学生职业生涯精准帮扶策略研究》，《西部素质教育》2018年第19期。

刘小杰：《高校贫困生就业弱势成因及对策探析》，《江苏省社会主义学院学报》2018年第5期。

董晓绒：《新形势下提升高校贫困生就业能力的新思路》，《中国成人教育》2016年第14期。

郭云贵：《我国高校贫困生就业帮扶政策分析》，《学术交流》2013年第10期。

B.6
建档立卡贫困人口中大学生创业状况

郭元凯*

摘　要： 实现建档立卡贫困人口中高校大学生更充分、更高质量的就业，是国家精准扶贫的重要内容。研究发现：建档立卡高校毕业生及在校大学生的创业意愿和创业行为发生率均低，创业动机呈现个人成就型特征；创业资金在获取方式上存在"理想与现实"的差距，合伙创业是创业的首要选择；两类人群在涉及创业的核心能力上均有提升空间；现有的创业服务以讲座等课堂教学为主，创业实践少；大学生创业政策认知度虽然不高，但具有较强的政策期待和利益诉求；通过Logistic回归发现，性别、学校类型、专业类型、家庭经济压力、高校创业教育情况、政策认知程度以及创业能力与在校大学生的创业意愿有较大关系。家庭弱势地位、创业政策体系不完善、教学与实践融合度不高、创业能力不足、创业环境不佳等阻碍了建档立卡贫困大学生自主创业的开展。因此，建议从构建多元化创业融资渠道；优化创新创业环境；健全高校创新创业教育体系；全面提升创业能力，切实转变贫困家庭的就业观念等方面加强建档立卡贫困人口中高校大学生的就业创业服务工作。

关键词： 自主创业　创业意愿　高校毕业生　在校大学生

---

* 郭元凯，中国青少年研究中心青年研究所助理研究员，管理学博士，主要研究方向为青年发展、青年政策。

在经济新常态背景下，国家经济的发展动力开始由要素驱动、投资驱动逐渐转变为创新驱动，创新创业人才的培养在国家经济社会发展中的战略地位也越来越重要。随着国家"大众创业，万众创新"政策措施在各领域的大力推进，高校已经成为培养创新创业人才、引领创新创业风向、打造创新创业基地的重要场域。作为国家重要的人力资源，高校学生充满活力，是最具创新力的群体之一，在国家的创新创业发展方面发挥了重要作用，逐渐成为适应经济新常态的新生力量。当前，在我国经济增速放缓、下行压力持续加大、产业结构调整以及国际经济形势不明朗的背景下，大学生就业创业仍然面临着复杂严峻的形势，困扰就业创业的结构性矛盾尚未得到消除。根据教育部测算，2019 年全国普通高校毕业生人数达到 834 万人，仍在历史高位运行，高校毕业生就业创业依旧是全社会高度关注的焦点。

建档立卡贫困人口中大学生是高校大学生群体的重要组成部分，在就业形势不景气的情况下，该群体的弱势地位使得他们的就业前景更不乐观。鼓励建档立卡贫困大学生创新创业，以创业带动就业是新经济形势下转变就业形式、缓解就业压力的有效方式。可以说，建档立卡贫困大学生的强烈创业意愿和实际创业活动，既是"双创"蓬勃发展的坚实基础，也是完成国家"十三五"时期脱贫攻坚任务的重要保证。近年来，随着国家精准扶贫战略及各项就业创业政策的不断落实，建档立卡贫困大学生就业工作有了新的进展，取得了一定成绩，但同样也面临新的挑战。因此，关注该群体的自主创业意愿以及创业过程中存在的问题对于优化创业环境、更好地服务于国家宏观战略具有重要的理论和现实价值。本研究基于以上背景，通过调研建档立卡贫困人口中高校大学毕业生自主创业发展现状及在校大学生的自主创业意愿，一定程度上摸清了建档立卡贫困大学毕业生的创业现状，通过分析制约该群体创业的影响因素，提出完善建档立卡贫困大学生的创业政策措施，为实现建档立卡高校毕业生更充分、更高质量就业，直接推动国家精准扶贫战略的实施提供了决策参考。

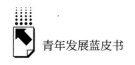

一　研究思路

高校大学生创业是指"高校大学生利用掌握的各项知识与技能进行创新性的业务实践与价值创造的过程的总称"。① 目前，政府及高校都把鼓励大学生自主创业提升到极为重要的位置，努力实现毕业生就业和创业比例的双提升。通过对以往研究的梳理发现，直接以建档立卡贫困人口中大学生创业为主题的研究相对较少，更多的是将建档立卡贫困大学生与高校贫困大学生作为一个整体来看待。学术界对高校贫困大学生自主创业的研究起步相对较晚，但呈现逐渐增加的趋势，尤其是 2012 年之后这一领域的研究数量呈现爆发式增长，研究领域也越来越广泛。虽然研究者的分析视角和关注点各不相同，但绝大部分研究结论表明，贫困大学生自主创业对个人长远发展、家庭经济状况改善以及国家经济社会发展都具有重要意义。从贫困大学生自主创业的现状来看，该群体的创业比例不高，并且普遍面临着创业资金不足、创业能力较低、创业教育缺失、创业环境及创业支持欠佳等问题，因此，需要结合贫困大学生的特点，从积极构建贫困大学生创业教育体系、加大包括创业资金在内的创业支持力度，以及增强高校贫困大学生的创业能力等角度入手，推动该群体创业的有效开展。

围绕高校贫困大学生创业意愿的影响因素，现有研究大致从两方面展开：一是从宏观和中观层面分析环境因素对高校贫困大学生创业意愿的影响。研究发现，完备的创业政策、宽松的创业环境、新媒体的使用、高校的创业教育、创业支持等对高校贫困大学生的创业意愿具有显著正向促进作用。二是从微观层面探究高校贫困大学生个人因素与创业意愿之间的关系。其中就读专业的类型、创业能力、对政策的认知程度、实习经历、社会资本等是影响高校大学生创业意愿的重要因素。社会资本

---

① 江洪娟、张跃进：《大学生创新意愿有效转化为创业实践的路径思考》，《教育理论与实践》2018 年第 6 期。

越多、人力资本越强、实习经历越丰富的高校贫困大学生，创业意愿越明显。

以往研究成果对我们深入探究建档立卡贫困大学生自主创业发展状况奠定了良好的学术基础，但纵观当前研究，还存在以下几方面的问题。从研究群体来看，现有研究多数是针对高校大学生包括贫困大学生创业的理论和实践探讨，其立论基础是将建档立卡高校贫困大学生与其他贫困大学生看作一个整体，忽视了该群体的特殊性和异质性。即使有部分研究提及建档立卡贫困大学生的创业，其样本选择也具有局部性，缺少全国范围内的抽样调查，存在着样本代表性不足的问题；从研究内容来看，国内学者对高校贫困大学生创业的研究侧重于理论方面的宏观探索，如对创业教育以及创业环境、创业能力等问题的浅层描述，缺乏深层次的实证分析，并且与建档立卡贫困大学生的创业现状结合得相对薄弱。鉴于此，本研究将目标人群聚焦在建档立卡贫困大学生群体，通过在全国 20 个国家级贫困县抽样调查获取的数据，来系统分析建档立卡贫困大学生的创业意愿及创业发展状况，为今后建档立卡贫困大学生就业创业研究的开展做前期的基础性工作。

本报告数据来源于"建档立卡贫困人口中大学生就业发展研究"课题，该课题为团中央青年发展蓝皮书项目。调查组于 2018 年 9 月至 10 月对河北省（张北县、怀安县）、陕西省（吴堡县、延川县）、山西省（临县、娄烦县）、河南省（上蔡县、民权县）、湖南省（新田县、汝城县）、广西自治区（都安县、马山县），四川省（叙永县、平昌县），贵州省（安龙县、望谟县）、青海省（大通县、乐都县）、黑龙江省（甘南县、林甸县）等 20 个国家级贫困县的建档立卡贫困人口中大学生就业发展状况进行了问卷调查和访谈调查。项目共回收有效调查问卷 5386 份，其中，在校大学生 3993 份，高校毕业生 1393 份。本研究的主题是建档立卡贫困大学生的自主创业发展和自主创业意愿，涉及两类不同的群体，一是建档立卡贫困人口中的高校毕业生，另一类是建档立卡贫困人口中的在校大学生。根据研究设计，我们首先探讨高校毕业生和在校大学生的自主创业现状，包括该群体的创业意愿、创

业行为、创业能力、创业动机、创业形式及资金来源、创业支持与服务获取情况、创业条件等，通过描述性分析对两类群体的创业现状进行全景式"素描"，进而从整体上掌握该群体的创业发展状况。之后，本研究还聚焦在校大学生的自主创业意愿，寻找影响该群体创业的主要因素，利用逻辑回归（Logistic Regression）进行建模，考察自变量、控制变量与因变量之间的关系，来探寻有效推动该群体创业的具体路径，并在此基础上提出合理的政策建议。

通过前期对文献的梳理，同时结合本调研实际及为写作的顺利开展，我们选取了以下变量进行重点分析，需要说明的是，由于本文涉及两类人群，因此在变量选择上会根据实际情况进行调整。

（一）创业意愿

创业意愿，也叫创业动机或创业想法，是指个体对从事自主创业活动与否的一种主观态度和行为意图，也是实际创业行为是否发生的重要前提条件。当前学术界对创业意愿的定义和测量方法大致相同，大多数的测量是询问大学生是否愿意创业，在变量类型上也多是采用二分变量。根据研究需要并结合以往研究，本文在分析在读大学生创业时也将采取上述测量方式，即通过询问"您是否有创业打算？"有创业意愿的赋值为"1"，没有创业意愿的赋值为"0"。在数据处理时，由于题项中有四个备选项，即"从未考虑过创业""偶尔想过创业，但没认真准备""认真考虑过，并做了准备""已开始创业"。为了后续统计的方便，我们对选项进行了后期处理，即将选择从未考虑过和偶尔想过的进行合并，并对其赋值为"0"；将其他两类（已经创业的和认真考虑并做了准备）进行合并，并对其赋值为"1"。

（二）创业行为

创业行为是指个体的自主创业实际发生状况及具体活动。创业行为是在具有创业意愿基础上的行动转化。本研究中将已经创业的大学生赋值为

"1"，其他就业形式赋值为"0"。在问卷中我们采用"您目前的就业去向？"来进行测量，题项中包含了"自主创业"这一选项。

（三）创业形式及资金来源

创业形式是指创业者在自主创业或组建组织时采取的方式。通俗来讲就是创业时的人员构成情况及人员与创业者之间的社会关系强弱程度。在具体测量时，本研究设置了"合伙创业、家庭创业、个人创业、其他类型"四个选项。合伙创业赋值为"1"，家庭创业赋值为"2"，个人创业赋值为"3"，其他类型赋值为"4"。创业资金变量的设置主要是为了了解建档立卡贫困人口中高校大学生在创业时的资金来源情况以及今后创业可能会从哪些渠道获取资金支持。本研究对资金来源的主体进行了题目设置，具体包括银行贷款、自有资金、亲朋好友资助、风险投资、政府资金支持、私人借款等等。

（四）创业动机

创业动机是指"引起和维持个体从事创业活动，并使活动朝向某些目标的内部动力，它是建立在创业需要的基础之上的"。[1] 在问卷中，我们采用"您觉得大学生选择创业的原因是？"来进行测量，共设置"个人理想、有良好的创业项目、家庭或社会关系的影响、展示自我的价值和才能、受学校或同学创业影响、未找到合适的工作、其他原因"等七个选项。

（五）创业条件

创业条件是"个体创业的支持性资源，根据创业条件的不同，大体可分为社会条件、政策条件、家庭条件、人际关系条件、自然条件，它们对创

---

[1] 李爱国、曾宪军：《成长经历和社会支撑如何影响大学生的创业动机？——基于创业自我效能感的整合作用》，《外国经济与管理》2018 年第 4 期。

业者的创业活动起着不可替代的作用"。① 能否正确评估自身创业条件决定着个体创业的成功与否。在问卷中，我们采用"在您看来，创业最重要的条件是?"来测量，共设置了"创业资金、政策支持、经验、家庭及朋友支持、心态、创业能力、相关知识和技术、人才、周围的创业氛围、其他因素"等十个选项。

（六）创业支持及服务

创业支持服务是指"由多种社会资源和外部政策环境组成的一个系统，其目的是为个体创业在创立前和创立初期提供创业指导和创业支持服务，从而提升个体创业的成功率"。② 在本次调查中，我们就支持主体主要调查了政府方面的创业政策支持、学校方面的创业教育支持、共青团组织的创业服务支持等。学校的支持和服务，我们采用"大学期间你是否获得过以下创业服务?"以及"您是否参加过高校开设的就业指导课或讲座?"来测量，共设置了"创业课程、创业孵化器、创业导师、创业讲座、创业竞赛、创业资金、其他服务、以上都没有"等八个选项。

（七）创业能力

创业能力主要是"在创业过程中恰到好处地运用所拥有的知识解决具体问题的能力，也是直接影响创业成败的创业者个性心理特征"。③ 本问卷主要从"社交能力、组织管理能力、自控能力、抗挫折能力、合作能力、语言组织及表达能力"六个方面进行测量，请被试对自身创业能力进行评价，设置"很好、较好、中等、较差、很差"等五个选项，赋值从 1 分至 5 分。

---

① 祝军、尹晓婧：《应届大学毕业生创业意愿和心理资本水平调查》，《中国青年社会科学》2017 年第 6 期。

② 林龙飞、陈传波：《返乡创业青年的特征分析及政策支持构建——基于全国 24 省 75 县区 995 名返乡创业者的实地调查》，《中国青年研究》2018 年第 9 期。

③ 邹文通、张志云、王贤斌：《大学生创业教育的共青团增权模式》，《当代青年研究》2017 年第 6 期。

（八）创业政策认知

创业政策认知是"指个体对国家出台的各项创业政策及规定的了解程度，也指个体对所处的创业及政策环境的态度及评价"。[①] 本问卷主要就"您是否了解下列国家对大学生返乡就业创业的相关政策?""你对家乡的就业政策的了解程度?""你对高校所在地就业政策的了解程度?"，以及"你对共青团提供的大学生就业创业服务的了解有哪些?"进行测量。设立了"税费优惠减免、设立创业扶持基金、技能培训和创业培训、专项资金支持、贴息贷款、增加社会保险补贴及公益性岗位补贴等、对有基层工作经历的在研究生招录/事业单位选聘等方面优先录取、其他政策、不了解"等九个选项。

此外，基于现有贫困大学生创业的研究，我们还从影响建档立卡贫困大学生自主创业发展的个人因素（内部因素）和环境因素（外部因素）中挑选了个人特征（如性别、学历、年龄、就读高校、政治面貌等）、实习经历、家庭背景等作为控制变量来进行数据分析。

二 大学生自主创业现状

（一）创业意愿与创业行为

建档立卡贫困人口中高校毕业生及在校大学生的创业意愿和创业行为发生率均低，但毕业生在创业意愿和创业实践上整体好于在校大学生。本次调研结果表明，在创业意愿上，建档立卡贫困人口中大学生毕业时的创业意愿与在校大学生的创业意愿均不太强烈，更多的是一闪而过的念头。其中毕业生在毕业时"从未考虑过创业"的人数比例为 21.2%，在校大

---

① 杜跃平、马元凯、王林雪、张霞：《创业环境认知对创业态度和创业倾向影响的实证研究——基于西安若干高等学校大学生的调查数据》，《软科学》2016 年第 8 期。

学生比例为 22.6%；大学毕业生和在校大学生在"偶尔想过创业，但没认真准备"上比例最高，分别是 66.2% 和 66.0%，建档立卡贫困人口中高校毕业生中有 10.3% 的学生"认真考虑过，并做了准备"，但在校大学生该比例只有 8.51%。"已开始创业"的高校毕业生占毕业生调查总数的2.3%，在校大学生选择"已开始创业"的占比则更低，仅有 0.85%（见表 1）。由此可见，建档立卡贫困人口中高校大学生两个群体创业意愿不足。当然，分群体来看，高校毕业生在创业意愿和创业实践方面略优于在校大学生。

表 1 建档立卡贫困人口中高校两类人群的创业意愿对比

创业意愿	人数（人）		占比（%）	
	高校毕业生	在读大学生	高校毕业生	在读大学生
从未考虑过创业	295	984	21.2	22.64
偶尔想过创业,但没认真准备	922	2635	66.2	65.99
认真考虑过,并做了准备	144	340	10.3	8.51
已开始创业	32	34	2.3	0.85

为了更加清晰地了解建档立卡贫困人口中高校毕业生创业在群体就业中所占的比例，本研究还调查了当前高校毕业生的就业去向。从图 1 中可以看出，建档立卡贫困人口中高校毕业生绝大多数还是选择就业，其中：已签署三方协议的有 134 人，占比 9.6%；已签订劳动合同的有 516 人，占比37.0%；其他录用形式的有 213 人，占比 15.3%；应征兵役的有 7 人，占比0.5%；参加国家基层项目（如西部计划等）的有 54 人，占比 3.9%；参加地方基层项目有 30 人，占比 2.2%，自由职业的有 124 人，占比 8.9%；自主创业的 41 人，占比 2.9%；目前仍处于求职中的有 102 人，占比 7.3%；国内升学的有 55 人，占比 3.9%；出国（境）留学的有 1 人，占比 0.1%；暂未就业的有 116 人，占比 8.3%。

（二）创业动机

一般来说，创业者的动机可以分为三种类型，即社会导向型、个人成就

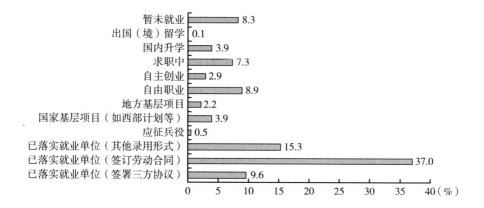

图1 建档立卡贫困人口中高校毕业生的毕业去向

型和资源导向型。社会导向型是指创业者的创业动机是在社会大环境的裹挟下产生的，创业的行业选择也多是社会当下的热点和市场极力追捧的领域。个人成就型的创业动机大多有着理想主义色彩，创业者大多对某一领域有着极大的热爱和内心强烈的渴望，对于市场的关注不是这类创业者的主要考虑，他们大多是从兴趣与热爱出发进行创业。资源导向型是指创业者在创业时首先是从现有的资源要素出发，行业的选择也受到资源类型的影响。从图2可以看出，建档立卡贫困人口中高校毕业生和在校大学生的创业原因虽然类型多样，但还是表现出极为相似的群体特征，即建档立卡贫困人口中高校大学生两个人群的创业动机多属于个人成就型。数据显示，70%的高校毕业生出于"个人理想"而创业，在校大学生的这一比例超过了76%；51.8%的高校毕业生和61.68%的在校大学生创业是为了"展示自我价值和才能"。两个人群中选择"有良好的项目"和"家庭或社会关系的影响"的比例分别是：高校毕业生44.5%和33.5%，在校大学生48.8%和24.5%。除此之外，也有部分毕业生的创业原因是"受学校或同学创业影响"（占16.4%）以及"未找到合适工作"（15.8%），在校大学生在以上两方面的占比均为15%。

（三）创业条件

创业资金与创业能力是建档立卡贫困人口中大学毕业生和在校大学生创

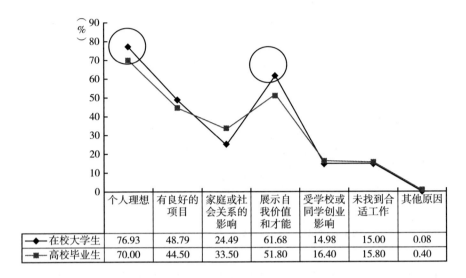

	个人理想	有良好的项目	家庭或社会关系的影响	展示自我价值和才能	受学校或同学创业影响	未找到合适工作	其他原因
◆ 在校大学生	76.93	48.79	24.49	61.68	14.98	15.00	0.08
■ 高校毕业生	70.00	44.50	33.50	51.80	16.40	15.80	0.40

图2　建档立卡贫困人口中两个人群的创业动机分析

业起步的关键，相对而言，在校生更认可创业能力在创业中的作用，高校毕业生则更重视创业资金的作用。创业条件是指保证创业活动正常进行所需的各种物质条件及能力条件，正确评估自身的创业条件是创业成功的重要原因。数据表明（见图3），占本次毕业生调查人数84.8%的建档立卡高校毕业生和占在校生调查人数73.3%的在校大学生均表示在创业时最重要的条件是"创业资金"。可以说，稳定的创业资金是"坚定贫困大学生自主创业决心和信心的重要因素，也是高校毕业生创业考虑的首要因素，更是其创业起步至关重要的因素"。[①] 除了创业资金之外，创业能力也是两个人群普遍认可的重要条件。其中42.6%的毕业生认为"创业能力"是创业的重要条件，在校大学生对"创业能力"的认可程度则更高，占到该部分调查人数的54.3%，比高校毕业生多出了近12个百分点。在其他创业条件中，经验也是建档立卡贫困高校毕业生和在校大学生关注的焦点。结果显示，相比在校大学生的认知，高校毕业生更加重视经验的价值，两者选择的比例：高校毕业生为38.1%，在校大学生为35.16%。

---

① 尹洁、徐琳等：《大学生自主创业意向影响因素实证研究》，《教育评论》2016年第8期。

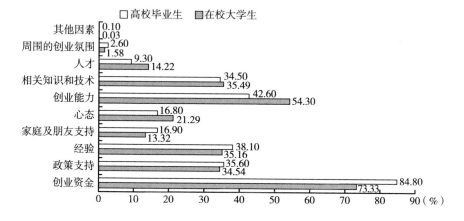

图3　建档立卡贫困大学生两个人群的创业条件认知度

此外，调查结果还表明，各主体的创业支持以及自身的心态、相关的知识和技术也会影响到创业的开展。其中在政策支持方面，高校毕业生和在校大学生认可这是重要因素的比例分别为35.6%和34.5%。在家庭及朋友支持方面，高校毕业生和在校大学生认可这是重要因素的比例分别为16.9%和13.3%。在自身心态以及相关知识、技术层面，高校毕业生选择的比例分别为16.8%和34.5%，在校大学生选择的比例分别为21.3%和35.5%。

（四）创业形式及资金来源

建档立卡贫困人口中大学生创业时，首先需要解决的就是资金问题，调查数据显示，建档立卡贫困人口中在校大学生最希望创业资金来源于政府资金支持及银行贷款，但在高校毕业生实际的创业实践中，这一资金渠道可获得性很低，实际的资金更多源于亲友资助和私人借款（见图4）。调查发现，60.2%的在校大学生自主创业期间希望获得"政府资金支持"，55.9%的在校大学生希望获得"银行贷款"，46%的在校大学生希望获得"自有资金"，25%的在校大学生选择"亲朋好友资助"，7.3%的在校大学生选择"风险投资"，6.7%的在校大学生选择"私人借款"。从已创业大学生的实际情况来看，获得政府资金支持的高校毕业生仅为12.2%，相比预期相差48个百分点。已经获取银行贷款的人数比例为29.3%，与在校大学生的预期相差26.6个百分点。而创业中获取亲朋好友资助和私人借款的比例分别是53.7%和22%，比预期分别高出28.7个百分点、15.3个百分点。

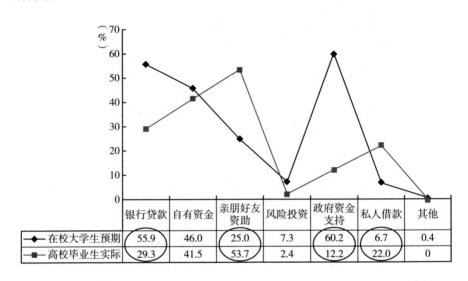

图4　在校大学生创业资金获取预期与高校毕业生创业资金实际来源调查

在具体的创业形式上，本研究调查发现：建档立卡贫困在校大学生和高校毕业生更愿意选择寻找合伙人共同创业（见图5），其中在校大学生所占比例为63.8%，高校毕业生所占比例为61%；然后是采取个人创业的方式（分别占20.5%和36.6%）；通过家庭创业的人数比例分别只有4.4%和2.4%，还有11%的在校大学生对创业停留在思考过程中，并未给出具体的创业形式。之所以超过六成建档立卡贫困大学生选择合伙创业，一方面可能是受制于创业资金匮乏，通过合伙方式可以有效缓解创业资金问题；另一方面，当前市场风险相对较大，创业初期是需要冒着巨大的失败风险的，而合伙创业则可以起到风险共担的作用，减少市场风险带给创业者的冲击。

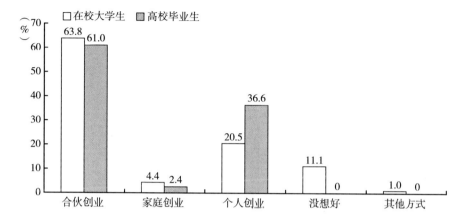

图5　建档立卡贫困人口中高校毕业生及在校大学生创业形式倾向调查

（五）创业能力

创业能力高低决定创业能否成功，创业能力是体现创业者整体素质的重要特征。通过数据分析我们可以看到，建档立卡贫困人口中高校毕业生和在校大学生自评的创业能力相对较强。但从群体特征来看，高校毕业生的创业能力整体上强于在校大学生（见图6）。按照1分为最低分、5分为最高分来测算，两者在各方面的得分均在3.4分以上。其中两者在合作能力以及抗挫折能力上的平均得分最高。建档立卡贫困人口中高校毕业生在合作能力、抗挫折能力上的得分分别为4.15分和4.11分，而在校大学生在上述两方面的得分是3.97分和3.98分。在其他方面，两个人群在各种能力上的得分由高到低排序分别是自控能力、社交能力、语言组织及表达能力、组织管理能力。虽然两个人群在创业能力各层面上的均值在合理区间，但从现实中对创业者能力的要求来看，目前的得分还稍显劣势，尤其是在一些创业核心能力的指标上还有较大提升空间。现代企业创业领域及创业管理模型特别强调对各类资源的整合以及开拓新的业务领域，重视创业者的组织管理能力、社会交往能力以及业务洽谈时语言组织和表达的技巧，但从现实情况来看，不管是建档

立卡贫困人口中高校毕业生还是在校大学生在以上方面的得分都不理想。

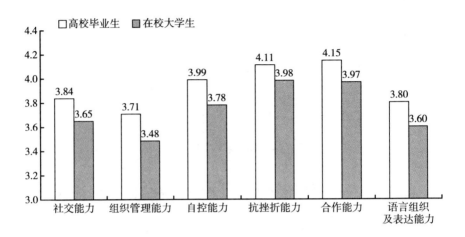

图6　建档立卡高校贫困人口中大学毕业生和在校大学生创业能力均值比较

（六）创业支持及服务

当前高校虽然设置了创业讲座并开设创业课程，但真正实施的力度并不大，更多停留在口头宣传上，缺少实质性的政策与措施。创业服务形式较为单一且新颖度、创新度较低，未能有效激发大学生的自主创业热情。从图7可以看出，高校中提供最多的创业服务是创业讲座，其中在校大学生选择的比例为52.74%，高校毕业生选择的比例为32.6%。其次是创业课程和创业竞赛。两个群体选择上述选项的比例分别为30.4%、12.4%（大学毕业生）和47.93%、33.28%（在校大学生）。从排名比较靠前的选项来看，当前高校创业服务仍以创业讲座等理论教学为主。而在真正与创业密切相关的创业资金、创业孵化器以及创业导师等方面，高校提供的服务还有所欠缺。数据显示，26.17%的在校大学生和12.4%的高校毕业生反映自己所在高校提供了"创业导师"服务，18.86%的在校大学生和6.2%的高校毕业生选择高校设置了"创业资金"供大学生创业，15.65%

的在校大学生和5.6%的高校毕业生则表示高校创业服务中存在"创业孵化器"这一项目。值得我们注意的是，调查中15.98%的在校大学生和16.7%的高校毕业生完全不了解所在高校提供的创业服务，28.9%的高校毕业生和4.51%的在校大学生则明确表示自己所在高校没有提供课程或实践等方面的创业服务。

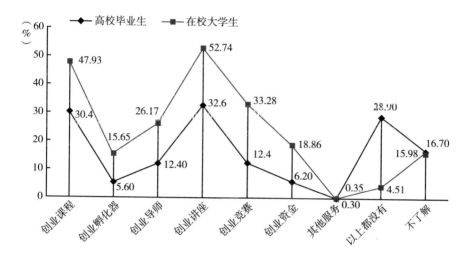

图7　建档立卡贫困人口中高校毕业生与在校大学生所在学校提供的创业服务

在高校毕业生创业服务满意度调查中，我们发现部分建档立卡贫困人口中高校毕业生认为当前的学校或政府提供的就业服务对自己的帮助程度一般（见表2）。调查显示，近年来，为了更好地促进高校大学生的创新创业，政府及高校等相关部门为建档立卡贫困人口中高校毕业生提供了类型多样的创业支持。在创业环境优化上，举办创业大赛、大型招聘会等；在创业能力提升上，通过提供就业信息、职业生涯规划等促进创业发展。此外，高校还强化职业生涯规划的教育，帮助建档立卡贫困大学生树立更加正确的就业创业价值观，尽早地确定自己的职业生涯发展目标。但从实际效果来看，部分高校毕业生认为学校或政府所做的工作对自己的帮助并不太大。认为对自己帮助最大的两项是就业信息提供和技能培训，认为对自己帮助最小的是创业大赛和创业资金支持。此外，还有22%和18.6%的高校毕业生提出自己在就业创业时根本就没有接触过相关部门的创业资金支持和创业实践导师的指导。

共青团作为青年自己的组织，在密切联系青年，了解青年利益诉求，服务高校贫困大学生创新创业方面也做了大量的工作。数据显示，在共青团提供的服务中，35.1%的在校大学生和33.0%的高校毕业生最认可团组织提供的就业创业知识讲座，其次是各地团组织搭建的青年就业创业移动信息服务平台，其中在校大学生认可这一服务的比例为26.4%，高校毕业生认可的比例为26.1%（见图8）。

表2　学校或政府提供的就业服务对大学毕业生的帮助程度

单位：%

创业服务形式	帮助很大	帮助较大	一般	帮助较少	没有帮助	没有接触过
创业大赛	8.2	17.9	37.8	13.1	5.8	17.3
大型招聘会	13.7	27.7	36.5	11.5	4.1	6.5
创业资金支持	9.2	15.0	32.3	12.1	9.4	22.0
创业实践导师	9.7	20.1	31.7	11.8	8.0	18.6
就业信息提供	16.0	33.5	32.1	10.0	3.4	5.1
技能培训	14.5	27.1	33.6	10.3	4.5	10.0
职业生涯规划	13.9	26.8	37.5	11.6	4.2	6.0

（七）创业政策认知及政策期待

为了贯彻落实国家的"双创"政策，中央和地方层面均出台了更加细化、操作性更强的就业创业扶持政策来促进包括建档立卡贫困生在内的高校大学生就业创业发展。但由于宣传力度不够，高校毕业生和在校大学生对当前有关的创业政策了解甚少。数据表明，建档立卡贫困人口中高校毕业生和在校大学生分别有51.5%和43.7%的人表示自己对国家有关的创业政策不了解（见图9）。现有创业政策中，高校大学生目前比较了解的集中在国家设立的返乡创业扶持基金和创业技能培训等方面。这表明当前的创业政策与

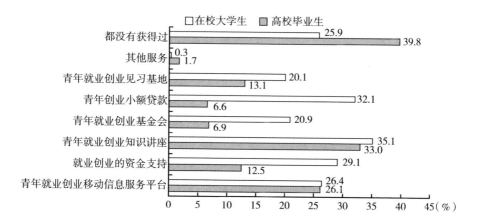

图8　共青团为建档立卡贫困人口中大学生提供的就业创业服务

高校大学生的实际需求之间存在较大偏差，带来的后果就是政府的创业服务功能大打折扣，政策实施效果不太明显。

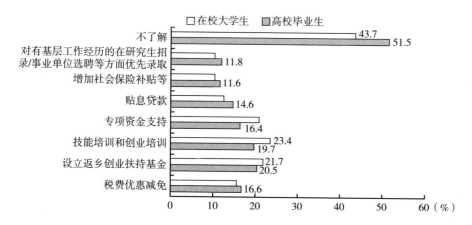

图9　建档立卡贫困人口中高校毕业生及在校大学生对政策的认知情况

　　在对建档立卡贫困人口中在校大学生家乡地和学校所在地就业创业政策认知度（见图10）调查中发现，大多数在校生表示自己对两地的就业政策认知情况并不理想，其中选择认知度一般的人群比例最高（对家乡就业政策认知度为42.3%，对高校所在地就业政策认知度为47.4%）。不太了

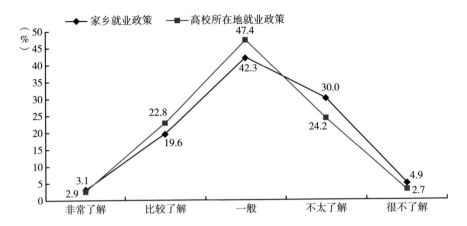

图10 在校大学生对家乡就业政策及高校所在地就业政策认知度对比

解和很不了解的合计比例整体大于非常了解和比较了解的合计比例。从地区比较来看，在校大学生对高校所在地就业政策的了解程度略高于家乡就业政策，表明建档立卡贫困人口中在校大学生对政策的感知会随着空间转移而发生微弱变化。

虽然建档立卡贫困人口中高校毕业生对国家的相关政策不熟悉，但结合自己的就业经历，他们对今后创业时想获取的创业支持还是给出了较为明确的政策期待，尤其体现在就业创业平台的搭建以及创业资金支持、创业实践等方面。图11显示，54.1%的建档立卡贫困人口中高校毕业生希望今后政府相关部门多组织一些大型招聘会，一方面满足寻找工作的需求；另一方面也可以从招聘会上了解当前市场的热点和需求点，有针对性地创业。还有很大一部分比例的建档立卡贫困人口中高校毕业生则表示希望多提供一些就业创业信息（52.3%）和提供技能培训（52.9%）。具体到创业方面，高校毕业生对增加创业资金的支持（30.9%）、职业生涯规划教育（36.5%）、创业实践导师（28.2%）以及开展各种类型的创业大赛（19.5%）等方面提出了较高的政策期待。

在调查对共青团提供大学生就业创业服务的需求时，我们发现两个人群的就业创业服务需求整体趋同（见表3），其中希望共青团提供就业见习

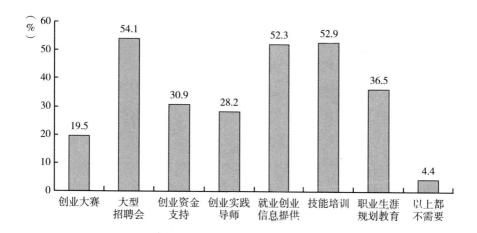

图11　建档立卡贫困人口中高校毕业生对创业支持的政策期待

机会的在校大学生占68%，高校毕业生在毕业时希望得到这一服务的人数比例为62%。在纯粹的创业服务方面，建档立卡贫困人口中在校大学生和高校毕业生还希望拥有专业性及针对性强的就业创业辅导（40% vs 41%）、得到就业创业资金支持（27% vs 27%）以及参加杰出校友创业经验分享会（21% vs 20%）。综合上述分析发现，虽然建档立卡贫困人口中的高校大学生对政策认知度不高，但特别希望得到有关方面的就业创业支持，这说明我们在今后的工作中一方面要加大政策宣传力度；另一方面还应该从在校大学生和高校毕业生的真实需求出发，积极回应这两个群体在就业创业方面的利益诉求。

表3　您最希望共青团提供的大学生就业创业服务

单位：%

就业创业服务	在校大学生当前预期	高校毕业生毕业时预期
提供就业见习机会	68	62
组织质量更好的校园招聘会	41	46
专业性、针对性强的就业创业辅导	40	41
提供更为准确的就业信息	47	42

续表

就业创业服务	在校大学生当前预期	高校毕业生毕业时预期
提供就业创业资金支持	27	27
指导学生进行科学的职业规划	35	28
加强面试模拟训练	32	34
加强就业心理辅导	31	26
杰出校友就业创业经验分享会	21	20
以上都不需要	0.2	0.2

三 在校大学生创业意愿影响因素分析

为了探索影响建档立卡贫困人口中在校大学生创业意愿的可能性因素，本研究采取回归分析的方法构建了相关变量与创业意愿之间的关系模型，力图发现各因素在影响在校大学生创业意愿上的效用大小。正如变量设置中指出，由于创业意愿更多是个体态度的表达，属于二分变量，因此本文采取二元 Logistic 回归分析。变量选取上，根据以往研究结果和本课题的研究重点，将创业意愿作为因变量，将创业教育、创业资金、创业实践支持、创业能力、政策认知等作为自变量，控制变量中主要涉及了个人基本特征、家庭经济压力、实习见习经历等。变量名称和具体取值见表4。

表4　变量设置及操作化定义

变量类型	变量名称	变量定义及操作化
因变量	创业意愿	有意愿 = 1；无意愿 = 0
自变量	创业能力	差 = 1；中 = 2；好 = 3
	创业教育	有就业指导课 = 1；无 = 2
	创业实践支持	有 = 1；无 = 0
	政策认知	认知度好 = 1；认知度一般 = 2；认知度差 = 3
	创业资金	有 = 1；无 = 0

变量类型	变量名称	变量定义及操作化
因变量	创业意愿	有意愿=1;无意愿=0
控制变量	性别	男=1;女=2
	年龄段	1995年及以前=1;1996~1998年=2;1999年及以后=3
	学历	高职高专=1;本科=2;研究生=3
	就读层次	双一流=1;普通本科=2;高职高专=3;民办本科=4
	年级	大二及以下=1;大三=2;大四及以上=3
	政治面貌	中共党员=1;团员=2;群众及其他=3
	专业大类	文史哲类=1;经管类=2;理工农医军类=3
	实习见习经历	有=1;无=2
	家庭经济压力	经济压力较小=1;经济压力较大=2;经济压力很大=3

注:解释变量在投入模型时均已转化为虚拟变量。

从 Hosmer-Lemeshow 拟合优度来看,卡方值为 4.806,P 值大于 0.05,没有呈现显著性,说明构建的模型的整体适配度是比较高的。模型中各变量对创业意愿因变量具有较强的解释和预测力。通过 Logistic 回归发现,性别、学校类型、专业类型、家庭经济压力、创业教育情况、政策认知程度以及建档立卡贫困大学生的创业能力均会在一定程度上影响在校大学生的创业意愿(见表5)。

表5 在校大学生创业意愿影响因素的 logistic 回归分析 (N=3993)

影响因素	Exp(B)	S. E	Sig.
女性(参考值:男性)	.442	−0.138	.000
学校类型(参考值:"双一流"高校)			
普通本科	1.374	0.233	.173
高职高专	1.877	0.412	.126
民办本科	1.978	0.267	.011
专业类型(参考值:文史哲类)			
经管类专业	.710	−0.189	.070
理工大类专业	.650	−0.157	.006
家庭经济压力(参考值:压力较小)			
压力比较大	.638	−0.198	.023

续表

影响因素	Exp(B)	S. E	Sig.
压力非常大	.658	−0.221	.05
创业能力(参考值:能力较差)			
创业能力一般	1.026	0.363	.944
创业能力很好	2.646	0.360	.007
政策认知程度(参考值:认知程度好)			
政策认知度一般	.611	−0.140	.000
政策认知度差	.517	−0.208	.001
创业教育(参考值:有创业教育)	.716	−0.153	.029
常量	.137	0.675	.003
Nagelkerke R^2		0.127	
		$X^2 = 4.806$	

注:此表只报告了显著的变量。

(一)创业意愿中的性别因素

具体说来,在校大学生中男性比女性有着更强的创业意愿。造成这一差异的原因可能在于男性与女性之间成就动机及需求不同。男性希望从事创业行为的主观倾向比女性更强。在创业过程中,男女在认知观念、心理特质、创业驱动力等方面存在差异,以及"基于性别角色分工与社会文化因素的影响,男性较之女性更愿意选择创业,女性则更倾向于选择相对稳定的工作"[1],这导致男性往往持有更积极的创业态度与意向。

(二)创业意愿中的学校因素

在学校层次方面,民办本科院校在校大学生的创业意愿最强。这可能与高校的办学定位有很大关系。民办本科院校开设的课程较多为实践性课程,课程安排也相对灵活,学生实习实践的机会比较多,能够更多地与社会接

---

[1] 岳昌君、丁小浩:《影响高校毕业生就业的因素分析》,《国家教育行政学院学报》2004年第2期。

触，一定程度上会促进学生的创业思考，强化其创业意愿，进而为其后续的创业行为提供动力。高职高专院校虽然也强调创业教育，但固定场所的实习时间过多，使得学生对市场的风向把握不明确，且职业院校的教育定位更多是为市场输送高质量的劳动力资源，这也降低了建档立卡贫困人口中在校大学生的创业意愿。而"双一流"高校及普通本科院校多为研究型大学和授课型大学，在课程设置上理论性课程多，对创新创业课程的关注较少，学生仅是通过创新创业大赛了解到有关创业的知识，这导致其创业意愿相对较弱。

（三）创业意愿中的就读专业因素

与以往研究和传统想法不同的是，就读文史哲类的在校大学生比理工类的在校大学生有着更加强烈的创业意愿。一般说来，理工专业类的在校大学生会掌握一门专业知识或技术，在创业中具有先天的优势，可能会有较强的创业意愿，但数据并没有支持这种判断。原因可能是：理工科学生创业，虽然拥有技术优势，但购买设备的金额一般比较巨大，并且技术创业需要强有力的创业团队，仅凭一己之力很难成功。而文史哲类的在校大学生虽然在技术上优势较弱，但他们思路更为开阔，并且从创业能力对比来看，文史哲专业的在校大学生的社会交往能力、组织能力、合作能力均比较突出，而这些能力在创业能力中是核心能力，更有可能促成创业意愿的生成。

（四）创业意愿中的家庭及能力因素

家庭经济压力方面，数据模型显示家庭经济压力大小与创业意愿强弱成反比，建档立卡贫困人口中在校大学生的家庭压力越大，创业意愿就越不强烈；反之，家庭经济压力越小，创业意愿越强。创业的开展离不开家庭的支持，尤其是在创业资金和创业社会网络方面。但现实情况是，建档立卡贫困家庭本身就有着沉重的经济负担，很难帮助在校大学生将创业想法变为现实。在创业能力方面，建档立卡贫困人口中在校大学生的创业能力越强，其创业意愿就越强。创业能力是创业者素质的综合体现，也是整合各种创业资源、实现创业的关键要素。创业能力越强，对创业的认识就越清晰，也就更有可能开展创业活动。另外，建档立卡贫困人口中在校大学生参加过创业教育的人员，其创业意愿要比没有参加过创业教育的强烈。因为创业教育激发了在校大学生的创业创新意识，开阔了其创业思路，同时创业教育中还有很多创业技巧和创业案例，这对于激发在校大学生的创业意愿具有正向影响。

（五）创业意愿中的政策认知因素

政策认知方面的调查结果显示，建档立卡贫困人口中在校大学生政策认知度越高，创业意愿越强烈。这其中的原因可能是在校大学生如果对创业政策的认知度越高，就会对创业过程中可以享受到的各方面政策支持与服务、涉及的相关部门、创业的申请流程与规章等问题有更充分的了解，这无疑减少了在校大学生对创业的恐惧感和疑问，使其更有可能产生创业的意愿、增强创业信心。

四 大学生创业发展的问题及原因探讨

前文基于数据分析探讨了建档立卡贫困人口中高校毕业生的自主创业发展与在校大学生的自主创业意愿，深入了解了该群体的创业发展现状及在校大学生创业意愿的影响因素，这为探究该群体创业发展中存在的问题及原因提供了很好的依据。通过数据分析，并结合课题组实地调研，我们发现建档立卡贫困大学生创业发展中存在的问题，与宏观的政策体系密切相关，同时，高校创新创业教育、创业环境、家庭背景以及个体因素也是制约该群体创新发展的重要因素。

（一）创业资源匮乏及贷款门槛高限制其创业资金获取

美国学者菲利普·威克姆在《战略型创业》一文中指出："创业活动的开展主要是要素主导的，它是在各类创业要素的不断整合和动态调整下完成的，创业者、机会、组织和资源是创业活动必不可少的要素。"① 因此，建档立卡贫困大学生如果要顺利进行创业，除了拥有强烈的创业意愿外，还应掌握一定的创业资源。但从当前现实情况来看，建档立卡贫困大学生的创业资源比较匮乏，突出表现在缺少创业资金以及创业的融资网络。由于建档立卡贫困大学生本身家庭经济条件就比较差，社会网络的同质化现象也很严重，家庭成员中很少有富余的资金支持其进行创业活动。虽然有部分建档立卡贫困大学生会在校外进行实习和兼职工作，积累了一定实践经验，但受制于时间和从事的行业，赚取的费用往往仅够补贴自己的生活费，很难形成今后的创业资金，且积累的经营管理经验很少，难以满足创业需求。尽管国家和地方层面出台了针对大学生创业的贷款优惠政策，但与非贫困人学生相比，建档立卡贫困大学生缺少资金担保等，这会大大延长审批时间，他们顺利获得创业资金的可能性也有所降低。

（访谈员：你想过创业吗？）

想是想过，但是创业毕竟需要一定的资金，自己目前还没有经济实力。【陕西省延川县某高校毕业生－西部计划志愿者】

建档立卡大学生刚毕业，经济上不是很富裕。但贷款的话你要有担保的，10 万、20 万元贴息的，看着政策比较好，但是贷款你要有担保，没有担保的话是不贷给你的；就是有房子抵押，但是房产抵押这个也难办。现在农村的房子你说值几个钱。

（访谈员：担保一般要什么样的人呢？）

一般是行政事业单位的。你说这些人本来家里特别困难，如果说行政事业单位有自己的家人的话，他家庭条件也不是太差了。可以说（创业贷款）是没有任何作用的。【青海省乐都区就业局某工作人员】

即使有部分建档立卡贫困大学生已开始创业活动，但原始创业资金在市

---

① Philip A. Wickham, *Strategic Entrepreneurship* [M], London: Pitman Publishing, 1998: 30 - 32.

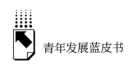

场竞争面前的抗风险能力是非常脆弱的，场地租赁、人员工资、原材料采购等都需要强有力的资金给予支持，长时间资金短缺往往会导致创业的失败。因此，创业资金的匮乏成为当前困扰建档立卡贫困大学生创业发展的主要瓶颈，也直接影响他们创业的积极性。

（二）宣传乏力及衔接不畅造成政策红利难以惠及该群体

从调查来看，建档立卡贫困大学生对国家和地区出台的各类创业扶持政策的认知度并不高，很多建档立卡贫困大学生对于国家的创业支持政策仅限于听说过，但对具体是哪些政策以及有什么具体优惠措施还不是很清楚。造成这一问题的原因是多方面的，但最核心的还是当前我国创业政策体系不完善。首先，当前国家的创业扶持政策缺少对大学生群体的细分，建档立卡贫困人口中大学生的专项就业创业扶持政策整体缺乏，这使得建档立卡贫困大学生创业发展困难重重。其次，现有的创业政策宣传不到位。虽然政府先后出台了诸多大学生创业的支持政策，但在现实中，许多建档立卡贫困大学生对此并不了解，造成政策实施效果不明显。最后，不同政策之间的衔接机制尚未建立。由于高校大学生的创新创业涉及多个部门，相关政策制定难免有部门特点，这就使得政策在实施过程中存在衔接的问题。比如，针对贫困大学生的创业资金政策，既有教育部门的助学贷款扶持，还有劳动就业、金融部门的税收优惠，高校也针对该群体出台了相关校内规章，但在实施过程中，政出多门、缺少协调性，政策缺位、错位现象依旧存在，削弱了政策本身的效力，影响了该群体创业的良性发展。

（三）创业教育体制不健全削弱了创业意愿

创新创业教育是适应经济社会和国家发展战略需要而产生的一种新型教学理念与模式，尤其是近年来在"大众创业、万众创新"的背景下，越来越受到高校的追捧，高校纷纷开设相关创业课程来回应政策号召和学生诉求。但在各高校创新创业教育的实践中，还普遍存在着创新创业教育体制不健全、教学与实践融合度不高的突出问题。首先，创业培训教育对象针对性不强。从本次调研来看，大多数高校创业教育是针对全体大学生，并未针对建档立卡贫困大学生的个性特点和家庭现状来建立相应的创业教育模式，一定程度上弱化了建档立卡贫困大学生创业教育的效果。

其次，高校对创业教育的认识还存在理念偏差，没有确立创业教育的明确目标。在课程设置上，大多数学校的创业教育课程仅仅是选修课或是讲座，开课时间或是在大一刚入学时，或是在高校大学生临近毕业时，没有把创业意识和创业精神贯穿于整个教育教学的实践之中，以致高校中的创新创业课呈现过场式、应急性、碎片化的特点。

（访谈员：学校有没有开就业指导课？）

有的，一年级下学期除了基础课之外，开始上创新创业课。

（访谈员：课时多么？）

一周一节课，只开半学期，今年没有了。

（访谈员：创新创业课都讲什么内容？）

就根据自己的想法，（怎么）来开展一个项目，比如自己想出来一个东西，然后再写一个计划书呀，就那些。

（访谈员：那有没有讲怎么一步一步去创业？）

没有讲过。【陕西延安某职业院校在校大学生11人座谈】

（访谈员：创业课程呢？）

我们大一或大二的时候上过SYIB的课。主要就是对以后那些企业什么的，了解一下。【青海大学李同学】

我们创业创新是选修课。如果你想学的话可以选上去学，大一的时候是晚自习，我考虑到要点名，我们学生会的还要来查人数什么的，我就没报。【青海大学赵同学】

在师资配置方面，多数高校并没有聘任专业的创新创业教师，而是让辅

导员、班主任或学校就业指导老师担任，难以形成真正的创业思维。

最后，在教育模式上，教学与实践融合度不高。贫困大学生创业培训并未形成专门性和系统化的教育体系，高校创业教育大多停留在创业理念的引导、创业案例的解读以及创业理论的宣讲上，多数高校并没有建立供建档立卡贫困大学生创业实践的创业孵化基地或创业科技园，缺乏创业实践锻炼和提升的平台。尽管高校以举办大学生创业计划大赛的形式鼓励大学生进行创业实践，但受参赛经济成本（如材料费、服装等）的制约，很多贫困大学生并没有能通过参与比赛来锻炼自己的创业能力。

（四）创业能力不足、创业环境不佳阻碍自主创业开展

积极的创业意识和强烈的创业意愿是创业的前提，也是创业的最重要动力。但从调研结果来看，建档立卡贫困大学生虽然有一定的创业意愿，但真正将其转化成创业实践的人数比例是极低的，多数学生还存在"求稳"心态，争取找一份安稳的体制内工作。其主要原因一方面与当地的产业较少、创业环境不佳有关。从数据统计来看，建档立卡贫困大学生就读高校或已毕业高校多是贫困地区的地方普通本科或高职院校，这些地区由于产业发展相对落后，并没有形成可以创业的社会大环境。

> 在我们本地只能靠他们自身（己）考体制内的事业单位或者公务员，因为我们这边根本没有企业，最大的企业就是延长石油集团。所以，（创业）是很难的；（有一些）都是个体的小门店，但人家也是算成本和利润的。【陕西省延川县某团干部】

可以看出，建档立卡贫困大学生的创业实践与所在地的产业结构、创业氛围、创业文化密切相关，急需通过改善当地的创业环境来促进自主创业的发展。

另一方面，建档立卡贫困大学生的创业能力弱也成为阻碍自主创业发展的重要原因。一般说来，良好的综合素质和较强创业能力是创业成功的保证。

（访谈员：有想过创业么?）

先工作吧，等工作经验够了，要是有能力的话就创业，首先还是先工作，有一份稳定的收入。【青海大学李同学】

受家庭成长环境及基础教育水平的制约，建档立卡贫困大学生在创业意识、创业知识储备、社会交往能力、心理调适能力等创业能力和综合素质方面相对不足，即使有创业想法和意愿，也不敢去尝试，这严重阻碍了建档立卡贫困大学生的自主创业发展。

（五）家庭责任感制约建档立卡贫困大学生创业

建档立卡贫困大学生由于家庭贫困，从小就培养了吃苦耐劳、勤俭节约的良好习惯，也正是因为贫苦，他们很早就体验到了生活疾苦与不易，十分懂得体恤家人的难处，具有极强的家庭责任感，很多人即使有创业的意愿，但为了减轻家庭的经济压力、改善家庭境遇而不得不放弃创业梦想，转为找一份经济收入尚可的工作。

我那些同学他们有的在西安，他们待遇其实比我高，但是怎么说每个人的选择不一样。我的父母的年龄也大了，然后我两个姐姐都在外面，我想回来，毕竟父母把我们养大也不容易，然后我就想回来照顾一下他们。【陕西省延川县某高校毕业生】

此外，受传统观念影响，绝大多数的建档立卡贫困大学生家庭对其子女创业并不支持，"他们希望自己的子女能在政府机关或事业单位找一份稳定体面的工作，在社会中有良好的身份地位"。[1]

（访谈员：你有想过自己创业吗?）

---

[1] 沈茹：《贫困大学生创业发展的瓶颈及其突破》，《边疆经济与文化》2013年第12期。

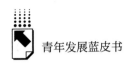

　　创业的话，其实我很早就有（想法）了，一直跟家里讲很多次想法，但是他们觉得这是不切实际的，就是不务正业，我这个念头断了。

　　（访谈员：家里为什么不同意？）

　　他们觉得大部分是亏的，你这个时候就是读书。

　　（访谈员：你是希望得到家里支持吗？）

　　我肯定想，但是他们很反对，暂时不会再想。【湖南长沙在校大学生】

　　而建档立卡贫困大学生因为背负着家庭脱贫的压力，没有足够的勇气放手拼搏，而是选择更加稳定的工作，这在很大程度上扼杀了建档立卡贫困大学生的创业激情和信心，成为制约建档立卡贫困大学生创业发展的瓶颈。

五　促进大学生创业发展的政策建议

　　促进建档立卡贫困大学生创业发展是需要政府、高校、社会、家庭、个体共同发力的一项系统性工程，需要结合建档立卡贫困人口中高校大学生的自身特点，在全社会构建起建档立卡贫困大学生就业创业支持体系，通过各方联动来提升建档立卡贫困大学生的创业能力，培养该群体的创新精神，增强他们的创业意识，从而为提升高校贫困大学生创业发展水平、发挥就业创业在国家脱贫攻坚中的重要作用打下坚实基础。

（一）破解资金供给瓶颈，构建多元化创业融资渠道

　　建档立卡贫困大学生创业时面临的最大挑战是缺少创业资金，因此其融资是否顺畅，直接影响到其创业成功与否。应拓展构建多元化融资渠道，积极争取多渠道创业专项扶持资金，本研究认为可从以下三方面着手：（1）落实贫困生创业优惠政策。进一步完善国家资助体系，积极实施其他辅助的资助政策，让优惠政策真正成为建档立卡贫困大学生创业的助推器。在条件允许的情况下，应合理放宽建档立卡贫困大学生创业无息贷款条件，降低贷款

申请门槛，消除户籍、居住地的客观限制，支持建档立卡贫困大学生异地创业。简化建档立卡贫困大学生办理贷款的手续，办理时不要求其他的担保或抵押，解决该群体创业初期所需的资金问题。（2）设立多渠道创业资金。高校根据建档立卡贫困大学生的创业项目、创业业态、盈利模式，在原有助学、减免学费等绿色通道服务基础上，进一步增强创业上的资金扶持，通过配套政府资助，如免费创业培训、提供创业基金等，推进建档立卡贫困大学生将强烈的创业欲求转化为创业现实行动。（3）在创业项目实施阶段，放宽建档立卡贫困大学生创业的市场准入条件。对贫困大学生创办的公司，降低启动资金和担保资金的要求，鼓励有技术的贫困生投身符合其知识能力和未来发展趋势的新兴行业，使人力资源优势得以充分发挥。同时也要拓展融资渠道，鼓励各种社会资本参与到建档立卡贫困大学生的创业活动之中，充分利用风险投资、创业基金等多种融资渠道。

（二）优化创新创业环境，出台专项就业创业扶持政策

要促进建档立卡贫困大学生创业发展，政府应发挥政策主导功能，不断优化创新创业环境，出台专项就业创业扶持政策。（1）加强创新创业宣传，营造良好创业氛围。政府应在全社会大力倡导创新与创业精神，营造浓厚的创新与创业氛围，激发大学生的创业热忱，建立鼓励创新、宽容失败的创业文化。要善于利用官方媒体、自媒体等途径经常发声，报道国家和地方的创新创业政策及各地涌现出的建档立卡贫困大学生创新创业先进事例，通过树立典型来激发该群体的创业热情，通过对创业失败的案例进行分析总结，来指导建档立卡贫困大学生规避创业风险。要积极发挥群团组织及社会组织紧密联系青年、切实服务青年的优势，积极地为建档立卡贫困大学生寻找创业信息，同时建立创业者信息数据库，在融资、技术、培训、法律、风险管理等方面提供专业化、规范化的服务。（2）完善就业创业扶持政策，出台专项的建档立卡贫困大学生就业创业政策。与非贫困大学生、部分贫困大学生相比，建档立卡贫困大学生弱势地位更加明显，在创新创业资金获取、创业项目的选择、创业公司的申请等方面都有着很大的劣势。因此，各级政府要

把建档立卡贫困大学生的就业创业帮扶工作摆在困难毕业生帮扶的突出位置，进一步完善创新创业扶持政策，减少建档立卡贫困大学生的创业障碍。政策供给方不但要在资金、税收、管理等方面为贫困大学生提供更多优惠，更要从创业需求者角度在创业前期充分挖掘和创造机会，在创业中期提供及时有效的配套服务；即使创业失败，政府也应对贫困大学生予以优先救助，提供社保补贴、场租补贴、税费补贴等，以解除贫困大学生创业的后顾之忧。（3）加大政策之间的衔接力度，发挥创业扶持政策的协同正效应。在政策实践时，要提高各级政府部门支持政策之间的协同化水平，重视协同高校、金融服务、科技服务中介等机构，强化政策的无缝对接及系统化，保障建档立卡贫困大学生在政策、法律、技术、市场等创业支持方面政策不断档、服务不断线、后续有衔接。

（三）健全创新创业教育体系，促进高校教学与实践相融合

高校要整合教育资源，建立健全教学与实践相融合的高校创新创业体系，既帮助建档立卡贫困大学生形成良好的创意思维、创业理念，也增强该群体的创业经验和创业实战能力。（1）健全创新创业服务体系。积极组织创业辅导与培训，提供创业一站式服务，如企业注册、入驻孵化器、投融资咨询等，建议由高校和资深企业家对创业公司进行针对性辅导与跟踪指导，分析企业发展遇到的问题，提供解决方案。"可以在现有学制的基础上，推进产学研合作，发展校企共建实践基地；也可以聘请创业成功者、企业家、投资人、专家学者等担任兼职导师，对创新创业学生进行一对一指导"。[1]（2）强化建档立卡贫困大学生创新创业实践训练。推进"教赛融合"理念，通过设立创新创业项目，举办"创青春""挑战杯""互联网＋"等创新创业竞赛，推行高校共青团"第二课堂成绩单"制度，为学生参与创意开发、创新比赛和创业实践提供链条式的实践机制，整体上着力培养学生创新精

---

[1] 孙春玲、张梦晓、赵占博、杨强：《创新能力、创新自我效能感对大学生自主创业行为的影响研究》，《科学管理研究》2015年第4期。

神、创业意识和创新创业能力，从而提升其创业竞争力，增强其创业品牌优势。（3）持续优化创新创业课程。高校应该把创新创业教育作为推进高等教育综合改革的重要抓手，将创新创业教育贯穿于人才培养全过程。建议高校开设创新创业教育专门课程，并将其纳入学分管理。高校要积极探索学制改革，采取工学交替模式，建立弹性学制，允许在校学生休学创业。（4）建立一支优秀的创业导师队伍。通过构建思想导师、学术导师、企业导师"三导师制"，给予学生个性化帮扶，解决其在创新创业过程中的思想困惑、技术难题和经营问题。

（四）全面提升创业能力，克服"求稳怕变"的择业心态

促进建档立卡贫困大学生的创业发展时，还应该鼓励他们充分发挥自身能动优势，全面提升自身创业能力：（1）树立正确的创业观念。贫困大学生应具备风险竞争意识。机遇与挑战总是并存的，贫困大学生要积极转变就业创业观念，克服"求稳怕变""消极被动"的择业心理，树立敢于冒险、乐于竞争的意识。（2）激发创新意识。因为承载着家庭和个人对未来的期望，贫困大学生学习更加刻苦努力，成绩优秀，但创新意识较为薄弱。创业的本质就是创新，贫困大学生应养成独立思考的习惯，善于发挥自己的好奇心、想象力，并培养自身分析问题、解决问题的新思维、新视角。（3）增强创新创业"软实力"。当前市场竞争不断加剧，市场风险也日益增加，创业实践中遇到的困难与挑战要远远超出想象，创业过程的艰难性与复杂性不仅要求建档立卡贫困大学生的专业知识、核心技术等"硬能力"突出，同时还需要建档立卡贫困大学生必须具备包括社会交往能力、组织协调能力、团队协作能力、语言表达能力等在内的创新创业"软实力"。要鼓励建档立卡贫困大学生在课业之余积极"走出去"，参加各种社会实践及高校、社会组织等开展的创新创业活动，不断提高自身创业综合能力。

（五）以精准扶贫为契机，切实转变贫困家庭的就业观念

当前在国家大力推行"双创"的宏观背景下，很多建档立卡贫困大学

生也是有创业梦想和创业意愿的。但受制于家庭的不理解和不支持,他们的创业意愿无法付诸实施。"精准扶贫"是党和国家近年来为消除绝对贫困开展的一项攻坚工程。实现建档立卡贫困人口中高校大学生更充分、更高质量的就业,是国家精准扶贫的重要内容。因此,相关部门要在开展精准扶贫的过程中,不断更新建档立卡贫困大学生及其家庭的就业观念,营造良好的家庭氛围。首先,精准扶贫过程中要重视家庭成员的"扶智"工作。将传统销售扶贫、就业扶贫等方式进一步转向产业扶贫、创业扶贫等模式。帮助家庭成员树立自发做产品、自主做经营的创业意识,带动已毕业子女参与到创业之中。其次,家长应转变传统观念,多关注时势变化,多接触先进教育思想,不要片面地认为子女大学毕业后自主创业是不务正业,要尊重子女创业的选择,鼓励他们大胆地走向社会,同时通过自己的社会网络,协助子女开展自主创业,鼓励他们积极拓展视野,将心中的创业意愿及时地转化成创业行动,实现人生的价值。

参考文献

[1] 江洪娟、张跃进:《大学生创新意愿有效转化为创业实践的路径思考》,《教育理论与实践》2018 年第 6 期。

[2] 李爱国、曾宪军:《成长经历和社会支撑如何影响大学生的创业动机——基于创业自我效能感的整合作用》,《外国经济与管理》2018 年第 4 期。

[3] 祝军、尹晓婧:《应届大学毕业生创业意愿和心理资本水平调查》,《中国青年社会科学》2017 年第 6 期。

[4] 林龙飞、陈传波:《返乡创业青年的特征分析及政策支持构建——基于全国 24 省 75 县区 995 名返乡创业者的实地调查》,《中国青年研究》2018 年第 9 期。

[5] 邹文通、张志云、王贤斌:《大学生创业教育的共青团增权模式》,《当代青年研究》2017 年第 6 期。

[6] 杜跃平、马元凯、王林雪、张霞:《创业环境认知对创业态度和创业倾向影响的实证研究——基于西安若干高等学校大学生的调查数据》,《软科学》2016 年第 8 期。

[7] 尹洁、徐琳等《大学生自主创业意向影响因素实证研究》,《教育评论》2016

年第 8 期。

［8］ 岳昌君、丁小浩：《影响高校毕业生就业的因素分析》，《国家教育行政学院学报》2004 年第 2 期。

［9］ Philip A. Wickham，Strategic Entrepreneurship（ London：Pitman Publishing），1998.

［10］ 沈茹：《贫困大学生创业发展的瓶颈及其突破》，《边疆经济与文化》2013 年12 期。

［11］ 孙春玲、张梦晓、赵占博、杨强：《创新能力、创新自我效能感对大学生自主创业行为的影响研究》，《科学管理研究》2015 年第 4 期。

B.7
建档立卡贫困人口中大学生返乡就业创业状况

蒋承 罗尧 吕海培*

摘　要：　本研究基于建档立卡贫困人口中大学生就业的现状，具体包括学习、社会参与、家庭及贫困状况、生活经历等方面，对大学毕业生返乡就业创业的发展情况和在校大学生的返乡就业创业意愿及政策期待相关数据做了描述性分析，探究返乡就业和创业行为、意愿的影响因素。从个体特征、家庭资本、人力资本、学校资本四个角度出发，运用计量经济模型对大学毕业生返乡行为、创业行为和在校大学生的返乡意愿、创业意愿的影响因素进行实证分析。从回归分析和路径分析结果来看，性别、父亲最高学历、社团活动、创业服务等变量对行为和意愿会产生不同程度的直接和间接效应，其中，各影响因素对毕业生的创业行为的影响是通过影响其创业意愿发挥作用的。基于实证研究，探讨大学生返乡创业就业中存在的主要问题，为助推大学生强化返乡就业创业意愿、行为提供对策建议。

关键词：　返乡就业创业　大学毕业生　在校大学生　Logistic 分析　路径分析

---

* 蒋承，北京大学教育学院副教授，博士生导师，主要研究领域为教育经济与管理；罗尧，清华大学五道口金融学院主管，主要研究领域为教育经济与管理；吕海培，北京林业大学经济管理学院本科生，主要研究领域为教育经济与金融。清华大学周京博和北京林业大学徐素珍给予了本研究助研支持。

一 大学毕业生返乡就业创业的情况

（一）大学毕业生返乡就业创业的比例

本次研究将大学毕业生的工作所在地主要分为"家乡所在县（市、区）""家乡所在市（州、区）的其他县（市）""家乡所在省会城市""家乡所在省份的其他市（州、区）""家乡所在省份以外的其他省份"这五类。

结合数据情况，总体上看，大学毕业生选择去家乡所在省份以外省份工作的比例最高，达到32%，这可能与家乡综合发展水平、个人意愿等因素有关。其次是选择去家乡所在县（市、区）工作，比例为28%，即回到生源地，这可能与大学毕业生的家乡情结有关。选择去所在省份的其他市（州、区）工作的大学毕业生比例较低，为11.6%，这可能是因为毕业生多倾向于在大学所在地工作，或者选择一、二线经济更发达、福利更好的城市谋求发展。选择去家乡所在市（州、区）的其他县（市）的比例最低，仅达8.5%（见图1）。这可能是因为相比家乡所在省会城市，家乡所在市（州、区）的其他县（市）相对欠发达、发展前景不佳；相比于家乡所在省份的其他市（州、区），家乡所在市（州、区）的其他县（市）可能地理范围小、受局限大。

（二）大学毕业生返乡就业创业的原因

影响大学毕业生返乡就业创业的可能原因甚多，是由多种原因组成的整体系统，可以分为"推力"和"阻力"两个方面。"推力"即吸引大学毕业生选择返乡就业创业的可能因素，"阻力"即阻碍大学毕业生选择返乡就业创业的因素。

具体而言，吸引大学毕业生返乡就业创业的"推力"主要有"家乡发展机遇多"、"家乡可以利用的资源更多"、"能够照顾家庭"、"希望能为家乡发展做贡献"、"喜欢在自己熟悉的环境中生活"、"家乡就业压力小"、

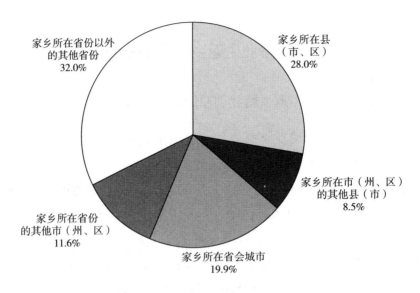

图1　大学毕业生工作所在地情况

"家乡生活成本低"、"返乡就业创业的政策优惠多"、"在家乡能更好地融入社会"和"其他"这 10 类；导致大学毕业生未选择返乡就业创业的"阻力"主要有"家乡工资待遇低，就业创业回报率低"、"家乡条件太艰苦，就业创业基础条件缺乏"、"家乡发展落后，就业创业发展前途不大"、"家乡休闲娱乐设施落后"、"返乡就业创业的优惠政策太少"、"家人不同意自己返乡就业创业"、"自己想在外面闯一闯，不甘心待在家乡"、"担心自身的创业知识和创业能力不足"、"所学专业不适合就业创业"和"其他"这 10 类。

首先来看吸引大学毕业生返乡就业创业的"推力"层面。本次调查显示，选择"能够照顾家庭"选项的比例最高，达到 58%，可见超过半数的人都因为家庭而选择返乡就业创业，这与大学毕业生的家乡情怀密切相关；选择"希望能为家乡发展做贡献"的比例次高，为 43.3%，这可能是因为这部分大学毕业生对家乡有浓厚的情感，渴望利用大学里习得的知识为家乡的发展尽一份力；排在第三位的是选择"喜欢在自己熟悉的环境中生活"选项的比例，达 28.9%，这大概与大学毕业生适应环境的能力有关。选择

"在家乡能更好地融入社会"的比例最低，仅有9.3%，说明地域的选择对于大学毕业生融入社会的影响不是很大；选择"返乡就业创业的政策优惠多"的比例第二低，为12.9%，这可能是因为返乡就业创业政策优惠力度不够；选择"家乡就业压力小"的比例第三低，这可能与家乡发达程度、人才供给量、需求量等多方面因素有关（见图2）。

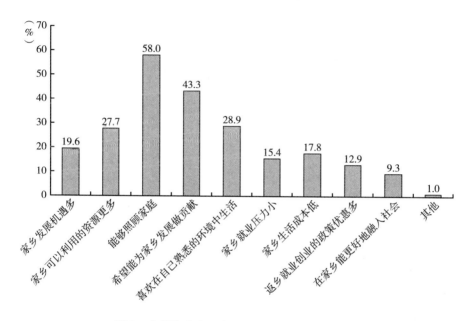

图2　大学毕业生返乡就业创业的原因（推力）

其次，来看阻碍大学毕业生选择返乡就业创业的"阻力"层面。选择"家乡发展落后，就业创业发展前途不大"和"自己想在外面闯一闯，不甘心待在家乡"两类原因的比例最高且持平，均为36.4%，这可能是由于这部分毕业生所在家乡基础设施比较落后，或是他们有较高远的理想抱负，认为家乡的天地不够自己施展能力，或是两者兼具。然后是选择"所学专业不适合就业创业"的，选中率高达34.1%，这不仅与专业培养方案有关，也有可能与学校开设的创业培训、创业比赛等因素有关；紧随其后的是选择"家乡工资待遇低，就业创业回报率低"的，选中率达32.6%，这与选择"家乡发展落后，就业创业发展前途不大"的原因较为类似，可能主要与家乡客观经济和综合发展情况以及毕业生个人定位有关。选择"家乡休闲娱乐设施落后"的比例最低，选中率仅达7%，原因很可能在于就业创业与家乡休闲娱乐设施程度关联程度较低；选择"返乡就业创业的优惠政策太少"的比例次低，为7.8%，说明大学毕业生是否选择返乡就业创业与返乡就业创业优惠政策关系不大，抑或是返乡就业创业的优惠政策其实并不少；值得注意的是，选择"家人不同意自己返乡就业创业"的比例第三低，为9.3%（见图3），这和亲人团聚的观念不符，可能是因为家人对大学毕业生有更高的期待，或者认为家乡不足以为毕业生提供良好的就业创业环境。

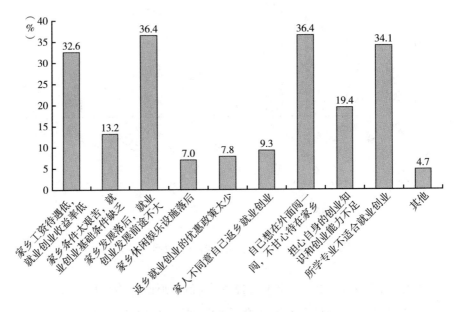

图3　大学毕业生未选择返乡就业创业的原因

（三）大学毕业生返乡就业创业行业分布

本调查中，行业类型分为"农林牧渔业"、"采矿或建筑业"、"制造业"、"批发零售业"、"交通运输、邮政快递业"、"住宿、餐饮业"、"互联网及计算机服务业"、"金融业"、"房地产业"、"科研及教育行业"、"卫生和社会工作"、"文体、娱乐传媒业"、"党/政/群团组织及市政业"和"国际组织"这 14 类。

从大学毕业生选择返乡就业创业的数据来看，选择"科研及教育行业"的比例最高，达到 19.2%，这可能与大学毕业生的大学专业及学历有关，可能大部分博士毕业的同学想返乡担任大学教师，从事教学和科研工作，为家乡的科研教育行业做贡献，在延续自己的学术生涯的同时实现自己的人生理想；其次是"党/政/群团组织及市政业"，为 17.1%，这可能是因为大学毕业生觉得党政或群团组织工作较稳定，工作压力较小，相比于企业或者其他行业来说工作节奏较慢，更有吸引力；接着是选择"卫生和社会工作"的比例，达到 13.5%，这可能是由于部分大学毕业生在大学里参与过很多志愿工作，例如支教、去学校周围的社区打扫卫生和陪伴老人，从而对这个行业有了深入的认识并想奉献爱心；选择"批发零售业"和"互联网及计算机服务业"的比例较接近，分别为 7.5% 和 7.6%。从较少分布的行业来看，选择"国际组织"的比例最低，为 0.4%。这与现实情况也很相符，大部分大学毕业生家乡的综合发展水平较低，大学毕业生对国际组织了解较少或者没听说过有人从事相关工作。选择"农林牧渔业"的比例也较低，仅次于"国际组织"，为 2.2%（见图 4）。这可能是由于在大多数大学毕业生心目中，"农林牧渔业"作为第一产业，发展前景不佳，也不能充分利用大学毕业生所学的专业知识、技能特长等，因此选择"农林牧渔业"的比例低、人数少。

（四）大学毕业生返乡就业创业获得的支持

关于大学毕业生返乡就业创业获得的支持，本调查中涉及的问题有以下几项："在您找工作的过程中，对您帮助最大的人是谁"、"结合您的就业经历，学校与政府提供的就业创业服务对您的帮助程度有多大"、"在下列由共青团提供的大学生就业创业服务中，在大学期间您获得过的有哪些"、"大学期间您是否获得过以下创业服务"和"您希望在返乡就业创业的过程中获得的主要帮助"。

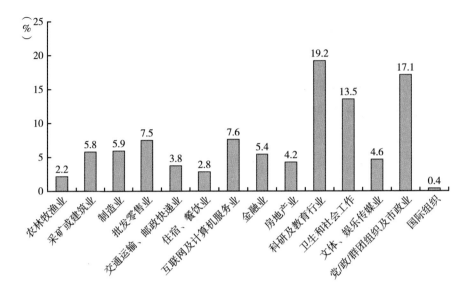

图4 大学毕业生返乡就业创业行业分布

1. 来自他人的支持

在"在您找工作的过程中，对您帮助最大的人是谁"这个问题上，选项包括"家人"、"亲属"、"朋友"、"同乡"、"同学/校友"、"邻里"、"老师"、"网友"与"其他"。其中，选择"朋友"的比例最高，达到79.6%。其次是选择"家人"的比例，为78.3%。选择"网友"、"邻里"和"同乡"的比例很低，分别为2.9%、4.7%和9.7%（见图5）。这样看来，在大学毕业生返乡就业创业过程中，朋友和家人的帮助对大学毕业生支持最大；其次是同学/校友和老师，可见校友资源对于大学毕业生来说也较为重要；网友、邻里、同乡等与大学生接触频率相对较低，不能在找工作方面给予大学毕业生很大的帮助。

2. 来自学校与政府的支持

在"结合您的就业经历，学校与政府提供的就业创业服务对您的帮助程度有多大"这一问题上，学校和政府提供的就业创业服务主要包括"创业大赛""大型招聘会""创业资金支持""创业实践导师""就业信息提

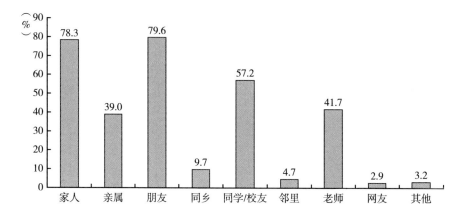

图5　大学毕业生找工作过程中帮助最大的人

供""技能培训""职业生涯规划"这七项。大学毕业生对每项服务进行评价，根据帮助的程度分为"帮助很大""帮助较大""一般""帮助较少""没有帮助""没接触过"几个评判标准。

为了便于比较分析数据，我们给"帮助很大""帮助较大""一般""帮助较少""没有帮助""没接触过"依次赋值5、4、3、2、1、-1，求出加权平均值（见图6）。

根据统计结果，大学毕业生认为"就业信息提供"最有帮助，帮助程度加权后为23.55%，说明学校与政府在提供就业信息上做出的努力比较多且得到大学毕业生的普遍认可；其次是"技能培训"、"职业生涯规划"和"大型招聘会"，比例接近，分别为22.56%、22.46%和22.14%，这可能是因为学校和政府对技能培训、职业生涯规划、大型招聘会这三个方面较为重视，宣传力度大、受众面广、质量相对高。

3. 来自共青团的支持

关于"在下列由共青团提供的大学生就业创业服务中，在大学期间您获得过的有哪些"这个问题，共青团的就业创业服务主要有"青年就业创业移动信息服务平台"、"就业创业的资金支持"、"青年就业创业知识讲座"、"青年就业创业基金会"、"青年创业小额贷款"、"青年就业创业见习

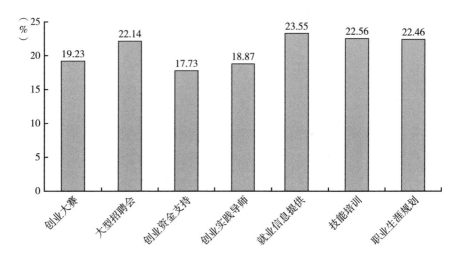

图6 结合就业经历，评价学校与政府提供的就业创业服务的帮助程度

基地"、"其他"和"以上都没获得过"这八类。

根据调查结果，超过三分之一的大学毕业生表示在大学期间没有获得过以上类型的就业创业服务。除此之外，选择"青年就业创业知识讲座"的比例达到32.5%。接着是选择"青年就业创业移动信息服务平台"的比例较高，为26.7%。选择"青年创业就业基金会"和"青年创业小额贷款"的比例较低，分别为8.1%和8.3%（见图7）。

4. 大学期间获得的创业服务

关于"大学期间您是否获得过以下创业服务"这个问题，创业服务主要有"创业课程"、"创业孵化器"、"创业导师"、"创业讲座"、"创业竞赛"、"创业资金"和"其他"这七个方面。

调查数据显示，大学毕业生选择"创业讲座"的比例最高，为31%，其次是"创业课程"的比例，为29.6%，这和"在下列由共青团提供的大学生就业创业服务中，在大学期间您获得过的有哪些"问题调查得出的结论类似，即在大学期间获得过的多项创业服务中，创业讲座方面的选择率最高，即理论层面获得的帮助较大。选择"创业孵化器"和"创业资金"的比例很低，分别为5.8%和5.9%（见图8），可见大学毕业生较少获得为初

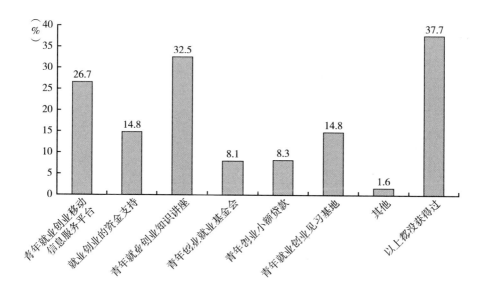

图7　大学毕业生在大学期间获得过的由共青团提供的大学生就业创业服务

创企业提供办公场地、设备、咨询意见和资金的服务，即实践层面获得的帮助较少，这一定程度上导致大学毕业生不能很好地开展创业活动，甚至有放弃创业的想法。

5. 希望返乡就业创业获得的帮助

关于"您希望在返乡就业创业的过程中获得的主要帮助"这个问题，可选项有"当地增加技能培训和创业课程培训"、"加大税费优惠减免力度"、"加大创业资金扶持力度"、"加大银行贷款优惠力度"、"提供或提高返乡创业补贴"、"提供或提高场地租赁优惠"、"增加社会保险补贴"、"增加公益性岗位补贴"、"提供住房或购房优惠"、"加大对有基层工作经历者的优先录取力度"和"其他"，总共11个选项。

数据显示，选择"加大创业资金扶持力度"的比例在众多希望获得的帮助中比例最高，达到43%，这大概是因为大学毕业生返乡就业创业后发现税费较高，而这导致自己的工资水平较低，不能达到自己满意的生活水准。其次是选择"当地增加技能培训和创业课程培训"的比例，为38.9%，这大概是因为大学毕业生发现自己在大学学习的知识与就业创业需要的技能

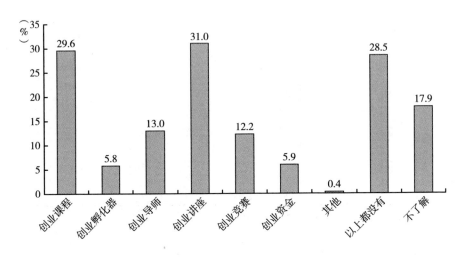

图8 大学毕业生大学期间获得过的创业服务

不符或存在差距，需要培训和补充。再次是选择"提供或提高返乡创业补贴"的比例达27.1%，这可能是因为大学毕业生认为自己返乡就业创业能带动家乡经济的发展，应该得到物质上的肯定和支持。

综合来看，在返乡就业创业过程中，大学毕业生遇到的很大阻碍是对资金的顾虑。政府可以利用财政手段在税收方面对大学毕业生采取税收减免优惠政策，把支持大学毕业生低息贷款等项目纳入国家预算体系，从而实现政策目标，使大学毕业生对于创业资金无后顾之忧，有意愿有想法即能自由创业，为自身、家庭和社会创造价值。除"其他"外，选择"增加社会保险补贴"的比例最低，为13.8%，可能是社会保险相对较完善，不需要更多的供给（见图9）。

二 在校大学生的返乡就业创业意愿及政策期待

（一）在校大学生的返乡就业创业意愿

结合实际情况，我们将在校大学生毕业后返乡（家乡所在县及以下地区）就业创业的意愿按照"有，而且目标十分清晰"、"有，但只是暂时想

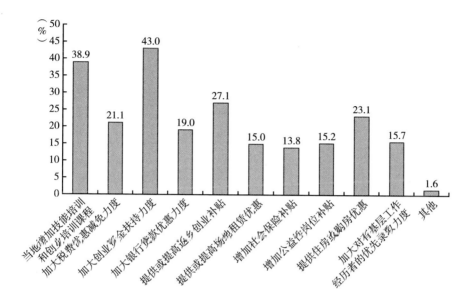

图9 大学毕业生希望在返乡就业创业过程中获得的主要帮助

法"、"不知道，现在还不确定"、"毕业后想在外面工作几年再回去"、"完全没有"五类情况进行划分。

从调查数据总体上看，选择"不知道，现在还不确定"选项的在校大学生的比例最高，达到41.75%，选择"有，而且目标十分清晰"和"完全没有"选项的比例最低，分别为8.74%和7.51%（见图10）。可见将近一半的在校大学生对于毕业后返乡（家乡所在县及以下地区）就业创业的意愿尚不明确，只有不到20%的学生对于毕业后选择返乡就业创业有非常明确的态度。

（二）在校大学生返乡就业创业的可能原因

和影响大学毕业生返乡就业创业的可能原因类似，影响在校大学生返乡就业创业的可能原因也可以分为"推力"和"阻力"两个方面。"推力"即吸引在校大学生选择返乡就业创业的可能因素，"阻力"即阻碍在校大学生选择返乡就业创业的因素。

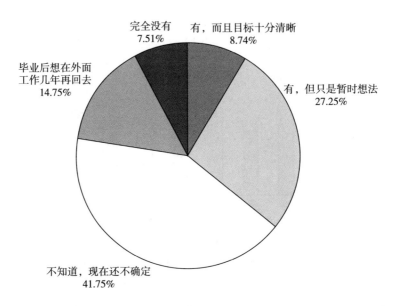

图 10　在校大学生毕业后返乡（家乡所在县及以下地区）就业创业的意愿情况

第一，在吸引在校大学生选择返乡就业创业的"推力"上，本调查列出的可能原因主要有"家乡发展机遇多"、"家乡可以利用的资源更多"、"能够照顾家庭"、"希望能为家乡发展做贡献"、"喜欢在自己熟悉的环境中生活"、"家乡就业压力小"、"家乡生活成本低"、"返乡就业创业的政策优惠多"、"在家乡能更好地融入社会"和"其他"这十类原因。

根据数据，总体上看，选择"能够照顾家庭""希望能为家乡发展做贡献"这两类原因的比例最高，分别是 57.95% 和 53.16%；除"其他"外，选择"在家乡能更好地融入社会"的比例最低，为 8.98%；然后是"家乡就业压力小"，选择率为 13.18%。可见在校大学生返乡就业创业的主要原因还是照顾家庭和实现为家乡发展做贡献的个人情怀，较少是因为逃避社交压力和就业压力等。值得关注的是选择"返乡就业创业的政策优惠多"的比例也很低，为 14.66%（见图 11），可见返乡就业创业的政策优惠同样不是吸引在校大学生毕业后返乡就业创业的主要原因，所以今后政府和共青团的工作重点，为在支撑在校大学生返乡就业创业政策的优惠上有所作为，并给予更多的关注。

此外，通过对比可以发现在校大学生返乡就业创业和大学毕业生返乡就业创业的主要推力很相似，主要为"能够照顾家庭""希望能为家乡发展做贡献"这两方面。

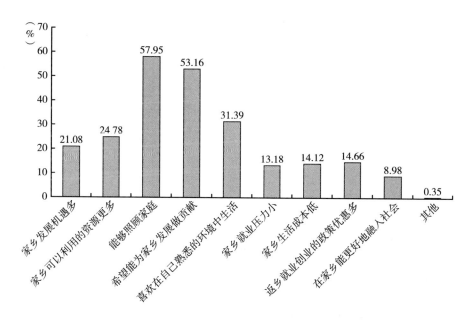

图11 在校大学生返乡就业创业的原因

第二，在阻碍在校大学生选择返乡就业创业的可能因素上，本调查同样列出了"家乡工资待遇低，就业创业回报率低"、"家乡条件太艰苦，就业创业基础条件缺乏"、"家乡发展落后，就业创业发展前途不大"、"家乡休闲娱乐设施落后"、"返乡就业创业的优惠政策太少"、"家人不同意自己返乡就业创业"、"自己想在外面闯一闯，不甘心待在家乡"、"担心自身的创业知识和创业能力不足"、"所学专业不适合就业创业"和"其他"这十类原因。

从数据总体上看，关于阻碍在校大学生选择返乡就业创业的可能因素，选择"自己想在外面闯一闯，不甘心待在家乡"的比例最高，达到37.33%；其次是选择"家乡工资待遇低，就业创业回报率低"和"家乡发展落后，就业创业发展前途不大"的比例，均为 37%（见图 12）。可见，在校大学生通过大学期间的学习、实习和生活经历，拓展了视野、丰富了认知，他们不甘于毕业后待在家乡，敢于拼搏和探索未知的精神驱使他们在外面的世界闯一闯。

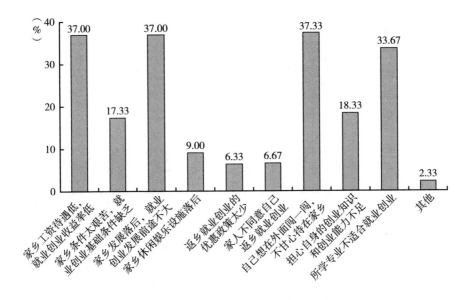

图 12　在校大学生未选择返乡就业创业的原因

（三）在校大学生返乡就业创业的政策期待

前文数据显示，返乡就业创业的政策优惠不足以吸引在校大学生毕业后返乡就业创业，可见需要深入了解在校大学生对于返乡就业创业政策扶持究竟有何种期待。本次调查中，对于在校大学生希望在返乡就业创业的过程中获得的主要帮助，列出"当地增加技能培训和创业培训课程"、"加大税费优惠减免力度"、"加大创业资金扶持力度"、"加大银行贷款优惠力度"、"提供或提高返乡创业补贴"、"提供或提高场地租赁优惠"、"增加社会保险补贴"、"增加公益性岗位补贴"、"提供住房或购房优惠"、"加大对有基层工作经历者的优先录取力度"和"其他"这 11 大类。

具体来说，选择"加大创业资金扶持力度"的比例最高，超过了50%，达到50.89%，可见资金支持是大部分在校大学生希望在返乡就业创业的过程中获得的最主要帮助。其次是"当地增加技能培训和创业培训课程"，选择比例为42.15%，可见"技能培训和创业培训课程"是在校大学生希望在返乡就业创业过程中获得的仅次于"资金"的第二大主要帮助。比例第三高的是"提供或提高返乡创业补贴"，为29.52%（见图13），同样属于资金支持层面。因此，总结而言，"资金"和"培训"这两大部分是在校大学生希望在返乡就业创业的过程中获得的最主要帮助。

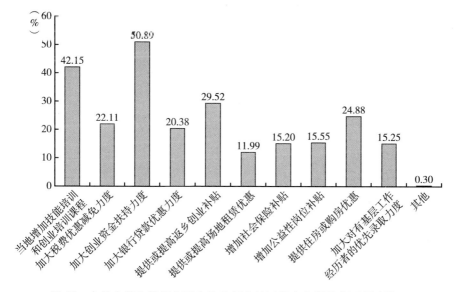

图13 在校大学生希望在返乡就业创业的过程中获得的主要帮助情况

三 大学毕业生返乡就业创业行为的影响因素与机制分析

本调查基于现有文献和实证研究结果，从个人特征、个人资本、家庭资本和学校资本四个层面分析大学毕业生返乡就业创业行为的影响因素。

个人特征包含性别变量，个人资本包含大学毕业生的大学成绩、社团活动经历和学生干部经历，家庭资本包含家庭经济条件和父亲最高学历，学校

资本包含是否了解共青团提供的创业就业服务、是否了解学校提供的创业服务以及学校是否为"双一流"高校。各个变量均为 0 ~ 1 变量,由此形成的 Logistic 回归方程为:$Y = \text{Ln}\ (p_1/p_2)\ = b_0 + b_1X_1 + b_2X_2 + \cdots + b_kX_k$。

(一)返乡就业创业行为的回归分析

从大学毕业生返乡就业创业行为的 Logistic 回归结果看,性别、成绩、社团活动、共青团服务和学校类型五个变量对于大学毕业生返乡就业行为有着显著影响,家庭经济条件和创业服务对大学毕业生的创业行为有显著影响。

关于大学毕业生返乡就业创业行为,从性别层面来看,性别变量的回归系数为正,并且在 1% 的统计水平上显著。这说明,在大学毕业生中,女生的返乡就业行为可能性高。这与传统的性别观念中,认为女生的"恋家情结"和"家乡情怀"比较重,会倾向于在家乡就业,和父母等亲人在熟悉的环境中工作和生活的希望不谋而合。

从学习成绩层面来看,学习成绩变量的回归系数为负,并且在 1% 的统计水平上显著。这说明,在大学毕业生中,大学学习成绩越好的学生,返乡就业行为可能性越低。这可能因为在大学学习成绩较好的学生,觉得自己更有实力在经济发达的城市工作并定居,进而追求更高的生活品质。

从社团活动层面来看,变量的回归系数为负,并且在 10% 的统计水平上显著。可见,在大学里具有丰富社团经历的学生毕业返乡就业的可能性更低,这可能是因为组织或参与社团活动需要与大学所在地的社区、学校、医院等单位有较多的沟通和交流,学生在这个过程中熟悉了当地的基础设施和百姓生活状态,更希望在大学所在地工作和生活,而不想返乡就业。

从共青团服务层面来看,变量的回归系数为正,在 5% 的统计水平上显著。这说明,接受过共青团服务的大学毕业生,更愿意返乡就业。这可能是因为共青团提供的服务比较对口,不仅让大学生对于返乡政策有全面清晰的了解,而且提升了大学生的责任感,让他们有意愿将大学习得的先进知识运用到家乡的建设中。

从学校类型层面来看,变量的回归系数为负,并且在 1% 的统计水平上显著。可见，非"双一流"高校的大学毕业生更愿意返乡就业，这与普遍的预期相符：往往非名校毕业生的学习能力和综合水平低于一流高校毕业生，因此很难在一线城市找到薪资高的工作，转而选择返乡就业创业，在熟悉的环境中，他们更易找到合适的工作。

关于大学毕业生的创业行为，在家庭经济条件层面，家庭经济条件变量的回归系数为正，并且在5%的统计水平上显著。可见家庭经济状况较好的大学毕业生，返乡创业可能性更高。创业活动是创业机会、创业团队和创业资源三要素相结合的产物。资金是创业资源中非常关键的一环。家庭经济状况较好，家庭给予毕业生的创业资金支持和心理支持较多，如果家人、亲友在资金和精神上都可以支持毕业生返乡创业，毕业生的压力会大大减轻，其返乡创业的可能性就会增大。

在创业服务方面，变量的回归系数为正，并且在10%的统计水平上显著。这表明，接受过更多创业服务的大学毕业生，可能对创业有更加深入的了解，对创业充满好奇，更愿意去尝试创业，因而在毕业后会选择创业。

（二）毕业生返乡就业创业行为的路径分析

首先通过路径分析模型，探究个体特征、家庭资本、人力资本、学校资本对高校毕业生返乡就业创业行为的影响。大学毕业生的个体特征包括性别变量，家庭资本包括父亲最高学历，人力资本包括社团活动和学生干部经历两个变量，学校资本包括共青团服务和创业服务两个变量。共青团服务包括青年就业创业移动信息服务平台、就业创业的资金支持、青年就业创业知识讲座、青年创业就业基金会、青年创业小额贷款、青年就业创业见习基地等。创业服务包括创业孵化器、创业导师、创业讲座、创业竞赛、创业资金等。

通过文献梳理，可知个体特征、家庭资本、人力资本、学校资本对大学毕业生的返乡就业创业行为的影响并不都是直接的，有一些影响是通过中介途径实现的。本研究中，中介变量为职业规划、政策了解、工作能力、个人

能力和毕业时的创业意愿。其中，职业规划表示大学毕业生对于职业发展规
划的清晰程度，得分越高表示职业规划清晰程度越高；政策了解表示大学毕
业生对于国家对大学生返乡就业创业的相关政策的了解程度，具体的政策包
括税费优惠减免、设立创业扶持基金、技能培训和创业培训、专项资金支
持、增加社会保险补贴及公益性岗位补贴等、对有基层工作经历的在研究生
招录/事业单位选聘等方面优先录取；个人能力得分越高表示与大学同学相
比，个人主观判断能力越强；工作能力得分越高表示工作能力越强；毕业时
创业意愿为虚拟变量。因变量有两个，一个为大学毕业生的返乡就业行为，
另一个为大学毕业生在毕业时是否有创业行为。

接下来，采用结构方程模型来探究个体特征、家庭资本、人力资本、学
校资本对高校毕业生返乡就业行为的影响，路径分析如图14所示。

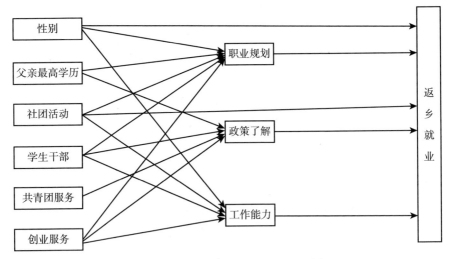

图14 大学毕业生返乡就业的路径分析

通过各影响变量对因变量的标准化的直接、间接和总效应，可知性别、
父亲最高学历、学生干部、共青团服务和创业服务对大学毕业生返乡就业行
为的总效用起正向影响，社团活动起负向影响。关于大学毕业生返乡就业的
路径，性别显著地影响着其职业规划、工作能力和返乡就业行为，并通过职
业规划和工作能力间接地影响着返乡就业行为；父亲最高学历显著地直接影

响职业规划和政策了解，并通过职业规划和政策了解间接影响其返乡就业行为；社团活动则直接显著影响职业规划、工作能力和返乡就业，并通过职业规划和工作能力间接影响返乡就业行为；学生干部经历显著地直接影响职业规划、政策了解和工作能力，并通过职业规划、政策了解和工作能力间接影响其返乡就业行为；从共青团服务来看，共青团服务则显著直接影响政策了解，并通过政策了解间接影响返乡就业行为；至于创业服务，则显著地直接影响着职业规划、政策了解和工作能力，并通过这三个变量间接影响返乡就业行为。

在大学毕业生返乡就业行为的路径分析中，自变量仍然是性别、父亲最高学历、社团活动、学生干部、共青团服务和创业服务，中介变量为职业规划、政策了解和工作能力。

在各个变量对大学毕业生返乡就业行为的影响中，社团活动的负向影响值得关注。也就是说，大学毕业生有参与社团活动的经历，则实际返乡就业行为趋向减少。参与过社团活动的大学生，社交资源更为丰富，眼界和见识较广，在实践活动中容易形成个人的挑战意识，对于高风险和未知的事物会具有强烈的好奇心和征服欲，会更倾向于在一线城市、大城市工作和生活，而非返乡就业。

在大学毕业生创业行为的路径分析中，中介变量为职业规划、个人能力和创业意愿。如图 15 所示，性别显著地影响大学毕业生的职业规划和创业意愿，并通过职业规划间接地影响创业意愿，进而间接地影响创业行为；父亲最高学历和社团活动显著地直接影响职业规划，并通过职业规划间接地影响创业意愿，进而间接地影响创业行为；学生干部经历显著地直接影响职业规划和个人能力，并通过职业规划和个人能力间接影响他们的创业意愿，再通过创业意愿间接地影响创业行为；共青团服务则显著直接影响创业意愿和个人能力，通过个人能力间接地影响创业意愿，再通过创业意愿间接地影响创业行为；创业服务显著地直接影响职业规划、创业意愿和个人能力，并通过职业规划和个人能力间接影响创业意愿，最后通过创业意愿间接地影响创业行为。根据自变量对创业行为的标准化的直接效应、间接效应和总效应，

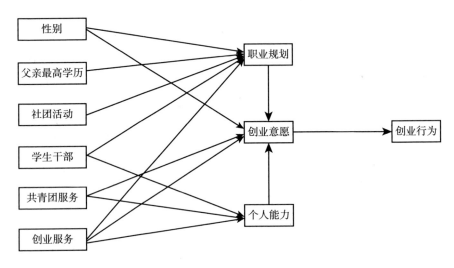

图15　大学毕业生创业行为的路径分析

可知性别对大学毕业生创业行为的影响的总效用是负向的，父亲最高学历、社团活动、学生干部、共青团服务和创业服务的影响是正向的。

从性别看，大学毕业生中女生的创业行为较男生少。创业是承受不确定性和风险而获取利润的活动，比较而言，男生比女生更富有冒险精神，更想出人头地；女生可能更多受着中国传统思想的影响，倾向于稳定的就业观念，有较强创业意愿和实际创业行为的女生较少。这样看来，要激发大学毕业生创业行为，共青团中央需要全面、系统地引导大学生认清就业形势和国家未来的发展趋势，特别是要加强对女大学生的创业动机教育，鼓励她们投身到经济建设的大潮中，进入社会生活的主流，增强自己的创业信心，积极寻找合适的创业项目，努力实现自己的人生价值。

共青团服务和创业服务对大学毕业生的创业行为的影响是正向的。因此，在提供共青团服务和创业服务的渠道上，可以考虑根据不同专业和不同性别的大学生，有针对性地开展创业教育，可适当将自主创业教育加入主修课程等。拥有知识技能，可以增强大学毕业生创业的自信心；缺乏知识技能，最终很有可能导致其放弃创业。此外，学校可以积极开展各类创业大赛，定期举办自主创业交流会，对已创业的学生给予奖学金鼓励并进行宣传，为大学毕业生创业创造更好的条件。

此外，在大学毕业生创业行为模型中，值得注意的是个人特征、家庭资本、学校资本不是直接作用于创业行为，而是通过创业意愿间接作用于创业行为。即各影响因素是通过激发起大学毕业生的创业意愿，从而引起大学毕业生的实际创业行为的。由此可见，对创业意愿进行研究对理解创业行为有重要的帮助。要推动大学毕业生的实际创业行为，可以考虑从激发大学毕业生的创业意愿入手，如适时地开展成功创业的大学毕业生的宣传活动，树立创业典型和榜样，以此激发返乡大学毕业生的创业积极性，通过激发他们的创业意愿从而引起实际的创业行为。

四　在校大学生返乡就业创业意愿的影响因素与机制分析

本调查基于现有文献和实证研究结果，从个人特征、个人资本、家庭资本和学校资本四个层面分析在校大学生返乡就业意愿和创业意愿的影响因素。

个人特征包含性别变量，个人资本包含在校大学生的大学成绩、社团活动经历和学生干部经历，家庭资本包含家庭经济条件和父亲最高学历，学校资本包含是否了解共青团提供的创业就业服务、是否了解学校提供的创业服务以及学校是否为"双一流"高校。各个变量均为 0~1 变量，由此形成的 Logistic 回归方程为：$Y = \mathrm{Ln}\ (p_1/p_2)\ = b_0 + b_1 X_1 + b_2 X_2 + \cdots + b_k X_k$。

（一）返乡意愿和创业意愿的回归分析

从在校大学生返乡意愿和创业意愿的 Logistic 回归结果看，学生干部、家庭经济条件、共青团服务和创业服务四个变量对于在校大学生返乡意愿有着显著影响，性别、学生干部、父亲最高学历、共青团服务、创业服务和学校类型对于在校大学生创业意愿有着显著影响。

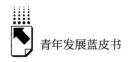

在校大学生返乡意愿的回归结果中，在学生干部经历层面，变量的回归系数为正，并且在5%的统计水平上显著。可见，当在校大学生有丰富的学生工作经历时，他们可能更愿意返乡就业，将自己在学生工作中习得的实用技能运用到家乡的建设中。此外，学生干部往往更愿意为人民服务，有很强的责任感和使命感，因此更愿意返乡就业，推动家乡的发展。

在家庭经济条件层面，变量的回归系数为负，并且在5%的统计水平上显著。可见在校大学生的家庭经济状况越好，其返乡意愿越弱。家庭是在校大学生考虑是否返乡就业创业的重要因素，如果家庭经济状况较好，家庭给予大学生的资金支持和心理支持较多，大学生可能就更有信心在其他城市打拼，积极寻找家乡不能提供的机会，且不用担心家人退休后的经济负担。

从共青团服务和创业服务层面来看，两个变量的回归系数均为正，均在1%的统计水平上显著。这说明，了解共青团服务和学校提供的创业服务的在校大学生，更愿意返乡。共青团服务和创业服务的提供，可以让大学生对于返乡政策有着更清晰的了解，帮大学生提升创业知识和技能水平，因此会对大学生选择返乡的意愿起着促进作用。从这一层面看，要强化在校大学生的返乡意愿，共青团可以加大对大学生返乡就业创业的帮扶力度，尤其是加大资金扶持力度和创业培训力度，减轻大学生在返乡过程中的资金压力和心理压力，增强大学生返乡信心，以更好地指引大学生走好返乡就业创业之路。

在校大学生创业意愿的回归结果中，性别变量的回归系数为负，并且在1%的统计水平上显著。这说明，在校大学生中，女生的创业意愿可能更弱。可能在返乡创业上，男女生仍停留在传统的性别角色上。男生对于潜在的风险会更加自信、勇敢，对于潜在的收益更加渴望，对于成就和自我实现的要求更高，因此创业意愿更强；而女生受传统观念的影响较大，更愿意求安稳和满足于现状，创业的冲动较低，且社会舆论对于女性创业存在一定的偏见，女性返乡创业缺乏宽松的社会环境，许多女性选择平稳度日，而不愿打破常规进行创新创业，因此创业意愿弱于男性。

在学生干部经历层面，变量的回归系数为正，并且在1%的统计水平上显著。可见有过学生干部经历的在校大学生，创业意愿更强。这可能是因为在校期间有过学生干部经历的大学生的人际交往能力和综合素质得到很大的提升，尤其是领导力、决策力、沟通协调能力等个人能力素质得以提升，对于创业这种具有风险性的行为会更加自信和果敢，因此创业意愿较强。

在父亲最高学历层面，变量的回归系数为正，并且在1%的统计水平上显著。这样看来，父亲的学历如果在高中及以上，在校大学生就有更强烈的创业意愿。父亲的学历较高，说明家庭知识层次较高，在校大学生更能接受新兴事物，紧跟时代步伐，更愿意尝试创业这一不同于传统就业的工作形式。

在共青团服务和创业服务层面，变量的回归系数均为正，分别在1%和5%的统计水平上显著。这说明，接受过共青团服务的在校大学生，更愿意创业。这一结果和在校大学生返乡意愿的回归结果相似。共青团和学校提供的创业服务对于加强在校大学生的创业意愿有显著的影响。

在学校类型层面，变量的回归系数为负，并且在5%的统计水平上显著。这样的结果很有趣，因为这表明学校不是"双一流"高校的在校大学生的创业意愿更强。这有悖于传统想法：就读高校的师资水平、整体设施水平越高，可能学生的能力相对也更强，更有创业倾向；反而是非名校的学生可能更有勇气尝试创业，且不会过度追求毕业后就职于名企等。

（二）在校大学生返乡就业意愿和创业意愿的路径分析

首先通过路径分析模型，探究个体特征、家庭资本、人力资本、学校资本对在校大学生返乡就业创业意愿的影响。在校大学生的个体特征包括性别变量，家庭资本包括父亲最高学历，人力资本包括社团活动和学生干部经历两个变量，学校资本包括共青团服务和创业服务两个变量。共青团服务包括青年就业创业移动信息服务平台、就业创业的资金支持、青年就业创业知识讲座、青年创业就业基金会、青年创业小额贷款、青年就业创业见习基地；创业服务包括创业课程、创业孵化器、创业导师、创业讲座、创业竞赛、创业资金。

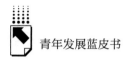
通过文献梳理，可知个体特征、家庭资本、人力资本、学校资本对在校大学生的返乡意愿的影响并不都是直接的，有一些是通过中介途径实现的。本研究中，中介变量为职业规划、政策了解和个人能力三个变量。其中，职业规划表示在校大学生对于职业发展规划的清晰程度，得分越高表示职业规划清晰程度越高；政策了解为虚拟变量，表示是否了解国家对大学生返乡就业创业的相关政策，具体的政策包括税费优惠减免、设立创业扶持基金、技能培训和创业培训、专项资金支持、增加社会保险补贴及公益性岗位补贴等、对有基层工作经历的在研究生招录/事业单位选聘等方面优先录取；个人能力得分越高表示个人能力越强。因变量有两个，其中一个为在校大学生的返乡意愿，另一个为大学生毕业时是否有创业意愿。

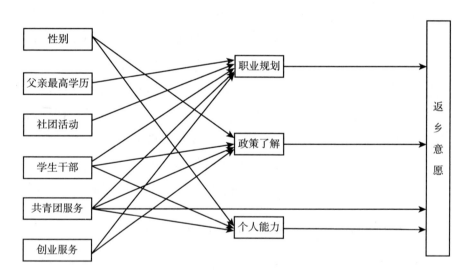

图16　在校大学生返乡意愿的路径分析

根据图16展示的结果，对于在校大学生返乡意愿的路径分析，性别显著、直接影响着在校大学生的政策了解和个人能力，并通过政策了解和个人能力间接地影响着返乡意愿；父亲最高学历显著地直接影响职业规划，并通过职业规划间接地影响返乡意愿；社团活动则直接显著影响职业规划，并通过职业规划间接影响返乡意愿。学生干部经历和共青团服务显著地直接影响职业规划、政策了解和个人能力，并通过这三个因素间接影响他们的返乡意愿，且共青团服务还会直接影响在校大学生的返乡意愿；创业服务显著地直接影响职业规划和政策了解，并通过职业规划和政策了解间接影响着返乡意愿。

通过各因素对在校大学生返乡意愿的影响路径分析，可简单归纳出：性别对在校大学生返乡意愿的总效用起负向作用，父亲最高学历、社团活动、学生干部、共青团服务和创业服务这五个变量对在校大学生返乡意愿的总效用起正向作用。

在性别层面，性别通过直接负向影响政策了解和个人能力，进一步间接负向影响其返乡意愿。经过计算，性别对于在校大学生返乡意愿的总效用为 −0.010，即性别负向影响在校大学生返乡意愿，在校大学生中女生的返乡意愿较弱。由此可见，在校大学生中，女生对于国家返乡就业的相关政策了解程度较低；此外，由于男女生的生理、心理特质存在差异，女生某些个人能力可能会略低于男生，这进一步制约了其返乡意愿。

在父亲最高学历层面，父亲的最高学历不会直接影响在校大学生的返乡意愿，而是直接正向影响着他们的职业规划，并通过职业规划间接正向影响其返乡意愿。经过计算，父亲最高学历对在校大学生返乡意愿的总效用为0.005。父亲的受教育程度越高，在校大学生的职业规划清晰程度越高，在校大学生的返乡意愿就越强。当前很多大学生对自身缺乏清晰的定位和规划，尤其是应届毕业生，在平时的生活、学习、工作中缺乏主见，在处理较重要的事情时如在毕业就业选择时，也会依赖父母、家人。父亲若受教育程度较高，则会对在校大学生的职业生涯规划做出一定的指导，从而提升在校大学生的返乡意愿。

在社团活动层面，社团活动直接正向影响着职业规划，并通过职业规划间接正向影响在校大学生的返乡意愿，总效用为0.004。参与过社团活动的大学毕业生，大学期间的社会实践经历更加丰富、社会交往资源更多，综合素质的提升使他们有更加清晰的职业生涯规划，也有更强的返乡意愿。

在学生干部层面，学生干部经历直接正向影响着职业规划、政策了解和个人能力，并通过三个中介变量间接正向影响着返乡意愿，总效用为0.033。通过路径分析模型，可知学生干部经历对于三个中介变量均有显著影响。可见担任过学生干部的大学生，容易在学生工作中找到自信，并提高领导能力等综合素质，在职业生涯规划清晰程度、政策了解程度和个人能力方面的表现均较突出，因此其返乡意愿也较强。

在共青团服务层面，共青团服务直接正向影响着职业规划、政策了解和个人能力，并直接正向影响返乡意愿，总效用为0.140。在创业服务层面，创业服务直接正向影响职业规划、政策了解，并通过这两个中介变量间接正向影响返乡意愿，总效用为0.021。

综上，可见共青团服务和创业服务对于在校大学生的职业生涯规划和政策了解有着显著的影响，是影响在校大学生的返乡意愿非常重要的因素。很多在校大学生不愿意返乡，原因之一就是他们自身的职业生涯规划不够清晰、对于国家返乡扶持政策不够了解。综上，因为对于未来职业发展路径思考不够全面，他们可能会觉得"返乡"是件"丢面子"的事；因为对于国家返乡扶持政策不够了解，在校大学生可能会觉得选择"返乡"，意味着"没有支持，也没有前景"，自然而然就不愿意返乡了。

因此，从这两个角度来看，要增强在校大学生的返乡就业意愿：一方面，在对在校大学生的职业生涯规划和指导上可以"有所作为"，修正部分学生对于"返乡"的错误认知和固有成见，鼓励大学生根据自身实际情况选择合适的成长发展路径，尽量避免过度集中在一线城市和经济发达城市，让毕业选择有更多的可能性；另一方面，需要加快制定健全的人才吸引政策，保证政策落地实施，也可以借助新媒体积极宣传返乡就业信息和人才吸引政策，让国家对大学生返乡的扶持政策被更多在校大学生关注，这样才可能取得较好的效果。

如图17所示，对于在校大学生创业意愿的路径分析中，性别显著地影响着他们的个人能力和创业意愿，并通过个人能力间接地影响创业意愿；父亲最高学历则显著地直接影响职业规划和创业意愿，并通过职业规划间接影响创业意愿；社团活动通过影响职业规划而间接影响创业意愿；学生干部和

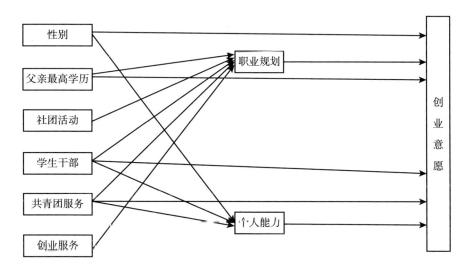

图17 在校大学生创业意愿的路径

共青团服务均直接影响职业规划、个人能力和创业意愿，并通过职业规划和个人能力间接影响创业意愿；而创业服务则是通过直接影响职业规划而间接影响创业意愿。

通过各因素对在校大学生创业意愿的路径分析模型，可简单归纳出：性别对在校大学生创业意愿的总效用起负向作用，父亲最高学历、社团活动、学生干部、共青团服务和创业服务这五个变量对在校大学生创业意愿的总效用起正向作用。

在性别层面，性别直接负向影响创业意愿和个人能力，并通过个人能力间接负向影响创业意愿。经过计算，性别对于在校大学生创业意愿的总效用为－0.096，即性别负向影响在校大学生创业意愿。相比于男生，在校大学生中女生的创业意愿会较弱。女大学生的创业意愿很有可能受家庭、社会文化、主观意愿等因素的影响。很多女大学生的家人被传统观念所影响，尤其是建档立卡贫困家庭可能思想更落后，家人不太支持女大学生创业，认为女生在毕业后还是要兼顾家庭事务；在社会上，传统的性别角色有所分工，男生在创业活动中较容易获得社会认同和支持；还有就是在主观意愿上，女生

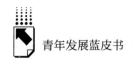

倾向于选择轻松体面的工作，她们认为创业会比较艰苦，因此创业意愿也相应较弱。

在父亲最高学历层面，父亲的最高学历会直接影响在校大学生的创业意愿，也直接正向影响在校大学生的职业规划，并通过职业规划间接正向影响其创业意愿。经过计算，父亲最高学历对在校大学生创业意愿的总效用为0.065。父亲的受教育程度越高，在校大学生的职业规划清晰程度越高，在校大学生的创业意愿就越强。通过在校大学生返乡意愿和创业意愿的两个路径分析图，可知原生家庭与在校大学生的职业规划密切相关。父亲的受教育程度越高，在校大学生的职业规划就越清晰，无论是选择返乡就业还是创业，意愿都会更强烈。

在社团活动层面，社团活动直接正向影响职业规划，并通过职业规划间接正向影响在校大学生的创业意愿，总效用为0.004。参与过社团活动的在校大学生，实践经历更加丰富，对于职业规划会更加重视，在社团中参与的比赛和活动可以提升其个人综合素质和能力，因而创业意愿也较强。

在学生干部层面，学生干部经历直接正向影响职业规划和个人能力、创业意愿，并通过前两个中介变量间接正向影响创业意愿，总效用为0.073。有过学生干部经历的在校大学生的职业生涯规划能力和个人能力会较强，创业意愿也较强。

共青团服务直接正向影响着在校大学生的创业意愿，总效用为0.118。在创业服务层面，创业服务直接正向影响职业规划，并通过职业规划间接正向影响创业意愿，总效用为0.006。

从这两类社会资本的总效用来看，共青团服务和创业服务是在校大学生创业意愿的重要影响因素。这是因为高校不仅是这些大学生创业技能的主要提供者，也是他们创业行为的主要影响者。具有较完善的创业教育引导机制，能为大学生提供青年就业创业移动信息服务平台、就业创业的资金支持和小额贷款等，才能使大学生树立起创业就业意识，令其在资金方面无太多的后顾之忧，创业意愿也得以增强。

尤其是在资金层面的服务支持，对于创业意愿有着重要影响。对于建档立卡贫困大学生来说，创业急需解决资金问题。刚刚毕业的大学生，其创业资金来源主要有两个：一个是来自家人及亲友的资助，但这也是针对个别经济条件好的家庭而言，绝大多数建档立卡的贫困家庭的经济条件不是很好，大多数都无法使用这条渠道；另一条渠道是国家的资金扶持政策[①]。接受了高等教育的大学毕业生，毕业后是否会选择创业，很大程度上取决于他们对创业行为的预期收益和投资风险的权衡，只有当预期收益大于风险代价时，大学生创业才会有充分的理由[②]。由于创业投资的预期收益和风险的大小与税收政策、资金扶持密不可分，所以要增强大学生的创业意愿，政府需要在资金服务方面加以扶持。

---

① 刘志侃、唐萍萍：《农村生源大学生返乡创业意愿与影响因素研究——基于陕西省 10 所高校的调查分析》，《调研世界》2014 年第 7 期。

② 柯文静：《大学生返乡就业意愿分析》，《武夷学院学报》2016 年第 10 期。

专题篇

Special Topic Reports

B.8
建档立卡贫困人口中大学生贫困状况及其对就业发展的影响

周宇香*

摘　要： 建档立卡贫困人口中大学生自评经济水平偏低，教育费用负担重是贫困学生家庭致贫的主要原因。为改善生活状况，建档立卡贫困人口中大学生采取了不同形式不同程度的反贫困行为，其中获取一份稳定、高质量的工作是贫困大学生反贫困的重要手段，但贫困学生性格内向、就业观念保守，导致其就业能力较低，影响其就业质量。建议从提高贫困大学生就业能力角度出发，采取多阶段、早介入、走出去的全方位精准帮扶方式，促进建档立卡贫困人口中大学生的就业发展。

---

* 周宇香，中国青少年研究中心助理研究员，人口学博士，主要研究领域为青年人口、婚姻家庭、青年就业。

关键词: 大学生就业 贫困认知 反贫困行为 就业发展

推进精准扶贫,加大帮扶力度,是缓解我国贫困问题、实现共同富裕的内在要求,也是实现全面小康和现代化建设的一场攻坚战。精准扶贫的要义即"精准",要求针对不同地区不同人群进行精准帮扶,建档立卡贫困人口中高校学生作为高校学生中的特殊群体,也是国家精准扶贫中的重点帮扶对象。中共中央、国务院于2017年4月印发并实施的《中长期青年发展规划(2016~2025年)》中明确提出要加强贫困家庭子女的就业服务。

通过各方努力,我国近年来对建档立卡贫困人口中高校大学生的经济帮扶和就业帮扶有了新进展,但这部分人群也仍面临着较大困难。上大学曾是无数寒门学子改变自身命运、向上流动的重要途径。大学扩招后,寒门学子确实有更多的机会跨入大学的门槛,但同时大学生规模的扩大使得就业市场竞争更为激烈,来自贫困家庭的学生相比普通家庭或富裕家庭的学生在就业上更容易处于竞争劣势。同时大学学费的大幅上涨也给经济并不宽裕的家庭带来了较大的经济压力,有些家庭甚至陷入教育致贫的危机,近年来媒体逐渐出现一些"读书无用""寒门不能出贵子"的悲观论调[①]。

在新的时代背景下,帮助高校中的大学生更好地就业、脱离贫困状态,是精准扶贫中教育扶贫的进一步要求。建档立卡贫困人口中高校大学生如何看待贫困,如何通过各种行为改变自身的贫困状态,及就业与学生贫困的相互关系都影响着政府帮助贫困学生提高就业质量的方向和具体政策制定。因此本部分将对建档立卡贫困人口中高校大学生对贫困的认知、反贫困行为与就业发展进行研究:第一部分分析贫困学生对贫困的认知,包括大学生对贫困程度的主观认知、对家庭贫困的归因及对精准扶贫政策和相关工作的评价

---

① 许多多:《大学如何改变寒门学子命运:家庭贫困、非认知能力和初职收入》,《社会》2017年第4期。

等；第二部分对学生的反贫困行为进行分析，包括大学生助学贷款、就业补助、勤工俭学、兼职打工的行为频率及其对自身发展的作用等；第三部分着重分析贫困与就业发展的关系，包括家庭贫困程度与自身就业意愿、就业态度、就业能力、就业期望等方面的关系；第四部分对本部分的分析进行总结和讨论。

一 贫困认知

贫困作为经济问题、社会问题和文化问题的综合，一方面，既是对一部分人实际生活状况的描述，是对社会分配机制的反映，也是社会文化心理的表现①。贫困认知属于主观贫困，贫困学生自身拥有最丰富的信息，是社会生活的具体载体，能对自身处境进行最佳的判断②。另一方面，政府从绝对贫困的角度将建档立卡贫困人口中的大学生划入了贫困人口的范围，但由于不同社会归因心理会导致不同的贫困认知路径和反贫困策略，因此，贫困学生对自我贫困状况会进行不同的再次构建、认知和归因，可能会导致不同的反贫困行为。因而分析贫困学生的贫困认知、贫困归因对解析其下一步反贫困行为具有重要作用。再者同一扶贫政策在不同地区、不同家庭的实施效果可能存在差距，通过分析不同贫困大学生对各类扶贫政策的认知及期待，将有利于进一步推进精准扶贫因地制宜因人制宜。

（一）贫困学生自评经济水平偏低

1. 高校在校生和高校毕业生的自评绝对经济水平仍偏低

国家从绝对贫困的角度对建档立卡贫困户进行了划分，即以 2013 年农民人均纯收入 2736 元（相当于 2010 年 2300 元不变价）的国家农村扶贫标准为识别标准，低于这一人均收入标准的农村家庭即为建档立卡贫困户。"建档立

---

① 赵伦：《相对贫困从个体归因到社会剥夺》，《商业时代》2014 年第 18 期。
② 左停、杨雨鑫：《重塑贫困认知：主观贫困研究框架及其对当前中国反贫困的启示》，《贵州社会科学》2013 年第 9 期。

卡贫困人口中高校大学生就业发展研究"调查则从家庭收支情况的角度考察了高校大学生的家庭贫困程度，其中近半的比例表示家庭收不抵支。

2. 高校在校生和高校毕业生的自评相对经济水平也偏低

调查从相对贫困的角度，让高校大学生对家庭的贫困程度进行了自评。调查数据显示，对于高校在校生而言，24.94%的学生认为家庭经济状况要远低于家乡的平均水平；与大学同学相比，32.51%的学生认为家庭经济状况要远低于大学同学的平均水平。对于高校毕业生而言，28.00%的毕业生认为家庭经济状况低于当地平均水平；32.81%的毕业生认为家庭经济状况在大学同学中属于"远低于平均水平"的状态。可见无论在校生抑或毕业生，与大学同学的家庭相比较过程中自评经济状况都饺低。上述数据也表明，与在校生相比，毕业生的自评经济状况更低。

通过上述分析可见，大部分贫困学生对家庭的经济状况做出了偏低的评价，贫困学生对家庭贫困程度的认知既与其家庭贫困的绝对程度相关（如收支状况），也与其所处的环境有关。由于调查中抽取的调查地区为贫困县，因此贫困学生与大学的同龄人相比所产生的家庭情况落差在一定程度上放大了贫困学生对贫困的感受，形成了较高的贫困认知。大学生进入大学后主要生活的环境为学校，这种长期较高的贫困认知有可能使学生形成自卑的心态，不利于其今后的学业和职业发展。

（二）教育费用负担重是贫困学生家庭致贫的主要原因

1. 多数贫困学生家庭贫困原因为个人不可控因素

多数贫困学生将家庭贫困归因为地理位置、家人文化程度、家庭人口数等因素，个人可控能力弱。如图1所示，家庭贫困归因的前五个因素为读书费用负担重、家人文化水平低、家庭地处偏远、家人生重病、家里人口多。这五个因素对于一个家庭而言，家庭地处偏远为家庭外部因素，读书费用负担重、家人文化水平低、家人生重病、家里人口多为家庭内部因素。对于学生个体，想凭借个人力量改变这五个因素十分困难，因此这五个因素对于学生个人而言并不可控。

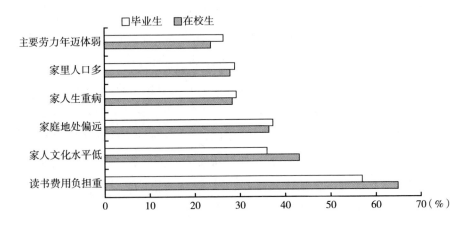

图1 建档立卡贫困人口中大学生自评家庭贫困原因

根据韦纳的归因理论，若个体将失败（贫困）归因为不可控因素，则可能认为自身的努力无法改变现状，缺乏动力①。但从调查结果看，只有7.09%的在校生不同意"不管家庭情况如何，只要足够努力，青年都能有公平的就业机会"这一说法，不同意这一说法的毕业生比例也极低（7.90%）。且通过相关性检验发现，无论家庭贫困程度如何（2017年家庭收支情况），多数学生仍相信自身努力对获得就业机会和改变贫困状态的作用。这种积极的态度有助于贫困学生实现良好的职业发展路径。但由于其家庭贫困致因多为个人不可控因素，个人在发展过程中可能会受到这些因素的制约，因此，为帮助这些学生更好地摆脱贫困实现个人发展，政府、社会等外部力量应提供支持。

2. 教育花费成为贫困学生家庭致贫的首要原因

在贫困归因中，教育费用负担重是贫困学生家庭致贫最重要的原因。调查数据显示，64.76%的在校生和56.78%的毕业生认为读书费用负担重导致了家庭的贫困，在校生家庭致贫原因排名第二的为家人文化水平低（43.08%），虽然毕业生家庭致贫原因排名第二的是家庭地处偏远

① 李胤珠：《基于自我贫困认知矫正的高校扶贫策略研究——以云南省调查为例》，《延边教育学院学报》2018年第4期。

（37.33%），但认为家人文化水平低而致贫的比例也很高（35.89%）。

教育支出占贫困学生家庭总支出比例高。一般经济学家用家庭在食物方面的支出占比和教育文化方面的支出在家庭收入中的占比衡量社会的发展水平，一般食物支出占比越高（恩格尔系数），社会越不发达，而教育文化支出占比越高，社会越发达。但这一结论在我国则需慎重考虑，因为我国虽为一个发展中国家，却在家庭教育支出上表现为"超发达现象"。在所有发达国家的统计中，家庭用于子女教育的开支都不超过家庭收入的10%[1]，但《2017中国家庭教育消费白皮书》显示，教育支出占我国家庭年支出的50%以上，占家庭年收入的20%以上，大学教育支出则占到家庭年收入的29%[2]。调查数据显示，目前家庭教育支出占家庭年度支出比例超过30%的在校生占比76.42%，大学最后一年家庭教育支出占家庭支出比例超过30%的毕业生比例为63.68%，相比于一般家庭，贫困家庭的教育支出占比更高。高额的教育费用会使得这些学生所在家庭致贫、返贫或贫困程度进一步恶化。通过建立学生教育支出占比与家庭收支情况的关系模型发现，教育支出越高，家庭收不抵支的情况越可能出现。

3. 贫困学生重视教育在改变贫困状态中的作用

调查考察了学生对穷人陷入贫困和富人取得财富的归因。无论毕业生抑或在校生，都认为受教育程度低是穷人陷入贫困的主要原因，比例都最高，前者为61.95%，后者为68.32%（见表1）。虽然在校生认为富人取得财富的原因中有能力才华（60.96%）和家庭背景好（51.36%）的比例较高，但认为受教育程度高致使富人取得财富的比例也不低，为50.61%；毕业生认为富人取得财富的原因有家庭背景好（57.86%）、工作努力（57.86%）以及有能力才华（55.92%），同时也肯定了教育程度高在取得财富中的作用（42.07%）。可见在校生和毕业生都认可教育在改变贫困状态中的作用。

---

[1]　刘攀：《教育致贫：中国的"超发达现象"》，搜狐网，2006年2月13日，http://learning.sohu.com/20060213/n241763516.shtml，最后检索时间：2019年11月30日。

[2]　《2017中国家庭教育消费白皮书：教育支出占家庭年支出的50%以上》，搜狐网，2017年12月20日，http://www.sohu.com/a/211703553_498978，最后检索时间：2019年11月30日。

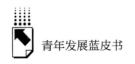
表1　建档立卡贫困人口中大学生认为穷人陷入贫困的原因

单位：%

穷人陷入贫困的原因	在校生	毕业生
受教育程度低	68.32	61.95
家庭条件差	51.41	49.46
没有能力才华	35.81	31.73
懒惰	28.55	32.02
身体不好，有残障	25.14	24.19
缺少社会关系	23.99	27.64
法律和政策缺乏对穷人平等的保障	11.97	17.01
运气差	4.01	4.74

　　人力资本与收入关系紧密。在控制其他影响因素的情况下，一般受教育程度越高的个体，其收入和家庭收入越高，越不可能处于贫困状态，这一结论在调查数据中通过建立学生父母受教育程度与家庭收支情况的关系模型也得到了验证——父母受教育程度越高，家庭越可能收支平衡甚至有结余。建档立卡贫困人口主要为农村人口，学生的父母作为受教育程度低（86.28%的在校生、79.04%的毕业生的父亲受教育程度为初中及以下）、收入低的群体，其对子女教育的寄托自然是子女农民身份和贫困状况的转变，通过教育提高农村人口受教育水平从而增加收入也是农村扶贫的重要部分。但由于大学教育费用及生活费用对于农村收入较低的家庭而言仍是一笔较大支出，因此农村大学生短期内的人力资本投资可能使得大学生所在家庭致贫、返贫或贫困程度进一步恶化，产生所谓教育致贫的现象。如何帮助贫困学生减轻教育费用负担，并提高其就业质量，是精准扶贫中教育扶贫需要重点关注的内容。

（三）多数学生肯定精准扶贫政策对其家庭的帮助

1. 教育扶贫是贫困学生所在家庭接受比例最高的扶贫类别

超过50%的学生表示接受过教育扶贫，其是扶贫项目中比例最高的类别。12.22%的在校生和15.29%的毕业生表示政府开展精准扶贫工作以来自己所在家庭未接受过任何资助，其余学生则表示家庭接受过多种类别的资助，其中包括教育扶贫、医疗扶贫、危房改造、扶贫小额信贷、易地搬迁扶贫、产业项目扶贫、就业扶贫、金融扶贫、电商扶贫、旅游扶贫等。教育扶贫在所有扶贫类别中接受比例最高，67.04%的在校生和59.08%的毕业生表示接受过教育扶贫，而其他扶贫类别占比皆低于30%。

2. 大部分贫困学生肯定精准扶贫政策对家庭的帮助

多数学生认可精准扶贫政策对家庭带来的帮助。调查结果显示76.29%的在校生表示精准扶贫工作对其所在家庭帮助大，其中接近一半的学生认为帮助非常大，68.90%的毕业生认可精准扶贫工作对其家庭的帮助，也有近半的毕业生认为精准扶贫工作对其家庭帮助非常大。在访谈中有多位大学生聊到了精准扶贫工作在其家乡的开展情况及对家庭的影响，如一位贵州的毕业生表示：

> 现在扶贫干部每一个都到农户家去扶贫，了解每家情况，做得特别好。我家主要是得到教育扶贫，我弟弟也得到教育扶贫助学金。我上学大三大四得到两年助学金，每年四千多。我弟弟现在也能得到助学金。帮助很大。够平时生活费。

3. 贫困学生对扶贫政策的期待多与教育及就业相关

多数学生对扶贫政策的期待与其自身发展相关，如教育及就业。对于在校生而言，其面临最大的问题为教育费用，因此52.44%的在校生表示希望政府通过资助其完成学业来帮助贫困家庭摆脱贫困，是在校生期待比例最高的摆脱贫困方式。通过教育费用占家庭年度支出比例与是否希望通过资助完成学业摆脱贫困进行交叉分析发现（见图2），教育费用占比越高，学生越希望能得到教育扶贫，如家庭教育费用占比低于10%的学生希望通过教育扶贫摆脱家庭贫困的比例为34.17%，而家庭教育费用占比70%及以上的学生希望以这一方式摆脱贫困的比例上升至59.30%，且通过显著性检验发现这种差异显著存在。除了教育扶贫外，在校生希望通过提供就业岗位

（47.81%）、提供技能培训（43.43%）、提供准确的就业信息（35.64%）等就业扶贫来摆脱贫困的比例也较高。

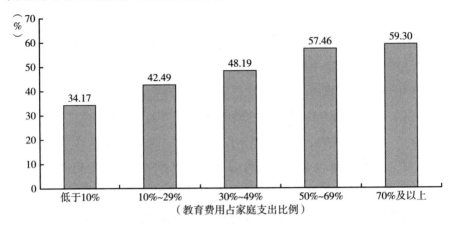

图2　不同家庭教育费用占比的大学生期待教育扶贫的比例

相比在校生最希望通过教育扶贫摆脱贫困，毕业生更期待通过就业扶贫来改变贫困状态。提供技能培训是毕业生最期待的扶贫方式，比例为41.21%，其次为最大限度减免医疗的费用（40.92%），提供就业岗位及资助贫困家庭子女完成学业也占有一定比例，分别为40.78%和37.76%。可见就业扶贫和教育扶贫是大学生最关注和最迫切的扶贫方式，与其发展切身相关。

二　反贫困行为

贫困要素和贫困程度量的积累导致贫困主体陷入贫困恶性循环是贫困的核心，反贫困的核心就是阻止贫困个体陷入更深的贫困循环[①]。高校大学生面临的最大的贫困问题即教育致贫，其反贫困策略主要集中在两个方面，一是解决教育费用及生活费用太高的问题，二是通过提高就业能力，从而获得一份高质量的就业来弥补在学期间造成的家庭贫困问题。因此该部分将通过

---

① 刘恒新、朱建军、张华：《高校学生反贫困策略的理性选择》，《四川师范大学学报》（社会科学版）2009年第5期。

分析在校生和毕业生两个群体的反贫困行为来研究贫困大学生的不同反贫困策略效果。

（一）大部分在校贫困生参与过助困项目，且肯定各类资助对其在校期间提高生活水平的帮助

1. 贫困在校生获得过的资助项目呈现多元化状态

建档立卡贫困在校生获得过的资助类型十分多样。目前我国已基本建立起以奖学金、助学金、学生贷款、勤工助学、特殊困难补助和学费减免为主体的，多元化的贫困家庭学生资助政策体系，"建档立卡贫困人口中高校大学生就业发展研究"调查组将贫困家庭学生资助政策体系划分为四种类型：一是免费师范生、大学生服兵役及退役复学资助、少数民族骨干计划、国防生等政策扶持项目；二是国家奖学金、学校奖学金、地方政府奖学金等奖学金项目；三是助学贷款、国家励志奖学金、各类助学金等助困项目；四是校内助教、校内助研等勤工俭学项目。从调查数据看，以上四类资助在校生都有涉及，其中助困项目（如助学贷款、助学金等）是贫困学生参与比例最高的贫困家庭学生资助政策，91.23%的在校生都表示获得过不同类型的助困项目。其次为奖学金项目，获得过各类奖学金的在校生占比为42.30%，获得过各类勤工俭学项目的在校生比例为37.72%，获得过政策扶持项目的学生比例为14.58%。

不同资助项目的获得率与学生获取这些资助项目的难易程度及政策资源量有关。助困项目是目前高校在贫困学生群体中覆盖面最广的资助项目，在精准扶贫工作开展以来，各部门加大了对建档立卡贫困学生的资助力度，来自建档立卡贫困家庭的大学生可在家乡地申请雨露计划①，各高校也将建档立卡家庭的学生都纳入助学金考虑范围，如青海大学资助办的老师介绍该大学针对建档立卡贫困学生的助学金政策为全覆盖：

---

① 雨露计划是一项由扶贫部门通过资助，引导农村贫困户初中、高中毕业生和青壮年劳动力接受学历教育和技能培训，提高扶贫对象的素质，增强其就业创业能力，助其实现脱贫致富的扶贫培训计划。

针对建档立卡的学生，我们学校出台的政策是，每年的建档立卡的学生，必须享受一等国家助学金，一个人是4000块钱。但是他不只享受一年，他是必须要享受到大学毕业，每年4000块钱的助学金，我们直接打到他的一卡通里面。我们青海省有个6543政策。什么叫6543政策？就是说你是建档立卡的学生的话，你考上本科了，国家一年给你6000块钱，一直到你大学毕业。一本6000、二本5000、专科4000、高职的3000，就是6543政策。所以说我们学校建档立卡的这1000多个学生，他的生活上我们绝对是全部帮扶到位的，资助面是达到百分之百的。

相比于助学金等助困项目在高校对贫困学生的高覆盖率，勤工俭学项目、奖学金项目及政策扶持项目则资源少、覆盖率低，特别是奖学金这类并非针对贫困学生设立的项目，贫困学生需要跟普通学生竞争，更考验个人在学校的各项能力。勤工助学项目也跟学校设立的勤工助学岗位相关，这类岗位一般较少，如青海大学2018年有300余个勤工助学岗位，但该校的建档立卡贫困家庭学生在2017年就达到1177人，虽然勤工俭学项目优先考虑来自建档立卡贫困家庭的学生，但也只有部分学生可获得这些岗位。

2. 国家助学金和助学贷款是在校生参与比例最高的助困项目

建档立卡贫困家庭在校大学生获得的各类资助中，国家助学金和助学贷款是其参与比例最高的助困项目。从图3可见，贫困学生在校获得的助困项目也十分丰富多样，其中包括各类助学金（国家助学金、学校助学金、地方政府助学金）、国家助学贷款（校园地贷款或生源地贷款）、伙食补助、国家励志奖学金、绿色通道、学费减免（不含免费师范生资助）、新生入学路费、免费生活用品、校内无息贷款等涉及学费和生活补助等助困项目。国家助学金和国家助学贷款为贫困在校生获得比例最高的两类助困项目，前者占比56.35%，后者占比51.67%。

家庭越贫困，获得过国家助学金和助学贷款的在校生比例越高。从2017年家庭收支情况与学生获得过国家助学金和国家助学贷款的交叉情况看（见图4），家庭严重收不抵支的学生申请国家助学金和国家助学贷款的比例最高，

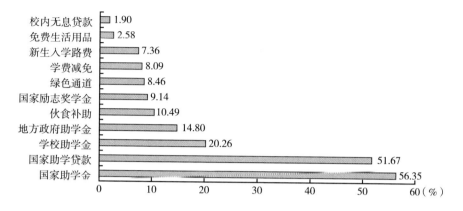

图3 建档立卡贫困人口中在校大学生获得的助困项目比例分布

分别为60.80%和57.62%，随着家庭收不抵支情况的减轻，获得过国家助学金和国家助学贷款的学生比例也逐渐降低，当学生2017年家庭显著结余时，国家助学金和国家助学贷款的获得率降至10%和20%，且通过对两者的显著性检验发现不同家庭收支情况的学生国家助学金及国家助学贷款的获得比例存在显著差异。这一结论说明即使在建档立卡贫困家庭的学生中，学生的家庭情况也存在差异，助困项目优先分配给了家庭收入水平最低的家庭。

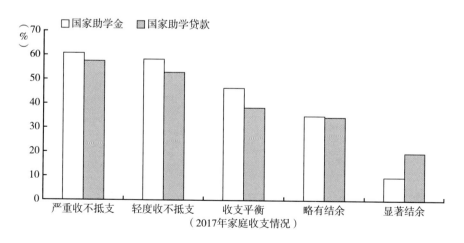

图4 2017年不同家庭收支情况的贫困在校生获得过
国家助学金和国家助学贷款的比例

3. 多数高校贫困大学生肯定各类资助的作用

多数学生肯定各类资助对提高其在校期间生活水平的帮助。从上述分析看，目前对我国贫困家庭学生资助政策体系十分多元，对贫困学生的覆盖面也较广，且随着国家精准扶贫工作的推进及扶贫力度加大，资助额度逐渐提升，来自建档立卡贫困家庭的学生在各项资助政策中也被纳入优先考虑范围，对改善贫困学生在校贫困状况及提高生活水平起到了非常重要的作用。只有9.16%的在校生认为各类资助对其在校期间提高生活水平的帮助程度"比较小"或"基本没有"，在校期间获得过资助的毕业生（6.32%的毕业生表示在校期间未获得任何资助）中，认为各类资助对其在校期间提高生活水平的帮助"比较小"或"基本没有"的比例为14.10%，可见多数高校贫困大学生认可各类资助对其在校生活的帮助。

（二）校外兼职是贫困在校学生主动反贫困的重要手段

1. 校外兼职是贫困在校学生赚取额外生活费的主要手段

校外兼职是贫困在校学生主动反贫困的主要手段。对于在校贫困学生个体的反贫困策略而言，我国针对贫困家庭学生的各类资助政策属于来自政府、学校、社会等外部环境的支持，多数资助政策凭借建卡立档贫困户身份即可获得，无须投入个人努力，属于来自外部的被动反贫困策略。贫困学生也会采取一些主动的反贫困行为，如校外兼职、创业等，其中通过校外兼职赚取额外生活费是在校学生主动反贫困的主要手段。78.66%的在校学生表示上一学年的花费包含勤工助学/实习兼职的收入，表明至少78.66%的学生获得过勤工助学/实习兼职收入。贫困学生通过兼职的方式给家庭减轻负担，如河北一名在校生表示：

从去年10月份我就没跟家里边要钱，因为一直就是兼职什么的。

在校生校外兼职以暑假工、临时工为主，多以赚取生活费为目的，同时积累工作经验。由于在校学生仍担负学习任务，选择在校外兼职时间的时候，学生多考虑利用暑假时间或在校课余时间外出兼职，如河南一位在校生表示：

> 大一的时候，做辅导班，大一暑假的时候我参加我们学校的教学培训中心一个机构然后去实习，大二的时候少了，因为大二的时候学习专业课，没有去兼职，毕竟耽误时间。

另外由于工作经验少，且时间零碎，一般学生兼职工作种类以服务业、教育业、制造业等行业零工为主，多以赚取生活费用为目的，同时通过兼职锻炼人际交往能力，积累工作经验。贵州一位学生就表示自己利用暑假多次兼职，并在兼职过程中积累了丰富的经验：

> 第一次实习是去私人小企业，做电子产品、车灯。我去贴灯珠。感觉不累，活挺简单。在浙江，大一放暑假去的。去了一个多月了。我姐在浙江那边做服装，我去那边打工可以住她那里。我一家家去问，很紧张。但进去之后，老板还挺好。于是自己琢磨了一句话：大家都是人，不要怕。一紧张就这么告诉自己。工作了20多天，赚了3000多块。一天八小时。第二次实习是在苏州。管理很严格。感觉厂里管理很重要，那个厂很有人情味，感觉很好。17块钱一小时，一个假期一个多月，赚5000多。第三次也是苏州，领导有问题，一做错事先骂一顿，也不给方案，让你自己想办法。我到走都不知道做的电子产品是干什么的。老板管理有问题。以后要是我做管理一定避免这个。我比较喜欢管理，以后想做管理。一个多月，赚了5000多。

2. 少数贫困在校学生已进入创业阶段

除了校外兼职，也有少数学生通过创业的方式自主反贫困。现阶段政府、社会及高校不断地给大学生优化创业环境、创造创业条件，不少高校学生投入创业的热潮中。调查数据显示，有0.85%的贫困在校生表示自己正处于创业阶段，虽然比例较小，但仍说明创业也是贫困学生自主反贫困的方式之一。

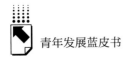

相比于校外兼职，创业反贫困的方式需要投入更多的精力，成本更高，风险也相对更大。一位青海大学毕业生就分享了其在校期间创业失败的案例：

> 送外卖。有一个团队，然后根据外面的餐馆，跟他们签订一些协议，自己帮他们送餐什么的。（宣传是通过）自己群里面发一些消息什么的。但是后面不行了。到了大四了，感觉都去玩了，可能它的利润也不太好。肯定也都不想干了，多种原因。（最后这个群）解散了。

（三）工资收入是毕业生主要的反贫困来源

1. 工资收入是毕业生的主要收入来源

多数毕业生拥有正式工作。与在校生主要通过外界支持改善生活状况不同，毕业生通过一份正式工作来获取工资，从而改善贫困状况是其主要的反贫困策略。调查数据显示，68.49%的建档立卡家庭毕业三年内的毕业生拥有工作，11.84%的毕业生是自由职业或自主创业，15.65%的毕业生求职中或暂未就业，处于在业状态的毕业青年比例较高。

一方面，毕业生收入水平不高。有收入的毕业生占比77.53%，在有工资收入的毕业生中，平均月收入为3456.6元，若按照2013年农民人均纯收入2736元（相当于2010年2300元不变价）的国家农村扶贫标准为识别标准，这些毕业生已实现了个人脱贫。但贫困家庭毕业生的月收入相较于其他普通毕业生仍处于较低水平，2017年中智咨询调研中心通过调研2800余家企业样本数据统计得出，2017年全国应届毕业生中，专科、本科、硕士及博士的平均月薪分别为3907元、4854元、6791元和9982元[①]，而本次调查的贫困家庭毕业生群体中，高职高专毕业生平均月工资为2907.67元，本科及以上毕业生平均月工资为3904.06元，远低于普通毕业生的平均水平。另

---

① 《2017年全国职校毕业生月薪排名大起底！第一名竟超六千……》，搜狐网，2018年4月26日，https://www.sohu.com/a/229487593_214420，最后检索时间：2019年11月30日。

一方面毕业生的收入来源单一，80.97%来自建档立卡贫困家庭的高校毕业生除了工资收入外无其他收入。

2. 大部分毕业生能通过工资收入回报家庭

来自建档立卡贫困家庭的毕业生通过各种直接或间接的方式补贴原生家庭家用。与普通毕业生不同，来自贫困家庭的毕业生可能还需分担原生家庭的经济压力，调查数据显示 70.50% 的毕业生表示 2018 年以来个人收入补贴了家里（含现金、购买大件物品等），但多数毕业生只能给家里一小部分自己的收入，大部分收入仍为维持个人生活所用。毕业生回报家庭的方式多以买家用电器等间接方式为主，如毕业生表示：

> 工作之后工资（用于）给弟弟妹妹支付生活费，（购买）学习用品、衣物（贵州毕业生）。
>
> 在青海来说，（工资）其实对我来说够用，因为你自己吃点穿点，两三千的也差不多，考虑到其他的，肯定就不够了。家里面花钱买东西啥的都是我（青海毕业生）。

贫困学生对原生家庭的经济支持能够有效地改善原生家庭的贫困状况，但对于贫困学生而言，对原生家庭大量的经济支持并不利于贫困学生个人的经济状况改善和个人发展。一般贫困学生在城市工作，城市的生活成本通常高于农村，若贫困学生就业质量一般，且同时还要回馈家庭，会对贫困学生个人家庭的组建、生活的改善十分不利。

二　贫困对就业发展的影响

研究表明社会资本在个体就业过程中有着举足轻重的作用，大学生拥有的社会资本越多，就业机会越多，就业质量越高[①]。大学生的社会资本是现

[①] 胡文燕：《社会资本对贫困大学生就业影响的探讨及对策》，《文教资料》2015 年第 23 期。

实或潜在的资源集合体，包括来自家庭、学校、政府、社会的支持，这些资源与拥有或多或少制度化的共同熟识和认可的关系网络有关，家庭作为学生社会资本中的重要变量，对大学生的就业有着至关重要的影响。多数来自贫困家庭的学生家庭收入低、父母多为农民，社会资源多的亲属朋友数量也较少，家庭越贫困，能给予大学生的就业支持（无论是物力、财力或人力方面）越少，可能越不利于大学生就业。在考虑就业地区和职业时，贫困学生可能需要更多地考虑家庭因素。

（一）家庭越贫困，大学生越期待体制内工作

1. 在校大学生偏好体制内就业

数据显示，78.31%的在校生毕业后最想去的工作单位为体制内的工作单位，这些体制内的单位包括党政机关、群团组织（如工会/共青团/妇联/科协等）、事业单位（如学校/研究机构/医院等）、国有企业、集体企业和军队，其中事业单位为贫困在校生最想去的体制内单位，占所有想去体制内工作学生的40%左右。贫困学生偏好体制内工作的主要原因为体制内工作稳定，体制外虽然工资收入较高，毕业生数据中显示体制内就业的毕业生人均月收入为3278.78元，体制外就业的毕业生则月收入相对高一些，为3599.94元，但职业稳定性较差，相比于高收入但高风险的体制外工作或创业，缺少家庭支持的贫困学生更需要一份稳定的收入和稳定的职业。

2. 家庭收支情况越差，在校生越偏好体制内就业

虽然贫困学生偏向体制内就业，但实际就业过程中进入体制内就业的比例并不高。数据显示，毕业三年内的贫困家庭毕业生在体制内工作的比例不到一半（45.40%），且家庭收支情况越好，毕业生越可能获得一份体制内工作，同时在校生中则家庭收支情况越差，在校生越期待一份体制内工作（见图5）。对于贫困学生而言，体制内就业比体制外就业更稳定更优质，因此体制内工作在贫困学生群体中属于竞争力强的就业方向，虽然家庭条件差的学生更渴望一份稳定的体制内工作，但由于其竞争性，家庭条件更好、社

会资本更高的学生更可能获得体制内工作，形成了不同家庭贫困程度的学生就业期望与实际就业情况的矛盾现象。

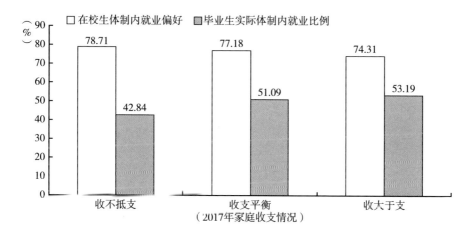

图5　2017年不同家庭收支情况的贫困在校生体制内就业偏好和毕业生实际体制内就业比例

体制外工作的毕业生仍有进入体制内工作的期望，多数毕业生一边工作一边准备体制内入职考试。如青海一位毕业生毕业后进入私企工作，但由于其想成为一名中学教师，在私企工作不利于准备教师资格证考试，于是辞掉了私企工作，在县图书馆找了一份非编合同工的工作，一边上班一边准备考试，他说：

> 我刚毕业的时候就去过西宁的一个广告公司，私企，干到今年三月份，然后再没干，就想着（教师资格证）考试，就来了，现在就来到这里（图书馆），这里可以看书，然后就一边看书一边工作。

在暂未就业的毕业生中，也有部分学生表示暂未就业的原因是拟报考地方公务员或事业单位（25%），在家准备考试。

3.西部地区贫困在校生更偏好体制内就业，同时西部地区贫困毕业生体制内就业比例更高

西部地区的贫困在校生比非西部地区的贫困在校生更偏好体制内就业。

311

虽然我国目前体制外工作收入较高，但质量较高、工资较高的体制外企业多位于东部发达地区，西部地区体制外的工作质量相对不高。数据显示，西部地区的在校生期望体制内工作的比例为81.69%，而偏好体制内工作的非西部地区在校生比例相对较低，为74.15%，显著性检验发现这两者存在显著差异。位于西部地区的青海师范大学就业指导中心的老师表示：

> 他们（贫困生）更保守一点。他们认为一定要考上公务员，一定要到学校里面当老师，最后非常不理想的时候，就是我们跟团委这边也有一些合作，如基层的学校、政府，他们也愿意去，给他们提供这样的岗位。

西部地区的贫困毕业生比非西部地区的贫困在校生在体制内就业比例高。调查数据显示西部地区毕业三年内的毕业生在体制内就业比例为58.32%，要显著高于非西部地区毕业三年内的毕业生体制内就业比例（32.30%）。这可能是由于非西部地区体制外的企业更多，能够提供收入更高质量更高的体制外就业机会，非西部地区学生的就业选择面更广；另一个原因可能为西部地区的学生比非西部地区学生在就业选择上更为保守。

（二）无论家庭贫困程度如何，建档立卡贫困家庭的大学生都倾向于本地就业

1. 贫困大学生偏好在本地省会城市就业

88.08%的在校生表示毕业后想回到家乡所在省份工作，只有11.92%的在校学生倾向于在家乡所在省份外的其他省份工作，且家庭贫困程度（家庭收支情况）与学生的就业地偏好无显著相关性。想在家乡所在省份工作的在校生在省份内部也有地区期待差异，在校生最期待的是在家乡所在省会城市工作，其次是在家庭所在市（州、区）工作，倾向于在县域工作的比例最低。说明学生在考虑工作地域范围时会同时考量收入、工作机会、工作发展前景等因素。

在毕业三年内的毕业生群体中，有 68.01% 的毕业生在本省工作，31.99% 的毕业生在家庭所在省份外的其他省份工作，相比于在校生对在本省工作的高偏好，毕业生实际能留在本省工作的比例稍低。

2. 西部地区的贫困大学生比非西部地区的贫困大学生更偏好在家乡所在省内工作

从图 6 可见，西部地区的贫困大学生更偏好在家乡工作，西部地区倾向在家乡所在省份工作的在校贫困生比例为 91.07%，已经在家乡所在省份工作的贫困毕业生比例为 81.13%，要显著高于非西部偏好在家乡省内工作的在校生（84.39%）和毕业生（54.74%）。

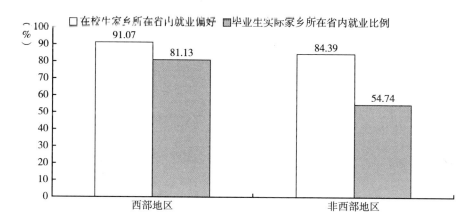

图 6 不同地区的贫困在校生家乡所在省内就业偏好和毕业生实际家乡所在省内就业比例

3. 在本省市上学和父母期待自己离家近是贫困学生倾向于在本地就业的主要原因

由于高考时能力的限制，多数来自贫困家庭的大学生仍在省内或西部地区高校就读，大学生就业地区与其上学地区有紧密的正相关性，省内就读的贫困学生越多，在省内就业的贫困学生也随之越多。另外家庭的影响也是学生选择本地就业的重要原因，贫困家庭的学生需要比普通家庭学生投入更多精力照顾家庭，贵州民族大学的招生就业处老师反映了该校学生的就业情况：

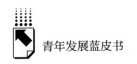

全校每年就业的人中85%在省内，省外较少。贫困生很多家庭离不开，只能回家就业。近半数回到地州市，方便照顾家里。

家庭的传统思想也会限制贫困学生的发展，贫困家庭的家长更希望孩子能够在身边工作，但贫困家庭所处地区的可能就业机会和就业前景不如其他发达城市，从而限制了学生的发展，如青海交通职业技术学院就业指导中心负责老师就表示：

我搞就业工作还是重申这句，我觉得最难的就是观念的转变，而这个观念更多的我认为是社会的观念和家庭的观念。他们（学生家长）觉得你说的上海、北京再好，离我太远，我就这么一个孩子，我就让他回来，因为他的舅舅、姥姥、爷爷、奶奶全在这儿。我家里头养羊，我就这些羊，就这些牛。我死了羊就没人管。尤其是少数民族，像回民、藏民出去，饭吃不了，回来吧，都是制约因素。

河南省黄淮学院职业发展教研室的老师也表达了类似的观点：

在2014年的时候我们还专门做了一个困难毕业生的调查，学生有几个比较好的，思想阻碍不在于他们，而在于他们的家人或者他们的亲戚朋友。

该老师还举了一个学生的案例，那位学生的父亲因工致伤，家庭比较困难：

最开始我给他推荐新疆、西藏（工作），他说不行，他说他父母不愿意，因为对他们家庭来说，他作为唯一的大学生，他的出路、工作是全家人的希望，所以他们认为，你去了高风险的地方，眼看你马上就能回报家庭了，不可能让他再去冒险。所以造成他自己比较为难，他本身也想去好一点的地方发挥，他认为家庭的困难、压力太大，阻碍了他的发展。接下来10年的思想教育和冲击肯定会有所改变。但他的父母可能比较倾向于传统，考什么公务员、国有企业，但是这些国有企业、公务人员又比较难考，说句不好听的话，他们的家庭背景和经济条件制约了他们。

（三）性格内向是多数贫困学生就业能力欠缺的主要表现

1. 多数贫困学生存在性格内向、不擅于与人打交道的问题

性格是人对现实的态度及行为方式中较为稳定的心理特征的总和，性格的形成与个体所在家庭及社会环境因素紧密相关。来自建档立卡贫困家庭的大学生成长于农村地区，在接触新鲜事物的经历上与城市家庭的孩子截然不同，较为闭塞的成长环境使得多数来自贫困家庭的孩子性格较为内向。贵州大学的一名在校生谈到了自己性格弱点，主要为性格内向，不善于表达自己：

> 社交不是特别好，和陌生人打交道，公开场合说话，胆小，不太敢于表现自己。在外面的交际不很适应自来熟，慢热，如果我能放开，也能做到。

另外一名贵州大学的在校生也谈到了这一问题：

> 人际交往方面，我不是很擅长，不喜欢跟陌生人打交道。

2. 内向的性格不利于大学生在择业过程中表达自己，从而影响就业质量

表达能力作为一种智能的言语外化，是文化知识和社会阅历的综合反映，是大学生面试求职过程中十分必要的沟通技能。性格内向、社会交往能力不强的大学生相比性格外向、社会交往能力强的学生在充分表达自己方面

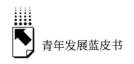

较弱，因此性格内向对于大学生而言无论是择业过程还是职场上都属于十分不利的影响因素。多名高校就业指导中心的老师都谈到了贫困学生性格内向对其职业发展的不利影响，如河南省黄淮学院职业发展教研室的老师谈道：

> 他们（贫困学生）的家庭背景和经济条件制约了他们，比如个人的爱好，甚至对语言表达、穿衣打扮都有影响，所以造成他们面试甚至笔试的时候是有障碍的。他（贫困学生）干活可以，你让他干什么事情，他能干得很好，但是不会说，说不出来，情商也不高。有时候说话、沟通表达，如座谈会，感觉他就不开心的样子，实际他也没有，但是面部表情不丰富。你想大学生这么多，你性格内向又不主动表达，可能你找工作就有问题。（贫困学生）虽然学习能力不错，但在求职的过程中，尤其是面试过程中，他们由于心理的困扰和语言表达的能力弱，有时候很难争取到更好的机会，跟其他的孩子相比，在这方面的弱势就被凸显出来了。

（四）贫困学生就业质量较差

1. 贫困家庭的毕业生工资收入水平不高

贫困家庭毕业生的月收入相较于其他普通毕业生仍处于较低水平。调查数据显示约八成的毕业生有工资收入，在有工资收入的毕业生中，平均月收入为3456.6元。2017年中智咨询调研中心通过调研2800余家企业样本数据统计得出，2017年全国应届毕业生中，专科、本科、硕士及博士的平均月薪分别为3907元、4854元、6791元和9982元[1]，而本次调查的贫困家庭毕业生群体中，高职高专毕业生平均月工资为2907.67元，本科及以上毕业生平均月工资为3904.06元，远低于普通毕业生的平均水平。

---

① 《2017年全国职校毕业生月薪排名大起底！第一名竟超六千……》，搜狐网，2018年4月26日，https://www.sohu.com/a/229487593_214420，最后检索时间：2019年11月30日。

2.家庭位于西部地区、家庭收入收不抵支的毕业生收入水平较低

来自西部地区的贫困家庭毕业生比非西部地区贫困家庭毕业生的月均收入低。数据显示，西部地区贫困家庭毕业生的平均月收入为2958.06元，而非西部地区的贫困家庭毕业生平均月收入要显著高于西部地区，为3951.69元。家乡位于西部地区和非西部地区贫困生的工资差异可能源于毕业生在家乡所在地工作的高比例，家乡所在地为西部地区贫困生收入与非西部地区贫困生收入的差异即可转化为工作所在地为西部地区贫困生收入与非西部地区贫困生收入的差异，目前我国西部地区的工资收入普遍低于非西部地区。

家庭收入收不抵支的毕业生比家庭收支平衡及有结余的毕业生收入低。数据显示，2017年家庭收不抵支的毕业生平均月收入为3048.46元，家庭收支平衡的毕业生平均月收入为4635.37元，家庭收大于支的毕业生平均月收入为3983.12元，家庭收不抵支的毕业生平均月收入要显著低于家庭收入较好的毕业生。

3.家庭收支情况较差的毕业生工资水平满意度更低

贫困家庭毕业生对其工资水平满意程度较低，其中家庭收支状况越差，毕业生工资水平满意度越低。数据显示，28.87%处于就业状态的毕业生对其收入表示满意，22.07%的毕业生表示不满意其工资水平，49.06%的毕业生对其工作收入评价为"一般"。通过2017年家庭收支状况与毕业生工资水平满意度交叉分析发现（见表2），来自不同贫困程度家庭的毕业生对其工资收入满意度存在显著差异，家庭收入收不抵支的毕业生对工资表示满意的比例最低，为25.12%，而其对工资表示不满意的比例最高，为25.38%，收大于支家庭的毕业生的工资满意度较高，其中对工资表示满意的比例为47.87%。

表2 2017年家庭收支不同情况的建档立卡贫困人口中毕业生工资水平满意度

单位：%

家庭收支情况	满意	不满意	一般
收不抵支	25.12	25.38	49.50
收支平衡	34.06	14.41	51.53
收大于支	47.87	12.77	39.36

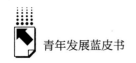

正如前文所述，工资收入是毕业生反贫困最主要的途径，家庭越贫困，大学生对个人工资水平的需求越高。但同时家庭贫困对学生个体就业存在诸多不利影响，一般家庭收入越低，个体就业质量越低，获得的收入越低。贫困学生对工资的高期待与现实中的低收入形成矛盾，家庭越贫困，这一矛盾越突出，贫困学生越易表达出较低的工作满意度。

（五）多数学生能够正视贫困带来的影响

通过上述分析可见，由于家庭经济背景的影响，高校贫困大学生在就业过程中相比普通高校学生要面临更多的困难和挑战，学生在面对贫困家庭所带来的求职阻碍过程中，可能会产生消极心理。但从本次访谈的数据看，多数学生能正视贫困带来的不利影响，积极克服困难。河北一位毕业生表示：

> 没钱你肯定要想着改善你的生活，说得直白一些，要不然将来怎么买大房子、买车的对吧，这都是现实问题。但是你又靠不了别人，你只能靠你自己，如果你自己都不去努力的话，那你将来就什么都没有了。我觉得这既是一个困扰，也是一个好事，它逼着你去往前。如果说你家庭条件特别充裕的话，你就不用种农地了。

来自贫困家庭的大学生独立能力更强，更吃苦耐劳，也会更懂得感恩。河南一位在初中阶段就遭遇父母去世打击的毕业生就表示：

> 就我自己来说，我觉得一定要自立自强。可能有些孩子受不了这个打击，他也可能会产生自负，或者自卑心理，会感觉很迷茫，有的会感觉浑浑噩噩。我感觉优势应该是比别的普通家庭的孩子更懂得感恩，更懂得这个路自己要怎么走，能够更好地去接触社会。平常普通家庭的孩子肯定做不到这一点，因为他们有父母做这些，他们就不需要承受这一些。还有自己的家庭问题，你需要自己考虑，包括你以后的路，你怎么走，感觉比别的普通家庭的孩子要早熟一点。

生活的打击让贫困学生越挫越勇，贫困经历反而成了他们摆脱贫困、过上美好生活的武器。正如另一位河北毕业生所言：

> 如果贫困家庭的孩子体会到人间疾苦和冷暖，他就能够横跨两个社会基层或两个领域，如果他能够正确认识的话，就会形成很正确的价值观，他的理念肯定跟光在富裕里或光在贫困里的孩子不一样，他的世界观会更完整，他会知道这个世界上有这么多贫困的人，也会知道这个世界上有很多富裕的人。如果都能够横跨、都能感受到人情社会的话，那么这将对他的职业观和世界观都会有很大的帮助。

四 小结与讨论

（一）贫困学生反贫困过程中面临的问题

1. 目前教育扶贫以经济帮扶为主，专门针对贫困学生就业能力提升的支持政策较少

目前各高校针对贫困学生的扶助主要为经济帮扶。精准扶贫工作开展后，学校、政府、社会的贫困学生资助项目对建档立卡贫困家庭的学生覆盖面非常广，来自建档立卡贫困家庭的学生或多或少都能获得资助。由于教育费用负担重是这些贫困家庭致贫的主要原因，因此社会各界的经济帮扶对贫困学生顺利完成学业起到了十分重要的作用。

但同时可观测到针对贫困学生就业能力提升的支持政策较少。大学生受教育后最终都会走向工作岗位，一份稳定、高质量的工作对改善贫困学生家庭的生活和贫困状态极其重要，而一份理想的工作与学生个人能力直接挂钩。目前各高校、政府的就业政策在服务对象上仍以普通学生为主，未充分考虑各类人群的需求；在服务类别上则以经济帮扶为主，如给创业人员提供小额信贷，给就业困难学生提供经济补助，就业能力提升这一根本问题未得

到针对性解决；在服务阶段划分上，就业政策主要针对的是高年级学生，即对求职阶段的学生进行就业能力提升；在服务形式上流于表面，高校对学生的就业指导一般通过职业规划课程进行，这类课程通常为课堂授课方式，授课时间为大一、大二阶段，课堂授课式的指导对于学生而言理论性高于实践性，指导意义不大，多位学生也反映这些课程对他们在求职过程中的作用较小。

2. 贫困学生就业偏于保守，就业能力存在短板

贫困学生就业观念偏于保守，偏好体制内和本地就业。贫困学生就业观念的保守主要源于其家庭的影响，一是学生父母观念趋于传统，希望孩子进入体制内就业和在本地就业；二是一般贫困学生需要给予原生家庭的支持较多，特别是许多贫困家庭患病情况多，不仅需要贫困大学生的经济支持，也需要照料支持。这些因素使得学生在择业过程中趋于保守。

贫困学生由于其家庭和成长环境的限制，在同等条件下就业能力比普通学生要差，其中性格内向是其最主要的短板。表达能力无论在求职过程中或工作中对于个体而言都是十分必要的技能，好的表达能力能帮助大学生充分展示自己，从而获取好的工作机会，也能帮助大学生在就职过程中表达自己，获得升职加薪的升迁机会。但由于成长环境的闭塞，一般贫困学生表达能力较弱，性格也较为内向，在与普通学生竞争工作机会的时候是一大短板。

3. 毕业生的就业质量较差

贫困学生就业能力比普通学生低，同时家庭支持缺位，社会各界相应的就业能力提升支持政策较少，使得贫困家庭的毕业生就业质量比普通毕业生差。就业质量差主要体现在贫困家庭的毕业生收入低、就业满意度低，本次调查的贫困家庭毕业生群体中，高职高专毕业生平均月工资为2907.67元，本科及以上毕业生平均月工资为3904.06元，远低于普通毕业生的平均水平。

贫困学生的收入是改变原生家庭贫困状况的重要资源，调查过程中发现多数贫困学生工作后的个人收入需要反馈给原生家庭，低收入既不利于学生个人生活的改善，也不利于其家庭贫困状况的改善。

（二）对策与建议

1. 精准帮扶，制定具体分类帮扶措施

贫困学生在高校的就业群体中具有特殊性，就业能力弱、就业质量差的现状需要外界力量精准帮扶，有针对性地对贫困学生群体制定相应帮扶措施。学校作为贫困学生获得求职教育、获取求职信息的主要平台，应联动社会各界力量，如人社部门、共青团等，对贫困学生进行有针对性的学业指导、求职指导、就业信息提供等求职培育全方位覆盖的精准帮扶。

对贫困学生的就业帮扶不应只限于经济帮扶，还应从就业能力提升的角度制定具体分类帮扶措施。针对家庭经济较为困难的贫困学生，在其就业过程中的经济帮扶仍有必要；针对因求职技能缺乏导致就业困难的贫困学生，可组织其参与各类求职技能培训活动，如面试培训、求职模拟等，并提供专业的一对一辅导或团队辅导咨询，提高其求职技能；针对就业观念保守、求职压力较大的贫困学生，应及时了解其心理动态，进行专门的心理辅导。总之需要对贫困学生予以特殊关注，及时调查学生的状态，有针对性地实施帮扶政策。

2. 分阶段精细指导，及早介入，全方位帮扶贫困学生发展就业

贫困大学生的求职教育不应只限于高年级学生，应及早介入，分阶段全方位帮助其顺利就业。大学生的职业技能和就业能力培养是一个长期渗透的过程，且不同在学阶段学生群体也呈现不同特征，需要各高校联合社会各界分阶段分学生特点采取提升贫困学生就业能力的举措。一是要重视和积极开展职业生涯规划教育，职业生涯规划教育不应流于表面，仅仅从课堂进行理论化的知识授予，而应提供全程化职业生涯发展指导服务，把课堂讲授与课下辅导、实际操练相结合，对不同在学阶段进行差异化的职业生涯发展教育，让贫困学生认识到职业规划的重要性，从而自主提升职业素养和就业竞争力。二是要有针对性地加强对贫困学生求职技巧培训，贫困学生最缺乏的就业技能为沟通表达能力，需要引导贫困学生认识到自身的不足，并通过实习、面试技巧培训等锻炼提高其沟通能力，提升贫困生的求职技能。三是要密切关

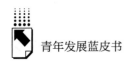

注贫困学生的思想动态，引导其端正求职观念，使之与社会需求相契合。

3. 建立贫困学生的"走出去"计划或"西部"计划，开阔学生眼界，提高学生的表达能力

贫困学生保守的就业观念和内向性格与其成长环境联系密切，创造条件让学生接触外界环境，其就业观念和表达沟通能力能得以改善。与外界的接触和交流对贫困学生拓宽眼界、改变观念极其重要，在访谈过程中多位老师谈到了去发达城市交流学习对贫困学生的重要影响，青海大学的一位团委老师表示：

（学生）没坐过火车的都有很多，更别说飞机或者高铁这些。所以对这些学生，我们就是在政策条件允许的条件下，带出去让他们看一下。我觉得他最起码要了解一个东西，这个社会发展到什么阶段了，什么是前沿，对他也是个激励。最起码他知道原来外面的天这么大，能就业的或者说能去作为的事情有这么多。让学生自己真正体验了，感受了，他的视野拓宽了以后，他的观念就转变了。他自己观念转变，比我们去做他的工作要容易太多了，他去做一件事，就是主动和被动的关系。我们去做他的工作的时候，他有一万种拒绝的理由。他自主去做这个事情的时候，你就不让他做，他还觉得你拦了他的路。学生要自发地发生改变。

青海交通职业技术学院的一位团委老师也表达了类似的观念：

我们的学生原来在这个小的环境里面，感觉再怎么催，他跑的速度是有限的，他就跑不快，因为他看到的不远，他是低着头跑步的。出去以后回来不一样，我就发现那些学生出去看了（外面世界）以后他头都抬起来了，头抬得更高，看得更远，他跑得更快了。他头低着的时候，他认为他只能做到这个水平。言传不如身教。

建议采用多种形式让贫困学生（特别是西部地区的贫困学生）去发达地

区交流学习，拓宽其眼界，提升其沟通表达能力。高校可与政府、社会联动，高校与高校间、高校与企业间合作，采取暑期夏令营项目、联合培养项目、短期交流学习项目等多样化活动形式，让贫困学生到发达地区高校、企业充分体验和感受那里的学习与生活，从而拓宽知识范围和眼界。

B.9
建档立卡贫困人口中大学生
公正感与就业发展

张旭东　罗吉华*

摘　要： 调查发现，多数建档立卡贫困人口中大学生认同社会公正，求职态度积极，但就业歧视问题客观存在，且在不同学校、学历和性别的建档立卡贫困人口大学生中有所差异。建议完善法律法规、加强就业教育引导、畅通高职高专学生成长发展渠道、高度关注女大学生心理调适等建议措施，以消除就业歧视，营造公平就业环境，促进建档立卡贫困人口中大学生的就业发展。

关键词： 建档立卡贫困人口中大学生　公正感　就业发展

公正是社会主义核心价值观的内容之一。近年来，党和政府对社会的公平正义高度重视，党的十八大报告强调：必须坚持和维护社会的公平正义。加紧建设对保障社会公平正义具有重大作用的制度，逐步建立以权利公平、机会公平、规则公平为主要内容的社会公平保障体系，努力营造公平的社会环境，保证人民平等参与、平等发展的权利。当前，我国正处在建成全面小康社会、实现中华民族伟大复兴的中国梦的关键阶段，维护和促进社会公平正义、让广大人民群众共享改革发展成果，既是党和政府的庄重承诺，也是

---

* 张旭东，中国青少年研究中心少儿研究所副编审，主要研究领域为青少年发展。罗吉华，博士，民族文化宫博物馆副馆长，主要研究领域为教育人类学。

包括大学生群体在内的社会各个群体的共同期待。就业公平是和谐社会建设的一个重要内容。大学生遭受就业歧视现象的存在，破坏了就业市场的公平公正，加剧了就业困难，其中建档立卡贫困人口中大学生（以下简称"建档立卡大学生"）是大学生群体中特别需要关注的一个群体，他们受教育程度较高，对社会公正、对直接关系他们发展的就业公平感触较深，对公正愿望较强。本报告围绕建档立卡大学生对就业歧视的感知和相关影响因素，着重梳理和分析歧视经历和社会公正感对其就业发展的影响，具有较强的现实针对性。

一 建档立卡贫困人口中大学生的就业歧视感知

国际劳工大会 1958 年通过的关于消除就业及职业歧视的公约（第111 号公约）第一条对就业歧视定义如下：基于种族、肤色、性别、宗教、政治见解、民族血统或社会出身等的任何区别、排斥或特惠，其效果为取消或损害就业或职业方面的机会平等或待遇平等。对于我国大学生而言，其就业过程中的社会歧视主要有户口歧视、性别歧视、学历歧视、学校歧视、相貌/身高歧视、地域歧视、宗教歧视和年龄歧视等。大学生就业歧视名目类型繁多，突出的表现形式有着相应的理论依据。歧视理论主要有五个方面的表现。第一，个人偏见歧视理论，包括雇主的歧视和雇员的歧视。这种理论是把歧视看成歧视者的一种偏好或"爱好"，表现为雇主/雇员为了达到与一部分人保持距离的目的而宁愿放弃利润或机会。第二，统计性歧视。因为将某一群体的典型特征视作该群体中每一个个体所具有的特征而产生的歧视。例如由于信息不完全，用人单位通过求职者的毕业学校、学历、年龄、考试分数等群体特征进行选择。第三，垄断歧视理论。当前我国大学生就业市场供过于求，用人单位处于垄断地位，大学生找工作处于被歧视地位。第四，就业隔离或排挤理论。某群体就业范围有限，导致供给过多而形成歧视。如现实中所谓适合男性的职业机会更多，女性难以进入，而适合女性的职业较少。

第五，双重劳动力市场。如历史上形成的城乡二元分割制度引发的户口歧视①。

本报告数据来源于"建档立卡贫困人口中大学生就业发展研究"课题，该课题为共青团中央委托项目。调查组于2018年9月至10月对河北省（张北县、怀安县）、陕西省（吴堡县、延川县）、山西省（临县、娄烦县）、河南省（上蔡县、民权县）、湖南省（新田县、汝城县）、广西自治区（都安县、马山县）、四川省（叙永县、平昌县）、贵州省（安龙县、望谟县）、青海省（大通县、乐都区）、黑龙江省（甘南县、林甸县）等20个国家级贫困县的建档立卡贫困人口中大学生就业发展状况进行了问卷调查和访谈调查。项目共回收有效调查问卷5386份，其中，在校大学生3993份，高校毕业生1393份。

本部分通过建档立卡大学生对就业歧视感知的人口学特征分析，着重对比建档立卡贫困人口中高校毕业生（以下简称"建档立卡高校毕业生"）和建档立卡贫困人口中高校在读学生（以下简称"建档立卡高校在读学生"）的差异，探究影响建档立卡大学生就业歧视感知的原因。

（一）建档立卡大学生的就业歧视感知整体状况

图1的调查数据显示，认为目前大学生就业中存在歧视现象的建档立卡高校在读学生比建档立卡高校毕业生多8.5个百分点；表示对目前大学生就业中是否存在歧视现象"不知道"的建档立卡高校在读学生也更多，比高校毕业生多4.1个百分点；认为目前大学生就业中不存在歧视现象的高校在读学生比高校毕业生少12.5个百分点。

从整体来看，超过半数的建档立卡大学生认为目前大学生就业中存在歧视现象，这表明大学生就业歧视问题在建档立卡大学生群体中客观存在。

表1的调查结果显示，对于本次调查列举的8种类型的就业歧视，建档立

---

① 张健：《大学生就业歧视中"集体无意识"的数据解读与理性反思》，《山东农业工程学院学报》2015年第3期。

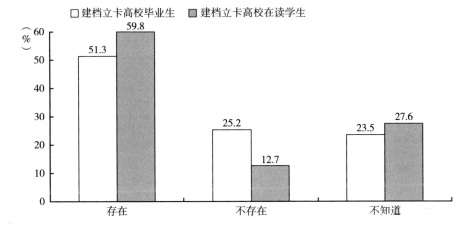

图1 建档立卡高校毕业生和建档立卡高校在读学生对是否存在大学生就业歧视现象的感知比较

卡高校在读学生认为在找工作中会存在的这些就业歧视的比例，均高于建档立卡高校毕业生在找工作中遇到过的。86.6%的建档立卡高校在读学生认为在找工作中会存在学历歧视，比建档立卡高校毕业生在找工作中遇到过学历歧视的多23.7个百分点；61.4%的建档立卡高校在读学生认为找工作中会存在学校歧视，比建档立卡高校毕业生在找工作中遇到过学历歧视的多21.1个百分点；49.2%的建档立卡高校在读学生认为找工作中会存在相貌/身高歧视，在8个歧视种类中排第三，而相貌/身高歧视在建档立卡高校毕业生找工作中遇到过的歧视种类中排第四，选择率也比前者少22.5个百分点；建档立卡高校在读学生认为大学生找工作中会存在的性别歧视、地域歧视、户口歧视、年龄歧视和宗教歧视，分别比建档立卡高校毕业生在找工作中遇到过的多12.0、7.0、11.1、4.7和3.8个百分点。从整体上看，建档立卡大学生对学历歧视的感知最强烈，其次是学校歧视，性别歧视、相貌/身高歧视、地域歧视、户口歧视和年龄歧视也不同程度地存在，因为宗教歧视的选择率较低，以下不再进行具体的分析。

比较而言，认为存在大学生就业歧视现象的建档立卡高校在读学生更多。就业歧视的客观存在影响着包括大学生群体在内的公众和社会组织的思想、思维、心理和行为。在读大学生的实际求职经验比毕业生少，但对就业

问题的关注可能使他们对负面、消极信息更为敏感，集体生活带来的群体效应也可能放大就业歧视带来的焦虑感。

表1　建档立卡高校毕业生和在读学生对大学生就业歧视种类感知比较（多选）

单位：%

排序	高校毕业生（遇到过）		高校在读学生（认为会）	
	大学生就业歧视种类	比例	大学生就业歧视种类	比例
1	学历歧视	62.9	学历歧视	86.6
2	学校歧视	40.3	学校歧视	61.4
3	性别歧视	30.8	相貌/身高歧视	49.2
4	相貌/身高歧视	26.7	性别歧视	42.8
5	地域歧视	24.1	户口歧视	32.8
6	户口歧视	21.7	地域歧视	31.1
7	年龄歧视	16.4	年龄歧视	21.1
8	宗教歧视	2.9	宗教歧视	6.7

（二）不同学历建档立卡大学生的就业歧视感知状况

图2的调查数据显示，在本次建档立卡大学生的调查中，本科生学历最多，其次是高职高专学历，毕业生中高职高专学历较多。实地调研中发现，越来越多的建档立卡在读高职高专学生选择专升本继续深造。

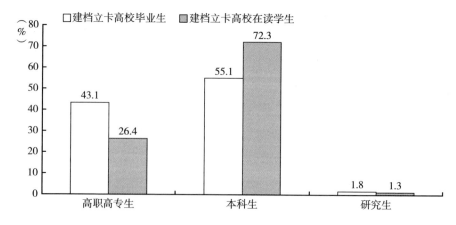

图2　建档立卡高校毕业生已获最高学历和建档立卡高校在读学生目前学历分布

本次调查显示，超过六成建档立卡高校毕业生在找工作中遇到过学历歧视，近九成建档立卡高校在读学生认为找工作中会存在学历歧视，在调查列举的 8 个就业歧视类型中选择率排第一。那么，不同学历的建档立卡大学生对包括学历歧视在内的各种就业歧视感知有何差异呢？表 2 的统计数据显示如下。

表 2　不同学历建档立卡大学生对就业歧视感知的比较（多选）

单位：%

大学生就业歧视种类	高校毕业生（遇到过）			在读学生（认为会）		
	高职高专	本科	研究生	高职高专	本科	研究生
学历歧视	75.4 ***	54.1 ***	54.5 ***	89.4 **	85.9 **	71.0 **
学校歧视	26.3 ***	49.9 ***	63.6 ***	44.3 ***	66.8 ***	64.5 ***
性别歧视	18.5 ***	39.3 ***	45.5 ***	27.2 ***	47.6 ***	61.3 ***
相貌/身高歧视	27.9	26.3	9.1	52.4 *	48.5 *	29.0 *
地域歧视	18.9 *	28.0 *	18.2 *	24.6 ***	33.2 ***	35.5 ***
户口歧视	20.5	22.6	18.2	28.6 *	34.2 *	32.3 *
年龄歧视	16.5	16.0	27.3	20.2	21.3	22.6

注：统计学根据显著性检验方法所得到的 P 值，一般以 P < 0.05 为显著，P < 0.01 或 P < 0.001 为非常显著。*** 标注，即 P < 0.001，** 标注，即 P < 0.01，均说明差别有非常显著意义；* 标注，即 P < 0.05，说明差别有显著意义；没有 * 标注，说明差别无显著意义。

首先，从整体上看，建档立卡大学生在就业歧视的感知上学历差异显著较多，毕业生仅在相貌/身高歧视、户口歧视和年龄歧视感知上学历差异不显著，在读学生仅在年龄歧视感知上学历差异不显著，其他均显著。无论是建档立卡高校毕业生还是高校在读学生，在学校歧视和性别歧视感知上的学历差异都非常显著，而且学历越高，感知越深。在建档立卡高校毕业生中，六成多研究生在找工作时遭遇过学校歧视，是高职高专毕业生的 2.4 倍，是本科生的 1.3 倍；四成多研究生遭遇过性别歧视，是高职高专毕业生的 2.5 倍。在建档立卡高校在读学生中，六成多本科生认为在找工作中会存在学校歧视，略多于研究生，是高职高专学生的 1.5 倍；六成多研究生认为在找工作中会存在性别歧视，是高职高专学生的 2.3 倍。这表明，建档立卡大学生对就业中的学校歧视和性别歧视感知都比较普遍。

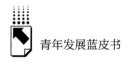

建档立卡大学生在学历歧视感知上的学历差异也非常显著，其中建档立卡高校毕业生的差异更显著，而且学历越低，对就业学历歧视的感知越多。学历歧视在本次调查的就业歧视种类中选择率最高，主要是高职高专大学生的"贡献"。七成多建档立卡高职高专毕业生在找工作中遇到过学历歧视，分别是拥有本科和研究生学历毕业生的1.4倍，近九成在读高职高专学生认为找工作中会存在学历歧视。这表明，大学生就业中的学历歧视现象普遍存在而且严重，尤其是针对高职高专学生。

本报告中的学历歧视指用人单位在录用和评价员工的过程中，对于拥有不同学历的求职者进行差别性对待的行为。现实中含有学历歧视的招聘信息最为常见，还有更多单位虽然在招聘信息中不标明学历要求，但实际得到供求双方的默认。用人单位为了节省人才遴选的成本，把学历作为鉴定求职者能力、筛选求职者的条件，通过这种片面的方式来鉴别求职者的个人能力。长此以往，形成统计性歧视，高学历等于高能力的错误看法被接受，高职高专学生的就业能力被轻视，他们的平等就业权被侵犯，生存空间被挤压。学历歧视还把人分为"三六九等"，影响了高校老师的心态，损坏了高职高专学生的自信和自尊，表现出对学历歧视的"集体无意识"，也是一种集体无依靠的表现。学历歧视已成为阻碍我国高职高专教育发展的因素之一。

我们大二刚开学第一周，每个老师都在说要考研。现在本科生毕业很难就业，所以还是得往上考，考研、考博，拿到你理想的薪水。（访谈对象：建档立卡高校在读学生，女，大二，会计学专业；访谈地点：河南；访谈时间：2018年9月13日。）

你们没有毕业，毕业以后你就知道了，毕业相当于失业，如果不考研，如果不升本，或者不再往上升。我建议学妹们，学弟们就不说了，学妹们有能力就往上考。因为一个女生如果学历达到一定的基础，到时候即使找对象，学历在那放着呢，你们找的对象学历也不会太低，到时候对自身的职业规划，包括一些社交能力方面，你们的接触层面就不一样。在这个社会上，本科生、研究生、专科生就是不一样。（访谈对象：建档立卡高校毕业生，体育教育专业，2018 年毕业，民营少儿培训行业体育老师；访谈地点：河南；访谈时间：2018 年 9 月 15 日。）

其次，建档立卡高校毕业生和在读学生比较而言，在读学生在地域歧视感知上的学历差异显著性更高，学历越高感知越深，研究生认为找工作时会存在的地域歧视，是高职高专学生的 1.4 倍多；毕业生在地域歧视感知上的学历差异也显著，本科毕业生在找工作中遇到过的最多，约是高职高专或研究生的 1.5 倍。建档立卡高校在读学生在相貌/身高歧视感知方面的学历差异显著，学历越低感知越深，而毕业生差异不显著，高职高专在读学生认为在找工作中会存在相貌/身高歧视的，是在读研究生的 1.8 倍多，是高职高专毕业生的 1.9 倍，这也从一个侧面反映，学历差异对高职高专学生的心理产生了消极影响。建档立卡高校在读学生对户口歧视感知的学历差异也显著，本科学历学生感知最深，而毕业生差异不显著。

综上，建档立卡大学生不同学历的学生比较而言，高职高专学生感知的学历歧视和相貌/身高歧视多于本科生和研究生，而在学校歧视和性别歧视方面，本科生和研究生感知更多，其中已毕业的建档立卡研究生遇到过的学校歧视和性别歧视较为严重，而本科生遇到过的地域歧视最多。

（三）不同学校类型建档立卡贫困人口中大学生的就业歧视感知状况

图 3 的调查数据显示，在本次调查的建档立卡大学生中，非"双一流"本科高校分布最多，其次是高职高专学校，再其次是民办本科学校，"双一流"高校分布最少。

本次调查显示，四成建档立卡高校毕业生在找工作中遇到过学校歧视，六成多建档立卡高校在读学生认为找工作中会存在学校歧视，在调查列举的就业歧视种类中选择率排第二。那么，不同学校类型的建档立卡大学生对包括学校歧视在内的各种就业歧视感知有何差异呢？表 3 的统计数据显示如下。

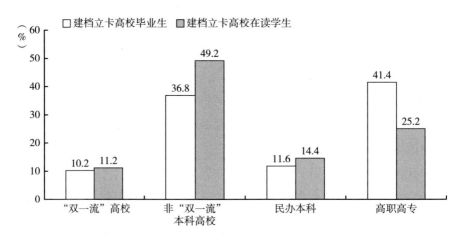

图3　建档立卡高校毕业生和建档立卡高校在读学生学校类型分布

表3　不同学校类型建档立卡大学生对就业歧视感知的比较（多选）

单位：%

学校类别		学历歧视	学校歧视	性别歧视	相貌/身高歧视	地域歧视	户口歧视	年龄歧视
高校毕业生	"双一流"高校	50.7 ***	37.3 ***	40.3 ***	26.9	20.9 *	19.4	17.9
	非"双一流"本科高校	53.8 ***	53.8 ***	41.2 ***	25.1	29.7 *	22.9	15.1
	民办本科	60.5 ***	44.2 ***	31.4 ***	31.4	26.7 *	24.4	17.4
	高职高专	75.6 ***	26.5 ***	18.0 ***	26.9	18.4 *	20.1	17.0
高校在读生	"双一流"高校	84.3 **	52.6 ***	46.3 ***	48.5 **	36.2 ***	37.7 *	25.4
	非"双一流"本科高校	84.9 **	70.5 ***	50.3 ***	46.1 **	34.8 ***	34.5 *	21.1
	民办本科	90.9 **	61.9 ***	37.5 ***	56.0 **	24.0 ***	27.6 *	19.4
	高职高专	88.6 **	44.7 ***	27.6 ***	52.2 **	24.8 ***	30.0 *	20.0

注：统计学根据显著性检验方法所得到的P值，一般以P＜0.05为显著，P＜0.01或P＜0.001为非常显著。*** 标注，即P＜0.001，** 标注，即P＜0.01，均说明差别有非常显著意义；* 标注，即P＜0.05，说明差别有显著意义；没有 * 标注，说明差别无显著意义。

首先，从整体上看，建档立卡大学生在就业歧视的感知上学校类型差异显著的较多，同学历歧视一样，毕业生仅在相貌/身高歧视、户口歧视和年龄歧视感知上学校差异不显著，在读学生仅在年龄歧视感知上学校差异不显著，其他均显著。无论是建档立卡高校毕业生还是高校在读学生，在学校歧视和性别歧视感知上的学校类型差异都非常显著。对于学校歧视，高校毕业生中，非"双一流"本科毕业学生感知最多，其是民办本科，再次是"双一流"高校、高职高专，非"双一流"本科毕业学生是高职高专毕业生的2倍多；高校在读学生中也是同样的顺序，认为找工作中会存在学校歧视的非"双一流"本科在读学生是高职高专的1.6倍。可见，非"双 流"本科学生感受到的学校歧视最多。

本报告中的学校歧视指用人单位在录用和评价员工的过程中，对于来自不同类型学校的求职者进行差别性对待的行为，学校歧视也属于统计性歧视。2017年9月，教育部、财政部、国家发展改革委正式印发《关于公布世界一流大学和一流学科建设高校及建设学科名单的通知》。"双一流"侧重学科而且动态调整，"985""211"侧重学校而且是"终身制"，该文件出台无疑会让学校歧视现象有所缓解，但在短时间内，已形成的高校格局和社会普遍认知难以彻底扭转。过去部分用人单位在招聘简章上会直接注明重点大学的"门槛"，近年来，随着对就业歧视打击力度加大，这一条件逐渐从台面上消失。无论是对内的文件还是对外的招聘简章，多数用人单位不再把院校限制写入其中，然而，"985、211院校优先"仍旧是一条隐形标准。有的用人单位表面上不设置关卡，但在筛选简历时按照学校类型分别处置，或者以其他理由淘汰非"985""211"高校的求职者。在就业市场中，学校歧视成为普通高校大学生不得不忍受的就业之痛。

前几天我从网上见过一个，就是××市的吸引人才计划，但是主要是针对"985"，对其中的32所"985"学校（毕业生），（用人单位）会帮助解决住房问题、配偶的工作问题，还有孩子的上学问题以及户口问题。但和我们现在还是有一定距离的，这个不行。（访谈对象：建档

立卡高校在读学生，男，大四，材料科学与工程专业；访谈地：河北；访谈时间：2018年9月19日。）

（校招）各个学校来的企业还是有差别的，对我们（学校）来说公司不是大公司什么的，满意的不多。说实话吧，人家为什么要你这样的学校，那么多"985""211"的学生还找不到工作呢。（访谈对象：建档立卡高校在读学生，女，大四，计算机专业；访谈地：湖南；访谈时间：2018年9月21日。）

其次，建档立卡高校毕业生和在读学生比较而言，毕业生在学历歧视方面的感知上学校类型差异更加显著，学历越低感知越深，高职高专学校毕业生认为找工作时会存在的学历歧视多于其他学校类型，是"双一流"高校毕业生的1.5倍。建档立卡在读学生在相貌/身高歧视、地域歧视上的学校类型差异非常显著，在户口歧视感知上的学校类型差异显著；而毕业生在相貌/身高歧视和户口歧视感知上的差异不显著，仅在地域歧视上有显著的学校类型差异，这表明因为学校类型不同，在读学生的就业焦虑感差别更大。

综上，建档立卡不同类型学校的大学生比较而言，在学历歧视方面，毕业生中来自高职高专学校的、在读生中来自民办本科高校的感知更多；在相貌/身高歧视方面，来自民办本科学校的大学生感知更多；在学校歧视和性别歧视方面，非"双一流"本科高校的大学生感知更多；在地域歧视方面，毕业生中来自非"双一流"本科高校的、在读学生中来自"双一流"高校的大学生感知更多；在户口歧视方面，毕业生中来自民办本科的、在读学生中来自"双一流"高校的大学生感知更多；在年龄歧视方面，来自"双一流"高校的大学生感知更多。

（四）不同性别建档立卡贫困人口中大学生的就业歧视感知状况

图4的调查数据显示，本次调查中的建档立卡大学生中，女性略多于男性。

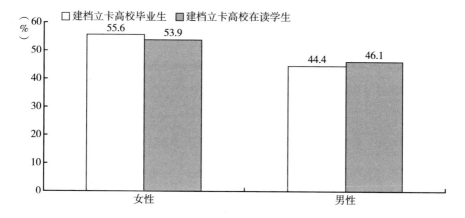

图4 建档立卡高校毕业生和建档立卡高校在读学生性别分布（$N_{在校生}=3993$，$N_{毕业生}=1393$）

本次调查显示，超过四成建档立卡高校在读学生认为找工作中会存在性别歧视，三成建档立卡高校毕业生在找工作中遇到过性别歧视，在调查列举的就业歧视种类中选择率排第三。那么，不同性别的建档立卡大学生对包括性别歧视在内的各种就业歧视感知有何差异呢？表4的统计数据显示如下。

表4 不同性别建档立卡大学生对就业歧视感知的比较（多选）

单位：%

就业歧视类型	高校毕业生（遇到过）		高校在读学生（认为会）	
	男性	女性	男性	女性
学历歧视	64.2	61.9	85.9	87.0
学校歧视	44.1	37.1	60.2	62.2
性别歧视	20.1 ***	39.6 ***	27.3 ***	54.6 ***
相貌/身高歧视	26.2	27.1	44.3 ***	52.9 ***
地域歧视	27.8 *	21.0 *	32.7	30.0
户口歧视	22.5	21.0	31.8	33.6
年龄歧视	18.8	14.3	20.7	21.4

注：统计学根据显著性检验方法所得到的 P 值，一般以 P<0.05 为显著，P<0.01 或 P<0.001 为非常显著。*** 标注，即 P<0.001，** 标注，即 P<0.01，均说明差别有非常显著意义；* 标注，即 P<0.05，说明差别有显著意义；没有 * 标注，说明差别无显著意义。

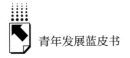

首先，从整体上看，建档立卡大学生在就业歧视的感知上性别差异显著的不多，除了性别歧视外，毕业生仅地域歧视遭遇在性别差异上显著，而在读学生仅相貌/身高歧视感知在性别差异上显著，但性别歧视感知的性别差异都非常显著，女性对性别歧视的感受比男性深切。在建档立卡高校毕业生中，近四成女性在找工作的过程中遇到过性别歧视，比男生高近1倍；在建档立卡高校在读学生中，超过半数女性认为在找工作中会存在性别歧视，比男性高1倍。这表明，在建档立卡大学生的就业环节，性别歧视现象比较严重。

本报告中的学校歧视指用人单位在录用和评价员工的过程中，对于不同性别的求职者进行差别性对待的行为。已有研究证明，针对女性大学生的就业排挤比较严重，用人单位的主要表现有：在录用名额中明确规定男性多于女性的比例，或者男性优先；提高女性录用标准，限制女性待遇，规避某些专业和行业等；在招聘中不写明性别，但实际不打算招聘女性等。

我国政府一直致力于促进两性平等，强调"必须坚持男女平等的基本国策"。在就业方面，批准生效了《消除对妇女一切形式歧视公约》、《对男女工人同等价值的工作付予同等报酬公约》以及《1958年消除就业和职业歧视公约》等国际公约和文件，制定并初步形成了以国家根本大法《中华人民共和国宪法》为基础，包括《中华人民共和国劳动法》《中华人民共和国妇女权益保障法》《中华人民共和国就业促进法》《女职工劳动保护规定》等相关法律、行政法规，以及地方性法规在内的法律体系。然而，就业性别歧视现象仍旧普遍存在，除了经济、法律、社会保障制度以及文化、历史等因素外，女大学生自身的无意识也在客观上助长了就业中的性别歧视现象。女大学生虽然是女性中具有较高知识水平的群体，但在两性职业分工、能力比较等方面持传统观念。在实地访谈中，部分建档立卡女大学生自然地表现出对社会角色期待的认同，普遍认为教师、医生和公务员是适合女性的职业，在遭遇性别歧视时，采取消极不抵抗的态度，接受、顺从或者回避，甚至认为某些行业对女性来说就是"不行"。

（对就业）期望不是很高。女孩子有份稳定工作，能养活自己就可以。（访谈对象：建档立卡在读大学生，女，大三，专业不详；访谈地：贵州；访谈时间：2018 年 9 月 15 日。）

（就业发展）心理压力？我倒没觉得，可能压力就是因为女生嘛，因为学工科类的女生不太占优势，就这一点，其他的心理压力，我感觉只要好好学习的话，掌握了知识，一般就不会有人不喜欢学习好的或者学习能力强的人。（访谈对象：建档立卡在读大学生，女，大四，环境工程类；访谈地：河北；访谈时间：2018 年 9 月 20 日。）

现在（同学）有考研意向的 60% 吧，女的基本上都考。因为有几个女的去找工作了，她们去找工作之后，那个公司的人就说让你们班男生来，赶紧把你们班男生叫过来，不要女的，直接就回去了。（访谈对象：建档立卡在读大学生，女，大四，专业不详；访谈地：河北；访谈时间：2018 年 9 月 20 日。）

（访谈员：为什么你现在的工作和专业完全不匹配？）女生呀，不行，机械的话，我们专业男生要得多，女生不行。（访谈员：你为什么以后想去当老师呢？）女生还是考虑要稳定一些。（访谈对象：建档立卡高校毕业生，女，机械工程专业，2017 年毕业，县图书馆工作人员；访谈地点：青海；访谈时间：2018 年 9 月 13 日。）

想过要留在海南，家里不同意。女孩子在外面家里不放心。自己习惯了那边的生活，比较喜欢那边的环境，也喜欢教师工作。但顺应家人，还是放弃喜欢的工作回来了。以后有机会还是想当老师。（访谈对象：建档立卡高校毕业生，女，教育专业，2016 年毕业，镇政府政务服务中心工作人员，第二份工作；访谈地：贵州；访谈时间：2018 年 9 月 21 日。）

访谈中也发现，更多的女生开始意识到这是"妈妈的"、"家里的"或"别人的"看法，并不是自己的想法。在意识到这一点之后，有的女生会因为家庭原因选择接受，有的女生无奈地抱怨，也有的女生选择反抗，更多女

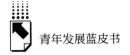
生强调个人能力的重要性，"我感觉只要好好学习的话，掌握了知识，一般就不会有人不喜欢学习好的或者学习能力强的人"，反映出女大学生对就业环境主流趋势的信心。

其次，建档立卡高校毕业生和在读学生比较而言，毕业生在地域歧视遭遇方面的性别差异显著，男性在找工作中遇到的地域歧视比女性多，而在读学生在地域歧视上的性别差异不显著。建档立卡高校在读学生在相貌/身高歧视感知方面的性别差异非常显著，女性认为在找工作中会存在相貌/身高歧视的不仅是男性的 1.2 倍，而且是高校毕业生遇到过相貌/身高歧视的女性的近 2 倍，而高校毕业生在遇到过相貌/身高歧视方面的性别差异并不显著，这表明，建档立卡高校在读女生有过于看重外形对就业发展影响的趋势。在商业和媒体力量的推动下，"美女经济"泛滥成灾，无所不在地影响着社会的方方面面，加之少部分用人单位确实存在以貌取人的录取标准，使得在校女大学生"美丽的负担"越来越沉重，而对于建档立卡在校女大学生而言，学费已然给她们带来了一定的经济和心理压力，面对难以企及的高档化妆品、服饰和发型设计、美容整形等消费，更加无所适从，徒增心理压力。

综上，建档立卡大学生男性和女性比较而言，建档立卡高校毕业生在找工作中遇到的各种歧视，除了在性别歧视和相貌/身高歧视方面，女性多于男性之外，男性遇到过的学历歧视、学校歧视、地域歧视、户口歧视、年龄歧视都多于女性；高校在读学生，除了在地域歧视感知上，男性多于女性外，女性认为在找工作中会存在的学历歧视、学校歧视、性别歧视、相貌/身高歧视、户口歧视和年龄歧视均多于男性。这表明，建档立卡高校在读女生的就业焦虑更多，这个群体的心理健康值得关注。除了外部客观环境存在影响建档立卡高校在读女生就业的因素外，她们的生活成长经历和家庭环境也可能加大个体的压力感，导致就业心理障碍。首先，部分建档立卡高校在读女生家庭经济条件不好和女性独特的情感体验，容易导致其敏感、孤僻的个性和自卑、自我防护等心理，自身调适能力不足；其次，建档立卡高校在读女大学生就业视野受限，实地调查中，很多女生的当务之急是尽快找到改变自身经济地位和社会地位的工作，以改变家庭状况。这样强烈的愿望给了她们奋斗的动力，同时也限制了她们的就业发展思维，使其对就业市场缺乏理性认识，眼光或局限于大城市、发达地区，或放弃自己的专业理想和职业规划，盲目寻找稳定、报酬丰厚或社会地位较高的工作。此外，尽管目前一些高校针对建档立卡大学生开展了一些心理辅导工作，但针对建档立卡高校在读女大学生就业心理的研究和辅导还相对欠缺，没有形成有效帮助建档立卡高校在读女大学生掌握自我心理调节方法的指导体系。本次调查显示，建档立卡高校在读学生的就业压力感性别差异十分显著，68.4%的在读女生感到就业压力大，比男生高7.7个百分点，而她们在感到就业压力时大多是自我化解。

（五）不同健康状况建档立卡贫困人口中大学生的就业歧视感知状况

图5的调查数据显示，在本次调查的建档立卡大学生中，八成多自评健康（非常健康或比较健康，下同），一成多自评健康状态一般，少数认为自己不健康（不太健康或非常不健康，下同）。这表明，我国建档立卡大学生总体健康状态良好。

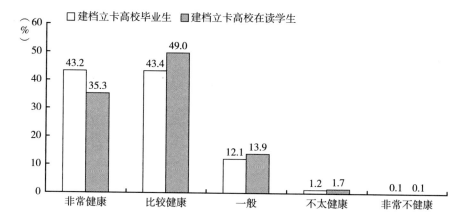

图5　建档立卡高校毕业生和建档立卡高校在读学生自评健康状况比较

身心健康状况可能会直接导致就业中的社会歧视，例如生理缺陷、身体残障或疾病等，还可能因为心理障碍影响对社会歧视的感知，影响大学生的

就业发展。不同健康状况的建档立卡大学生的各种就业歧视感知有何差异呢？表5的调查数据显示如下。

表5 不同健康状态建档立卡大学生对就业歧视感知的比较（多选）

单位：%

就业歧视类型	毕业生（遇到过）			在读学生（认为会）		
	健康	一般	不健康	健康	一般	不健康
学历歧视	62.8	63.8	66.7	86.3	88.0	88.1
学校歧视	41.6	33.0	16.7	61.0	62.7	67.8
性别歧视	31.5	24.5	50.0	42.7	44.3	40.7
相貌/身高歧视	23.3***	46.8***	66.7***	48.3	54.8	47.5
地域歧视	23.3	29.8	16.7	30.2*	37.0*	28.8*
户口歧视	20.7	27.7	33.3	32.3*	33.1*	49.2*
年龄歧视	16.7*	11.7*	50.0*	19.7**	27.4**	32.2**

注：统计学根据显著性检验方法所得到的 P 值，一般以 P < 0.05 为显著，P < 0.01 或 P < 0.001 为非常显著。*** 标注，即 P < 0.001，** 标注，即 P < 0.01，均说明差别有非常显著意义；* 标注，即 P < 0.05，说明差别有显著意义；没有 * 标注，说明差别无显著意义。

首先，从整体上看，建档立卡大学生在就业歧视的感知上健康状况差异显著的不多，毕业生仅相貌/身高歧视和年龄歧视遭遇在健康状况差异上非常显著和显著，而在读学生地域歧视、户口歧视和年龄歧视感知在健康状况差异上显著和非常显著。无论是建档立卡高校毕业生还是高校在读学生，就业年龄歧视方面的健康状况差异都显著，在读学生非常显著，健康状态越差，年龄歧视感知越多。

本报告中的年龄歧视指用人单位在录用和评价员工的过程中，对于不同年龄的求职者进行差别性对待的行为，这主要属于统计性歧视，也有职业隔离的原因，例如招聘启事中"限××岁以上/下"。在本次调查的8种就业歧视中，年龄歧视的选择率排第七，在人口学特征的分析中，建档立卡大学生在年龄歧视上仅有健康状态差异显著。这表明，健康状态不好的建档立卡大学生，对基于生理基础的就业歧视感知更多。

其次，建档立卡高校毕业生和在读学生比较而言，毕业生在相貌/身高歧视上的健康状况差异十分显著，健康状态越差感受越多，自评不健康的毕业生在找工作中遇到过相貌/身高歧视的，是健康毕业生的 2.9 倍，是健康一般毕业生的 1.4 倍多，而相貌/身高歧视同样是基于生理基础的社会歧视。高校在读学生对相貌/身高歧视的感知上健康状况差异并不显著。

在本次调查列举的就业歧视类型中，相貌/身高歧视的选择率，建档立卡高校在读学生排第三，毕业生排第四。本报告中的相貌/身高歧视指用人单位在录用和评价员工的过程中，对于相貌/身高不同的求职者进行差别性对待的行为。相貌/身高歧视是目前中国大学生就业过程中一个不容回避的社会问题。虽然外貌偏见是人类正常认知过程中难以避免的副产品，但对于用人单位而言，以貌取人可能造成人力资源的浪费，是应该避免的典型的非理性行为。尤论相貌还是身高，都是人的一种外在属性，同一个人的价值观、能力、愿望和个性相比，在多数时候同一个人的工作表现无关①。相貌/身高歧视对于求职的大学生而言，不仅是对就业平等权的侵犯，也是对法律意义上的人格侵犯，同时对当前大学生的审美观和价值目标产生了不良影响。除了个人偏见歧视和一些特殊职业需求外，部分用人单位受到以貌取人的社会心理影响，对单位形象的塑造产生了错误的理解，还有部分是因为在当前竞争激烈的就业市场，用人单位作为买方市场，随意抬高就业门槛，破坏了就业公平环境。

> 去面试的人特别多。面试的人说，这么多（应聘者）一天也面试不完，他就把标准提高了，他把身高（从 1.6 米）提到了 1.62 米，这样减少了很多人。肯定这样不公平，身高我们学校也有低的，我们宿舍也有一米五几的，如果一米六的标准对她应该不公平。你说别人不学吧，怎么可能不学习，你不可能直接因为身高把人否决了，应该也用个子比较矮一点的，你可以有实习期，能力不行你可以把她辞退了，如果能力可以个儿矮一点应该没什么。（访谈员：你们护士专业身高要求比较严，是吗？）对，身高确实挺严的，我不是特别低。进那些大医院要求比较高，他们肯定想要本科的，个儿长得高的，长得好看的，这些肯

---

① 王春燕、张智勇：《招聘：外貌不应偏见》，《中国人力资源开发》2004 年第 5 期。

定优先的，小医院可以要低一些，也不是说非得一米六以上的，你只要有能力就可以了。（访谈对象：建档立卡高校在读学生，女，大二，护理专业；访谈地：河南；访谈时间：2018 年 9 月 15 日。）

综上，不同健康状况的建档立卡大学生比较而言，对于学历歧视、户口歧视和年龄歧视，不健康的大学生感知更多；对于地域歧视，健康状态一般的大学生感知更多。对于学校歧视，高校毕业生中，健康的毕业生感知更多；高校在读学生中，不健康的感知更多。对于相貌/身高歧视，高校毕业生中，健康的毕业生遇到过的最少，不健康的遇到过的最多；高校在读学生中，健康状态一般的感知较多。建档立卡在读大学生中，在对户口歧视的感知上健康状况差异显著，在对地域歧视和年龄歧视的感知上的健康状况差异也显著，而毕业生均不显著。建档立卡大学生均为农村户口，需要特别关注户口歧视对他们就业心态的负面影响。

本报告中的户口歧视主要指用人单位在录用和评价员工的过程中，基于城乡差异对就业者进行区别对待的行为，在本次调查列举的 8 种就业歧视中选择率高校毕业生中排第六、高校在读学生中排第五。中国社会科学院发布的《社会蓝皮书：2014 年中国社会形势分析与预测》指出，"家庭的城乡背景对毕业生的就业机会有显著影响"。该蓝皮书中的数据显示，截至 2013 年 9 月底，来自城市家庭的本科毕业生的就业率是 87.7%，而来自农村家庭的毕业生就业率则只有 69.5%[①]。户籍制度作为一项基础性制度，承载着生产资料供给、教育、医疗卫生、就业、住房、养老等社会利益的分配，造成了城乡之间教育与就业资源分配的鸿沟。当前我国正在着力推进户籍制度改革，破解城乡二元结构。深化户籍制度改革是以人为本和促进社会公平正义的根本要求，但户籍制度改革是一项复杂的系统工程，面临的情况复杂、需要兼顾的因素多、统筹推进的难度大。推进户籍制度改革的复杂性、艰巨性和长期

[①] 林成华、洪成文：《大学生就业公平失衡的社会危机与化解对策研究——基于政府责任的视角》，《中国高教研究》2014 年第 7 期。

性，使得这种因制度惯性造成的双重劳动力市场现象在相当长的一段时间内仍然会存在。

（六）汉族与少数民族建档立卡大学生的就业歧视感知状况

图6的调查数据显示，在本次调查的建档立卡高校毕业生中，少数民族合计占比25%，在建档立卡高校在读学生中，少数民族合计占比24%。

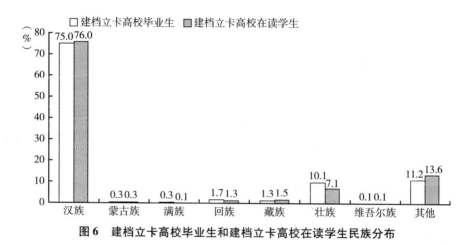

图6　建档立卡高校毕业生和建档立卡高校在读学生民族分布

那么，汉族和少数民族的建档立卡大学生对各种就业歧视感知有何差异呢？表6的统计数据显示如下。

表6　汉族和少数民族建档立卡大学生对就业歧视感知的比较（多选）

单位：%

就业歧视类型	高校毕业生（遇到过）		高校在读学生（认为会）	
	汉族	少数民族	汉族	少数民族
学历歧视	62.5	64.2	86.3	87.4
学校歧视	40.8	38.7	62.7 *	56.8 *
性别歧视	30.3	32.4	42.9	42.5
相貌/身高歧视	24.0 **	35.3 **	48.0 *	53.4 *
地域歧视	24.2	23.7	27.8 ***	42.9 ***
户口歧视	21.0	23.7	31.8	36.3
年龄歧视	15.9	17.9	20.8	22.0

注：统计学根据显著性检验方法所得到的P值，一般以P<0.05为显著，P<0.01或P<0.001为非常显著。*** 标注，即P<0.001，** 标注，即P<0.01，均说明差别有非常显著意义；* 标注，即P<0.05，说明差别有显著意义；没有 * 标注，说明差别无显著意义。

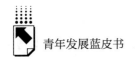

从整体上看，建档立卡大学生在就业歧视的感知上汉族和少数民族差异显著的不多。建档立卡高校毕业生中，在找工作中遇到相貌/身高歧视的少数民族稍多于汉族，其他就业歧视种类差异均不显著。这表明，我国的民族政策执行情况较好。

本报告中的地域歧视指用人单位在录用和评价员工的过程中，基于地域差异或地域印象对就业者进行区别对待的行为。在本次调查列举的就业歧视种类中，地域歧视在高校毕业生中排第五、在高校在读学生中排第六。地域歧视是指一种由于社会认知上的偏差而产生的社会刻板印象①，源于个人偏见，但影响因素复杂，是从众心理和集体无意识的结果。我国历史悠久，地域广阔，各地域居民都具有当地的地域性格，有的还具有比较典型的外形特征，因为对其他地域的人不熟悉，或文化、经济的差异和不平等，产生偏见甚至妖魔化，如XX地区的人在网络上被外省人贴上"大金链子""社会气息"的标签，还有些省份的人被称为"XX佬"等。而大学生就业中可能存在的地域歧视主要针对经济欠发达地区，包括一些少数民族聚居地区。现实中，经济欠发达地区毕业的大学生并不代表着水平低、能力差，而发达地区毕业生也并不一定是水平高、素质好和能力佳的代表。因此，建档立卡毕业生在找工作中遇到过地域歧视的民族差异并不显著，但不排除有少数用人单位戴着"有色眼镜"去招录人才，这对于那些有真才实学、素质较高的大学生的确是一种不公正，必须引起重视。

综合来看，建档立卡高校在读学生对就业歧视各方面的感知，都要多于建档立卡高校毕业生在找工作中遇到过的就业歧视；学历和学校歧视普遍且严重，其中建档立卡高职高专大学生感知最多；性别歧视也比较严重，建档立卡高校女大学生感知最多。

二　建档立卡贫困人口中高校毕业生的歧视经历、社会公正感与就业发展

就业是民生之本，对于多数建档立卡高校大学生，就业不仅关系个人的

---

① 周晓虹：《现代社会心理学：多维视野中的社会行为研究》，上海人民出版社，1997。

发展，也关系其原生家庭的命运。从学校步入社会，初始就业过程中的歧视经历会影响他们对社会公正程度的感知，进而影响其职业发展。本报告通过分析建档立卡高校毕业生对社会公正程度的整体感知及其对求职态度、工作适应程度、工作满意程度和目前生活满意程度的影响，来探究社会公正感知程度对建档立卡高校毕业生就业发展的影响。

（一）超过半数建档立卡高校毕业生认为当前社会公正

社会公正感是人们对于社会公正状况的主观评价和感受，也是判断社会公正状况的基本工具[①]。

图7的调查数据显示，在建档立卡高校毕业生中，合计有53.9%认为当前的社会公正（非常公正或比较公正，下同），37.5%认为当前的社会公正程度一般，8.6%认为不公正（不太公正或非常不公正，下同）。超过半数的建档立卡高校毕业生认为当前社会公正，表明多数建档立卡高校毕业生对社会评价正向积极，有较高的社会信任度。

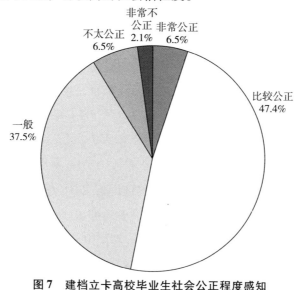

图7　建档立卡高校毕业生社会公正程度感知

---

① 方学梅、陈松：《我国公民社会公正感量表的编制及信效度检验》，《华东理工大学学报》（社会科学版）2016年第1期。

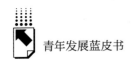
（二）当前社会公正感知程度与建档立卡毕业生求职努力程度

在社会竞争日益激烈的当下，多数大学毕业生在求职过程中难免会遇到挫折，大多不可能一次求职就找到比较满意的工作。一些建档立卡高校毕业生承载着家庭较多的期待，但家庭提供的社会支持相对有限，容易遭受挫败感。有的毕业生不能正确对待求职失败，遇上几次就会畏缩不前，不愿或不敢再参加其他招聘面试会，就业等待与观望心理日益严重，这样既会影响高校精准帮扶就业目标的如期实现，也会影响国家精准扶贫攻坚任务的顺利完成。但多数建档立卡毕业生能在找工作时保持积极心态，且表现出比其他大学毕业生群体更强烈的就业愿望和更积极的求职态度。

6月毕业8月才上班，中间经过了漫长的过程，等待很煎熬。这期间得到××县的一些帮助，给我提供了一些就业政策的信息。上学期间没有这方面的意识，没有职业生涯规划，很模糊，没有了解过这方面的信息。（访谈对象：建档立卡高校毕业生，女，24岁，专业不详，2017年毕业，区党工委办公室工作人员，第一份工作；访谈地：广西；访谈时间：2018年9月8日。）

觉得找一个比较正规一些的单位比较难，好多都是个人的，还有临时的这些东西，就是想找一个自己愿意待下去，也比较能看到发展潜力的，想让自己干下去的这个公司不太容易了。（访谈对象：建档立卡高校毕业生，男，26岁，中西医结合专业，2014年毕业，诊疗器材销售人员，第三份工作；远程访谈；访谈时间：2018年9月26日。）

就业找工作还是比较曲折的。当时没有这方面的准备，看专业看经历，被拒绝很多。在大四准备毕业论文，10月份开始找工作，一直到次年3月份找到几家公司。（访谈对象：建档立卡高校毕业生，女，社工专业，2018年毕业，食品公司党群工作人员，第一份工作；访谈地：广西；访谈时间：2018年9月8日。）

工作内容与专业无关，一开始（找工作）就特别想回家，就特别想回馈父母，城里孩子更注重个人发展。（访谈对象：建档立卡高校毕业生，女，文化产业管理专业，2016年毕业，县扶贫站工作人员，第一份工作；访谈地：贵州；访谈时间：2018年9月20日。）

（访谈员：当时找工作的时候你主要觉得这个困难来自哪方面？）也是自己家里的条件不好，然后就可能是比较内向胆小一些，和别人的交流就不是太多，就是比较胆怯，然后别人问什么自己才敢说什么。（访谈对象：建档立卡高校毕业生，女，国际贸易与经济专业，2018年毕业，县文化产业园区名人故居解说员；访谈地：陕西；访谈时间：2018年9月。）

绝大多数贫困生都没有任何家庭背景，根本不可能指望他们的家庭在其就业过程中发挥"走关系，托熟人"的作用；同时由于经济条件限制，在社会上全靠自己闯天下。相对于其他学生，贫困大学生实现就业的难度会更大。（访谈对象：县人社局人才交流中心主任；访谈地：陕西；访谈时间：2018年9月17日。）

比较来说，（建档立卡高校毕业生）吃苦耐劳。对工作的要求更低一些，工作薪酬、待遇要求低。普遍是先就业的观念。（访谈对象：县就业局局长；访谈地：贵州；访谈时间：2018年9月20日。）

表7的统计数据显示，在大学毕业时努力找工作的建档立卡高校毕业生有八成多，求职努力程度与当前社会公正感知程度非常显著相关，即对社会公正程度评价越高，建档立卡高校毕业生在大学毕业找工作时会越努力（非常努力或比较努力，下同）；对社会公正程度评价越低，很不努力找工作的越多。认为当前社会公正的毕业生，有八九成在大学毕业时努力找工作；而认为社会不公正的毕业生，有六到八成努力找工作，低于总体水平。认为社会很不公正的毕业生，虽然有半数在大学毕业时找工作非常努力，但也有一成很不努力，是平均水平的17倍；而认为社会非常公正的毕业生，近六成非常努力，且没有不努力找工作的。这表明，大多数建档立卡高校毕业生在大学毕业时求职态度积极，当他们感觉社会公正时，

会对社会充满信心和希望，相信自己的努力和奋斗有回报，在求职过程中会表现出更高的抗挫折能力。从这个意义上说，社会公正感也是个体应对生活挑战的一种心理资源。

表7　当前社会公正程度感知对建档立卡毕业生毕业时找工作努力程度的影响比较

单位：%

公正程度感知	非常努力	比较努力	一般	不太努力	很不努力
非常公正	58.9 ***	30.0 ***	11.1 ***	0 ***	0 ***
比较公正	35.5 ***	50.0 ***	13.2 ***	0.9 ***	0.5 ***
一般	27.7 ***	50.1 ***	20.3 ***	1.7 ***	0.2 ***
不太公正	35.2 ***	45.1 ***	17.6 ***	1.1 ***	1.1 ***
很不公正	51.7 ***	17.2 ***	20.7 ***	0 ***	10.3 ***
总体水平	34.4	47.7	16.2	1.1	0.6

注：统计学根据显著性检验方法所得到的 P 值，一般以 $P < 0.05$ 为显著，$P < 0.01$ 或 $P < 0.001$ 为非常显著。*** 标注，即 $P < 0.001$，** 标注，即 $P < 0.01$，均说明差别有非常显著意义；* 标注，即 $P < 0.05$，说明差别有显著意义；没有 * 标注，说明差别无显著意义。

（三）当前社会公正程度感知与目前工作适应程度

图 8 的调查数据显示，在本次调查的建档立卡高校毕业生对象中，14.3% 是 2016 年参加工作的，即工作不到三年，其中 31.8% 是 2017 年参加工作，即工作不到两年，42.4% 则是调查当年（2018 年）刚刚参加工作，对工作的适应程度是衡量其就业发展的重要指标。

表 8 的统计数据显示，适应目前工作的建档立卡高校毕业生有六成多，适应程度与社会公正感知程度非常显著相关，对社会公正程度评价越高，建档立卡高校毕业生在目前工作中越适应（非常适应或比较适应，下同）；对社会公正程度评价越低，对工作不适应的越多（有点不适应或非常不适应，下同）。认为当前社会非常公正的，有七成多适应目前的工作；而认为社会不太公正的，有六成多适应目前的工作，低于总体水平。认为社会很不公正的，有一成多非常不适应目前的工作，是平均水平的 22 倍；而认为社会非常公正的，没有不适应目前工作的。这表明，

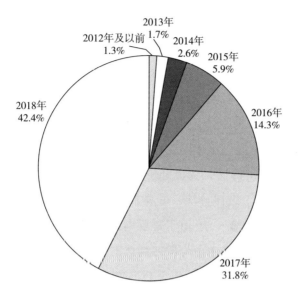

图8 建档立卡高校毕业生参加工作年份分布

大多数建档立卡高校毕业生适应目前的工作，当他们感觉社会公正时，会抱着更加积极的态度去适应目前的工作，从而在工作适应环节表现出更高的自我效能感。

表8 当前社会公正度感知程度对工作适应程度的影响比较

单位：%

公正程度感知	非常适应	比较适应	一般	有点不适应	非常不适应
非常公正	31.6 ***	41.8 ***	26.6 ***	0 ***	0 ***
比较公正	11.8 ***	62.3 ***	24.2 ***	1.7 ***	0 ***
一般	11.9 ***	47.8 ***	36.1 ***	3.3 ***	0.4 ***
不太公正	16.4 ***	43.8 ***	31.5 ***	8.2 ***	0 ***
很不公正	13.0 ***	34.8 ***	39.1 ***	0 ***	13.0 ***
总体水平	13.6	53.5	29.7	2.6	0.6

注：统计学根据显著性检验方法所得到的P值，一般以P<0.05为显著，P<0.01或P<0.001为非常显著。*** 标注，即P<0.001，** 标注，即P<0.01，均说明差别有非常显著意义；* 标注，即P<0.05，说明差别有显著意义；没有 * 标注，说明差别无显著意义。

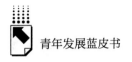

　　为了具体了解建档立卡高校毕业生对工作的适应情况，此次调查还用了9个项目，由浅入深地从工作态度、工作效能感等各方面考察毕业生对工作的适应程度：我能很快适应陌生的工作环境；我能够跟上工作中的节奏；不管生活环境变化多大，我能很快习惯；面对就业中的困境，我可以迅速调整过来；我喜欢尝试不同的方法去完成熟悉的工作；在平时，我善于观察现状并识别问题；出现问题后，我能寻找出多种解决方法；即使在单位中遭遇了不公正待遇，我也能够面对；我能够积极地看待自己的工作。采用1~5分的5级评分法，非常同意=1，比较同意=2，一般=3，不太同意=4，很不同意=5。由于是反向赋分，得分越低意味着被试的工作适应程度越好。可以采用中位数评判法对建档立卡高校毕业的工作适应程度进行判断，如果均分低于2.5分，表明工作适应程度较好，反之则较差。

　　用社会公正程度感知作因子，在比较均值中用单因素方差分析，表9的统计结果显示，建档立卡高校毕业生工作各方面的适应程度在对社会公正感知程度差异上几乎均非常显著。除了"我能够积极地看待自己的工作"之外，其他各方面均是认为社会非常公正的高校毕业生适应情况最好，其次是认为社会很不公正的和认为社会比较公正的，再次是认为社会公正程度一般的和认为社会不太公正的。在"我能够积极地看待自己的工作"这项上，认为社会非常公正的高校毕业生适应情况最好，其次是认为社会比较公正的、认为社会公正程度一般的，又次是认为社会很不公正的和认为社会不太公正的；纵向比较，认为社会很不公正的，在"我能够积极地看待自己的工作"这一项上均分排第二高，即适应情况较差，而其他则在这一项上均分次低，即适应情况次好。分析原因，可能认为当前社会很不公正的建档立卡高校毕业生，会更注重和强调个人本身的努力，但对工作本身并没有热情。然而，对待工作积极的看法更可能让一个人在职业发展中取得成绩，也更有利于个人的可持续发展。

表9　当前社会公正程度感知对工作适应具体表现的影响比较

工作适应表现	非常公正	比较公正	一般	不太公正	很不公正
我能很快适应陌生的工作环境	1.46 ***	1.87 ***	2.07 ***	2.27 ***	1.70 ***
我能够跟上工作中的节奏	1.49 ***	1.85 ***	2.03 ***	2.21 ***	1.78 ***
不管生活环境变化多大,我能很快习惯	1.54 ***	1.96 ***	2.21 ***	2.37 ***	1.87 ***
面对就业中的困境,我可以迅速调整过来	1.46 ***	1.98 ***	2.22 ***	2.36 ***	1.70 ***
我喜欢尝试不同的方法去完成熟悉的工作	1.63 ***	2.07 ***	2.23 ***	2.38 ***	1.78 ***
在平时,我善于观察现状并识别问题	1.54 ***	1.93 ***	2.15 ***	2.25 ***	1.78 ***
出现问题后,我能寻找出多种解决方法	1.49 ***	2.06 ***	2.21 ***	2.45 ***	1.74 ***
即使在单位中遭遇了不公正待遇,我也能够面对	1.59 ***	2.12 ***	2.37 ***	2.55 ***	1.91 ***
我能够积极地看待自己的工作	1.34 ***	1.70 ***	1.94 ***	2.12 ***	1.96 ***

注:统计学根据显著性检验方法所得到的P值,一般以P<0.05为显著,P<0.01或P<0.001为非常显著。*** 标注,即P<0.001,** 标注,即P<0.01,均说明差别有非常显著意义;* 标注,即P<0.05,说明差别有显著意义;没有* 标注,说明差别无显著意义。

　　整体来看,建档立卡高校毕业生在大多数项目上均分都小于2.5,说明建档立卡高校毕业生工作适应情况整体不错。纵向比较还发现,除了认为社会非常公正、很不公正的外,其余建档立卡高校毕业生在"即使在单位中遭遇了不公正待遇,我也能够面对"这一项上均分最高,即这方面的适应最差,可见初入职场的建档立卡高校毕业生对不公正待遇较为敏感。

　　想去合资企业,政府机构不想去,自己没背景。企业还是看能力,虽然竞争激励,但公正公平。(访谈对象:建档立卡高校在读大学生,大四,实习求职中,性别专业不详;访谈地:贵州;访谈时间:2018年9月20日。)

（四）当前社会公正程度感知与工作满意程度

工作满意程度与职业发展密切相关。为全面了解建档立卡高校毕业生对职业和就职单位的认可与融入程度，此次调查从工资水平满意程度、工作时间满意程度、单位文化满意程度、单位人际关系满意程度、工资外的福利满意程度、工作环境满意程度、工作整体满意程度7个项目上具体考察建档立卡高校毕业生的职业满意度，采用1~5分的5级评分法，非常满意＝1，比较满意＝2，一般＝3，不太满意＝4，很不满意＝5。由于是反向赋分，得分越低意味着满意度越高。可以采用中位数评判法对建档立卡高校毕业生工作满意程度进行判断，如果均分低于2.5分，表明工作满意度较高，反之则较低。

用社会公正程度感知作因子，在比较均值中用单因素方差分析，如表10的统计结果显示，建档立卡高校毕业生的工作满意度在社会公正感知程度差异上非常显著。无论是针对工资水平、工作时间、单位文化、单位人际关系、工资外的福利、工作环境还是对工作整体，认为当前社会公正程度越高的建档立卡高校毕业生，工作满意度就越高，即认为社会非常公正的，工作各方面的满意度都最高；认为社会比较公正的、社会公正程度一般的、社会不太公正的和社会很不公正的，工作满意度依次降低，没有例外。

表10　当前社会公正程度感知对建档立卡高校毕业生工作满意度的影响比较

工作满意度	非常公正	比较公正	一般	不太公正	很不公正
工资水平满意程度	2.16 ***	2.81 ***	3.06 ***	3.41 ***	3.70 ***
工作时间满意程度	2.01 ***	2.55 ***	2.76 ***	2.99 ***	3.22 ***
单位文化满意程度	1.76 ***	2.26 ***	2.56 ***	2.73 ***	3.04 ***
单位人际关系满意程度	1.65 ***	2.07 ***	2.37 ***	2.44 ***	2.74 ***
工资外的福利满意程度	1.99 ***	2.70 ***	2.96 ***	3.33 ***	3.48 ***
工作环境满意程度	1.87 ***	2.34 ***	2.61 ***	2.84 ***	3.22 ***
工作整体满意程度	1.84 ***	2.29 ***	2.64 ***	2.78 ***	3.09 ***

注：统计学根据显著性检验方法所得到的P值，一般以P＜0.05为显著，P＜0.01或P＜0.001为非常显著。*** 标注，即P＜0.001，** 标注，即P＜0.01，均说明差别有非常显著意义；* 标注，即P＜0.05，说明差别有显著意义；没有 * 标注，说明差别无显著意义。

整体来看，除了认为社会非常公正或比较公正的外，其他建档立卡高校毕业生在大多数项目上均分都大于2.5，这表明，建档立卡高校毕业生对工作满意度整体不高。纵向比较发现，建档立卡高校毕业生在工资水平满意程度、工作时间满意程度和工资外的福利满意程度上均分排名前三，这表明，建档立卡高校毕业生对工作收入最不满意，其次是工作时间。实地调查发现，建档立卡高校毕业生因为经济压力，初始就业时普遍抱着先就业再择业的心态，这也会影响他们对工作的满意度。

> （对工作）比较不满意。工作环境还不错，老板比较和蔼可亲，私人企业。我觉得做幼师太累了，我想下一步就返乡就业去做特岗老师，我想考教师资格证，只考了幼师资格证，小学和初中的没考。（访谈对象：建档立卡高校毕业生，女，23岁，专业不详，2017年毕业，家居公司文员；访谈地：广西；访谈时间：2018年9月8日。）

> 现在的工作环境、人际关系比较满意，工作不懂可以问，领导随和。这份工作长时间不行，工资只有1000多，有点少，而且是公益性岗位，工资不会涨。接下来准备考教师，已进入面试。（访谈对象：建档立卡高校毕业生，女，县政务中心工作人员，2018年毕业；访谈地：贵州；访谈时间：2018年9月20日。）

（五）当前社会公正程度感知与目前生活满意程度

生活满意感是个人依照自己选择的标准，对自己大部分时间或持续一定时期的生活条件、工作环境、经济收入、社会地位、人际关系等方面的生活状况进行的总体性认知评价。已有研究发现，青少年的社会公平感与一般生活满意感存在显著的正相关[1]。对于多数参加工作三年之内的建档立卡高校毕业生来说，生活满意程度与其就业发展状况紧密相关。针对目前生活状况

---

[1] 张媛：《中国青少年社会公平感的结构与测量》，华中师范大学硕士学位论文，2009。

满意程度的调查，本次调查采用 1 ~ 10 的 10 级评分法，1 代表最低，10 代表最高，分数越高，代表生活满意程度越高。

　　用社会公正程度感知作因子，在比较均值中用单因素方差分析，表 11 的统计结果显示，生活满意度在社会公正感知程度上差异非常显著，对社会公正程度评价越高的建档立卡高校毕业生，生活满意度越高，认为社会非常公正的，生活满意程度均分比认为社会很不公正的高 2.65 分。总体来看，建档立卡高校毕业生生活满意度总体均值为 5.53，大于中位数 5，即生活满意度较高。

表 11　当前社会公正程度感知对建档立卡高校毕业生目前生活满意程度的影响比较

公正程度感知	非常公正	比较公正	一般	不太公正	很不公正	总体水平
生活满意程度	6.2 ***	6.01 ***	5.12 ***	4.34 ***	3.55 ***	5.53

　　注：统计学根据显著性检验方法所得到的 P 值，一般以 P < 0.05 为显著，P < 0.01 或 P < 0.001 为非常显著。*** 标注，即 P < 0.001，** 标注，即 P < 0.01，均说明差别有非常显著意义；* 标注，即 P < 0.05，说明差别有显著意义；没有 * 标注，说明差别无显著意义。

　　综合来看，建档立卡高校毕业生中，对社会公正程度的评价，与求职努力程度、工作适应程度、工作满意程度和生活满意程度有非常显著的正相关关系，认为当前社会非常公正，在各方面的表现都最好；认为当前社会非常不公正的，虽然在大学毕业时的求职环节比较努力，对工作各方面的适应程度也比较好，但在积极看待工作方面较差，工作满意度和生活满意度也最低，这显然不利于其身心健康和长远发展。

三　消除就业歧视，营造公平就业环境

　　精准扶贫是根据致贫因素的差异，采用精细化的扶贫方式解决贫困问题，不断促进人的全面发展、全体人民的共同富裕，并最终回归到社会公平上来，而建档立卡识别贫困户是实施精准扶贫的前提。习总书记曾指出

"把贫困地区的孩子培养出来，这才是根本的扶贫之策"。促进各级各类教育均衡发展，推进教育公平；消除就业歧视，促进贫困人口中学生的就业发展，两者并重才能最终"把贫困地区的孩子培养出来"。

（一）完善法律法规体系

歧视理论在就业领域的渗入，说明大学生就业歧视现象背后有着深层次的文化因素作用，法律无疑是消除就业歧视、实现大学生平等就业的首要保障。

第一，推进反就业歧视的法制体系建设。我国现有反就业歧视的法律条款分散于《宪法》《劳动法》《就业促进法》《妇女权益保障法》《劳动力市场管理规定》等法律法规和规章中，尚未形成体系。而且随着就业形势的变化，就业歧视的新情况不断出现，现有相关法律已滞后于大学生就业实践的发展，建议出台专门的《反就业歧视法》，或者修订完善现有的相关法律法规，增强反就业歧视内容的可操作性，明确构成大学生就业歧视的要件及免责条件，为控告申诉提供可操作的法律准绳。

第二，成立专门的国家反就业歧视或保障就业公平机构。一方面，加大对就业歧视行为的监管和惩罚力度；另一方面，建立健全相应的反就业歧视诉讼制度，畅通就业歧视申诉通道，完善对大学生就业不公平的补偿机制，使相关保障性法律法规能够得到更好的贯彻执行。

第三，进一步发挥政策导向作用，为建档立卡大学生提供更多就业资源。扶贫是通过供给扶贫资源，干预贫困者资源稀缺状态，从而减少初始资源禀赋的差别。建档立卡贫困人口中大学生群体相比其他大学生群体，家庭经济基础较差，社会资源占有较少，需要通过社会各方面的努力提供更多的就业资源，如在公务员招考中为建档立卡贫困高校毕业生设定向名额，鼓励他们到基层就业；建立创业专项基金，鼓励他们发挥优势进行创业；对聘用建档立卡高校毕业生的企业给予减免税费等优惠政策，鼓励企业承担社会责任。目前，已有一些尝试展开，辽宁、陕西多地从2017年开始面向建档立卡贫困人口中高校毕业生招录基层事业单

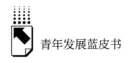
位工作人员①；中国工商银行计划从 2016 年至 2020 年，在全国范围内定向招聘 1000 名建档立卡贫困人口中高校毕业生入行工作，将扶贫精准到 1000 个农村家庭②；贵州省农村信用社 2018 年定向招聘建档立卡贫困人口大学生 319 人③。

（二）加强就业教育引导

建档立卡贫困人口中高校在读大学生对就业歧视的感知普遍高于毕业生的实际经历感知，表明高校还需要加强针对就业教育方面的引导。

第一，加强全程就业教育体系的建设。针对不同阶段的大学生进行全方位、多层次的就业教育，引导他们把个人理想与国家需要结合起来，把成才意识纳入社会总体发展需要的轨道上。针对建档立卡大学低年级学生，突出对其综合素质和核心能力的培养，使他们有能力真正享有市场竞争中的公平机会，生长出发展的自信，形成自力更生的发展意识，以实现机会公平。针对建档立卡大学高年级的学生，就业教育的形式、内容需要以人为本、与时俱进，充分利用网络功能，帮助他们认清形势，转变就业观念，响应党和国家的号召，积极参与"三支一扶""大学生村官""西部志愿者计划"等基层就业项目，为个人的长远发展赢得时间和空间。

第二，加强社会公正观的教育。生活在信息时代中的大学生是社会中敏感的神经元，强大的媒体信息传播功能使得在校大学生对社会事实的感知度

---

① 中公教育：《2017 陕西汉中市从"建档立卡贫困户"家庭大学毕业生中招聘基层事业单位工作人员公告》，http://sa.offcn.com/html/2017/10/84545.html，最后检索时间：2020 年 3 月 21 日。公考资讯网：《2018 年抚顺市县区公益性事业单位面向建档立卡贫困家庭大学毕业生招聘工作人员公告》，http://www.chinagwy.org/html/gdzk/liaoning/201810/80_269515.html，最后检索时间：2020 年 3 月 21 日。华图在线：《2018 陕西铜川从"建档立卡贫困户"家庭大学毕业生中招聘基层事业单位 48 人公告》，http://v.huatu.com/news/20181123/215003.html，最后检索时间：2020 年 3 月 21 日。

② 中国工商银行：《工商银行定向招聘千名贫困大学生》，http://icbc.st001.com/？id=13247356&page=10，最后检索时间：2020 年 3 月 21 日。

③ 多彩贵州网：《定向！贵州省农村信用社招聘贫困大学生 319 人》，http://www.gog.cn/zonghe/system/2018/11/01/016896953.shtml，最后检索时间：2020 年 3 月 21 日。

空前提高，但他们的社会体验相对较少，容易受社交网络中负面言论的影响，进而影响其就业心理和社会公平观的形成。高校在就业教育中应加强社会公正观的教育，要发挥思想政治理论课教学的主渠道作用，加强大学生对就业歧视等社会不公平问题的科学认知；要加大大学生社会实践的参与力度，促进大学生的社会体验与适应，使其更深刻地理解公平的历史性、具体性和相对性，理性分析就业歧视现象的社会现实依据；要完善大学生心理咨询与辅导，对极端思想给予矫正。只有对社会公正有客观理性的认识，大学生才能积极乐观地看待职业和人生，提升生活满意度和幸福感。

第三，加强反就业歧视教育。针对大学生对就业歧视的集体无意识，以法律为支撑，通过课堂教学、社会活动等各种方式，开展权利意识教育，唤醒大学生的维权和反就业歧视意识。高校也要积极与政府教育部门和企业管理部门进行沟通，推动反就业歧视工作，约束用人单位的不合理用工行为，维护学生的平等就业权益。

（三）畅通高职高专学生成长发展渠道

建档立卡贫困人口中高职高专学生对就业歧视的体验和感知明显多于建档立卡其他群体的大学生，表面看是统计歧视，实质是对高职高专学生的社会排挤，这与我国高等职业教育的发展状态也有密切关系。因此，除了加强对高职高专学校学生的职业技能和思想教育外，还需要从更多方面改善提高。

第一，通过树立典型和广泛宣传，增进社会各界对高等职业教育的认同，使高职高专学生在就业市场上获得应有的地位。高职高专教育培养的人才是我国工业化发展和产业结构升级不可或缺的人力资源支柱，其重要性将随着经济发展日益突出，高等职业教育的发展适应社会发展的需求，代表了大众化时代的高等教育发展方向。

第二，明确办学定位，突出高职高专特色。我国的高等职业教育发展刚刚起步，职业教育的特色发展还不明显。高等职业教育是以传授学生专门的高级实用技术为主要教育教学内容、直面市场的教育，以培养应用型人才为目标。在市场经济不断发展和产业结构优化调整的趋势下，高职高专院校的专业设置应该与社会需求和地方经济发展的需求紧密结合，课程体系上以就业为导向，坚持地方性、可行性、超前性、开放性、应用性、复合性等原则，打造高职高专学生就业的优势领域，在劳动力市场上实现与本科生及研究生的错位竞争。

第三，针对建档立卡高职高专毕业生提供外部支持。高职高专院校要承担起培养和输送人才的职责，首先，注重加强与社会各方面的合作，为学生直接提供更多可靠信息的来源，减少建档立卡高职高专毕业生在就业过程中通过有限的私人社会关系与人才市场信息博弈的过程；其次，加大校企合作、产学结合方面的投入，与企业的技术项目和产品研发合作，通过订单式培养等形式，实现学校教学与专业的对接，在增加学生实践机会、提高学生就业竞争力的同时，进一步畅通人才输送通道；再次，充分发掘学校利益相关方的社会关系网络，包括企业、校友等，为建档立卡高职高专毕业生搭建职业起步的平台。

（四）高度关注女大学生的心理调适

在大学生整体就业难的背景下，因为就业市场的性别歧视、女性自身的情感体验特点、社会传统思想的影响、家庭就业期望值高而社会资源匮乏等因素，建档立卡贫困人口中在校女大学生的就业焦虑感更高，除了鼓励她们充分利用高校资源提高个人综合能力、增强就业能力之外，还需给予有效的心理调适措施。

第一，对建档立卡高校在读女大学生进行心理跟踪辅导。做好女大学生进校时的心理健康筛检工作，为每位建档立卡高校在读女大学生建立心理档案，在开展普及性心理健康教育的基础上，加强对建档立卡女大学生一对一的定期心理辅导或集体辅导，培养她们自信自强、顽强进取的良好心理品质。

第二，注重建档立卡高校在读女大学生的团队教育。实地调查发现，一些建档立卡高校在读女大学生交往范围狭窄，基本限于舍友。学校要加强校园文化建设，鼓励她们成立或加入学生社团，融入丰富多彩的校园生活；增加团队建设活动，让她们在感受集体温暖的同时提升人际交往能力，提高心理调适能力。

第三，对建档立卡高校在读女大学生进行针对性的就业心理辅导。帮助她们发现自身的特点和优势，树立正确的就业观念，进行合理的职业生涯规划，确定适合自己的发展目标。

此外，全社会要广泛宣传、弘扬、倡导公正平等的理念，使其逐渐植根于每个人的内心深处，形成正确舆论导向和社会认同，同时充分发挥社会舆论的监督作用，为推进就业公平创造良好的社会氛围。

B.10
建档立卡贫困人口中大学生
教育投入与就业回报

邓希泉 张文玉*

摘 要: 本报告深入分析了建档立卡贫困人口中大学生的家庭教育投入、就业回报期望和就业回报之间的关系。在家庭教育投入方面,建档立卡贫困人口中大学生的家庭重经济投入、但轻情感投入,大部分人认为家庭教育支出给其家庭带来较重的经济负担,是家庭贫困的主要原因。在就业回报,包括薪资、就业地选择和就业单位选择方面,从在校大学生的期望就业回报和高校毕业生的实际就业回报看,二者之间落差较大。从教育投入和就业回报的关系看,教育投入对在校大学生的期望就业回报影响显著,但对高校毕业生的实际就业回报的影响尚不明确。同时,增加教育投入并不能带来家庭教育回报的增加。

关键词: 建档立卡 大学生 教育投入 就业回报 精准扶贫

2015年9月,联合国第七十届大会通过的《变革我们的世界:2030年可持续发展议程》提出:"消除一切形式和表现的贫困,包括消除极端贫

---

* 邓希泉,中国青少年研究中心青年研究所所长,研究员,主要研究方向为青年发展理论、青年政治参与、青年政策和青年现象;张文玉,北京大学博士,北京育灵童教育研究院研究员,主要研究方向为教育社会学、教育经济学。

困，是世界最大的挑战，也是实现可持续发展必不可少的要求。"① 2016 年
4 月，中国发布的《落实 2030 年可持续发展议程中方立场文件》积极承诺：
"贫困是当前国际社会面临的首要挑战和实现可持续发展的主要障碍。要把
消除贫困摆在更加突出位置，积极开展精准扶贫、精准脱贫。"② 贫困问题
是全世界共同面临的挑战，我国正在采取诸多有效措施以实现精准脱贫攻坚
战的目标，其中教育扶贫是精准扶贫工作中的重要内容，也是我国扶贫工作
取得重大进展的重要原因。通过教育实现贫困者的脱贫并在此基础上取得发
展，是教育投入与回报尤其是就业回报、教育反贫困研究等的核心研究领
域。对于我国建档立卡贫困人口中的大学生来说，教育投入主要是依靠家庭
的教育投入、政府和学校的资助投入，以及个人勤工助学和社会兼职的投
入。研究表明，随着户主受教育水平的提高，家庭在相应维度下的贫困发生
率均呈现明显下降，且受教育程度越高，减贫绩效越明显③。在政策层面，
我国不断加大教育扶贫的政策力度和工作措施。2013 年，教育部等七部门
联合下发的《关于实施教育扶贫工程的意见》指出，要加大高等学校招生
倾斜力度，实施面向贫困地区定向招生专项计划。2017 年 4 月，中共中央、
国务院印发的《中长期青年发展规划（2016～2025 年）》强调针对贫困地
区大学生实施帮扶政策，实施国家贫困地区定向招生专项计划。

依靠教育摆脱贫困的观点深植于我国的传统文化之中。一直以来，作为
合法合理有效的社会流动方式，教育得到高度重视和广泛认同。对高等教育
的投入会给个人、家庭、社会带来诸多的回报和效益，教育投入对提高就业
回报（货币回报）具有显著的积极影响。但是，近年来有关"寒门难出贵
子""鲤鱼难跃龙门"的讨论越来越多，对于贫困家庭子女能否通过读书改

---

① 联合国第七十届大会：《变革我们的世界：2030 年可持续发展议程》（文件编号 A/70/
L.1），2015 年 9 月 18 日，联合国官方网站：http://undocs.org/zh/A/70/L.1。

② 中国外交部：《落实 2030 年可持续发展议程中方立场文件》，2016 年 4 月 22 日，中国外交
部官网：https://www.fmprc.gov.cn/web/ziliao_674904/zt_674979/dnzt_674981/qtzt/
2030kcxfzyc_686343/t1357699.shtml。

③ 周强、张全红：《中国家庭长期多维贫困状态转化及教育因素研究》，《数量经济技术经济
研究》2017 年第 4 期。

变命运、实现向上的社会流动等问题，出现了越来越多否定性的回答。教育投入与教育回报之间的关系，特别是贫困家庭子女教育投入与教育回报之间的关系，成为学界讨论的热点。当前，影响农村贫困者教育投资决策的，已经不再是"读不读得起书""上不上得起学"的问题，而是"读书有什么用"的问题，这本质上是投资决策从"成本导向"向"回报导向"的嬗变①。本研究立足于建档立卡贫困人口中大学生的教育投入和就业回报的关系，剖析建档立卡贫困人口中大学生教育投入状况及影响因素、就业回报及其异质性，以及教育投入和就业回报之间的关系等，为促进建档立卡贫困人口中大学生教育投入政策措施、就业发展措施的完善及其全方位发展提供理论依据。

一 建档立卡贫困人口中大学生的教育投入情况

教育投入是投入教育中的人力、物力、财力的总和。通常来说，教育投入可以区分为学校投入和非学校投入②。学校投入包括人力投入（顾问、教师、行政管理人员、办事人员，等等）和物力投入（建筑物、职业教育和教学用具装备，房屋和其他辅助性的物质设备，等等）。非学校投入包括同伴影响、家庭社会经济水平（以家庭收入、父母受教育程度、父母职业等衡量），以及经常提到的种族、性别、家庭结构，还包括一些一般性环境特征，如城市化程度、贫困程度、政府对教育的财政投入，等等。本研究将重点放在建档立卡贫困人口中大学生家庭对其教育的投入方面，以便更深入地了解建档立卡贫困家庭的高等教育投入策略。

（一）建档立卡贫困人口中大学生在青少年期的父母陪伴状况

父母陪伴尤其是在青少年时期的教育陪伴是家庭教育投入的基础内容。

---

① 吴晓蓉、范小梅：《教育回报的反贫困作用模型及其实现机制》，《教育研究》2018 年第 9 期。
② 〔美〕柯恩：《教育经济学》，王玉崑、李国良、李超译，华东师范大学出版社，1989。

20世纪90年代以来，我国城乡人口处在高速流动之中，日益增长的农村富余劳动力尤其是青壮年农村劳动力进入城市务工经商，或者与家庭和子女异地分隔，或者举家蜗居在城市之中，导致处在青少年期的子女成为留守儿童或流动儿童，带来了一系列的留守儿童问题或流动儿童问题。父母对于青少年期子女教育的情感投入和关心程度，对子女的生理、心理和学业发展都有重要影响。由家庭生活缺失尤其是父母在家庭教育方面缺失而引发的问题，在贫困家庭表现得尤为明显。

1. 建档立卡贫困人口大学生在青少年期父母陪伴缺失的比例较高

建档立卡贫困人口大学生在青少年期有过留守经历的比例较高，在校大学生中的比例为27.87%，高校毕业生为22.25%（见表1）。分性别看，不论是高校毕业生还是在校大学生，女生有留守经历的比例都高于男生，其中在校大学生中在留守比例上的性别差异具有统计显著性。这在一定程度上反映了父母外出务工更愿意将儿子带在身边，可能的原因有二：一是家庭在养育子女上重男轻女的性别偏好，二是儿子在城市养育过程中遭遇的风险相对要小一些。从生源地看，西部省份生源的在校大学生中有留守经历的比例为31.19%，高于非西部生源的23.78%；西部省份生源的高校毕业生中有留守经历的比例为23.98%，高于非西部省份生源的20.68%。从统计显著性看，不论是在校大学生还是高校毕业生，西部省份生源和非西部省份生源贫困人口中大学生在拥有留守经历比例上的差异，都具有统计显著性。通过

表1 建档立卡贫困人口中大学生在青少年期有留守经历情况

单位：%

类别		留守经历（在校大学生）		留守经历（高校毕业生）	
		百分比	显著性	百分比	显著性
整体		27.87	—	22.25	—
性别	女生	29.59	0.00	23.23	0.16
	男生	25.87		21.04	
生源地	西部省份	31.19	0.00	23.98	0.07
	非西部省份	23.78		20.68	

说明：这里的显著性以 p<0.1 为显著。

对高校毕业生和在校大学生的相关数据进行纵向对比后可以发现，有留守经历的比例呈现上升的趋势，这可能与我国人口流动，特别是城乡人口流动趋势的变动有关。

2. 建档立卡贫困人口大学生在青少年期有流动经历的比例较低

从整体看，建档立卡贫困人口大学生在青少年时期有过流动经历的占比不高，在校大学生的比例为4.26%，高校毕业生的比例为3.16%（见表2）。分性别看，男生有流动经历的比例高于女生，且这种差异具有统计显著性。在校大学男生有流动经历的比例高出女生2.08个百分点；大学毕业男生有流动经历的比例高出女生1.60个百分点。分生源地看，西部省份生源在校大学生中4.13%的有流动经历，非西部省份生源在校大学生中的相应比例为4.42%；西部省份生源高校毕业生中3.63%的有流动经历，非西部省份生源高校毕业生中的相应比例为2.71%。无论是在校大学生还是高校毕业生，在有过流动经历方面，性别差异显著，但在生源地上差异不显著。

表2　建档立卡贫困人口中大学生在青少年期有流动经历的情况

单位：%

类别		在校大学生		高校毕业生	
		百分比	P值	百分比	P值
整体		4.26	—	3.16	—
性别	女生	3.30	0.00	2.45	0.05
	男生	5.38		4.05	
生源地	西部省份	4.13	0.32	3.63	0.16
	非西部省份	4.42		2.71	

说明：这里的显著性以p<0.1为显著。

（二）建档立卡贫困人口中大学生的大学就读期间教育投入状况

1. 教育投入呈上升趋势，建档立卡贫困家庭承受高等教育成本上升的压力

随着我国经济社会快速发展，生活成本在不断上升，高等教育所需的教育投入也在不断增加。通过分析在校大学生上一学年支出情况和高校毕业生

最后一学年支出情况（见表3），可以发现，不管是从整体看还是区分性别，在校大学生的总支出和来自家庭的支出都高于高校毕业生，其中，在校大学生上一学年的总支出比高校毕业生在大学最后一学年的支出高990元，女生和男生分别高1157元和793元。这种支出的增加虽然会受到社会经济发展水平的影响，但也从一定程度上表明高等教育成本在不断上升，建档立卡贫困家庭为了子女完成高等教育，需要承受高等教育成本增大而带来的更大经济压力。

表3　在校大学生上一学年/高校毕业生最后一学年平均支出情况

类别		整体	女生	男生	差值
在校大学生	总支出(元)	16987	17146	16800	346
	其中来自家庭的支出(元)	11408	11361	11464	-103
	来自家庭的支出占比(%) 均值	67	66	68	-2
	来自家庭的支出占比(%) 显著性	0.04			
高校毕业生	总支出(元)	15997	15989	16007	-18
	其中来自家庭的支出(元)	10950	10768	11179	-411
	来自家庭的支出占比(%) 均值	69	68	70	-2
	来自家庭的支出占比(%) 显著性	0.07			

说明：这里的显著性以 p<0.1 为显著。

分性别看，在校大学女生的平均支出要高于男生（高346元），大学毕业女生在大学最后一学年的平均支出与大学毕业男生的平均支出水平基本持平（仅低18元）。但是，在校大学女生和大学毕业女生来自家庭的资金支持均低于男生，分别相差103元和411元。从来自家庭的支出占总支出的比例看，在校大学男生和大学毕业男生教育支出的额度分别占其总支出的比例都比女生高出0.02个百分点，且这种差异具有统计显著性。综合这两方面的数据，可以得出两个方面的结论：一是建档立卡贫困家庭在教育投入上仍维持一定的男性偏好；二是女生依靠自身能力赚取的收入（包括奖/助学金、勤工俭学收入等）要高于男生，女生在依靠自身能力去缓解高等教育支出的压力和对家庭贫困带来的压力的主动意识和危机意识相对更加明显。

2. 同时有多人接受高等教育的家庭对个体的平均教育投入较低

家庭的收入是一定的，如果家庭内同时有多人接受高等教育，势必会分散家庭对个体的教育投入；建档立卡贫困家庭中若有多人同时接受高等教育，那样就会面临更大的经济压力。调查数据显示，23.32%的在校大学生家庭中同时还有其他家人在接受大专及以上教育；25.84%的高校毕业生在大学最后一学年时家庭内同时还有其他家人接受大专及以上教育。从教育支出的绝对值看，上一学年/最后一学年家庭内没有其他家人接受大专及以上教育的学生总支出，比上一学年/最后一学年家庭内有其他家人接受大专及以上教育的学生的支出分别高出 570 元、443 元，在来自家庭的支出方面则分别高出 830 元、535 元。从来自家庭的支出占总支出的比例看，家庭内还有其他家人同时接受大专及以上高等教育的学生来自家庭的支出比例，低于家庭内没有其他家人接受大专及以上教育的学生来自家庭的支出比例，其中在校大学生中的差距还具有统计显著性（见表4）。这个结果在一定程度上表明，家庭内同时接受高等教育的家人数量，在很大程度上影响家庭教育投入在个体上的平均投入数量，家庭内同时有多人接受大专及以上教育一般使家庭教育投入在个体身上的分配数量降低。

表4　是否有家庭成员同时接受高等教育与家庭教育投入的关系情况

类别		没有人同时接受大专及以上教育	有人同时接受大专及以上教育	差值
在校大学生（上一学年）	总支出（元）	17119	16549	570
	其中来自家庭的支出（元）	11602	10772	830
	来自家庭的支出占比（%） 均值	68	64	4
	显著性	0.00		
高校毕业生（最后一学年）	总支出（元）	16111	15668	443
	其中来自家庭的支出（元）	11089	10554	535
	来自家庭的支出占比（%） 均值	69	68	1
	显著性	0.31		

说明：这里的显著性以 p < 0.1 为显著。

3. 家庭经济条件与家庭教育投入水平呈明显的正相关关系

家庭教育投入以家庭经济收入为基础。建档立卡家庭处在贫困状态，家庭经济收入水平较低。调查数据显示，有81.87%的在校大学生认为其家庭经济水平低于当地平均水平，在高校毕业生中的相应比例是76.45%。从来自家庭的支出看，那些自认家庭经济水平低于当地平均水平的在校大学生的支出，低于家庭经济条件在平均水平及以上的学生的支出955元；但自认家庭经济水平低于当地平均水平的高校毕业生的家庭支出水平却高于家庭经济水平在平均水平及以上的学生，高142元。从来自家庭的支出占总支出的比例可以看出，家庭经济条件在当地低于平均水平的在校大学生和高校毕业生的家庭支出占比分别为65%和68%，低于家庭经济条件在当地平均水平及以上的在校大学生和毕业生家庭支出占比的74%和71%，且显著性检验的结果显示，这种差异具有统计显著性。这就表明家庭经济条件与家庭教育投入水平呈明显的正相关关系，经济条件越差，家庭教育投入水平越低（见表5）。

表5　不同家庭经济水平与家庭教育投入的关系情况

类别		低于平均水平	平均水平及以上	差值
在校大学生（上一学年）	总支出（元）	17064	16638	426
	其中来自家庭的支出（元）	11235	12190	-955
	来自家庭的支出占比（%）　均值	65	0.74	-0.09
	显著性	—		0.00
高校毕业生（最后一学年）	总支出（元）	16103	15651	452
	其中来自家庭的支出（元）	10984	10842	142
	来自家庭的支出占比（%）　均值	0.68	0.71	-0.03
	显著性	—		0.05

说明：这里的显著性以 $p < 0.1$ 为显著。

　　尽管家庭经济状况在当地平均水平以下的大学生获得的家庭教育投入相对较低，但是家庭对他们在高等教育投入总量方面并没有降低，相反都超过了那些家庭经济状况在当地处于中等水平以上的家庭对大学生的高等教育投入。表5的数据显示，自评家庭经济水平低于当地平均水平的学生的平均总支出，却都高于自评家庭经济条件在当地平均水平及以上的学生的平均总支出，其中在校大学生的高426元，高校毕业生的高452元。原因可能在于家庭经济条件越差的大学生越需要自己通过各种方式去赚钱以基本满足自己的高等教育基本投入。当然，这个结果与人们的日常经验似有明显不同。其中可能的原因是家庭经济条件较差的大学生在依靠自身力量赚钱的过程中必然要付出更多的时间成本和经济成本，由此可能增大了经济支出。这可能是解释这种异常现象的一个原因。

（三）建档立卡贫困人口中大学生的教育投入对家庭经济的影响

1. 绝大部分在校大学生和高校毕业生认为大学期间费用支出给家庭经济带来了较大负担

从在校大学生和高校毕业生就大学期间的费用支出对家庭经济带来压力的统计情况看（见表6），不论是对在校大学生，还是对高校毕业生而言，读大学的经费支出对家庭经济来说都是不小的负担：75.91%的在校大学生认为大学期间的费用支出给家庭造成了较大或非常大的压力，这一数据在毕业生中是75.02%。分生源地看，在校大学生中，西部省份生源和非西部省份生源表示压力较大或非常大的比例差异不明显，分别为75.61%和76.27%；在高校毕业生中这一数据分别为75.29%和74.90%，同样差异不大。从家庭内是否有其他家人同时接受高等教育情况看，与家中只有一人在读大学的在校大学生和高校毕业生相比，家中同时有两人及以上接受高等教育的在校大学生和高校毕业生表示，读大学费用给家庭带来较大和非常大压力的比例较高：在校大学生中的比例为81.20%，高校毕业生中的比例为73.33%，分别高出家中只有一人在读大学的在校大学生和低于高校毕业生6.90个和2.27个百分点。分家庭经济状况看，读大学期间的费用给家庭经济状况处在当地平均水平以下的在校大学生和高校毕业生家庭造成了更大的压力，分别有81.55%的自评家庭经济水平处在当地平均水平以下的在校大学生和83.10%的自评家庭经济水平处在当地平均水平以下的高校毕业生表示，读大学期间的费用支出给家庭经济造成了较大或非常大的压力；在家庭经济水平处在当地平均水平及以上的在校大学生和高校毕业生中的相应比例分别只有50.42%和48.78%，差异非常明显。

表6　读大学对家庭经济造成的压力情况统计

单位：%

项目			在校大学生		高校毕业生	
			百分比	P值	百分比	P值
整体		完全没有压力	1.03	—	1.94	—
		压力较小	7.01		6.82	
		一般	16.05		16.22	
		压力较大	54.70		52.19	
		压力非常大	21.21		22.83	
生源地	西部省份	完全没有压力	1.09	0.36	2.18	0.15
		压力较小	7.71		8.43	
		一般	15.59		14.10	
		压力较大	53.72		53.20	
		压力非常大	21.89		22.09	
	非西部省份	完全没有压力	0.95		1.71	
		压力较小	5.16		5.14	
		一般	16.62		18.26	
		压力较大	55.90		51.50	
		压力非常大	20.37		23.40	
家庭内是否有家人同时接受高等教育	无	完全没有压力	1.11	0.00	2.13	0.44
		压力较小	7.45		7.07	
		一般	17.15		15.20	
		压力较大	54.54		52.95	
		压力非常大	19.76		22.65	
	有	完全没有压力	0.75		1.39	
		压力较小	5.59		6.11	
		一般	12.46		19.17	
		压力较大	55.21		50.00	
		压力非常大	25.99		23.33	
家庭在当地的经济水平	低于当地的平均水平	完全没有压力	0.83	0.00	1.13	0.00
		压力较小	5.84		4.88	
		一般	11.78		10.89	
		压力较大	57.02		55.31	
		压力非常大	24.53		27.79	
	在当地平均水平及以上	完全没有压力	1.93		4.57	
		压力较小	12.29		13.11	
		一般	35.36		33.54	
		压力较大	44.20		42.07	
		压力非常大	6.22		6.71	

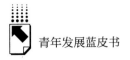

对比在校大学生和高校毕业生认为大学期间费用支出对家庭经济"压力较大"和"压力非常大"的情况，从整体看，在校大学生感受到的压力比高校毕业生高 0.89 个百分点；西部省份的在校大学生感受到的压力比高校毕业生高 0.32 个百分点，非西部省份的高 1.37 个百分点；家庭内只有自己一人接受高等教育的在校大学生感受到的压力比高校毕业生低 1.3 个百分点，家庭内同时还有其他家人接受高等教育的高 7.87 个百分点；自评家庭经济状况低于当地平均水平的在校大学生感受到的压力比高校毕业生低 1.55 个百分点，在当地平均水平及以上的高 1.64 个百分点。由此可以看出，不管是从整体看，还是区分不同生源地、家庭内其他家人同时接受大学教育情况、家庭经济情况看，在校大学生中认为大学教育费用支出给家庭经济带来较大和非常大压力的比例，大部分情况下都高于高校毕业生。这在一定程度上说明，至少从大学生个人感受的角度看，大学教育费用支出给家庭经济带来的压力有上升的趋势。

2. 在校大学生和高校毕业生普遍认为教育支出是家庭贫困的主要原因

高等教育所需的较大支出与家庭贫困之间有一定关系。在对"读书费用负担重"是家庭贫困主要原因的统计结果方面（见表7），有 64.76% 的在校大学生和 56.78% 的高校毕业生持这一看法。不同性别、生源地、学校类型、专业类别和家庭经济状况的在校大学生在对这一问题的认识上有显著差异。与男生、西部省份生源、高职高专、非人文社科类专业和家庭经济状况在当地平均水平及以上的高校毕业生相比，女生、非西部省份生源、"双一流"高校和非"双一流"本科高校、人文社科类专业、家庭经济水平低于当地平均水平的在校大学生认为教育是致贫原因的比例更高。

表7　建档立卡贫困大学生对"教育是家庭贫困的一个主要原因"的分类统计

单位：%

项目		在校大学生		高校毕业生	
		百分比	P 值	百分比	P 值
总体		64.76	—	56.78	
性别	女生	68.74	0.00	60.65	0.00
	男生	60.11		51.94	

项目		在校大学生		高校毕业生	
		百分比	P 值	百分比	P 值
生源地	西部省份	63.19	0.01	56.54	0.44
	非西部省份	66.70		56.92	
学校类型	"双一流"高校	57.59	0.00	52.82	0.04
	非"双一流"本科高校	69.16		60.24	
	高职高专	56.86		53.73	
专业类别	非人文社科类专业	63.80	0.02	56.04	0.19
	人文社科类专业	67.27		58.58	
家庭在当地的经济水平	低于平均水平	66.35	0.00	58.78	0.00
	平均水平及以上	57.60		50.30	

说明：这里的显著性以 $p < 0.1$ 为显著。

比较在校大学生和高校毕业生的数据可以发现，不论是总体，还是区分不同性别、生源地、学校类型、专业类别和家庭经济状况，在校大学生中认为教育是家庭致贫主要原因的比例都高于毕业生的相应比例，这一差异同在校大学生与高校毕业生对读大学给家庭经济带来压力的认识上的差异是一致的。这在一定程度上说明在大学生的主观感受方面，读大学越来越成为家庭经济的一大负担。

二 建档立卡贫困人口中大学生的就业回报

教育的回报通常包括消费和投资两部分[1]。所谓消费，指的是教育的即时消费品属性，主要是学生在学校所享受到的教育服务。投资则是指教育所可能带来的个体未来潜在收益的增加，例如，接受的教育水平越高，未来也更可能拿到更高的薪资。在本部分，我们将对大学生和社会普遍关注的工资、就业地域和就业单位等就业回报进行分析，以增进对建档立卡贫困人口中大学生就业回报的了解。

---

① 〔美〕柯恩：《教育经济学》，王玉崑、李国良、李超译，华东师范大学出版社，1989。

（一）建档立卡贫困人口中大学生的工资回报

工资回报是就业回报的基础内容。从建档立卡贫困人口中高校毕业生的月薪和在校大学生期望起薪情况看（见表8），无论是从总体上，还是分性别、生源地、学校类型、专业类别，以及家庭经济状况的在校大学生，在期望起薪方面都存在显著差异；不同类别下的高校毕业生的实际月薪情况各异，在生源地、学校类型、家庭在当地的经济水平等方面存在差异明显，但是在性别、专业类别等方面的差异不明显。

表8 高校毕业生薪资和在校大学生期望起薪的分布情况

单位：元/月

项目		高校毕业生实际月薪		在校大学生期望起薪	
		均值	P值	均值	P值
总体		3521	—	4793	—
性别	女生	3402	0.12	4537	0.00
	男生	3669		5095	
生源地	西部省份	3020	0.00	4586	0.00
	非西部省份	4016		5050	
学校类型	"双一流"高校	5082	0.00	5953	0.00
	非"双一流"本科高校	3676		4796	
	高职高专	2999		4278	
专业类别	非人文社科类专业	3464	0.22	4879	0.00
	人文社科类专业	3655		4569	
家庭在当地的经济水平	低于平均水平	3296	0.00	4769	0.06
	平均水平及以上	4184		4907	

说明：这里的显著性以 p<0.1 为显著。

从表8的数据可以得出以下三方面的具体结论。第一，期望收入与实际收入之间存在较大差距。在校大学生期望起薪的平均值为4793元/月，而高校毕业生的平均薪资只有3521元/月。区分不同性别、生源地、学校类型、专业类别和家庭经济状况来看，这种差距依然存在。考虑到大部分高校毕业生的工作年限都已经在1年以上，在校大学生的期望起薪和实际起薪之间的差距可能会更大。第二，不同性别、生源地、学校类型、专业类别和家庭经济状况的在校大学生在期望起薪上存在显著差异。男生的期望起薪高于女生；非西部省份生源地的学生期望薪资高于西部省份生源；"双一流"高校学生的期望起薪高于非"双一流"本科高校和高职高专学生；非人文社科类专业的在校大学生期望起薪显著高于人文社科类专业在校大学生；家庭在当地经济水平好的在校大学生的期望起薪高于家庭在当地经济水平较差的在校大学生。第三，不同性别和专业类别的高校毕业生月薪差异不大，不同学校类型、生源地和家庭经济水平的高校毕业生工资有显著差异。"双一流"高校毕业生平均工资 5082 元/月，分别高出非"双一流"高校毕业生和高职高专毕业生 1406 元和 2083 元。非西部省份生源的高校毕业生平均工资 4016 元，高出西部省份生源 996 元。家庭经济水平在当地处于平均水平及以上的高校毕业生平均工资 4184 元/月，比家庭经济水平在当地处于平均水平以下的高校毕业生高出 888 元。

（二）建档立卡贫困人口中大学生的家庭回报

大学生毕业实现就业后把一些工资收入给家庭，是对家庭教育的回报，也是家庭反贫困的一种积极策略。通过对在校大学生计划毕业后将自己一半及以上收入给家里和高校毕业生实际上将一半及以上收入给家里情况的统计（见表9）发现，在校大学生总体上有高达 89.53% 的学生计划毕业后会将自己收入的一半及以上给家里。分性别、生源地、学校类型、专业类别和家庭在当地的经济水平看，在校大学生表示未来计划将自己收入一半及以上给家里的比例大多在 90% 左右。不同性别、生源地和学校类型的在校大学生在这一方面没有显著差异。但非人文社科类专业学生和家庭经济水平低于当地平均水平的在校大学生表示计划将自己一半及以上收入给家里的比例，显著高于人文社科类专业学生和家庭经济水平在当地平均水平及以上的在校大学生的相应比例。

从高校毕业生的情况看，不管是总体上，还是区分不同性别、生源地、学校类型、专业类别和家庭在当地的经济水平看，实际上把自己一半及以上收入给家里的比例都没有超过 45%，意味着只有不到一半的高校毕业生较好地对家庭实现了就业回报。比较在校大学生和高校毕业生的相关情况，可以发现二者之间的差距较大。导致这一现象的原因大概有三个方面。第一，可能是虽然建档立卡贫困人口中大学生有将更多收入交给家里的期望，但现实的经济压力阻碍了他们这一期望的实现；第二，可能是在校大学生对毕业后的收入和生活压力情况缺乏理性预期，低估了毕业之后的生活压力；第三，可能是贫困生资助政策和家庭期望，导致在校大学生在回答这一问题时面临道德压力，因而导致表示愿意将一半及以上收入给家里的比例偏高。具体来看，不同性别、专业和家庭经济水平的高校毕业生将自己一半及以上收入交给家里的比例存在显著差异，男生高于女生，人文社科类专业高于非人文社科类专业，家庭经济水平在当地平均水平及以上的毕业生高于家庭经济水平在当地平均水平以下的高校毕业生。

表9 表示将一半及以上收入给家里的学生分布情况

单位：%

项目		在校大学生		高校毕业生	
		百分比	P值	百分比	P值
总体		89.53	—	40.06	—
性别	女生	89.99	0.16	38.45	0.09
	男生	88.98		42.07	
生源地	西部省份	89.20	0.23	40.41	0.41
	非西部省份	89.93		39.80	
学校类型	"双一流"高校	88.36	0.38	42.25	0.36
	非"双一流"本科高校	89.31		38.13	
	高职高专	90.62		41.77	
专业类别	非人文社科类专业	90.03	0.05	38.68	0.05
	人文社科类专业	88.24		43.38	
家庭在当地的经济水平	低于平均水平	91.15	0.00	38.59	0.04
	平均水平及以上	82.05		44.82	

说明：这里的显著性以 p < 0.1 为显著。

（三）建档立卡贫困人口中大学生的就业地域选择

就业地域与就业回报、职业发展、社会声望等直接相关。表10的调查结果显示的是在校大学生期望毕业后在北上广深和省会城市就业的情况，以及高校毕业生在北上广深和省会城市实际就业情况。可以看出，在校大学生对就业地域选择的期望情况，与高校毕业生实际就业地域落实情况之间存在较大差距。具体情况是，有55.17%的在校大学生期望毕业后能在北上广深和省会城市就业，但从高校毕业生就业地域的落实情况看，只有42.72%的就业地域分布在北上广深和省会城市。

表10 在校大学生/高校毕业生（期望）北上广深及省会就业情况统计

单位：%

项目		在校大学生		高校毕业生	
		百分比	P值	百分比	P值
总体		55.17	—	42.72	—
性别	女生	54.34	0.13	44.00	0.32
	男生	56.14		41.10	
生源地	西部省份	46.65	0.00	30.33	0.00
	非西部省份	65.70		55.49	
学校类型	"双一流"高校	62.05	0.00	41.90	0.00
	非"双一流"本科高校	55.73		41.70	
	高职高专	50.70		44.15	
专业类别	非人文社科类专业	56.66	0.00	45.99	0.00
	人文社科类专业	51.31		34.93	
家庭在当地的经济水平	低于平均水平	56.01	0.02	43.81	0.01
	平均水平及以上	51.38		39.42	

说明：这里的显著性以 p<0.1 为显著。

　　对在校大学生而言，男生期望在北上广深和省会城市就业的比例为56.14%，略高于女生1.8个百分点，但这种差距不具有统计显著性。不同生源地、学校类型、专业类别、家庭经济状况的在校大学生，在北上广深和省会城市就业期望方面的差异具有统计意义上的显著性。从生源地看，非西部省份生源期望去往北上广深和省会城市就业的比例为65.70%，高于西部省份（46.65%）19.05个百分点。分学校类型看，从"双一流"高校、非"双一流"本科高校到高职高专，在校大学生期望去往北上广深和省会城市就业的

比例依次降低，分别为 62.05%、55.73% 和 50.70%。从专业类别来看，非人文社科类专业在校大学生期望去往北上广深和省会城市就业的比例为 56.66%，高于人文社科类专业在校大学生（51.31%）5.35 个百分点。从家庭经济状况看，家庭经济状况低于当地平均水平的在校大学生期望去往北上广深和省会城市就业的比例高于家庭经济状况在当地处于平均及以上水平的在校大学生，二者比例分别为 56.01% 和 51.38%，相差 4.63 个百分点。

对高校毕业生而言，不同性别的毕业生在北上广深和省会城市就业的比例不存在显著差异，但不同生源地、学校类型、专业类别、家庭经济状况的去往北上广深和省会城市就业的比例差异显著。在高校毕业生中，女生在北上广深和省会城市就业的比例为 44.00%，比男生的 41.10% 高出 2.9 个百分点。不同生源地的高校毕业生在北上广深和省会城市就业的比例存在显著差异，非西部省份生源的比例为 55.49%，显著高于西部省份生源的 30.33%。从"双一流"高校到非"双一流"本科高校，再到高职高专，在北上广深和省会城市就业的高校毕业生比例分别为 41.90%、41.70% 和 44.15%，三种类型高校毕业生的就业地域具有统计意义上的显著差异性。该数据似乎并未显示出"双一流"高校的优势，主要原因是未对详细地域进行对比分析。非人文社科类专业毕业生在北上广深和省会城市就业的比例为 45.99%，高出人文社科类专业高校毕业生（34.93%）11.06 个百分点。家庭经济水平在当地处于平均水平以下的高校毕业生在北上广深和省会城市就业的比例为 43.81%，高于家庭经济水平在平均水平及以上的高校毕业生（39.42%）4.39 个百分点，这在一定程度上反映出来自家庭经济水平较差的高校毕业生，有着到北上广深和省会城市就业以赚取更多收入的强烈诉求。

（四）建档立卡贫困人口中大学生的就业单位选择

就业单位性质在很大程度上影响职业收入、职业声望和职业发展空间，是就业时需要重点考虑的方面。表 11 显示的是在校大学生期望去往国家机关、国有企业、事业单位和群团组织等体制内单位就业的情况和高校毕业生在体制内单位就业的实际情况。总体来看，建档立卡人口中在校大学生的就业期望仍然具有很强的体制内单位偏好，高达72.98%的在校大学生期望毕业后去往体制内单位就业。女生、西部省份生源、非"双一流"本科和高职高专、人文社科类专业和家庭经济条件在当地处于平均水平以下的在校大学生期望去往体制内单位就业的比例更高。这说明家庭背景和人力资本较弱的在校大学生的风险偏好更低，更期望获得稳定的体制内工作，且不同性别、生源地和专业类别的在校大学生在体制内单位偏好上的差异还具有统计显著性。

表11　在校大学生/高校毕业生（期望）去往体制内单位就业情况统计

单位：%

项目		在校大学生		毕业生	
		百分比	P值	白分比	P值
总体		72.98	—	33.67	—
性别	女生	77.61	0.00	33.42	0.41
	男生	67.55		33.98	
生源地	西部省份	75.88	0.00	45.64	0.00
	非西部省份	69.39		22.11	
学校类型	"双一流"高校	71.21	0.52	40.14	0.00
	非"双一流"本科高校	72.86		38.87	
	高职高专	74.06		26.00	
专业类别	非人文社科类专业	71.81	0.00	30.25	0.00
	人文社科类专业	76.01		41.91	
家庭在当地的经济水平	低于平均水平	73.14	0.62	30.61	0.00
	平均水平及以上	72.24		43.60	

说明：这里的显著性以 p<0.1 为显著。

从高校毕业生实际就业情况看，一定程度上反映出体制内单位的偏好和落实情况之间存在不小的差距，只有33.67%的高校毕业生实现了在体制内单位就业。男、女高校毕业生在体制内单位就业的比例相差不大，但不同生源地、学校类型、专业类别、家庭经济状况的高校毕业生在体制内单位就业的情况差异显著。西部省份生源的高校毕业生在体制内单位就业的比例为45.64%，表明将近有一半高校毕业生在体制内单位工作。这可能与西部生源地学生更多回到家乡体制内单位就业有关。分学校类型看，从高职高专、非"双一流"本科高校到"双一流"高校,进入体制内单位就业的比例逐步提高,"双一流"高校毕业生进入体制内单位就业的比例超过40%,比高职高专毕业生高出14.14个百分点。人文社科类专业毕业生在体制内单位工作的比例为41.91%,比非人文社科类专业毕业生的30.25%高出11.66个百分点。从家庭经济状况看,家庭经济水平处于当地平均水平及以上的高校毕业生在体制内就业的比例更高,为43.60%,比家庭经济状况处于平均水平以下的高校毕业生的30.61%高出12.99个百分点。

三 建档立卡贫困人口中大学生的教育投入与就业回报的关系

结合建档立卡贫困人口中在校大学生和高校毕业生的教育投入和(期望)就业回报的基本状况的详细分析,本部分采用回归分析的方式,重点分析建档立卡贫困人口中大学生家庭教育投入的影响因素,以及家庭投入与期望就业回报和实际就业回报之间的关系。

(一)建档立卡贫困人口中大学生家庭教育投入的影响因素

在分析家庭教育投入的影响因素时,通常考虑的主要因素包括家庭子女数、家庭经济状况和地域等因素。

第一,家庭教育投入上存在资源稀释效应。所谓资源稀释效应,是指家庭子女数越多,家庭内部各种资源可分配给每个子女的就越少的现象[1]。在建档立卡贫困人口中大学生的家庭教育投入方面,存在明显的资源稀释效应,上文的研究结论"同时有多人接受高等教育的家庭对个体的平均教育投入较低"就是资源稀释效应的另一种表达。表12的回归分析结果显示,大学生的亲兄弟姐妹的数量越多,家庭对其所做的教育投入就越少,每增加一个兄弟姐妹,家庭投入降低2.35%。

---

[1] 徐浙宁:《城市"二孩"家庭的养育:资源稀释与教养方式》,《青年研究》2017年第6期。

表12 上一学年花费中父母家人所给的家庭教育投入情况

单位：%

变量	模型1 家庭教育投入 （对数）	模型2 家庭教育投入 （对数）	模型3 家庭教育投入 （对数）
亲兄弟姐妹数	− 0.0231 ***	− 0.0235 ***	− 0.0235 ***
	（0.008）	（0.008）	（0.008）
家里有其他人接受大专及以上教育	− 0.0170	− 0.0233	− 0.0224
	（0.018）	（0.018）	（0.018）
平常在一起生活的家人数	0.0142 **	0.0141 **	0.0139 **
	（0.006）	（0.006）	（0.006）
家庭经济在平均水平及以上	− 0.0321	− 0.0266	− 0.0257
	（0.020）	（0.020）	（0.020）
西部省份	0.0183	0.0226	0.0218
	（0.017）	（0.017）	（0.017）
男生	− 0.0226	− 0.0177	− 0.0172
	（0.015）	（0.016）	（0.016）
年龄	0.0062	0.0031	0.0033
	（0.005）	（0.005）	（0.005）
汉族	0.0480 **	0.0561 ***	0.0558 ***
	（0.019）	（0.020）	（0.020）
中共党员	X	√	√
学校类型	X	√	√
专业类型	X	√	√
学历层次	X	√	√
父亲学历	X	X	√
母亲学历	X	X	√
常数项	9.4760 ***	9.4805 ***	9.4813 ***
	（0.114）	（0.115）	（0.115）
样本数	3993	3993	3993
R方	0.005	0.013	0.014

说明：*、**、***的显著性分别为10%、5%、1%，（ ）中的数值为标准差。下同。

注：为了检验回归结果的稳健性，表12的回归中依次加入了不同变量，可以发现三个模型的关键解释变量在显著性和方向上是一致的，表明回归结果比较稳健。

第二，更多的家庭成员和更高的家庭经济水平有利于提高家庭教育投入。表12的回归分析结果显示，在建档立卡贫困人口中大学生的家庭教育投入上，不仅存在资源稀释效应，还存在资源集聚效应，即更多一起生活的家庭成员会显著增加家庭对大学生的教育投入。具体来说，每增加一个家庭成员，家庭教育投入增加1.39%。这种影响背后的原因可能在于，家庭成员越多，可以为家庭带来经济收入的劳动力也越多，因此家庭在进行教育投入时会面临相对小一些的资金约束。

第三，西部省份与非西部省份家庭教育投入没有显著差异。与非西部省份相比，西部省份家庭教育投入更高，但这种差异不具有统计显著性。通常来讲，西部省份家庭经济状况普遍弱于非西部省份家庭，因而在教育投入上可能不如东部和中部家庭。但西部省份和非西部省份相比，调查数据的统计结果表明其在教育投入方面并没有显著差异。背后的原因可能有两方面。一方面，相比于非西部省份，西部省份贫困生家庭由于没有其他资源可以帮助子女实现向上的社会流动，因此对子女通过教育改变家庭社会经济地位有更高的期望，更愿意在子女的教育上投入更多的资源。另一方面，可能与不同区域生源的特点有关。相关研究表明，来自弱势家庭的个体在和权威人物进行交往而获取资源方面显著弱于优势家庭背景的个体[1][2]，相比于非西部省份的贫困大学生，西部省份的贫困大学生可能在通过勤工助学、兼职等方式获取收入补贴自己支出方面处于的劣势地位，因此在教育支出方面更多依赖家庭的教育投入。

（二）建档立卡贫困人口中在校大学生的预期就业回报

在关于大学生就业回报的分析中，经常考虑的回报因素包括期望起薪、

---

① Jack, A. A. "Harm in Asking Class, Acquired Cultural Capital, and Academic Engagement at an Elite University" [J]. *Sociology of Education*, 2016, 89 (1): 1 – 19.

② Calarco, J. M. C. "Coached for the Classroom: Parents' Cultural Transmission and Children's Reproduction of Educational Inequalities" [J]. *American Sociological Review*, 2014, 79 (5): 1015 – 1037.

就业地的选择和单位类型的选择。对于就业地的选择，以大学生是否期望去往北上广深和省会城市就业的虚拟变量代理；对单位类型的选择，以大学生毕业后是否希望去往体制内单位就业的虚拟变量代理。

第一，教育投入越多，大学生对起薪和就业地的期望越高，而对稳定的体制内工作的期望会降低。表13有关建档立卡贫困人口中大学生教育投入和期望就业回报的分析显示，教育投入越多，大学生的期望起薪越高，期望去北上广深和省会城市就业的概率也越高，但期望去体制内单位就业的概率越低。具体来看，上一学年花费（对数）增加1%，期望起薪会显著增加3.34%，希望去往北上广深和省会城市就业的概率增加约5.08%，希望去往体制内单位就业的概率降低5.24%。出现这种结果的原因可能在于，总体上看，对建档立卡贫困人口中的大学生而言，自身和家庭增加教育投入的主要动因在于期望获得社会经济地位的改变，较高的工资是社会经济地位的最直接体现，而去往北上广深和省会城市就业虽不是直接的现金回报，但大城市和省会城市通常也意味着更多的就业机会和更高的工资水平。对于去体制内单位就业，在现行体制下，建档立卡贫困人口中大学生并不具有优势，因此也会根据自身情况调低相应期望。

表13 教育投入与在校大学生期望就业回报的回归分析

变量	模型1 期望起薪 （对数）	模型2 希望去北上广深 和省会城市	模型3 希望去 体制内单位	模型4 一半及以上 收入给家里
上一学年花费（对数）	0.0334 ***	0.0508 ***	− 0.0524 ***	− 0.0213 **
	(0.012)	(0.016)	(0.015)	(0.011)
上大学前有留守经历	0.0119	0.0130	− 0.0256	0.0040
	(0.013)	(0.018)	(0.016)	(0.011)
上大学前有流动经历	0.1016 ***	0.0955 **	− 0.0237	− 0.0247
	(0.029)	(0.038)	(0.035)	(0.025)
西部省份	− 0.0661 ***	− 0.1785 ***	0.0700 ***	− 0.0036
	(0.013)	(0.017)	(0.016)	(0.011)

续表

变量	模型1 期望起薪 （对数）	模型2 希望去北上广深 和省会城市	模型3 希望去 体制内单位	模型4 一半及以上 收入给家里
本科及以上学历	0.1783 ***	0.0698	0.0060	-0.0209
	(0.035)	(0.046)	(0.042)	(0.030)
学校类型(基底:高职高专)				
"双一流"高校	0.1704 ***	0.0513	-0.0491	-0.0023
	(0.039)	(0.050)	(0.046)	(0.033)
非"双一流"本科高校	-0.0292	-0.0246	-0.0325	0.0082
	(0.036)	(0.047)	(0.043)	(0.031)
人文社科类专业	-0.0349 ***	-0.0324 *	0.0102	-0.0157
	(0.014)	(0.018)	(0.016)	(0.012)
其他控制变量	性别、年龄、民族、是否党员、是否有实习经历、与同学比家庭经济状况、父亲学历、母亲学历			
常数项	8.0506 ***	0.0523	1.0243 ***	1.2846 ***
	(0.145)	(0.193)	(0.174)	(0.125)
观察值	3938	3993	3993	3725
R方	0.111	0.048	0.029	0.019

说明：*、**、*** 的显著性分别为10%、5%、1%，（ ）中的数值为标准差。下同。

注：为检验回归结果的稳健性，对期望起薪，采用OLS回归，控制变量逐个加入，结果表明回归结果稳健，为节约篇幅，表13只显示了加入所有控制变量的回归结果；对期望去往北上广深和省会城市工作、期望去往体制内工作和计划将一半及以上收入给家里的回归，采用Logit和OLS回归，两种回归方式的变量显著性和方向一致，表明结果是稳健的，为了便于解释，表13中显示的是OLS回归的结果。

第二，青少年期是否有留守经历对建档立卡贫困人口中大学生的期望就业回报没有显著影响。表13的回归结果显示，与上大学前无留守经历的大学生相比，上大学前有留守经历的建档立卡贫困人口中大学生的期望起薪和去往北上广深及省会城市就业的期望更高，但这种差异不具有统计显著性。上大学前有留守经历的大学生与无留守经历的大学生相比，到体制内单位就业的期望更低，但这种差异同样不具有统计显著性。这种结果背后的原因可能在于，留守经历本身并没有给大学生带来更多关于收入、就业去向和就业单位等方面的相关认知，因此对其期望就业回报也没有显著影响。

第三，与上大学前无流动经历的大学生相比，上大学前有流动经历的大学生对起薪和就业地的期望更高，但二者对去往体制内单位就业的期望没有显著差异。根据表 13 的回归结果，相比于上大学前没有流动经历的大学生而言，有流动经历的大学生对起薪的期望高出 10.16%，期望去往北上广深和省会城市就业的概率高出 9.55%。比较而言，有过流动经历的大学生去往体制内单位就业的概率更低，但这种差距不具有统计显著性。出现这种结果的原因可能在于，对有流动经历的大学生而言，小时候随父母进城的经历，让他们较早地对城市生活有了相对清晰的认知，也更适应城市的生活，城乡生活的双重经历，让他们对城乡之间物质生活上的差距有更深刻的认识，因此他们对通过增加收入改善物质生活和留在城市生活也有了更高的期望。对于去往体制内单位工作，城市的生活经历客观上既不能为他们进入体制内工作创造更多的便利条件、降低其进入体制内工作的难度，也不能让他们对体制内工作有更多的认同、提高其对进入体制内工作的期望，因此影响并不显著。

第四，生源地和大学生人力资本变量对其预期就业回报有影响。在上述分析的建档立卡贫困人口中大学生家庭教育的经济投入和父母情感投入之外，大学生的生源地和人力资本变量，包括学历层次、学校类型和专业类别对其预期就业回报也有影响。就生源地而言，相比于非西部省份的生源，西部省份生源对起薪及去往北上广深和省会城市工作的期望显著更低，而对去往体制内工作的期望更高。这说明在期望就业回报的偏好上，西部省份生源更希望获得体制内稳定的工作。从学历层次看，相比于高职高专，大学本科及以上学历的在校大学生对起薪的期望更高，但对就业地域、就业单位类型的比例与高职高专学生没有显著差异；从学校类型看，"双一流"高校大学生对起薪的期望显著高于高职高专大学生，非"双一流"本科高校大学生的期望起薪与高职高专大学生没有显著差异，不同类型高校的入学生在去往北上广深和省会城市及体制内单位工作方面的期望没有显著差异；从专业类型看，与非人文社科类专业大学生相比，人文社科类专业大学生的期望起薪同去往北上广深和省会城市就业的期望更低，二者在去往体制内单位工作方面没有显著差异。

第五，教育投入越高，计划毕业后将一半及以上收入给家里的比例越低。表 13 模型 4 的回归结果显示，在校大学生计划将一半及以上收入给家里的比例受到教育投入的显著影响。在控制其他变量的情况下，教育投入越高，计划将自己一半及以上收入给家里的比例越低。说明从家庭回报来说，更多的教育投入并不能带来更多的回报。背后的原因有多种可能性，一方面可能是投入多的家庭经济条件较好，家庭客观上不需要学生更多的支持；另一方面原因可能是投入多的家庭经济上并没有优势，只是希望通过教育改变其子女社会经济地位的动机更强，因此投入更多，但学生个体对自己将来能否获得好的收入并没有十足的信心，因此表示愿意将一半及以上收入给家里的比例较低。此处的原因尚需要更进一步的分析。

（三）建档立卡贫困人口中高校毕业生的就业回报

利用建档立卡贫困人口中高校毕业生的数据，分析其家庭教育投入与实际就业回报之间的关系。在因变量上，本部分依然关心高校毕业生的工资收入、就业地和就业单位类型。

第一，大学最后一年教育投入与高校毕业生去往体制内工作之间有显著负向关系。表 14 显示的是建档立卡贫困人口中高校毕业生读大学期间最后一年的支出与其就业回报之间的关系。大学最后一年的支出与高校毕业生的平均月薪和在北上广深及省会城市工作没有显著关系，但与高校毕业生在体制内单位工作具有显著负向关系。需要注意的是，我们并不能就此得出结论，认为建档立卡贫困人口大学生家庭的教育投入对其起薪和去往北上广深及省会城市的就业回报没有影响。受数据的限制，我们在模型中只能以大学最后一年的支出作为毕业生教育投入的代理变量，但家庭教育支出对其发生的影响，可能在各个学段之间的重要性是不一样的，只是在大学阶段的相对重要性更低而已。已有研究表明，就学业成绩而言，随着个体进入青春期，同伴因素的影响会逐渐扩大，而家庭因素的影响在个体进入大学之前就几乎消失了[①]。因此，对于建档立卡贫困人口中的大学生而言，其家庭教育投入

---

① Sorensen, L. C. , Cook, P. J. , Dodge, K. A. "From Parents to Peers: Trajectories in Sources of Academic Influence Grades 4 to 8"［J］. *Educational Evaluation and Policy Analysis*, 2017, 39 (4): 697 - 711.

对其起薪和就业地的影响，可能主要存在于其上大学之前。对于最后一年投入与去往体制内工作之间的关系，只能解释为相关关系，而不能解释为最后一年的投入对去往体制内工作有负向影响，因为除了前述原因之外，高校毕业生最后一年的投入可能会因不同的就业期望而存在自选择的问题。

第二，与上大学前无留守经历的大学生相比，有留守经历的大学生平均月薪和在北上广深及省会城市就业的比例更高，但二者在体制内工作的状况无显著差异。表 14 的回归结果显示，与上大学前没有留守经历的建档立卡贫困人口大学生相比，有留守经历的大学生平均月薪高出 11.47%，在北上广深和省会城市工作的概率高出 8.91%，但二者在体制内工作的情况并没有显著差异。但需要注意的是，并不能就此得出结论，认为留守经历对大学生的就业回报有正向影响。有关留守儿童的研究表明，留守经历对其学业成绩和心理发展都会产生不利影响，教育本身就具有筛选功能，能够有机会进入大学的留守儿童，都是在教育过程中经过筛选的留守儿童群体中的佼佼者，因此不考虑读大学之前的筛选状况而单独考虑其就业回报，有可能不能全面反映留守经历对其就业回报的影响。在体制内单位就业方面，有留守经历和无留守经历的大学生没有显著差异，其原因可能与有留守经历和无留守经历的在校大学生在期望去往体制内就业方面没有显著差异一样，即留守经历本身并没有给大学生带来更多有关就业单位等方面的相关认知，因此对其也没有显著影响。

第三，上大学前有流动经历和无流动经历的大学生的就业回报没有显著差异。有关流动儿童的研究表明，流动经历对其学业成绩和心理发展存在负面影响。与没有流动经历的儿童相比，有流动经历的儿童通常在入读公办学校、学业表现和心理表现方面更差，他们能够进入普高和普通大学的比例也更低，而进入中职、技校和高职高专的比例较高。[1] 表 14 的回归结果显示，与没有流动经历的学生相比，有流动经历的大学生的就业回报没有显著差

---

[1] 宋映泉、曾育彪、张林秀：《打工子弟学校学生初中后流向哪里？——基于北京市 1866 名流动儿童学生长期跟踪调研数据的实证分析》，《教育经济评论》2017 年第 3 期。

异，可能的原因在于，进入大学的流动儿童同样是经过筛选的流动儿童中的
佼佼者，因此其在就业回报方面的表现和没有流动经历的大学生没有显著差
异。需要说明的是，此处对于有流动经历的大学生与无流动经历的大学生就
业回报无差异的解释，与有留守经历的大学生和无留守经历的大学生在起薪
和就业地域方面有显著差异的解释是相似的，都是教育本身的筛选作用。之
所以有流动经历的大学生和无流动经历的大学生在就业回报方面的差异并不
显著，可能是教育对有留守经历的大学生具有更强的筛选作用，而对有流动
经历的大学生的筛选作用较弱。

第四，生源地和大学生的人力资本因素会影响其就业回报。就生源地来
看，与非西部省份生源的高校毕业生相比，西部省份生源高校毕业生的平均
月薪和去往北上广深及省会城市就业的比例更低，而去往体制内工作的比例
更高。从学历层次看，本科及以上学历的高校毕业生的平均月薪显著高于高
职高专生。在北上广深和体制内单位就业的情况方面，不同学历层次的高校
毕业生之间不存在显著差异。在学校类型方面，"双一流"高校毕业生的平
均月薪和在体制内单位就业的概率显著高于高职高专毕业生，但二者在北上
广深和省会城市的就业情况没有显著差异。非"双一流"高校毕业生在平
均月薪、在北上广深和省会城市及体制内单位就业方面，与高职高专毕业生
相比都没有显著差异。专业方面，与非人文社科类专业的高校毕业生相比，
人文社科类专业的高校毕业生在北上广深就业的比例更低，进入体制内单位
就业的比例更高，但二者在平均月薪方面的差异不显著。

第五，教育投入越高，将一半及以上收入给家里的比例越低。表14模
型4的回归结果显示，对高校毕业生而言，大学最后一年的教育投入越多，
毕业后实际将自己一半及以上收入给家里的比例越低。这说明增加教育投入
并不能带来家庭教育回报的增加。背后的原因，一方面可能是教育投入高的
家庭经济基础较好，不需要毕业生更多的经济支持；另一方面也可能是投入
高的家庭只是希望通过教育改变其子女社会经济地位的动机较强，但实际上
学生的毕业去向和收入并不理想，迫于生活压力而无法将更多收入给家里。

表14 教育投入与高校毕业生就业回报的回归分析

变量	模型1 平均月薪 （对数）	模型2 在北上广深及 省会城市	模型3 在体制内单位	模型4 将一半及以上 收入给家里
大学最后一年支出（对数）	0.0138	0.0131	- 0.0434 *	- 0.4460 ***
	（0.031）	（0.025）	（0.024）	（0.117）
上大学前有留守经历	0.1147 ***	0.0891 ***	- 0.0164	0.1484
	（0.039）	（0.033）	（0.031）	（0.147）
上大学前有流动经历	- 0.0005	- 0.0080	0.0087	0.2455
	（0.092）	（0.074）	（0.071）	（0.332）
西部省份	- 0.1384 ***	- 0.2113 ***	0.2576 ***	0.0297
	（0.037）	（0.029）	（0.028）	（0.030）
本科及以上学历	0.2752 ***	0.0276	- 0.0226	0.0715
	（0.078）	（0.063）	（0.060）	（0.065）
学校类型（基底：高职高专）				
"双一流"高校	0.1639 *	- 0.0567	0.1672 **	- 0.0240
	（0.086）	（0.068）	（0.066）	（0.070）
非"双一流"本科高校	- 0.0307	- 0.0482	0.1019	- 0.0973
	（0.080）	（0.065）	（0.062）	（0.067）
人文社科类专业	- 0.0006	- 0.0572 *	0.0761 ***	0.0354
	（0.037）	（0.030）	（0.029）	（0.031）
其他控制变量	人口统计学变量、实习经历、父母学历、家庭经济状况、求职努力程度、求职花费			
常数项	7.1908 ***	0.4965	0.2908	1.5192 ***
	（0.473）	（0.380）	（0.367）	（0.393）
观察值	994	1291	1291	1291
R方	0.186	0.072	0.119	0.060

说明：* 、** 、*** 的显著性分别为10%、5%、1%，（ ）中的数值为标准差。下同。

注：为检验回归结果的稳健性，对平均月薪，采用OLS回归，控制变量逐个加入，结果表明回归结果稳健，为节约篇幅，表14只显示了加入所有控制变量的回归结果；对在北上广深和省会城市工作、在体制内单位工作和将一半及以上收入给家里的回归，采用Logit和OLS回归，两种回归方式的变量显著性和方向一致，表明结果是稳健的，为了便于解释，表14中显示的是OLS回归的结果。

四 主要结论与政策建议

利用建档立卡贫困人口中在校大学生和高校毕业生的调查数据，通过描

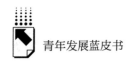

述分析和回归分析，对建档立卡贫困人口中大学生的教育投入、就业回报、教育投入与就业回报之间的关系进行了深入分析。在此，进一步对上述分析进行总结，并且基于相关研究结论，就建档立卡贫困人口中大学生的教育投入和就业帮扶提出相关的政策建议。

（一）关于建档立卡贫困人口中大学生的教育投入、就业回报和教育投入与就业回报之间关系的主要结论

第一，针对建档立卡贫困人口中大学生的教育投入主要表现为重经济投入，轻情感投入。从建档立卡贫困人口中大学生家庭教育投入看，总体上比较重经济投入而轻情感投入。不论是高校毕业生还是在校大学生，在读大学前有过留守经历的比例都比较高，可以看出在其成长过程中部分存在父母陪伴缺失的问题。从经济投入看，不论是在校大学生还是高校毕业生，其上一学年和最后一学年的支出中，家庭来源的资金都占比 70% 左右，而且比较高校毕业生和在校大学生的数据，家庭绝对支出的数额还一定程度上呈现上升趋势。还需重视的是，建档立卡贫困人口中大学生的家庭教育投入更偏好男生，对女生的投入低于男生。

就父母对子女情感投入不足的问题，有关留守儿童的研究已多有讨论。建档立卡贫困人口大学生家庭对其教育经济投入的差异，有多方面的影响因素。首先是家庭教育投入上存在资源稀释效应，兄弟姐妹越多，家庭中同时上大学的人越多，则家庭对每个个体投入越低。可以想见，当家庭经济水平一定时，上大学的人数增加必然会导致家庭对个体的经济投入被分散。其次是家庭的人力资本能力。这里的人力资本是指家庭的劳动力数量，当同时居住在一起的家庭成员越多时，通常也意味着有更多可以增加家庭收入的劳动力，而这会带来资源的集聚效应，使得家庭对个体的教育投入增加。再次是教育投入上的区域差异。与东部地区相比，西部建档立卡贫困人口家庭对子女的教育投入更多，这也反映出西部家庭对子女通过教育改变自身阶层地位、实现向上的社会流动有更高的期望。

第二，教育支出是贫困家庭的一种最大的经济负担。从在校大学生和高

校毕业生对大学期间费用支出给家庭经济带来的经济负担和对教育支出是否为家庭贫困主要原因的回答来看，对建档立卡贫困人口中的大学生而言，教育支出仍是其家庭较大的经济负担和重要的致贫因素。对于家庭经济状况较差、家中有两人及以上同时上大学的家庭来说，教育支出给其家庭经济带来的负面影响更大。

第三，期望就业回报和实际就业回报之间存在较大差距。不论是在校大学生的期望收入还是高校毕业生的实际收入，或者是期望就业地域和实际就业地域，还是期望就业单位类型和实际就业单位类型之间，都存在较大差距。尤其是在校大学生期望去往体制内单位工作的比例和毕业生实际在体制内单位工作的比例之间的差异更为明显。具体来看，区分不同性别、生源地、学校类型、专业类别和家庭经济状况来看，建档立卡贫困人口中大学生在对收入、就业地和就业单位类型的期望和实际落实方面都存在一定的差距，反映出其在对就业回报的期望和实际落实情况方面存在异质性。

第四，教育投入对期望就业回报影响显著，对就业回报的影响需进一步分析。就建档立卡贫困人口中大学生家庭教育投入与就业回报之间的关系来看，教育投入对在校大学生期望就业回报有显著影响，教育投入越多，对月薪和去往北上广深及省会城市就业的期望越高，对去体制内单位工作的期望越低。但从高校毕业生的实际就业情况来看，大学最后一年的教育投入对其实际收入和去往北上广深及省会城市就业没有显著影响，与去往体制内单位就业存在显著负向关系。教育投入对期望就业回报影响显著的可能原因，大概是在建档立卡贫困家庭，特别是中西部省份贫困家庭看来，投资于教育依然是改变其社会经济地位、实现向上的社会流动的主要通道，因此不管是从期望起薪、就业地选择还是就业单位选择来看，教育投入都有显著影响。在家庭经济投入之外，父母的情感投入对建档立卡贫困人口中大学生的就业回报也有显著影响。上大学前有流动经历的在校大学生比无流动经历的在校大学生对起薪和去往北上广深及省会城市就业有更高的期望，上大学前有留守经历的高校毕业生比无留守经历的高校毕业生在工资收入和在北上广深及省会城市就业的期望比例更高。

（二）关于促进建档立卡贫困人口中大学生教育投入与就业回报的政策建议

第一，创造条件激励家长增加对子女的情感投入。家庭教育是教育的重要环节。1964年美国《科尔曼报告》就指出，影响个体成绩的主要因素不是学校，而是家庭。家庭教育对个体的成长和发展具有重要影响已经是学术界的共识。本次调查显示，有相当一部分建档立卡贫困人口中的大学生，在读大学前有过留守的经历。在青少年期，家长陪伴的缺失对青少年的学业和心理发展都有诸多的不利影响。从长期来看，这些影响的累积也极有可能影响到他们的就业回报。因此，对建档立卡贫困人口中大学生的教育投入，首先应该从家庭开始，强化家长对子女教育的认知，促进家长在经济投入之外，更多地给予子女心理层面的关注。

第二，继续加大对建档立卡贫困人口中大学生的资助。在高等教育学段，我国历来重视对贫困大学生的资助工作，建立了包括国家助学贷款、奖学金、助学金、三助岗位（助教、助研、助管）和绿色通道在内的多元资助体系，对贫困大学生和品学兼优的大学生进行资助。但从建档立卡贫困人口中在校大学生和高校毕业生的反馈看，求学期间的支出对其家庭来说仍然是很重的负担，仍然有很高比例的建档立卡贫困人口中大学生认为教育支出是其家庭致贫的主要原因。因此，应当对当前有关贫困大学生的资助制度进行细致研究，总结经验，发现问题，制定覆盖面更广、更加具有针对性的贫困大学生资助制度，切实减轻其家庭的经济负担。

第三，加强就业指导，形成合理的就业期望。从建档立卡贫困人口中在校大学生对就业回报的期望和高校毕业生的实际就业回报看，二者之间存在较大的差距，特别是西部省份生源的大学生，相比于东部和中部省份生源大学生，其家庭教育投入动机更强，对就业回报的期望更高，但毕业生的实际就业回报却不尽如人意。这一定程度上说明建档立卡贫困人口中大学生对就业回报的期望存在非理性的成分，因而导致期望和现实之间有很大的差距。对大学生个人而言，这容易造成他们的挫败感；对社会而言，期望就业回报和实际就业回报之间的差距过大，容易造成大学生对社会不满情绪的积累。因此，应该在大学生就业指导环节，加强其对从事不同类型职业所需基本条件、收入水平等方面的认知，帮助他们形成合理的就业回报期望，进而理性制订职业生涯规划。

第四，根据大学生的特点开展精准扶贫。不管是教育投入方面，还是对就业回报的期望和实际就业回报方面，不同特点的大学生之间都存在异质性，因此在设计具体的帮扶政策时，也应该考虑大学生各自特点，开展精准扶贫。在教育投入方面，应重点增加对多子女家庭大学生的帮扶力度，减轻其家庭经济负担。同时，应该对非西部省份生源的建档立卡贫困人口大学生给予更多的关注，细致分析其认为教育支出是家庭致贫主要因素的原因，制定具有针对性的帮扶政策。在就业帮扶方面，应结合不同生源地、学历层次、学校类型和专业类别大学生的不同期望就业回报，进行针对性的就业辅导。特别是对西部省份生源的建档立卡贫困人口中的大学生，由于其家庭缺乏必要的资源，在其就业方面并不能提供足够的帮助，因此应该适当加强对他们的就业帮扶和照顾，以降低他们的教育投入，减小期望就业回报和实际就业回报之间的落差，保证他们通过教育实现向上社会流动的路径畅通。

B.11
建档立卡贫困人口中大学毕业生的
就业成本、社会支持与就业发展研究

杨江澜　王　洁　和明杰*

摘　要： 通过对调研数据的分析，本文发现建档立卡贫困人口中大学毕业生在就业应聘花费方面存在较大差异，本科毕业生的花费支出高于高职高专毕业生，非"双一流"本科高校毕业生的花费高于"双一流"高校毕业生；并且存在着38.45%的人认为超出了自身承受能力。在就业发展及获取帮助方面，家人是第一位支持要素；就业优势因素是吃苦耐劳的品质以及有相关实习和工作经历等。建档立卡贫困人口中的大学生在工作搜寻过程中，学校与政府提供的就业创业服务还有待加强，尤其是共青团组织在青年就业创业知识讲座和信息服务平台建设方面亟须加强关注。为了更好地提升建档立卡贫困人口中大学毕业生就业创业的水平和对就业创业服务的满意程度，政府层面要用制度保障就业公平；毕业院校要完善就业指导和相关培训内容；毕业生个人也要积极拓展就业思路。

关键词： 建档立卡贫困人口　大学毕业生　社会支持　就业成本

---

* 杨江澜，博士，河北农业大学副教授，研究领域为人口与经济社会发展。王洁，河北农业大学副教授，研究领域为农村劳动力转移与就业问题。和明杰，首都经济贸易大学，研究领域为劳动经济学。

在高校，建档立卡贫困人口中大学生群体是社会各界帮扶的重点对象。这类大学生由于经济条件所限，在同其他学生的竞争中相对处于劣势，为了帮助这些学生顺利完成学业，学校以及社会给予了很多的支持和帮助。然而毕业之后他们同样面临巨大的就业压力，面对高昂的就业成本负担、相对缺乏的社会支持，就业过程中的他们依旧应该成为被扶助的对象。研究建档立卡贫困人口中大学毕业生就业过程中的就业成本及其处理方式对个人生活和家庭经济带来的影响，能够为降低其就业的时间和经济成本寻找解决对策，减少建档立卡贫困学生的额外支出和资源浪费。研究大学毕业生就业的社会支持影响状况，能够为促使建档立卡大学生合理发展人际关系、在就业过程中充分利用自己的社会资源提供参考。

一 文献梳理及研究思路

本研究写作过程中借鉴了众多文献研究结论，对文献的梳理主要分为两个方面，一方面是对大学生就业成本的相关文献的总结，包括就业成本中的经济成本、时间成本、信息成本等；另一方面是对影响大学生就业的社会支持网络的相关研究。

（一）工作搜寻成本及时长对就业者影响的相关理论分析

工作搜寻成本，是指在工作搜寻过程中的支出，有广义和狭义之分。广义的就业成本包括政府为组建人才市场而付出的成本，用人单位筹备招聘会而付出的成本，高校为学生提供就业服务而付出的成本，大学毕业生进行工作岗位搜寻而付出的成本[1]。狭义的就业成本仅指大学毕业生的工作搜寻成本。这些费用由信息搜寻费、个人营销费、参加招聘会的各种费用构成[2]，具体涉及通信费、中介费、人情礼品费、制作和打印求职简历的费用、面试

---

[1] 周俊波、岳昌君：《大学生就业成本的实证研究》，《教育研究》2004 年第 8 期。
[2] 张汉志：《大学生就业成本分析》，《教育与职业》2006 年第 15 期。

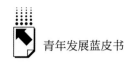
服装费、培训费、车旅费、招聘会门票费、住宿费，甚至违约的赔偿金等，以及大量的时间成本和精力投入等。

唐镶、孙长认为大学生为了寻找更理想的工作岗位，会展开工作搜寻，而这一过程必然伴随着岗位搜寻成本的增加。岗位搜寻期越长，所产生的就业成本就越高①。这种增加的就业成本支出与工作搜寻时长和求职者的目标岗位工资有关，McCall 认为求职者通过搜集相关的劳动力市场信息来确定自己的工资，因此要保证较高的工资水平，就需要适度延长搜寻时间，相应会增加就业成本②。

谢勇、李珣运用生存模型对大学毕业生工作搜寻时间及其影响因素进行的实证研究表明，大学毕业生平均工作搜寻时间是 4 个月，而西方学者的研究较为普遍地认为大学毕业生的平均工作搜寻时间能达到 6 个月，根据 Salas-Velasco 对欧洲九个国家的比较研究，工作搜寻时间存在着显著的国别差异。而实习经历、求职过程中的人情支出可以缩短工作搜寻时间；家庭经济条件较好、收入期望较高的毕业生可能付出相对较多的工作搜寻时间，进而增加就业成本支出。

增加的就业成本支出，对工作搜寻是否产生影响？周俊波、岳昌君的研究表明学生付出的费用对找到工作的起薪有显著影响，适度的就业费用投入有利于大学毕业生找寻理想的工作岗位，但是投入过多将会收效甚微③。胡永远、邱丹的研究发现女生比男生的工作搜寻时间更长，并且毕业院校情况、个人特征、学业状况、父母因素等对工作搜寻时间都存在着显著的影响④。张天舒基于对北京地区 12 所高校的研究发现大学生积极求职时间开始越早，越有可能获得满意的就业；高校层级越高，积极求职时间越早，越

① 唐镶、孙长：《基于事件史分析的高校毕业生工作搜寻持续时间研究》，《经济理论与经济管理》2009 年第 9 期。
② 谢勇、李珣：《大学生的工作搜寻时间及其影响因素——基于生存模型的实证研究》，《北京大学教育评论》2010 年第 2 期。
③ 周俊波、岳昌君：《大学生就业成本的实证研究》，《教育研究》2004 年第 8 期。
④ 胡永远、邱丹：《个性特征对高校毕业生就业的影响分析》，《中国人口科学》2011 年第 2 期。

能够强化此群体的就业优势①。

李月琳、闫希敏提出大学生就业的信息成本，并发现了显著影响就业信息搜寻成本的六个因素，构建了大学毕业生就业信息搜寻成本影响因素模型②。建档立卡贫困人口中的大学生群体是高校经济困难的特殊群体，面对高昂的就业经济成本支出，压力巨大，这个影响因素模型将为建档立卡贫困人口中大学生群体的就业成本分析提供借鉴。

（二）社会支持网络对就业影响的相关理论分析

大学毕业生的社会关系网络能够为其就业提供帮助，在其就业信息获取、就业门槛跨越等方面都具有明显的帮助。按照詹姆斯·科尔曼的论述，社会资本能够为个人提供包含义务和期望、信息网络、规范和社会组织等的便利条件。在就业过程中，社会资本的增加可在一定程度上改善职业获得情况，如通过社会网络寻找工作会对初始工资产生显著影响；通过社会关系找寻工作，在工作前期就能够获得较高的薪酬待遇和较多的晋升机会。

陈成文、谭日辉的研究表明社会资本可以弥补大学毕业生就业信息不对称的问题，帮助大学生获取更多就业机会，甚至可以通过社会资本来保证创业资金供给③。张文宏的问卷调查结果发现，人力资本和政治资本较贫乏，而经济地位较高的人运用社会网络资源以实现职业流动更为频繁；运用社会网络实现职业流动的求职者求职效率相对未使用者更低，但收入更高④。而林善浪、张丽华的研究发现农民工使用社会关系网络寻找工作的效率不低于使用市场途径寻找工作的效率，同时发现使用关系网络寻找工作效率高的原因在于获取信息的成本低、对信息的信任度高以及易于形

① 张天舒：《高校毕业生求职时间与就业结果关系的实证研究——基于北京地区 12 所高校的调研数据》，《湖南科技大学学报》（社会科学版）2012 年第 3 期。
② 李月琳、闫希敏：《大学毕业生就业信息搜寻成本及其影响因素研究》，《图书情报工作》2015 年第 13 期。
③ 陈成文、谭日辉：《社会资本与大学生就业关系研究》，《高等教育研究》2004 年第 4 期。
④ 张文宏：《社会网络资源在职业配置中的作用》，《社会》2006 年第 6 期。

成"抱团走势"①。

格兰诺维特（Granovetter）指出个人的求职活动存在于社会关系网络中②，并且弱关系比强关系更加有利于求职者找到理想的工作，主要因为异质性的弱关系能够搭建更多的沟通渠道，能够获取的信息也比较多③。但是后来的许多学者都对此提出了质疑，认为这一结论不具有普遍适用性。比如从就业地的选择角度看，中国大学生的就业地往往选择一些发达地区，无论是社会网络中的强关系还是弱关系，都将是大学生就业的依赖。这一研究同国内一些学者的观点具有一致性：张红、张淑萍等人的研究发现依靠强关系比弱关系更易于找到优质的工作，但强关系在大学生就业中趋于弱化，弱关系在大学生就业中的作用越来越突出④。蔡小慎、刘存亮的研究表明强关系对大学生的就业具有明显的双重效应，兼具有内部正效应和外部负效应⑤。

大多数学者只关注了社会资本对大学生就业的积极作用，对其造成的消极影响关注度比较低。钟云华提出社会资本对大学生就业的负面效应，包括会使得就业交易成本的大幅度增加、就业机会的合谋排外、就业机制的权利泛化和就业结果的阶层固化等⑥。根据张红、张淑萍等的个案访谈结果可知，在就业过程中自信感更强的学生往往具有一定的社会资本⑦。而建档立

---

① 林善浪、张丽华：《社会资本、人力资本与农民工就业搜寻时间的关系——基于福建省农村地区的问卷调查》，《农村经济》2010 年第 6 期。

② Mark. Granovetter, *Getting a Job*（*Revised Edtion*）[M]，Chicago：University of Chicago Press，1995.

③ Mark. Granovetter, "The Strength of Weak Ties" [J]，*American Journal of Sociology*，78（1973）：pp. 1360 – 1380.

④ 张红、张淑萍、易佳：《社会资本差异对大学生就业机会的影响》，《湖北社会科学》2008 年第 2 期。

⑤ 蔡小慎、刘存亮：《我国社会网络中强关系对大学生就业的正负效应及对策》，《现代教育管理》2012 年第 2 期。

⑥ 钟云华：《社会资本对大学生就业的负面效应及其发生机制分析》，《教育发展研究》2018 年第 3 期。

⑦ 张红、张淑萍、易佳：《社会资本差异对大学生就业机会的影响》，《湖北社会科学》2008 年第 2 期。

卡贫困人口中的大学毕业生，家庭经济条件落后，社会关系相对匮乏，因此又会产生心理上的巨大就业压力。

（三）文献述评及研究思路

以往文献，无论是工作搜寻成本对就业发展的影响，还是社会支持网络对就业的影响，主要关注人群是非贫困人口、非建档立卡贫困人口中的大学生。不能以一般群体的特征、诉求以及就业中遇到的困境来描述建档立卡贫困人口中的大学生。但前文中的诸多观点、分析思路为本研究提供了巨大帮助，奠定了扎实的理论基础。围绕建档立卡贫困人口中大学生就业成本、社会支持与就业发展的问题，本文主要从以下两方面进行分析研究。

一是现状描述。主要针对建档立卡贫困人口中大学生就业成本、社会支持的现状进行分析，主要采用描述统计的方法，总结该群体的基本特征。

二是对就业花费、就业满意度的影响因素进行分析。为如何提升建档立卡贫困人口中大学生的就业水平、促进其就业发展提供政策决策支持。

二 建档立卡贫困人口中大学毕业生就业过程中的问题分析

（一）就业成本分析

1. 毕业生就业应聘花费成本差别较大

问卷数据统计显示，建档立卡贫困人口中的大学生在毕业季的平均花费为 1813 元，就业花费以 1000 ~ 1999 元区间的占比较多，约占比重的21.81%；其次是 300 ~ 599 元间，约占调研人数的 19.41%（见表 1）。其中男性平均花费为 1906 元，比女性花费平均高 164 元。

表1 建档立卡贫困人口中的大学生就业应聘花费统计

就业应聘花费	男			女			总计		
	频数（人）	比例（%）	累计比例（%）	频数（人）	比例（%）	累计比例（%）	频数（人）	比例（%）	累计比例（%）
100 元以下	25	4.56	4.56	29	4.15	4.15	54	4.33	4.33
100～299 元	54	9.85	14.41	90	12.88	17.03	144	11.55	15.88
300～599 元	102	18.61	33.02	140	20.03	37.06	242	19.41	35.29
600～999 元	29	5.29	38.31	40	5.72	42.78	69	5.53	40.82
1000～1999 元	117	21.35	59.66	155	22.17	64.95	272	21.81	62.63
2000～2999 元	87	15.88	75.54	104	14.88	79.83	191	15.32	77.95
3000～4999 元	62	11.31	86.85	75	10.73	90.56	137	10.99	88.94
5000～10000 元	72	13.14	100.00	66	9.44	100.00	138	11.07	100.00
总计	548	100	—	699	100	—	1247	100	—

注：在就业应聘花费信息的汇总中，存在一些极端值，如 120000 元，严重偏离正常水平，故将这些作为无效数据处理。最终将就业应聘花费的正常范围限定在 10～10000 元区间，得到有效数据1269 个。

毕业季花费主要包括服装、出行旅费和简历印刷等，调查发现，毕业生为了找到合适、满意的工作，平均每个人投递简历数[①]为 11.46 份，投递简历数为 5 份（众数）的人最多，有 217 人，占 16.90%；有 75.62% 的人投递简历数在 1～10 份，表明大多数大学生找工作时有较强的目标性，有针对性地投放简历并应聘成功；12.23% 的人投递简历数在 11～20 份。仅有较少数人（83 人）投递简历份数在 31 份及以上，占比仅为 6.46%（见图 1）。

针对获得最高学历的年份就业应聘的花费情况，从 2013～2017 年，有总体增加的趋势（见表 2）。2014 年比 2013 年增加 215 元，2015 年比2014 年增加 498 元，2015～2017 年三年间大学生就业应聘花费增长不大。2018 年的数据是 1655 元，大学生的实际花费降低，可能是由于调研时间

---

① 投递简历数量最低是 0，最高是几百份，结合后续信息，我们将简历投递数量限制在 1～150 份，将超过这个范围的视为失真数据，在分析过程中予以排除。最终样本量为 1284 人。

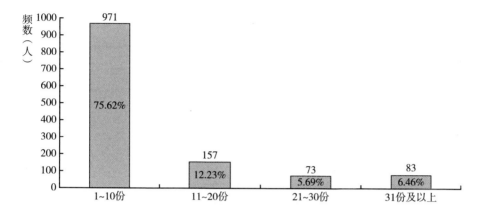

图 1　就业应聘简历的投递数量情况

的问题，2018 年暑假大学生的就业应聘还在进行过程中，这不是本年度的最终数据。考虑到物价上涨等因素，2018 年的数据应持平或略高于 2017 年的数据。

表 2　获得最高学历的年份就业应聘花费情况

毕业年份	就业应聘花费（元）				计数（人）
	平均值	中位数	众数	标准差	
2012 年及以前	3183	2000	2000[a]	2687	20
2013 年	1188	1000	2000	905.5	19
2014 年	1403	1000	500[a]	1100.8	44
2015 年	1901	1000	2000	2108.8	73
2016 年	1954	1000	1000	2072.3	207
2017 年	1955	1000	1000	2234.5	365
2018 年	1655	1000	1000	1885.3	541
总计	1813	1000	1000	2029.7	1269

a. 存在多个众数，显示了最小的值。

政治面貌不同的毕业生在就业花费方面存在差别（见表 3）。整体来看，共青团员的平均花费最低，仅有 1751 元；中共党员（含预备党员）的平均花费为 1887 元；群众也就是非党团员的平均花费最高，达到 2088 元，较党团员分别平均高 201 元和 337 元。

表3　不同政治面貌的毕业生在就业方面的花费情况

政治面貌	就业应聘花费（元）				计数（人）
	平均值	中位数	众数	标准差	
中共党员（含预备党员）	1887	1000	1000	1947.7	139
共青团员	1751	1000	1000	1997.8	954
群众	2088	1000	2000	2241.1	176
总计	1813	1000	1000	2029.7	1269

大学期间学生因是否辅修过其他专业或第二学位，其在就业应聘过程中的花费也会有所不同。辅修过其他专业或第二学位的大学生平均就业应聘费用是 2206 元，没有辅修过的大学生平均花费是 1758 元，差距是 448 元（见表4）。其原因可能是：辅修过其他专业或第二学位的大学生在就业期间比没辅修过其他专业或第二学位的学生在就业方面的心理预期高，导致其应聘工作的时间拉长，费用成本随之增加。

表4　大学生是否辅修过其他专业或第二学位情况与就业应聘花费

大学期间，是否辅修过其他专业或第二学位	就业应聘花费（元）				计数（人）
	平均值	中位数	众数	标准差	
辅修过	2206	1000	1000	2438.6	155
未辅修过	1758	1000	1000	1961.2	1114
总计	1813	1000	1000	2029.7	1269

大学毕业时，学习成绩的班级总体排名对大学生就业应聘费用也是有影响的。班级总体成绩排名在前 50% 和总体排名在后 50% 的学生，在就业应聘花费方面的平均值相差 266 元；尤其是班级总体排名在前 10% 的大学生花费最高，达到 1899 元（见表5）。究其原因主要在于学习成绩好的毕业生在就业应聘过程中的心理预期高，应聘的时间和花费也就随之增加。

表5　学习成绩的班级总体排名对大学生就业应聘费用的影响

大学毕业时,您学习成绩的班级总体排名	就业应聘花费(元)				计数(人)
	平均值	中位数	众数	标准差	
前10%	1899	1000	1000	2159.4	358
前10%~20%	1676	1000	500ᵃ	1986.9	335
前20%~30%	1891	1000	1000	1952.5	227
前30%~50%	1834	1000	1000	1941.6	176
后50%	1559	1000	500	1610.3	45
不清楚	1849	1000	1000	2158.6	128
总计	1813	1000	1000	2029.7	1269

a. 存在多个众数,显示了最小的值。

不同教育程度在就业应聘费用方面也存在一定差别,高职高专毕业生的平均花费为1530元,本科毕业生的平均花费为2006元,较高职高专毕业生多花476元。不同类型学校的毕业生在就业应聘费用支出方面,支出最高的是非"双一流"本科高校,平均达到2088元;其次是"双一流"高校,平均花费1940元;第三是民办本科,平均花费1838元;高职高专毕业生平均花费相对较低(见表6)。

表6　不同类型学校与大学生就业应聘费用支出情况

获得最高学历的学校类型	就业应聘花费(元)				计数(人)
	平均值	中位数	众数	标准差	
非"双一流"本科高校	2088	1000	1000	2183.7	466
"双一流"高校	1940	1000	1000	2090.5	121
民办本科	1838	1000	1000	1889.9	145
民办高职高专	1604	1000	2000	1798.9	124
公立高职高专	1518	1000	1000	1902.3	413
总计	1813	1000	1000	2029.7	1269

非"双一流"本科高校学生在就业应聘中的平均花费较高,主要是其就业选择多是县城、乡镇及农村地区,就业比例累计达到44.95%,其平均花费处于较高水平,分别为2831元和3207元。另外"双一流"本科毕业生

在乡镇及农村地区就业应聘时花费也较高，平均达到 2646 元，仅比非"双一流"本科高校学生花费低 561 元（见图 2）。可见在人才急需的乡镇等基层地区，就业花费较高可能成为制约广大优秀毕业生选择工作岗位的障碍，这应引起政府等就业指导部门的关注。

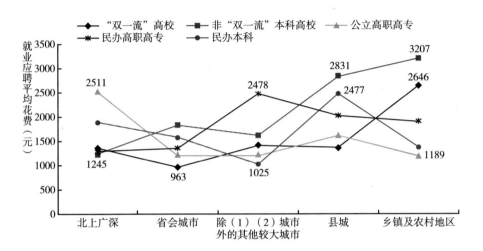

图 2　不同就业地点在就业应聘花费方面的差别

不同类型高校毕业生在不同性质单位搜寻工作的平均花费存在较大差别（见表 7）。无论何种类型学校毕业生，在党政机关搜寻工作时花费相对较高，尤其是学历水平较低的高职高专毕业生。毕业生在各类企业中搜寻工作，花费相对较低，如公立高职高专毕业生在国有企业、集体企业和外资企业中搜寻工作，平均花费仅有几百元。

表 7　不同类型高校毕业生在不同性质单位搜寻工作的平均花费情况

单位：元

学校类型	党政机关	群团组织	事业单位	国有企业	集体企业	私营企业	外资企业	自主创业
"双一流"高校	2375	—	1448	1119	1125	1307	—	650
非"双一流"本科高校	2922	1117	3340	1754	1675	1480	1550	1500
公立高职高专	5667	1167	1172	930	500	1346	200	3200

续表

学校类型	党政机关	群团组织	事业单位	国有企业	集体企业	私营企业	外资企业	自主创业
民办本科	2388	4000	1774	1640	—	1747	1006	650
民办高职高专	3667	—	1538	1035	3000	1582	2733	967

注：群团组织包括工会/共青团/妇联/科协等，事业单位包括学校/研究机构/医院等。

　　不同类型学校学生在不同类型就业单位中寻找工作，其就业花费存在一定差别，也体现出各类学校毕业生在工作搜寻中的不同优势（见图3）。公立高职高专、民办高职高专等院校毕业生主要面向私营企业就业、自主创业，当其毕业时就业应聘花费较少，以300元以下为主；"双一流"高校毕业生主要面向国有企业、大型集体企业等，其就业花费集中在1000～1999元；非"双一流"本科高校、民办高校毕业生多偏向党政机关、事业单位或群团组织等单位，其就业花费较高，在2000元以上，更有毕业生花费达到10000元。

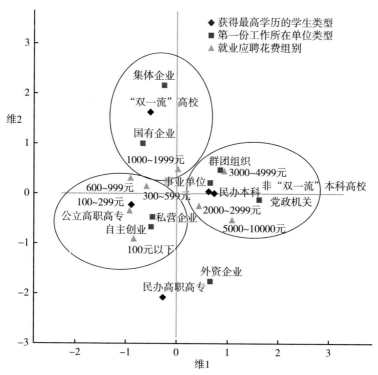

图3　不同类型高校毕业生在不同性质就业单位搜寻工作的花费状况

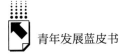

是不是毕业季就业花费较多，就一定能够找到满意的工作呢？在此，本文对毕业后第一份工作的满意程度，主要采用自身主观评价的方法，以一种整体评价结果来体现（见图4）。分析发现找工作非常努力的，花费较高，多在3000～10000元，同时其工作满意度也较高；找工作比较努力，其毕业花费多在1000～1999元、2000～2999元，其工作满意程度常体现为一般或比较满意；认为自己在找工作时不太努力或很不努力的，其就业花费也较低，多在100元以下、100～299元、600～999元。可见在就业过程中，也存在一分付出、一分收获的现象，自己多努力一些，投入一些必要的花费还是值得的。但问题也出现了，对于建档立卡贫困人口中的大学生，较高的就业花费势必成为其沉重的负担，就业过程中想多投入一些，获取较满意的工作机会，但捉襟见肘、巧妇难为无米之炊常常成为其面临的现状，这需要政府、高校和社会提供必要的帮助，助其顺利找到工作。

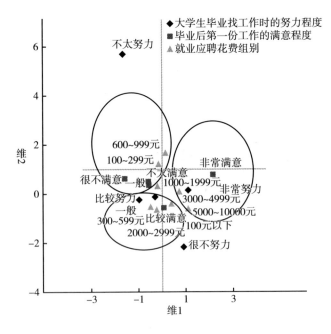

图4　搜寻工作的花费支出、努力程度与工作满意度间的对应关系

2. 就业成本的承受能力评价

对就业应聘过程中的成本花费是否超出个人的承受能力，各位大学生反应不一。在"没有超出""一般""超出一点"3个选项方面，大学生的选择比重相近，分别是25.45%、26.32%、26.08%，表明就业应聘的成本花费基本在学生的承受范围之内，仅有12.37%的学生认为超出非常多，增加了自己负担（见表8）。

表8　就业成本的承受能力评价

费用承受压力的评价	男			女			总计		
	频数（人）	比例（%）	累积比例（%）	频数（人）	比例（%）	累积比例（%）	频数（人）	比例（%）	累积比例（%）
完全没超出	58	10.58	10.58	66	9.15	9.15	124	9.77	9.77
没有超出	137	25.00	35.58	186	25.80	34.95	323	25.45	35.22
一般	144	26.28	61.86	190	26.35	61.30	334	26.32	61.54
超出一点	133	24.27	86.13	198	27.46	88.76	331	26.08	87.62
超出非常多	76	13.87	100.00	81	11.23	100.00	157	12.37	100.00
总计	548	100.00	—	721	100.00	—	1269	100.00	—

进一步分析大学生所能够承受的范围发现，认为"完全没超出"自身承受能力的毕业生，其平均花费仅有740元；而认为"超出非常多"的大学生的平均花费是3795元，是认为"完全没超出"自身承受能力毕业生的5.13倍，是认为"一般"的毕业生的2.5倍（见表9、图5）。因此大学生就业应聘的成本花费应合理，不能盲目在服装、简历印刷等方面投入太多，不能盲目追求高工资，应本着先就业再择业的心态以先找到就业岗位为目的。

表9　不同承受能力评价下的就业应聘花费状况

就业应聘费用的承受能力评价	就业应聘花费（元）				计数（人）
	平均值	中位数	众数	标准差	
完全没超出	740	200	100	1342.7	124
没有超出	1161	500	500	1414.9	323
一般	1518	1000	1000	1653.7	334
超出一点	2207	2000	2000	1883.7	331

续表

就业应聘费用的承受能力评价	就业应聘花费（元）				计数（人）
	平均值	中位数	众数	标准差	
超出非常多	3795	3000	2000[a]	2885.8	157
总计	1813	1000	1000	2029.7	1269

a. 存在多个众数，显示了最小的值。

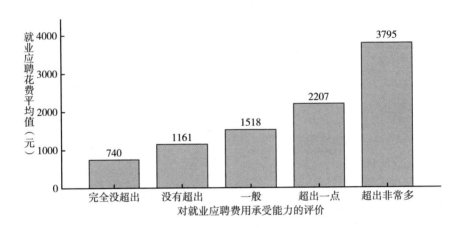

图 5　对就业应聘费用的不同承受能力与平均花费支出情况

通过对各类承受能力评价的分析，不同的评价结果在就业应聘花费上是存在显著差别的，通过方差分析，其均值差异性检验的 F 统计量为 72.67，其伴随概率远小于 0.05，说明其均值差异具有显著性，并且是两两之间皆存在显著不同。

不同性别毕业生在就业应聘花费方面的承受能力也是存在差别的（见表 10）。一般来看，男生对就业应聘花费的承受能力要高于女生。当男生认为就业应聘的花费"没有超出"承受能力时，其就业应聘花费平均为 1255 元，比女生高 163 元；当男生认为"超出一点"或"超出非常多"时，其就业应聘花费分别已达到 2342 元和 3894 元，皆高于女生的就业应聘花费水平。

表 10　不同性别毕业生在就业应聘花费方面的差异比较

单位：%

承受能力的评价	就业应聘花费（元）		差值（元）	t 值
	男	女		
完全没超出	564	896	−332	−1.38
没有超出	1255	1092	163	1.02
一般	1612	1447	165	0.90
超出一点	2342	2116	226	1.07
超出非常多	3894	3702	192	0.42

注：男女在承受能力方面不存在显著性差异。

学历水平越高，对就业应聘花费方面的承受能力越强（见表 11）。如高职高专毕业生认为对就业应聘花费承受能力"一般"，其平均花费是 1152 元，而本科、硕士研究生的平均花费依次为 1837 元和 1625 元，分别比高职高专毕业生的花费高 685 元和 473 元。如果认为"超出"自身承受能力，比较发现本科生、硕士研究生也比高职高专生具有较高的花费，其差距在 500 元以上，最高的差异是硕士研究生较高职高专毕业生平均多花费了 1113 元（见表 11、表 12）。

表 11　不同学历毕业生在就业应聘花费方面的承受能力

对费用承受的评价	就业应聘花费（元）				F 统计量	显著性
	高职高专	本科	硕士研究生	博士研究生		
完全没超出	573	738	4650	500	6.711	0.000
没有超出	1007	1289	—	—	3.183	0.075
一般	1152	1837	1625	—	7.328	0.001
超出一点	1858	2470	2971	—	4.947	0.008
超出非常多	3313	4193	4333	—	1.881	0.156

表 12　不同学历毕业生在就业应聘花费方面的承受能力比较（多重比较）

对费用承受的评价	I	J	平均值差值（I−J）（元）	标准误差	显著性
一般	高职高专	本科	−685 *	179.103	0.000
	高职高专	硕士研究生	−473	822.057	0.565
	本科	硕士研究生	212	820.755	0.797

续表

对费用承受的评价	I	J	平均值差值 (I-J)(元)	标准误差	显著性
超出一点	高职高专	本科	-612*	207.620	0.003
	高职高专	硕士研究生	-1113	720.062	0.123
	本科	硕士研究生	-501	717.471	0.485
超出非常多	高职高专	本科	-880	467.553	0.062
	高职高专	硕士研究生	-1020	1219.347	0.404
	本科	硕士研究生	-140	1215.184	0.908

*. 平均值差值的显著性水平为0.05。

不同时期的毕业生在承受能力方面,对不同花费水平的感觉是有差异的(见表13)。如毕业生认为"超出一点"自身承受能力,随着时代发展其平均花费在逐渐增长,已由2013年的1200元、2014年的1430元,逐渐增加到2016年以后的2000元以上。而认为"完全没超出"自身承受能力的人,其平均花费除2014年在1000元以上,其他年份都在1000元以下。毕业生的就业应聘花费在增加,承受能力也在增长,这是就业市场竞争加剧的必然结果(见图6)。

表13 各时期毕业生在就业应聘花费方面的承受能力比较

就业应聘花费承受能力评价	不同年份的就业应聘花费(元)						
	2012年及以前	2013年	2014年	2015年	2016年	2017年	2018年
完全没超出	—	789	1005	187	945	950	486
没有超出	2244	925	150	1499	1151	1162	1057
一般	1150	1275	1710	1535	1790	1853	1173
超出一点	4167	1200	1430	1906	2644	2265	2087
超出非常多	7500	3000	1325	5717	3932	4173	3539

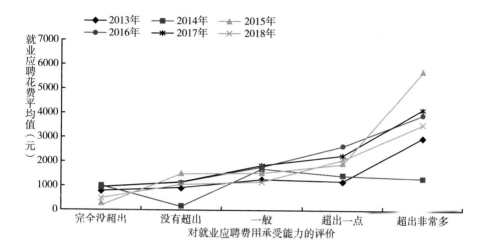

图6 在就业应聘花费方面的承受能力评价比较

（二）就业发展的社会支持网络分析

在大学生就业应聘过程中，包括家庭、学校、社会关系在内的各种资源对其产生的效用，势必影响大学生的就业发展，尤其是对建档立卡贫困人口中大学毕业生的影响更甚。发挥各种社会资源的作用，将对此群体就业状况产生积极的影响。

1. 家人仍是就业发展的第一位支持要素

毕业生在毕业季寻找工作的过程中，认为对其帮助最大的人依次是家人、朋友、同学或校友，其所占比例依次是 78.27%、75.19% 和 58.27%（见表14）。另外，老师在工作寻找过程中帮助也比较大，居于第四位，其比例为 49.62%。无论高职高专，还是本科毕业生①，在工作寻找过程中认为对其帮助最大的人是一致的，其比例也是基本相同的。

---

① 在分析工作寻找过程中认为对其帮助较大的人时，研究生和博士生样本量较少，分别仅有 7 人和 1 人。

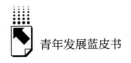
表 14　工作寻找过程中自评帮助最大的人

工作寻找过程中帮助最大的人	个案数（人）	比例（%）
家人	407	78.27
朋友	391	75.19
同学/校友	303	58.27
老师	258	49.62
亲属	180	34.62
同乡	48	9.23
其他	18	3.46
网友	15	2.88
邻里	13	2.50

注：520 个样本。

不同类型学校的毕业生在寻找工作过程中，认为对其帮助最大的人在排名方面存在一些细微差别，如非"双一流"本科高校、公立高职高专和民办高职高专毕业生在寻找工作时认为对其帮助最大的人依次是家人、朋友；但在"双一流"高校和民办本科中，认为对其帮助最大的是朋友，其中"双一流"高校毕业生认为朋友帮助最大的比例较认为家人帮助最大的比例高 3.28 个百分点（见表 15）。这是否为由学校类型所造成的本质性差别，还有待进一步检验。

表 15　不同类型学校的毕业生在工作寻找过程中自评帮助最大的人的差别

单位：%，人

工作寻找过程中帮助最大的人	"双一流"高校	非"双一流"本科高校	公立高职高专	民办本科	民办高职高专
朋友	77.05	79.15	68.21	80.00	70.27
家人	73.77	79.62	78.15	78.33	78.38
同学/校友	60.66	55.92	60.26	56.67	62.16
老师	44.26	50.71	57.62	36.67	40.54
亲属	24.59	31.75	38.41	45.00	35.14
其他	9.84	2.84	3.31	1.67	0.00
同乡	8.20	9.00	9.27	11.67	8.11
网友	4.92	4.27	0.66	1.67	2.70
邻里	0.00	3.32	1.99	3.33	2.70
样本量	61	211	151	60	37

另外，无论何种类型的学校，同学/校友和老师在毕业生寻找工作的过程中皆发挥了较大作用，一方面体现了各类学校对就业工作的重视，另一方面也反映出学校就业帮助的传承性。家人在第一份工作寻找过程中所起的作用，毕业生认为较大或很大的累计比例达到55.00%；仅有16.16%的同学认为较小和很小（见表16）。

表16 自评在找工作的过程中家人所起的作用

有效	频数（人）	比例（%）	累计比例（%）
很大	123	23.65	23.65
较大	163	31.35	55.00
一般	150	28.85	83.85
较小	42	8.08	91.92
很小	42	8.08	100.00
总计	520	100.00	—

注：520个样本。

2. 就业优势因素依次是吃苦耐劳的品质、有相关实习和工作经历、学习成绩好、形象气质好、工作能力强等

因何优势而找到工作，大学生的回答主要集中于前五项，依次是吃苦耐劳的品质、有相关实习和工作经历、学习成绩好、形象气质好、工作能力强等，其比例依次为60.59%、47.25%、24.90%、22.55%和20.98%（见表17）。可以说吃苦耐劳的品质是根本要求。但在高职高专毕业生中，形象气质好（22.84%）和工作能力强（21.32%）的比例要超过学习成绩好（16.75%），这不是说"学习成绩好"不重要，主要是与高职高专的毕业生就业性质有关，工作单位更加注重是否有相关实习和工作经历以及工作能力，而获得这种工作能力，其根本还是学习努力的结果，如基本理论、基本知识不扎实，何谈良好的工作经历和工作能力。另外，本科毕业生中，党员身份和学生干部身份也为其寻找工作创造了一些优势，其比例分别为7.84%和6.21%，远超高职高专毕业生这方面的认可程度（见图7）。

表17 工作寻找过程中学生对就业优势分析

就业优势	个案数（人）	比例（%）
吃苦耐劳的品质	309	60.59
有相关实习和工作经历	241	47.25
学习成绩好	127	24.90
形象气质好	115	22.55
工作能力强	107	20.98
学历层次高	65	12.75
社会交际能力强	52	10.20
热门专业	43	8.43
老师的推荐	36	7.06
朋友的帮助	35	6.86
父母、亲戚的帮助	35	6.86
党员身份	31	6.08
学生干部	30	5.88
性别为男性	23	4.51
学校名气大	21	4.12
农村身份	17	3.33
应聘技巧好	13	2.55
往届毕业生的声誉好	6	1.18
拥有就业地户口	4	0.78
其他	2	0.39

注：有效样本510。

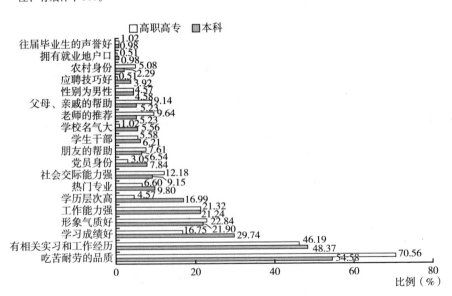

图7 不同学历学生在工作寻找过程中就业优势分析

很多普通院校的毕业生在强调或专注工作能力强（21.36%）和社会交际能力强（9.71%）的时候，"双一流"高校的毕业生深深体会到学历层次高（25.42%）和学校名气大（25.42%）的优势，更体会到其在学校期间"有相关实习和工作经历"的优势（54.24%），超过了其他类院校毕业生所普遍认可的"吃苦耐劳的品质"而居第一位（见表18、图8）。

表18　不同类型学校学生在工作寻找过程中的就业优势分析

单位：%，人

就业优势	"双一流"高校	非"双一流"本科高校	公立高职高专	民办本科	民办高职高专
有相关实习和工作经历	54.24	46.12	47.33	49.15	38.89
吃苦耐劳的品质	45.76	58.74	70.00	54.24	66.67
形象气质好	27.12	21.36	20.67	18.64	36.11
学习成绩好	25.42	31.55	20.00	18.64	16.67
学历层次高	25.42	15.53	4.00	15.25	8.33
学校名气大	25.42	1.94	1.33	0.00	0.00
工作能力强	16.95	21.36	20.67	16.95	33.33
热门专业	11.86	9.71	8.00	5.08	2.78
学生干部	11.86	4.85	6.67	3.39	2.78
社会交际能力强	5.08	9.71	11.33	11.86	13.89
朋友的帮助	5.08	5.83	10.00	8.47	0.00
老师的推荐	5.08	4.37	11.33	8.47	5.56
党员身份	3.39	8.74	3.33	8.47	2.78
父母、亲戚的帮助	1.69	4.37	8.67	15.25	8.33
应聘技巧好	1.69	3.88	1.33	3.39	0.00
农村身份	1.69	2.43	4.00	5.08	5.56
往届毕业生的声誉好	1.69	1.46	0.67	0.00	2.78
性别为男性	0.00	6.31	3.33	5.08	5.56
拥有就业地户口	0.00	0.97	0.67	1.69	0.00
样本量	59	206	150	59	36

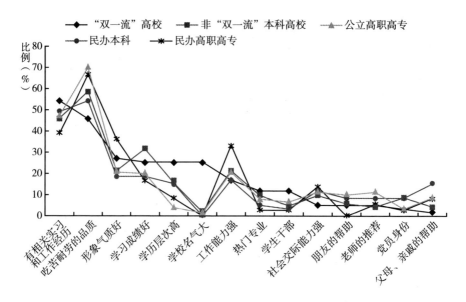

图8　不同类型学校学生在工作寻找过程中就业优势分析

3. 学校与政府提供的就业创业服务还有待加强

学校与政府提供的就业创业服务在学生就业中产生了较大的帮助，毕业生认为帮助较大的比例累计超过20%，尤其是就业信息提供、技能培训、组织大型招聘会和职业生涯规划方面，所提供的帮助获得一致认可，帮助很大与帮助较大的累计认可比例超过40%（见表19、图9）。

表19　对学校与政府所提供就业创业服务帮助情况的评价

学校与政府所提供就业创业服务的帮助内容		帮助很大	帮助较大	一般	帮助较少	没有帮助	没接触过	总计
创业大赛	计数（人）	101	223	482	171	73	219	1269
	比例（%）	7.96	17.57	37.98	13.48	5.75	17.26	100.00
组织大型招聘会	计数（人）	168	358	470	149	48	76	1269
	比例（%）	13.24	28.21	37.04	11.74	3.78	5.99	100.00
创业资金支持	计数（人）	116	186	414	155	117	281	1269
	比例（%）	9.14	14.66	32.62	12.21	9.22	22.14	100.00
创业实践导师	计数（人）	117	251	409	153	102	237	1269
	比例（%）	9.22	19.78	32.23	12.06	8.04	18.68	100.00

学校与政府所提供就业 创业服务的帮助内容		帮助 很大	帮助 较大	一般	帮助 较少	没有 帮助	没接 触过	总计
就业信息提供	计数(人)	199	434	412	126	39	59	1269
	比例(%)	15.68	34.20	32.47	9.93	3.07	4.65	100.00
技能培训	计数(人)	181	345	433	128	57	125	1269
	比例(%)	14.26	27.19	34.12	10.09	4.49	9.85	100.00
职业生涯规划	计数(人)	175	342	479	150	48	75	1269
	比例(%)	13.79	26.95	37.75	11.82	3.78	5.91	100.00

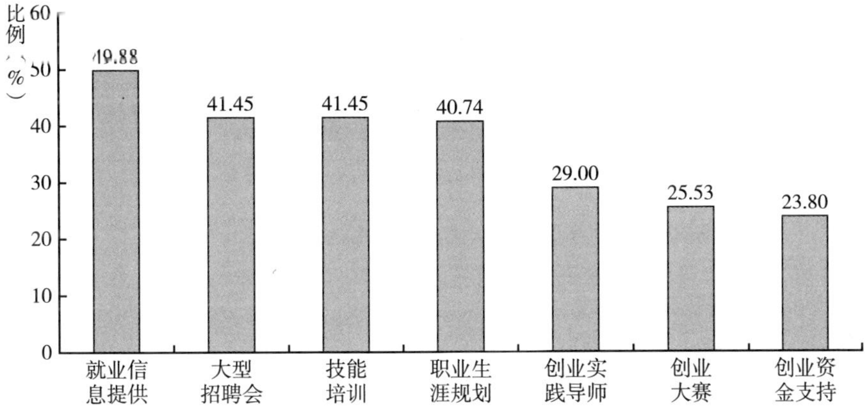

图9 认为学校与政府所提供就业创业服务有很大与较大帮助的比例

但我们也发现有一定比例的学生认为未接触过此类服务帮助，其中创业资金支持、创业实践导师和创业大赛等三项服务未接触过的比例较高，其比例分别为22.14%、18.68%和17.26%。尤其是在民办高职高专（样本量为124）、民办本科（样本量为145）在创业资金支持、创业实践导师以及创业大赛方面"未接触过"的比例更高（见图10），表现出一定程度的服务不足。

这也在毕业生对"学校与政府所需加强的就业创业服务内容"的反馈中有所反映，除大型招聘会、就业信息提供和技能培训方面有待加强外，毕业生认为在职业生涯规划、创业资金支持、创业实践导师和创业大赛等方面也须加强，其比例分别为39.43%、31.64%、29.18%和20.66%（见图11）。

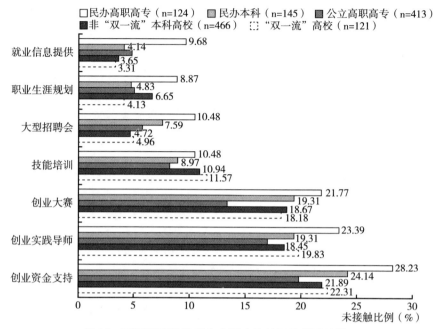

图10　不同类型学校学生自评未接触相关帮助的情况

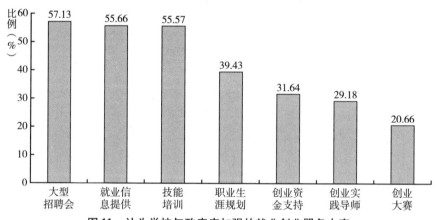

图11　认为学校与政府应加强的就业创业服务内容

三　就业成本和社会支持网络对就业发展的影响分析

一分耕耘一分收获，一分付出一分所得，在就业发展中是否也将实践着这种规律？通过何种路径建档立卡贫困人口中大学毕业生能够更好地实现就业发展目标，能否找到合适的途径优化就业成本支出、社会网络支持对毕业生就业质量的影响，都是我们需要研究的问题。

（一）毕业季就业花费的影响因素分析

以毕业季找工作时的花费为因变量，以性别、政治面貌、最高学历、学校类型①、学习成绩班级总排名、是否担任学生干部等为自变量，研究各因素与毕业花费的关系。因毕业花费呈现明显的右偏分布，故在回归分析中采用其对数形式，研究各自变量对毕业花费增长速度的影响。具体的变量定义及样本描述如表 20 所示。

表 20　变量定义及样本描述

变量	变量含义	均值或比例	标准差
因变量			
对数化就业应聘花费	就业应聘花费(元)取自然对数	6.847	1.528
自变量			
性别	男 =1,女 =0	0.437	
政治面貌	中共党员(含预备党员) =1,其他 =0	0.135	
	共青团员 =1,其他 =0	0.747	
	普通学生 =1,其他 =0	0.116	
教育程度	本科 =1,其他 =0	0.619	
	高职高专 =1,其他 =0	0.381	
学校类型	"双一流"高校 =1,其他 =0	0.111	
	非"双一流"高校 =1,其他 =0	0.406	
	公立高职高专 =1,其他 =0	0.297	
	民办本科 =1,其他 =0	0.116	
	民办高职高专 =1,其他 =0	0.070	

---

① 以第一学历工作的成为研究对象，最高学历不是工作学历的应剔除，共得到有效样本 528 份。

续表

变量	变量含义	均值或比例	标准差
担任学生干部	是 = 1,否 = 0	0.577	
单位类型	党政机关 = 1,其他 = 0	0.096	
	群团组织事业单位公有制企业 = 1,其他 = 0	0.423	
	私营及外资企业 = 1,其他 = 0	0.422	
	自主创业 = 1,其他 = 0	0.031	
工作城市级别	北上广深 = 1,其他 = 0	0.119	
	省会城市 = 1,其他 = 0	0.287	
	其他较大城市 = 1,其他 = 0	0.167	
	县城 = 1,其他 = 0	0.276	
	乡镇及农村地区 = 1,其他 = 0	0.150	

注:样本量 = 528。

分析发现:男性毕业生相对于女性来说,毕业季就业花费要低些,这与前述简单描述存在差异,归其原因主要在于男性工作方向大多选择党政机关、群团组织、事业单位等竞争较激烈的岗位。本科院校的毕业生比高职高专院校的毕业生花费要高,平均高60%以上。尤其是非"双一流"院校本科毕业生,在各类毕业生中花费几乎是最多的,比"双一流"院校、公立高职高专、民办本科毕业生的花费要高。相对于自主创业来说,第一份工作在党政机关、群团组织事业单位公有制企业等岗位,就业花费相对较高;而在私营及外资企业就业花费较低。这也是工作性质以及竞争激烈程度不同所体现的差别(见表21)。

表21 毕业季就业花费的影响因素分析

变量	模型1		模型2		模型3	
	回归系数	标准误差	回归系数	标准误差	回归系数	标准误差
(常量)	6.451	0.462	6.330	0.608	6.588	0.462
男性(参照类为女性)	-0.023	0.126	-0.058	0.125	-0.025	0.126
政治面貌(群众为参照类)						
中共党员(含预备党员)	-0.617**	0.262	-0.682***	0.260	-0.471*	0.263

续表

变量	模型1		模型2		模型3	
	回归系数	标准误差	回归系数	标准误差	回归系数	标准误差
共青团员	-0.525***	0.198	-0.511**	0.197	-0.340*	0.202
本科(高职高专为参照类)	0.625**	0.303	0.622**	0.301	0.652**	0.300
学校类型(非"双一流"本科为参照类)						
"双一流"高校	-0.386*	0.214	-0.358*	0.214	-0.393*	0.213
公立高职高专	-0.065	0.322	0.024	0.321	-0.028	0.320
民办本科	-0.079	0.205	-0.097	0.203	-0.122	0.204
民办高职高专	0.120	0.376	0.192	0.377	0.138	0.373
担任学生干部(否为参照类)	0.222*	0.133	0.224*	0.132	0.243*	0.132
单位类型(自主创业为参照类)						
党政机关			0.828*	0.426		
群团组织事业单位公有制企业			0.161	0.384		
私营及外资企业			-0.032	0.383		
其他			0.173	0.506		
工作城市级别(县城为参照类)						
北上广深					-0.608***	0.209
省会城市					-0.557***	0.165
除(1)(2)城市外的其他较大城市					-0.432**	0.194
乡镇及农村地区					-0.269	0.199

注：*表示10%显著性水平，**表示5%显著性水平，***表示1%显著性水平。

(二)就业满意度影响因素分析

既然不同毕业生在就业花费方面存在差别,那是否影响工作满意程度呢?以"第一份工作满意程度"为两分类因变量(满意=1,不满意=0),以性别、政治面貌、教育程度、学校类型、学习成绩排名、是否担任学生干部、就业花费为自变量,利用Logistic回归研究对工作满意度的影响。具体的变量定义及样本描述如表22所示。

表22　变量定义及样本描述

变量	变量含义	均值或比例	标准差
因变量			
第一份工作满意程度	满意=1,不满意=0	0.512	
自变量			
性别	男=1,女=0	0.431	
政治面貌	中共党员(含预备党员)=1,其他=0	0.112	
	共青团员=1,其他=0	0.738	
	普通学生=1,其他=0	0.150	
教育程度	本科=1,其他=0	0.537	
	高职高专=1,其他=0	0.463	
学校类型	"双一流"高校=1,其他=0	0.088	
	非"双一流"高校=1,其他=0	0.352	
	公立高职高专=1,其他=0	0.338	
	民办本科=1,其他=0	0.121	
	民办高职高专=1,其他=0	0.101	
学习成绩排名	前10%=1,其他=0	0.276	
	前20%=1,其他=0	0.276	
	前30%=1,其他=0	0.179	
	前50%=1,其他=0	0.140	
	后50%=1,其他=0	0.034	
	不清楚=1,其他=0	0.095	
是否担任学生干部	担任=1,其他=0	0.567	
就业花费		3.520	38.491

注：样本量=1017。

分析发现：中共党员、共青团员的第一份工作满意度要高于普通学生；本科毕业生的满意程度高于高职高专毕业生；"双一流"高校和公立高职高专毕业生的工作满意程度高于非"双一流"高校毕业生；学习成绩越好，排名在前50%的毕业生在工作满意程度获得方面强于排名在后50%的毕业生；担任学生干部，由于在工作竞争中表现出一定竞争力，往往会获得较高的关注，因而在工作满意程度上会获得提高。在控制个人特征以及外部环境条件的基础上，研究就业花费对工作满意程度的影响，分析发现就业花费增加，在工作满意程度方面会获得较明显的回报，达到"满意"目标的发生比提高 2.1%（见表 23）。

表 23　就业满意度影响因素的 Logistic 回归分析

变量	模型 1			模型 2		
	系数	标准误差	Exp（B）	系数	标准误差	Exp（B）
男性（参照类为女性）	0.026	0.133	1.026	0.024	0.133	1.024
政治面貌（普通学生为参照类）						
中共党员（含预备党员）	0.477*	0.264	1.611	0.485*	0.264	1.624
共青团员	0.249	0.183	1.282	0.257	0.183	1.292
本科（高职高专为参照类）	0.154	0.307	1.167	0.144	0.308	1.155
学校类型（非"双一流"为参照类）						
"双一流"高校	0.229	0.250	1.257	0.232	0.250	1.262
公立高职高专	0.098	0.330	1.103	0.099	0.330	1.104
民办本科	-0.118	0.214	0.889	-0.115	0.215	0.892
民办高职高专	0.095	0.372	1.100	0.091	0.373	1.095
学习成绩排名（后 50% 为参照类）						
前 10%	0.547	0.385	1.729	0.541	0.385	1.718
前 20%	0.717*	0.382	2.049	0.715*	0.382	2.043
前 30%	0.673*	0.390	1.960	0.669*	0.390	1.951
前 50%	0.587	0.397	1.799	0.584	0.397	1.792
不清楚	0.318	0.416	1.375	0.310	0.416	1.364
担任学生干部（否为参照类）	0.052	0.140	1.053	0.047	0.141	1.048
就业花费				0.020	0.033	1.021
常量	-0.951	0.514	0.387	-0.981	0.516	0.375

注：* 表示 10% 显著性水平，** 表示 5% 显著性水平，*** 表示 1% 显著性水平。

四　提升建档立卡贫困人口中大学毕业生就业水平及满意度的应对策略

从建档立卡贫困人口中大学毕业生的就业花费和就业满意度方面进行实

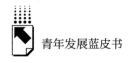

证研究，发现各类学校或不同毕业生之间的就业花费和就业满意度存在显著差别。一般来说，毕业生表现越优秀，在搜寻工作期间的花费越少，就业满意程度越高；"双一流"高校、公立高职高专和民办本科毕业生的就业花费相对于非"双一流"本科生来说要低，其中"双一流"高校、公立高职高专毕业生的就业满意度要高于非"双一流"本科毕业生；面向党政机关、群团组织事业单位、公有制企业就业的毕业生，其就业花费要高于自主创业毕业生的就业支出；相对于在县城就业的毕业生，在一线城市、省会城市等较大城市就业的毕业生花费要少得多。在就业满意程度方面，学习成绩越好，其就业满意程度越高；担任过学生干部的毕业生就业满意程度较高；就业花费增加会提高就业满意程度。

在上述分析结论的基础上，为了更好地提升建档立卡贫困人口中大学毕业生就业水平和就业满意程度，建议从以下三方面着手进行政策及制度完善。

（一）政府从制度上促进就业公平

依据建档立卡贫困人口中大学生规模，合理估计当年选择就业的建档立卡贫困人口中毕业的大学生数量，进行宏观层面的规划设计，改进相关制度，创造公平的就业环境。建档立卡贫困人口中的大学生群体，在经济、社会关系方面都处于相对弱势的地位，政府需要从政策上为这一群体提供支持，发挥政府人才供需的宏观调控功能，为弱势大学生就业提供法律和政策支撑。完善就业指导服务，为建档立卡贫困人口中的大学生就业提供信息支持，完善对建档立卡大学生的社会救济、补偿体系，给予建档立卡毕业生更多的社会支持。通过立法支持，减少针对建档立卡大学生的就业歧视行为，扫除其进入劳动力市场的各种障碍。引导建档立卡大学生树立正确的就业观念，通过专业课程规划和就业指导引导其树立正确的择业观，并通过增强就业竞争能力改善其在市场中的不利地位。

（二）毕业院校要完善就业指导和服务体系

学校要多搭建校企交流平台，为学生了解社会提供机会，促进学生和企业的交流，使学生能够充分了解自己的行业，早日规划自身未来的就业思路。在大学期间开展就业指导系统教育和职业测评，让大学生了解就业政策、就业现状以及目标岗位的能力要求，引导大学生树立切合实际的职业取向，形成自己独特的职业生涯规划。要积极开展各种校园活动，锻炼大学生的组织管理能力、沟通合作能力，提升其心理素质和适应能力。改革原有的毕业生就业指导和服务工作，破除"毕业生就业只是就业指导部门的事"的思维模式，鼓励全体教师利用其广泛的社会关系帮助学生就业[1]，尤其要注重解决建档立卡贫困人口中大学生的就业困难，建立起相应的激励机制，充分利用校友在毕业季的社会资源优势，广泛开拓就业渠道。

（三）建档立卡贫困人口中大学毕业生个人要拓展就业思路

首先，在校期间要注重对自身就业能力的培养，全面提升自己的专业能力，拓宽自己的视野。以职业生涯规划为切入点，努力学习专业知识，提升职业技能，了解就业形势，充分掌握就业知识和求职技巧，为就业打下良好的基础。[2]

其次，要增强自己的社会和人际交往能力，提升自己的人际关系水平，广交朋友，积累更多的社会关系网络，尤其要善于同企业人员加强交流，以方便自己了解行业现实，合理选择就业。

再次，要充分利用学校提供的就业政策，了解各种就业信息，综合比较，进行充分择业，广泛参与就业。除此之外，根据自身经济条件和就业期待，合理估量就业成本。

最后，积极参与社会实践，树立先就业再择业的观念[3]，积累相关工作

---

① 刘立功：《河北省高校毕业生就业困境分析和对策研究》，《中国成人教育》2015 年第 20 期。

② 张名艳：《高职院校大学生弱势群体的就业困境及对策》，《学校党建与思想教育》2016 年第 24 期。

③ 赵颂梅、丁国钰：《高校大学生就业问题分析与对策研究》，《教育与职业》2015 年第 21 期。

经验，不断调整就业心态，增强自身的心理素质。锻炼自己的品德意识，形成踏实肯干、吃苦耐劳、敬业奉献、敢于迎难而上等优良的工作作风，增强对工作的驾驭能力，树立正确的就业观。逐步转变自身的弱势状态，最终实现建档立卡贫困人口中大学生弱势群体的自我提升。

工 作 篇

Working Reports

B.12

各地建档立卡贫困人口中大学生就业政策的比较研究

匡敦校*

摘 要: 我国对大学毕业生就业十分重视,其中建档立卡贫困人口中大学生属于重点关注的就业群体。地方政府在国家扶持、优惠政策的基础上,因地制宜地对大学生就业、创业出台了一系列鼓励、帮扶措施。这些地方性政策具有一定共性,比如引导鼓励高校毕业生到城乡基层中小微企业就业,落实学费补偿、助学贷款代偿等政策,落实创业项目扶持补贴、税收减免方面的政策,以及为高校毕业生自主创业提供小额担保贴息措施等。有一些则体现了鲜明的地域特点,例如山西省要求公共就业服务

---

* 匡敦校,法学博士,中国传媒大学法律系副教授,硕士生导师,主要研究领域为民商法、未成年人保护法、劳动法。余斌、徐雪梅、李亚才、韩畅和刘清扬参与了资料收集、调研或部分初稿的写作。

机构为自主创业的高校毕业生免费提供档案存放、代缴社保等代理服务；河南省还实施特招医学毕业生专门项目；青海等省份对来本省就业的高校毕业生取消落户限制。但现有政策也存在一些不足，比如创业政策供给不足，高校、大学生以及就业市场之间沟通不畅等问题，故而应采取措施提高就业扶贫的精准度，扶持中小企业，培养返乡发展的大学生，还应当关注大学生自主创业的长期存活率即自主创业的效果。

关键词： 贫困大学生　就业创业　就业政策

2000 年 9 月联合国首脑会议上由 189 个国家签署《联合国千年宣言》，正式提出千年发展目标（Millennium Development Goals，MDGs）——从极端贫穷人口比例减半，到遏制艾滋病的蔓延等等，目标完成的截止时间为 2015 年。

在我国，扶贫工作历来被当作头等大事来抓。根据 2014 年《国务院扶贫办关于印发〈新一轮扶贫开发建档立卡工作实施方案〉的通知》，建档立卡对象包括贫困户、贫困村、贫困县和连片特困地区。原则上以国家统计局发布的 2013 年底全国农村贫困人口规模 8249 万人为基数，并以 2013 年农民人均纯收入 2736 元（相当于 2010 年 2300 元不变价）的国家农村扶贫标准为识别标准。此后，每年都有一定数量的贫困县摘除贫困帽子，有相当一部分贫困人口脱贫。2015 年 7 月 24 日，外交部与联合国驻华系统共同举办《中国实施千年发展目标报告》（2015 年版）发布会。发布会上，外交部与联合国驻华系统共同发布了报告中/英文版，中方全面介绍了过去 15 年中国实施千年发展目标的情况，总结了中国的发展经验和做法①。

---

① 《联合国千年发展目标今年收官　中国公布实施成绩单》，观察者网，2015 年 7 月 25 日，https：//www.guancha.cn/strategy/2015_07_25_328165.shtml，最后检索时间：2018 年 12 月 16 日。

　　在衡量"贫困"标准的问题上，2015 年世界银行宣布，按照购买力平价计算，将国际贫困线标准从之前的 1.25 美元/人天上调到 1.90 美元/人天，增幅高达 52%。根据世界银行对贫困线的定义，如果一个人每天的收入或生活费低于维持基本所需的最低标准（"贫困线"），其将被界定为贫困人口。新标准使全球贫困居民大幅度增加 1.48 亿人（当时，全球贫困人口的 95% 集中在东亚、太平洋地区、南亚以及撒哈拉以南非洲地区）。具体到我国，实践中是按照年人均收入 2300 元（2010 年不变价）作为农村扶贫标准的。国家统计局《2014 年国民经济和社会发展统计公报》指出："按照年人均收入 2300 元（2010 年不变价）的农村扶贫标准计算，2014 年农村贫困人口为 7017 万人。"对贫困户建档立卡是精准扶贫的重要措施。2014 年我国完成了 12.8 万个贫困村 2949 万贫困户 8962 万贫困人口的信息采集录入工作，实现了全国扶贫对象的集中管理。2017 年 2 月发布的《中华人民共和国 2016 年国民经济和社会发展统计公报》称：截至 2016 年末，农村贫困人口为 4335 万人，比上年减少 1240 万人。自 2018 年至 2020 年的 3 年间，我国还有 3000 万左右农村贫困人口需要脱贫，其中因病、因残致贫比例居高不下，要在剩余 3 年时间内完成脱贫目标，任务十分艰巨。中央提出到 2020 年，确保现行标准下农村贫困人口实现脱贫，消除绝对贫困；确保贫困县全部摘帽。实施就业扶贫行动计划，推动就业意愿、就业技能与就业岗位精准对接，贫困地区在县乡公务员考试录用中，从大学生村官、"三支一扶"等人员中定向招录公务员，从贫困地区优秀村干部中招录乡镇公务员[①]。

　　就业与脱贫是一对孪生姊妹。换句话说，想办法解决贫困家庭劳动力，尤其是出自贫困家庭的大学毕业生的就业问题是帮助困难家庭摆脱贫困的一把钥匙。据国际劳工组织（ILO）《2016 年世界就业和社会展望报告》称，由于全球范围内缺乏高质量的就业机会，且多个区域的经济前景恶化，世界各国数十年来在减贫方面取得的进展受到威胁。与此同时，在发达国家，相

---

① 《中共中央　国务院关于打赢脱贫攻坚战三年行动的指导意见》，2018 年 6 月 15 日。

对贫困现象也在抬头。报告指出，目前，在新兴经济体和发展中国家，有 36% 的人口生活在贫困中，每天的收入购买力不足 3.1 美元。贫困难题不能仅通过调配收入来解决，而需要更多和更高质量的就业机会。在发展中国家，1/3 的赤贫和中贫人口都有工作，但是主要集中在低技能职业，几乎完全依靠出卖体力①。根据国际劳工组织发布的《2017 年全球青年就业趋势报告》（ *Global Employment Trends for Youth 2017* ），全球青年失业率预计 2017 年小幅上升至 13.1% 。但值得重视的是，全球失业人口中年轻人占 35% 以上。该报告指出，2017 年有 7090 万青年失业，预计 2018 年失业人口将再增加 20 万人，达 7110 万人。年轻人在劳动力市场上所处的劣势仍然存在。报告还强调了年轻女性在劳动力市场上持续存在的脆弱性。2017 年，全球青年女性劳动参与率比青年男性低 16.6 个百分点。报告指出，解决青年就业挑战不仅仅是要创造更多就业机会，更重要的是确保青年获得体面就业。截至 2017 年，新兴和发展中国家每 5 名年轻人中就有 2 名以上面临失业或贫穷。从全球范围来看，3/4 的青年劳动人口从事非正规工作，在发展中国家，20 名年轻人中就有 1 人从事非正规工作。正是基于对上述情况的深刻认识，我国政府把教育扶贫放在十分重要的位置。根据课题组对山西省盂县扶贫办等部门的调研，该县除了继续根据省里的部署开展雨露计划、实施教育扶贫工作，对建档立卡贫困户中当年被普通高校录取的大学生每生给予 5000 元一次性补助，对就读中职、中技、高职的学生实行应助尽助全覆盖等扶助措施之外，该县还为建档立卡贫困户（含贫困家庭的大学生）在本地投保"住院定额给付"保险，通过报销住院开销的方式减轻他们的负担。其目的在于帮助贫困家庭大学生安心完成自己的学业，学好本领，将来成为合格的、高质量的人才。

在我国，创新与创业，是拉动大学生就业和国民经济持续发展的双引擎。据《2018 年中国大学生就业报告》的统计，大学毕业生自主创业比例平稳，

---

① 《联合国发布〈2016 年世界就业和社会展望报告〉》，国际财经中心网，http：//iefi. mof. gov. cn/pdlb/dbjgzz/201605/t20160524_ 2002794. html，最后检索时间：2018 年 12 月 22 日。

教育、零售为创业主要行业。2017 届大学毕业生毕业半年后自主创业的比例为 2.9%，与 2016 届、2015 届基本持平。2017 届高职高专毕业生毕业半年后自主创业的比例（3.8%）高于本科毕业生（1.9%）。从近三届的趋势可以看出，大学毕业生自主创业的比例呈现平稳态势。根据国家统计局《中华人民共和国 2017 年国民经济和社会发展统计公报》发布的普通本专科毕业生人数735.8 万估算，2017 届大学生中约有 21.3 万人选择了创业。从大学毕业生创业的主要动因来看，属于机会型创业的毕业生占创业总体的大多数（本科为86%，高职高专为 84%）。2017 届本科毕业生自主创业比例最高的就业经济区域为泛长江三角洲区域经济体（2.7%）。2017 届高职高专毕业生自主创业比例最高的就业经济区域为中原区域经济体（4.9%）①。

近年来，国家对高校毕业生尤其是出自贫困家庭的高校毕业生的就业予以高度关注，采取了一系列措施，包括：确保零就业家庭、有劳动能力的成员均处于失业状态的低保家庭至少有一人稳定就业；实施高校毕业生基层成长计划，引导鼓励高校毕业生到城乡基层、中小微企业就业，落实学费补偿、助学贷款代偿、资金补贴等政策，建立高校毕业生"下得去、留得住、干得好、流得动"的长效机制②。

中央和地方贯彻坚持不懈促就业的政策取得了显著成效。2018 年 7 月，中央政治局会议要求做到"六个稳"，并且把"稳就业"放在首位。2018年 1~10 月城镇新增就业累计达到 1200 万人，比上年同期增加 9 万人。10月全国城镇调查失业率为 4.9%，同比持平。三季度末，全国城镇登记失业率为 3.82%，降至近年来低位。重点群体就业方面：高校毕业生就业形势总体稳定，农村劳动力转移就业稳中有进，对困难群体就业援助力度加大。特别是前 10 个月，就业困难人员实现新就业 149 万人，同比增加了 2 万人③。

---

① 《〈2018 年中国大学生就业报告〉重磅发布》，https://www.sohu.com/a/241850072_7810872018，最后检索时间：2019 年 1 月 5 日。

② 《国务院关于做好当前和今后一段时期就业创业工作的意见》（国发〔2017〕28 号）。

③ 邱海峰：《促就业 15 条惠民生稳预期前 10 月新增就业 1200 万》，http://www.xinhuanet.com/fortune/2018-12/07/c_1123818612.htm。

一 不同地区针对大学生就业的政策措施及其效果比较

（一）各地政策措施及其效果的省际比较

1. 华北地区（河北省、山西省）

（1）措施比较

在税收减免政策类别里，两省都有针对行政事业性收费减免和税收优惠减免方面的政策，但是在行政事业性收费减免政策上，两省在适用行业上有所不同：山西省对高校毕业生从事个体经营或者创办小微企业的，自其工商注册登记之日起 3 年内免收登记类、证照类、管理类等有关行政事业性收费，没有对高校毕业生从事的行业进行限制①。河北省对高校毕业生从事个体经营的有行业限制，对建筑业、娱乐业以及销售不动产、转让土地使用权、广告业、房屋中介、桑拿、按摩、网吧、氧吧等行业的行政事业性收费不减免。在创业项目扶持补贴政策类别上，两省都出台对符合条件的高校毕业生给予创业场地租金补贴、创业保险补贴、创业实训补贴，三种补贴的主要区别在于发放金额上的不同。除了前述三种补贴外，山西省和河北省还各自出台了其他种类的补贴项目，比如山西省设立了创业带动就业补贴：对高校毕业生自主创业并带动 3 人以上就业且正常经营 1 年以上的，根据创业带动就业人数按每人不超过 1000 元的标准给予创业就业补助。而河北省出台的扶持高校毕业生创业的补贴政策种类繁多，包括一次性创业补助、高校毕业生求职补贴、技能培训补贴、劳动预备制培训补贴、家庭手工业培训补贴、高校毕业生就业见习补贴等②。在金融扶持政策方面，两省都针对高校毕业生自主创业提供小额担保贴息措施，两省提供的金额有所不同，两相比较，河北省支持的力度大于山西省。值得注意的是，河北省对高校毕业生申

---

① 《山西省人民政府办公厅关于扶持高校毕业生创业的意见》，晋政办发〔2014〕40 号。
② 《河北省高校毕业生就业创业扶持政策清单（2018 年版）》。

请贷款有个特殊的要求：个人创业担保贷款申请人及其家庭成员（以户为单位）自提交创业担保贷款申请之日起向前追溯 5 年内，应没有商业银行其他贷款记录。另外，在社会服务类政策类别里两省各有侧重。山西省一方面要求公共就业服务机构应当为自主创业的高校毕业生免费提供档案存放、代缴社保、代办户口、职称评定等人力资源和社会保障事务代理服务；另一方面要求各高校要加大对创业指导的资金、人员、设施投入，开设创业指导课程，对毕业学年高校毕业生按规定开展创业意识教育和创业培训。河北省则侧重于为众创空间提供房租、宽带网络、公共软件补贴以及为公共就业创业服务机构和基层服务平台提供就业创业服务能力补贴。

（2）效果比较

对于税收减免政策，根据《高校在读学生就业发展调查问卷》[①]，只有15.45%的在读学生了解国家对大学生返乡就业创业出台的税收优惠减免政策。《高校毕业生就业发展调查问卷》[②] 显示，有83.4%的受访高校毕业生不了解国家对大学生返乡就业创业出台的税收优惠减免政策。由此可见，山西省和河北省应当进一步加大对出台的大学生返乡就业创业税收优惠减免政策的宣传力度，让在校学生和毕业学生能够了解政府出台的政策。在创业项目扶持补贴政策类别上，河北省出台的补贴项目种类比山西省要多，尤其是河北省设立的高校毕业生求职补贴政策有助于在一定程度上缓解毕业生因找工作而花费的支出等经济负担，并且其出台的高校毕业生就业见习补贴也有利于鼓励在读学生积极参与见习，提前适应社会。在金融扶持政策方面，两省都针对高校毕业生自主创业提供小额担保贴息贷款。根据调查问卷统计，有55.87%的高校毕业生希望创业资金来源于银行贷款，却有85.4%的高校毕业生不了解国家对大学生返乡就业创业的贷款贴息政策。因此，除了金融机构要加大对高校学生创业的资金支持力度外，政府还应当加大金融扶持政

---

① 《高校在读学生就业发展调查问卷》，共青团中央"中国青年发展报告"课题组，2018 年9 月。

② 《高校毕业生就业发展调查问卷》，共青团中央"中国青年发展报告"课题组，2018 年9 月。

策的宣传力度,让创业者们了解获得资金支持的途径。另外,在社会服务类政策方面,两省各有侧重:山西省要求各高校要加大对创业指导的资金、人员、设施投入力度,开设创业指导课程,并对毕业学年高校毕业生按规定开展创业意识教育和创业培训的政策是比较符合实际的,对初次创业的大学毕业生颇有助益;河北省这方面则稍有逊色。

2. 华中地区(湖南省、河南省)

(1)措施比较

湖南省为促进高校毕业生就业创业,全面实施能力提升、创业引领、校园精准服务、就业帮扶等行动[①]。能力提升行动包括加强就业创业指导和加大培训见习力度。创业引领行动包括加强创业教育,要求湖南省的高校要普遍开设创业课程,同时强调要减轻创业负担,包括要求各部门落实税费减免、行政事业性收费减免、场所租金补贴、一次性开办费用补贴等优惠政策,并且鼓励高校毕业生自主创业,推出给予一次性创业培训补贴,鼓励企业、行业协会、群团组织、天使投资人等以多种方式提供资金支持,以及整合各高校创新创业孵化基地资源、组建湖南省大学生创新创业孵化基地联盟等措施。校园精准服务行动则主要是全面推进校园就业服务和开展公共就业专项活动,为毕业生创造更多的就业机会。就业帮扶行动中,坚持促进多渠道就业,引导高校毕业生到基层就业,会同有关部门统筹实施"三支一扶""选聘高校毕业生到村任职""大学生志愿服务西部计划""农村义务教育阶段学校教师特设岗位计划"等基层服务项目。

河南省为解决高校毕业生就业,出台《〈关于进一步引导和鼓励高校毕业生到基层工作的实施意见〉的通知》[②],该意见围绕"下得去、留得住、干得好、流得动"四大方面出台措施。"下得去"是指多渠道开发高校毕业生基层工作岗位,主要措施有:加大政府购买基层公共管理和社会服务岗位

---

① 《湖南省人力资源和社会保障厅 湖南省教育厅关于印发〈湖南省高校毕业生就业创业促进计划实施方案〉的通知》,湘人社函〔2017〕95号。

② 《中共河南省委办公厅 河南省人民政府办公厅印发〈关于进一步引导和鼓励高校毕业生到基层工作的实施意见〉的通知》,豫办〔2018〕1号。

力度、引导高校毕业生投身扶贫开发和农业现代化建设、鼓励高校毕业生到基层机关事业单位工作、鼓励大学生参军入伍、鼓励高校毕业生到中小微企业就业以及支持高校毕业生到基层创新创业。为了"留得住"，就要健全高校毕业生基层工作保障机制，比如逐步提高基层工作人员工资待遇水平和加强其他待遇保障。为了"干得好"，需要发挥高校毕业生基层项目示范引领作用。具体措施包括：实施基层服务项目，继续组织实施选调生、"三支一扶"计划、农村教师特岗计划、志愿服务贫困县计划、志愿服务西部计划、"政府购岗"计划、农技特岗计划、特招医学毕业生等专门项目。"流得动"就是要畅通在基层工作的高校毕业生流动渠道，采取的措施有：积极拓展在基层工作的高校毕业生职业发展渠道，比如省直机关录用公务员，除特殊职位外，按照有关规定一律从具有 2 年以上基层工作经历的人员中考录，以及为在基层工作的高校毕业生跨地区、跨行业、跨体制流动提供便利条件。

湖南省和河南省出台的政策的共同之处在于都鼓励高校毕业生到基层工作。在国家政策的指导下，除了常规的选调生、"三支一扶计划"、"大学生志愿服务西部计划"、农村教师特岗计划外，两省根据本省的实际情况，制订适合本省的基层计划，比如河南省还实施特招医学毕业生专门项目。不同之处在于湖南省除了实施引导高校毕业生到基层就业措施外，还实施能力提升、创业引领等行动，鼓励高校毕业生进行自主创业，并提供一系列的措施保障，从多方面促进大学生就业和创业。

（2）效果比较

《高校在读学生就业发展调查问卷》显示，众多在读学生了解基层/西部就业项目、就业服务和就业政策，在读学生最熟悉的基层项目前三名分别是：大学生志愿服务西部计划、大学生村官计划、应征入伍服兵役。另有《高校毕业生就业发展调查问卷》显示，参与调查问卷的高校毕业生中，目前在国家基层项目和地方基层项目就业的人员比例分别为 3.9% 和 2.2%。相比之下，未就业人数比例高达 8.3%，反映出许多高校毕业生宁愿不就业也不愿意下基层。河南省和湖南省都有出台促进高校毕业生下基层的政策，

相比较而言，河南省出台的进一步引导和鼓励高校毕业生到基层工作的政策更具针对性；而湖南省则需进一步细化高校毕业生下基层政策，为高校毕业生提供更多的保障。

3. 西北地区（陕西省、青海省）

（1）措施比较

陕西省出台的高校毕业生就业创业政策措施主要集中在五个方面①：第一，为高校毕业生提供创业便利，措施包括改革工商登记制度，取消注册资本出资最低限额、首次出资比例、出资期限的限制和放宽住所（经营场所）登记条件，实行一址多照和一照多址，以及支持网络创业，推行电子营业执照和全程电子化登记管理。引人关注的是陕西省对高校毕业生在经营活动中出现的轻微违法行为，实行首违不罚制度。第二，提供多渠道资金支持，除了常规的要求各级人社、财政部门要落实小额担保贷款政策，落实银行贷款和财政贴息等政策外，陕西省还提出了有特色的资金支持措施：一是要求各级知识产权管理部门要积极协助有条件的创业大学生办理知识产权质押贷款；二是支持高校毕业生尤其是涉农专业背景大学生面向农村创业，加大对大学生村官、农业专业合作组织的高校毕业生的金融支持力度。第三，落实税费减免和补贴政策，对高校毕业生从事个体经营以及创办的商贸企业、服务型企业、劳动就业服务企业中的加工型企业给予不同的税收减免。同时，对符合条件的高校毕业生，提供社会保险补贴和一次性创业补贴。第四，加大提供社会公共服务力度。具体措施包括：推动高校普及创业教育，鼓励支持有条件的高校和创业培训机构等组织开发适合大学生的创业培训项目，大力建设大学生创业园、留学人员创业园和创业孵化基地，以及以组建大学生创业俱乐部、创业协会等形式搭建青年创业者交流平台，为创业大学生及时了解政策和行业信息、学习积累行业经验、寻找合作伙伴和创业投资人创造条件。第五，充分发挥留学人员回国服务工作体系作用，认真落实"中国

---

① 《陕西省关于做好2017年全省高校毕业生就业创业工作的通知》，陕西省人力资源和社会保障厅，http://219.144.222.219：8899/html/100434/1012398.html，最后检索时间：2018年12月17日。

留学人员回国创业启动支持计划""陕西省留学人员企业经理人扶持计划"等项目，不断加大对留学人员来陕创业的支持力度。

为促进高校毕业生就业创业，青海省先后出台了一系列政策措施，实施了一系列攻坚举措，形成了较为完善的就业创业服务体系[1]。第一，鼓励高校毕业生多渠道就业，鼓励企业吸纳高校毕业生就业，给予企业社保补贴、职业培训补贴和一次性奖励，同时对到企业就业的高校毕业生取消落户限制。并且鼓励高校毕业生到基层工作，对于那些到县以下基层机关事业单位工作的高校毕业生给予提高工资待遇以及报考机关事业单位时给予定向岗位或加分等政策优惠。高校毕业生如参军入伍，则享有专属优惠政策，以及学费补偿和贷款代偿、就业创业等服务。第二，鼓励高校毕业生创新创业，包括对高校毕业生从事个体经营的，可免收其有关行政事业性收费，对符合条件的给予 2000 元、3000 元、10000 元的一次性创业补贴或奖励。加大金融扶持力度，高校毕业生可申请创业担保贷款 10 万元，合伙创业可以累加。第三，提升高校毕业生就业创业能力。组织未就业大中专毕业生就业专项培训，提升毕业生能力素质、职业技能、就业竞争能力和创业本领。实施免费培训，对培训人员给予培训补贴。第四，提供就业创业服务，广泛开展高校毕业生专场招聘活动，精准掌握离校未就业高校毕业生实名信息，据此开展定制化就业服务，包括免费提供档案托管、人事代理、求职登记、就业失业登记、社会保险办理和接续等一系列服务，对未就业高校毕业生参加各类培训给予培训费、生活费补贴等。

陕西省和青海省在促进高校毕业生就业创业上有许多共同之处，比如都对自主创业大学生实施税收费用减免政策、金融扶持政策，以及给予高校毕业生多种补贴，减少高校毕业生的就业成本。但两相比较，陕西省有许多措施比青海省更具有进步性，比如陕西省明确发文支持网络创业，推行电子营业执照和全程电子化登记管理，并且对高校毕业生实行首违不罚制度，减轻

---

[1] 《青海省促进高校毕业生就业创业政策问答》，青海省人民政府，http://www.qh.gov.cn/msfw/system/2017/09/07/010280320.shtml，最后检索时间：2018 年 12 月 28 日。

高校毕业生创业的压力。在资金扶持领域，要求各级知识产权管理部门要积极协助有条件的创业大学生办理知识产权质押贷款，这个政策能让手握知识产权的大学生进一步拓宽创业资金来源，鼓励毕业生创业。陕西省充分挖掘自身作为人才大省的资源，出台了一系列吸引人才的计划/项目，诸如"中国留学人员回国创业启动支持计划""陕西省留学人员企业经理人扶持计划"等，不断加大对留学人员来陕创业的支持力度。

（2）效果比较

对比两省的就业创业扶持措施，可以看出陕西省出台的政策更倾向于鼓励大学生进行自主创业，不仅明确鼓励网络创业，还实施知识产权质押贷款等政策。同时《高校在读学生就业发展调查问卷》显示，有66.99%的在读学生偶尔想过创业，只是没认真准备。而与陕西省相比，青海省经济相对落后，在政策上更偏向于促进高校毕业生就业。从共青团对青海省9名毕业生的访谈中了解到，他们无一获得创业贷款。由此可见，青海省更多的是实施各种就业政策，尤其加大购买社会服务力度，调动社会力量来参与对大学生就业的帮扶，保障大学生就业。

4. 西南地区（四川省、贵州省）

（1）措施比较

四川省出台的高校毕业生就业扶持政策分为离校前和离校后两个阶段，针对不同的阶段有不同的扶持政策[①]。其中，离校前的就业扶持政策包括：第一，就业扶持补贴：对建档立卡贫困家庭毕业生等主体一次性给予每人1200元的求职、创业补贴；对家庭经济困难和就业困难毕业生，离校前给予一次性就业帮扶补助600元。此外，还有职业培训和技能鉴定补贴等措施。第二，实施特有的免费师范毕业生项目：由省属高等师范院校选拔乐教适教的优秀学生免费攻读师范类专业，为四川省艰苦地区农村公办义务教育学校、幼儿园和特殊教育学校定向培养教师。第三，社会服务类政策：建立

---

① 《四川省大学生就业创业扶持政策清单（2017年版）》，四川省人民政府网站，http://www.sc.gov.cn/10462/10778/50000857/dxjycy.shtml，最后检索时间：2018年12月28日。

大学生实训基地，鼓励和支持大学生实习以及组织开展"逐梦计划"大学生实习活动。第四，其他扶持政策：机关考录公务员、事业单位招聘工作人员向应届毕业生倾斜；鼓励大学生应征入伍服义务兵役等。

四川省大学生离校后的就业扶持政策主要有：第一，就业扶持补贴：给予符合条件的高校毕业生就业见习补贴、岗位补贴、社保补贴以及技能提升补贴。第二，鼓励到基层就业措施：对大学生去往不同类别的艰苦边远地区或国家扶贫开发工作的地区给予不同级别的工资待遇，鼓励参加"三支一扶"项目、大学生村官选聘、"农村义务教育阶段学校教师特设岗位"项目，以及"大学生志愿服务西部计划"，并给予工作生活补贴、社会保险补贴和相关政策优惠。第三，社会服务类政策：对到中小企业、基层以及乡镇工作的大学生给予不同职称评定的政策优惠，要求国有企业建立公开招聘应届高校毕业生制度，对自愿到基层单位的高校毕业生给予基层单位就业学费补偿和国家助学贷款代偿。

四川省大学生创业扶持政策主要包括：第一，创业项目补贴政策：创业培训补贴、创业补贴、省级创业大赛获奖项目前期孵化补助、创业吸纳就业奖励，以及特有的科技创新苗子补助，即四川省科技厅采取"人才＋项目"的方式，对大学生创新创业给予支持，其中，重点项目补助10万元/个，培育项目补助2万~5万元/个。第二，金融扶持政策：大学毕业生创业，符合条件的可申请贷款额度最高不超过10万元、贷款期限最长不超过3年的创业担保贷款，并且根据不同情形给予财政贴息。此外，创业大学生可向创业所在地市（州）团委申请额度不超过10万元、期限不超过3年的免息、免担保青年创业基金贷款。第三，税费减免政策：2019年12月31日前，对持《就业创业证》或《就业失业登记证》的大学生从事个体经营的，在3年内按每户每年9600元为限额依次扣减其当年实际应缴纳的增值税等税费。对符合条件的大学生自主创业者，按规定免征文化事业建设费、教育费附加等税费。

四川省大学生就业创业综合扶持政策：第一，取消户籍限制。第二，要求公共就业人才服务机构为大学生提供免费的就业失业登记、职业指导等公共就业服务，以及项目选择、开业指导、投（融）资等公共创业服务，有特色的是要求各地将符合当地住房保障条件的稳定就业创业的大学生纳入住房保障和住房公积金缴存范围，支持其使用住房公积金贷款购房。第三，完善学分管理，要求高校将就业创业课程列入必修课或必选课，纳入学分管理。

贵州省高校毕业生就业创业政策分为五个部分①。第一，鼓励高校毕业生到基层就业，除了常规的"三支一扶"计划、农村教师特岗计划、大学生志愿服务西部计划以及事业单位紧（短）缺专业人才聘用外，贵州省还结合自身实际情况实施有特色的政策，比如：第一个80%政策，每年省、市、县三级机关需要补充的公务员名额，其中80%要面向社会优秀应/往届高校毕业生公开考录，并安排到乡镇和基层派出机构工作；第二个80%政策，自2013年起，省、市、县三级国家机关需要补充的公务员，其中80%原则上从具有3年及以上乡镇或村工作经历的公务员中进行遴选或选调。此外，鼓励高校毕业生投身大扶贫、大数据、大生态三大战略行动并提供优惠政策。同时，出台针对毕业生的保障房政策，即对到农村基层急需紧缺专业（行业）就业的高校毕业生可给予专项安家费，并纳入县级公共租赁住房的保障范围。第二，鼓励中小企业吸纳高校毕业生就业，主要措施包括提供创业担保贷款、社保补贴、职业培训补贴和奖励补助。第三，提供就业服务，面向高校毕业生发放求职创业补贴、社保补贴。第四，扶持高校毕业生自主创业，除了常规的免收行政事业性收费，实施税收优惠、创业担保贷款扶持、自主创业补贴、创业补贴优惠、创业培训补贴、项目扶持政策外，最有特色的是将高校毕业生创办的微型企业，符合"3个15万元"扶持条件的，优先纳入扶持范围。"3个15万元"政策分别指的是：财政补助政策：被扶持对象实缴货币投资达到10万元后，政府给予5万元（贵阳市给予10万元）的微型企业财政补助；税收奖励政策：对扶

---

① 《贵州省高校毕业生 就业创业政策汇编》，中国国家人才网，http：//www.newjobs. com.cn/Details? newsId＝AB3D7DA56570C14E，最后检索时间：2018年12月28日。

持对象创办的微型企业除给予国家和贵州省对微型企业及特定行业、区域、环节的税收优惠政策外，对其实际缴付的所有税收中地方留存部分实行全额奖励，奖励总额为15万元。融资与担保政策：被扶持对象创办的微型企业有贷款需求的，可采取以自有财产抵押、以税收奖励质押或信用贷款等方式，到指定银行或担保机构申请15万元以下的银行贷款支持或担保。符合扶持条件的微型企业，除享受财政补助、税收奖励、融资与担保三项扶持政策外，所有涉及微型企业创办的行政事业性收费一概零缴费。第五，在高校毕业生培训见习方面提供创业培训补贴、职业技能鉴定补贴、就业见习补贴。

从两省出台的上述各项就业创业政策可以看出，两省除了出台常规的税费减免政策、创业项目扶持补贴以及金融扶持政策外，更多的是结合本省的经济发展情况以及本地区高校毕业生的情况，出台更适合本省高校毕业生就业创业的政策。比如贵州省出台的"两个80%"政策，为高校毕业生服务基层提供保障，以及"3个15万元"政策更好地为高校毕业生创业提供支持。而四川省，不仅把高校毕业生就业扶持政策分为离校前和离校后两个阶段，从而分阶段地解决高校毕业生的就业问题，而且在创业政策方面推出科技创新苗子补助，要求四川省科技厅采取"人才+项目"的方式，对大学生创新创业给予支持，其中，给予重点项目补助10万元/个，培育项目补助2万~5万元/个，鼓励大学毕业生科技创新创业。

（2）效果比较

从实地访谈情况来看，在成都师范学院遇到第一例在校生已经创业而且创业基本成功的事例。该受访者在创业中之所以能够取得成功，除了学生自身努力外，还与以下因素不无关系：一是他们参与了学校组织的创新创业大赛，并获得了1万元的创业补贴；二是学校提供场地，并安排优秀的导师给予指导。从访谈中得知，四川省政府会直接资助高校学生的创业计划项目，从而给予创业学生资金支持。从中可以看出，四川省出台的创业政策之所以能够落到实处，有赖于政府层面以及高校层面都给予创业学生一定程度的帮助，支持学生们创业创新。另外，四川省针对参与免费师范毕业生项目的学生，给予优厚的生活保障，让他们努力完成学业。从课题组对贵州省 10 名毕业生的访谈情况来看，其中 8 人现在从事教师或其他事业单位和公益性岗位，只有 2 位是通过市场自主择业。通过这些已就业毕业生的工作去向可以看出，贵州省对高校毕业生中的贫困大学生和就业困难大学生，采取定向招录贫困高校毕业生和安置公益性岗位等方式解决他们的就业难题。上述措施不仅使得困难高校毕业生得到了安置，而且为基层政府单位、事业机关单位等补充了人员，使得基层工作人员不足的状况得到有效缓解。

（二）各地政策措施及其效果的区域比较

1. 政策措施方面的区域比较

针对上述各个省份目前的大学生就业创业政策，以政策供给的具体内容或发挥作用的领域为划分标准，课题组把政策分成税费减免类、创业项目扶持补贴、金融扶持类、社会服务类以及基层服务类五大类，对华北、华中、西南、西北四个区域进行比较。

（1）税费减免类

税费减免类政策可以大致分为行政事业性收费减免和税收减免。相比较于其他三个区域，华北地区出台的政策最为详细，尤其是河北省对高校毕业生从事个体经营的有行业限制，对建筑业、娱乐业以及销售不动产、转让土地使用权、广告业、房屋中介等行业的行政事业性收费不减免。而其他省份没有对高校毕业生从事个体经营或者合伙经营的行业进行限制。在税后优惠减免的种类和幅度上，华北地区比起其他三个区域也是减免种类最多、幅度较大的区域。

（2）创业项目扶持补贴

对于创业项目的补贴种类，四个区域补贴的种类总体上差不多，常规性的补贴项目有：创业场地租金补贴、创业保险补贴、创业实训补贴等。在常规的补贴项目上，各省往往根据本身的实际情况出台特殊的创业项目补贴或者补助，尤其是河北省出台了一次性创业补助、高校毕业生求职补贴、技能培训补贴、劳动预备制培训补贴、家庭手工业培训补贴、高校毕业生就业见习补贴等，种类是各个省份里最多的。在补贴金额上，西南地区补贴的金额是四个区域里最高的，比如贵州省出台的"3个15万元"政策，最高可给予高校毕业生10万元的补助。

（3）金融扶持类

四个区域的八个省份都提供多渠道资金，鼓励银行对符合条件的自主创业的高校毕业生给予小额担保贷款，并且给予财政贴息。在贷款金额的力度上，华北地区给予高校毕业生贷款额度的支持力度是最大的。尤其令人关注的是，西北地区中的陕西省出台了有特色的资金支持措施：要求各级知识产权管理部门要积极协助有条件的创业大学生办理知识产权质押贷款，进一步拓宽高校毕业生获取创业资金的途径。

（4）社会服务类

四个区域在社会服务类政策方面有很多共同点：在政府层面，四个区域都要求公共服务机构加强对高校毕业生服务，包括免费提供档案存放、代缴社保、代办户口、职称评定等人力资源和社会保障事务代理等；在高校层面，也都要求高校要加大对创业指导的资金、人员、设施投入力度，开设创业指导课程，并对毕业学年高校毕业生按规定开展创业意识教育和创业培训。与此同时，不同区域之间又各有侧重，比如西北地区中的陕西省十分注重发挥留学人员的才能，实施"中国留学人员回国创业启动支持计划""陕西省留学人员企业经理人扶持计划项目"等，不断加大对留学人员来陕创业的支持力度。西南地区的四川省和贵州省比起其他地区，出台了为符合当地住房保障条件的就业创业大学生提供住房保障方面的措施。

（5）基层服务类

四个区域除了常规的"大学生村官选聘""农村义务教育阶段学校教师特设岗位""三支一扶计划""大学生志愿服务西部计划"外，各地区还根据区域的实际情况实施促进高校毕业生下基层的项目，比如河南省实施的志愿服务贫困县计划、特招医学毕业生专门项目等，四川省实施的免费师范毕业生项目等。

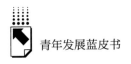

2. 效果方面的区域比较

访谈针对的是各省困难大学生，包括建档立卡大学生的就业问题，从访谈中可以看出华中地区的河南省和湖南省出台的相关措施是比较到位的。一方面，参与访谈的学生中大部分对于各自省份的政策比较了解；另一方面，更为重要的是两省困难学生接受帮扶程度远高于其他省份。西北地区的青海省鼓励企业、其他经济组织把困难学生纳入就业，同时为企业提供社会保险补贴和贷款，使得企业与贫困大学生在政府政策的帮助下联合起来，互相帮助和促进。相较于青海省，陕西省的做法是，通过广泛宣传，鼓励困难大学生参军入伍。这一措施既有利于解决困难大学生的就业问题，又有利于巩固国防，实现双赢。从本课题访谈组在成都师范学院遇到的第一例在校生创业成功的事例可以看出，四川省出台的创业政策对普通大学生与困难大学生一视同仁，增强了大学生创业的信心。同时可以看到，不管政府层面还是高校层面，都给予创业的学生一定程度的帮助，支持学生们创业创新。另外，从访谈中可以看出，各省都对贫困人员设置了托底安置政策，对于家庭经济困难的人员通过政府购买服务、设立公益性岗位等措施，确保困难大学生能够实现就业。

总而言之，通过比较各省的就业创业政策可以看出，各省在国家就业创业基本方针政策的基础上，一方面出台政策细化党中央、国务院规定的就业创业政策；另一方面结合各省的经济情况和高校毕业生的具体情况，因地制宜地出台就业创业政策。但是从反馈结果来看，不管是在读学生还是已毕业的学生，都有一定数量的学生对政府出台的就业创业政策不太了解，不知道如何借力这些政策来促进自己的就业和创业。主要原因：一是政府出台的就业创业政策种类繁多，令人眼花缭乱；二是大学生们获取就业创业政策信息的便捷程度不够，主要体现在大学生们不知道有何途径去知晓政府出台的就业创业政策，不知道哪些政策给予的优惠自己可以享受，也不知道哪些政策有利于自身的就业创业。因此，政府部门应当系统地整理各种就业创业政策，表述简洁明了；另外，加大对就业创业政策的宣传力度，尤其是针对大学生们的宣传可以与时俱进，以开通微信、微博等方式进行传播，拓宽学生们获取政策的渠道，让政策真正落实于高校学生。

二 不同地区精准扶贫工作针对大学生就业的主要措施及其效果比较

（一）西南地区（贵州省、四川省）精准扶贫针对大学生就业的主要措施及其效果比较

1. 措施比较

四川省和贵州省都为贫困家庭毕业生提供就业资金支持。四川省对学籍在省内的贫困家庭高校毕业生提供一次性的就业求职补贴，每人 1200 元；为家庭经济困难和就业困难的毕业生每人提供一次性就业帮扶补助 600 元；对贫困地区毕业生申请创业担保贷款的，由财政部门给予全额贴息[①]。贵州省为每位家庭贫困的大学生一次性发放求职创业补贴（1000 元/人）[②]。四川省政府直接资助高校的计划项目，学生可以策划创业项目向教育局申请创业补贴[③]。

贵州省多渠道促进高校毕业生就业创业。主要是大力引导和鼓励高校毕业生到基层就业创业[④]。贵州省委省政府鼓励高校学生到乡镇一线机关、事业单位去工作，每年拿出一定数量的职位引导高校毕业生到基层从事支农、支教、支医工作。贵州省研发就业帮手机 App，贫困学生可以通过这个手机软件来查询自己的相关信息。通过比较两省关于贫困大学生就业的帮扶措施

---

① 《四川省大学生就业创业扶持政策清单（2017 年版）》，四川省人民政府网站，http://www.sc.gov.cn/10462/10778/50000857/dxjycy.shtml。最后检索时间：2018 年 12 月 28 日。
② 《关于做好 2018 届高校毕业生求职创业补贴发放工作的通知》，黔人社厅通〔2018〕134 号。
③ 团中央蓝皮书课题组：十省的访谈资料汇总。
④ 《贵州省委办公厅、省政府办公厅印发〈关于进一步引导和鼓励高校毕业生到基层工作的实施意见〉的通知》，黔党办发〔2017〕41 号。

可以看出，四川省贫困大学生所能享受的就业补贴高于贵州省的同类大学毕业生，可以说，四川省在对贫困大学生的资金帮扶方面的投入多于贵州省，当然这和地区的经济发展水平有关。但是贵州省对困难大学生的就业更注重与当地的实际情况相结合。贵州省出台一系列相关政策鼓励大学生到基层参加工作，一方面缓解了大学生的就业压力，使大学生能够在毕业后找到一份工作发挥自己的才干，实现人生价值，有利于社会的稳定；另一方面，大学生经过长时间的学习教育，文化程度和科学素养较高，在基层工作中可以发挥带头作用，将在学校学到的知识应用于实践当中，促进当地的社会经济发展。贵州的政策更善于利用现代化的信息技术，例如研发就业帮 App，帮助毕业生更好地获得相关讯息。现在是一个高度发达的信息时代，大学生对于信息技术的运用尤为敏感。手机 App 的研发和应用迎合了当代大学生的潮流，使得帮扶政策可以更快、更准确地传递给贫困大学生。同时，政府也可以利用它来提供相关服务，使毕业生免受奔波之苦，具有极大的便利性。从这方面来看，贵州省的就业帮扶措施信息化程度更高。

2. 效果对比

对贵州省 10 名毕业生进行访谈，其中 8 人现在为政府机关公务员、教师或在其他事业单位和公益性岗位工作，只有 2 位通过市场自主择业。而在对四川省叙永县就业局的访谈中得知，2018 年 16 名已就业的毕业生中，有 4 人在党政机关工作，1 人创业，8 人在企业工作。通过了解这些已就业毕业生的工作去向可以推知，贵州省在对贫困大学生的就业帮扶过程中托底安置做得较好。对于就业困难的大学生，贵州省政府采取定向招录贫困高校毕业生和安置公益性岗位等体制内方式解决困难大学生就业问题。这一方面使就业困难的高校毕业生得到安置；另一方面，贫困家庭培养出一个大学生不易，毕业之后他/她往往就是全家人的依靠，上述岗位虽然收入不一定很高却具有稳定性，其可以为贫困大学毕业生尤其是其家庭提供可预期的经济来源。通常情况下，这些学生会选择在自己的家乡或者附近地区就业，这样可以避免异地择业带来的住房和其他生活问题，还有利于其对年老和年幼的家庭成员进行照顾。从访谈实际情况来看，贫困大学生的家庭一般都有年纪较大、生活自理程度较差的老人，或者有生病需要长期照顾的病人，而鼓励这些家庭的大学生进入当地的公务员或者教师队伍，有利于加快其家庭的脱贫进度。由于一些贫困大学生在刚走出校园时不能马上适应社会，且缺乏实践经验和相关技能，因此，政府的这种帮扶也可以使他们较好地适应社会工作环境。

但从川、黔两省上述这些学生的就业去向来看，贵州省对贫困大学生的就业引导方向较为单一，毕业生对政府政策的依赖性较强；而四川省贫困大学毕业生的就业方向趋于多元化、社会化。

（二）西北地区（陕西省、青海省）精准扶贫针对大学生就业的主要措施及其效果比较

1. 措施比较

陕西、青海两省在精准扶贫过程中都注重对高校毕业生的职业技能培训。青海省规定，贫困大中专毕业生在参加专项培训期间可获得生活费、交通住宿费补贴[1]。陕西省出台规定，有针对性地对家庭经济困难毕业生进行就业指导，积极组织开展职业生涯规划、就业形势、就业政策、职场礼仪、就业技巧等方面的专题辅导[2]。两省都对贫困高校学生实施一人一策专项就业精准扶贫。陕西省规定各高校按照有关统计口径，精确掌握本校建档立卡家庭经济困难毕业生的底数，建立台账，指定专人管理，定期更新。对每名帮扶对象发放帮扶联系卡，卡中记载帮扶责任人、联系电话、帮扶政策以及帮扶措施，做到"一生一策""一生一档""一生一卡"[3]。青海省实施"一人一策"精准专项帮扶，专项服务"不漏人"。各级人力资源机构的各类专项服务活动中，都将困难高校毕业生作为重点服务对象，确保困难高校毕业

---

[1] 《青海省促进高校毕业生就业创业政策问答》，青海省人民政府，http：//www.qh.gov.cn/msfw/system/2017/09/07/010280320.shtml。最后检索时间：2018 年 12 月 26 日。

[2] 《关于做好 2017 届高校家庭经济困难毕业生就业帮扶工作的通知》，陕教生办〔2017〕5 号。

[3] 《关于做好 2017 届高校家庭经济困难毕业生就业帮扶工作的通知》，陕教生办〔2017〕5 号。

生就业权益，确保服务环环紧扣、人人俱到①。对两省相关贫困高校学生的访谈显示，大学生接受职业技能的培训不足。多数学生在校期间未能有效地参加职业技能培训。原因在于，一方面，接受访谈的学生因为家庭贫困，支付不起高额的培训费用；另一方面，在校学生平时都在学校上课，接受培训的时间有限，而最适合培训的寒暑假，一般贫困家庭大学生由于生计的关系，往往在校外打工挣取费用来补贴家庭。他们所参加的工作多是一些纯体力劳动，对于相关职业技能的要求很低，并且在岗位期间进行重复性的机械劳动，不能学习到相关职业技术。其间也有部分学生参与校内导师创业的，但项目的不确定性因素很大，对于导师创业的相关技能素质和管理水平要求很高，偶有成功的也不具有普遍性。此外，很多学校开设职业指导规划课程，但存在流于形式的问题。授课教师在课堂上泛泛而谈，这种单纯的授课模式不具有实践性，使得大学生对就业形势并没有产生深刻的了解。而且这种职业规划指导对贫困家庭的大学生来说不具有针对性，贫困家庭大学生在课堂上得到的信息有限。有的高校在对学生的日常培养中未能足够重视对学生的实践性指导，教学内容与社会实际需要脱节，学生走向社会后需要重新学习相关技能。

陕西省在贫困大学生中大力宣传关于大学生参军入伍的各项优惠政策以及其对提升大学生整体素质的作用，鼓励并引导大学生积极投身国防②。青海省加大政府购买基本服务成果力度，各级财政部门对人力资源服务机构推荐贫困劳动力就业，与用人单位签订1年、2年和3年以上劳动合同并进行就业登记的，分别按每人200元、300元和400元的标准，年度内给予人力资源服务机构一次性补贴，对招收贫困大学生的企业和其他经济组织给予补贴③。通过比较两省的不同政策可得知，陕西省在对贫困大学生就业帮扶

---

① 《我省"一人一策"精准帮扶困难毕业生就业》，青海省人民政府，http：//www.qh.gov.cn/zwgk/system/2018/11/15/010317195.shtml，最后检索时间：2019年1月10日。
② 《关于做好2017届高校家庭经济困难毕业生就业帮扶工作的通知》，陕教生办〔2017〕5号。
③ 《青海省人力资源和社会保障厅、青海省财政厅关于进一步加大就业扶贫政策支持力度 提高组织化程度促进转移就业的通知》，青人社厅函〔2018〕573号。

过程中特别重视并鼓励大学生参军入伍。这一方面是因为国家层面对大学生参军入伍出台了许多优惠政策，例如返还学费、给予补贴等，这些措施可以有效缓解大学生的家庭贫困状况，减轻家庭负担、增加家庭收入；另一方面，大学生通过参军入伍接受国防教育，可以锻炼自己，提高自身综合素质。而对于国家来说，大学生参军入伍可以提高军队的素质，有利于军队现代化水平的提升，进而巩固国防。青海省加大购买社会服务力度，调动社会力量来参与对困难学生就业的帮扶。通过这种方式，一方面尽可能地调动起社会资源积极参与到精准扶贫中来；另一方面，也尽可能地照顾到贫困学生的就业志愿，发挥困难学生的自主性，使其找到适合自己的职业。

2. 效果比较

通过比较陕西和青海两地的政策可以发现，陕西省建立一对一的帮扶制度，细化责任，指定专人负责解决贫困家庭大学生的就业难题，这使得处于被动地位的大学生可以较好地接受政府的帮助以便于就业。在帮助贫困大学生就业过程中，政府的帮助处于主导地位。但是从对陕西省毕业生访谈资料来看，所调查的 13 个人中，只有 3 人明确表示曾接受就业培训，更多人表示虽然知道学校对困难学生就业提供帮助但发挥的作用有限。尤其是培训，许多学校和政府组织没有做到位，学生不知道如何通过接受培训获得相关技能。但从少数接受过培训的学生反映来看，培训的内容切合实际、符合学生的需要，对贫困大学生的就业和创业帮助很大。

而青海省则侧重于发挥社会力量来解决贫困大学生就业问题，为招收贫困大学生的企业和其他经济组织提供社会保险补贴，并为其提供贷款，使得企业与贫困大学生在政府政策的帮助下联合起来，互相帮助和促进。这一政策不仅为贫困大学生就业提供了解决渠道，也为地方经济的发展注入了活力，如果运用得当则是一种双赢的局面。但是从共青团对青海省 9 名毕业生的访谈中了解到，没有人表示接收贫困大学生的企业收到补贴（或者不了解实际情况），而且对于大学生贷款仅停留在了解阶段，亦未有人获得贷款。这说明相关政策在执行过程中未能得到严格落实。

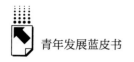

（三）东北地区（黑龙江省、吉林省、辽宁省）精准扶贫针对大学生就业的主要措施及其效果比较

1. 措施比较

东北三省都对困难大学生提供求职创业补贴。吉林省人社厅发布的《吉林省2018年就业扶贫实施方案》规定，对在毕业年度有就业创业意愿并积极求职创业的建档立卡贫困家庭的高校毕业生，给予一次性求职创业补贴。吉林省人力资源和社会保障厅专门针对白城市、延边州、通榆县、汪清县下发了《关于印发〈吉林省2018年深度贫困县就业扶贫实施方案〉的通知》（吉人社办字〔2018〕31号），要求为每名有培训愿望的贫困劳动力提供一次免费的技能培训，确保零就业贫困户至少一人实现就业；同时，通过举办就业扶贫专场招聘会、创建就业扶贫车间、创建农民工等人员返乡创业基地等措施，实现就业贫困劳动力占贫困劳动力总数的60%以上。具体帮扶政策包括：由政府出面组织劳务输出；对符合条件的贫困劳动力首次创办小微企业或从事个体经营的，给予一次性初创企业补贴。对毕业三年内自主创业的贫困家庭高校毕业生，按规定给予社会保险补贴，提供创业担保贷款。对符合申请创业担保贷款条件的贫困劳动力，个人创业者贷款额度最高为20万元，合伙创业或组织起来共同创业的贷款额度最高为200万元，企业的贷款额度最高为400万元，并按规定享受贴息政策。吉林省较有特色的做法还包括：结合实际适度开发孤寡老人和留守儿童看护、乡村治安协管、乡村道路维护、乡村保洁保绿、山林防护等非全日制公益性岗位用于安置贫困劳动力，并按规定给予用人单位岗位补贴和社会保险补贴。

黑龙江省和辽宁省人社厅也出台相关政策对困难高校毕业生给予求职创业补贴。这些补贴对于刚出大学校门的贫困高校学生来说具有很大的帮助作用。他们因为家庭经济困难，在求职创业过程中来自家庭的资金支持是有限的。通常情况下毕业生可以利用这笔补贴充当求职面试的路费和食宿费用，这可以使困难学生在职业选择过程中有更多的机会。黑龙江省人社厅出台的《关于实施黑龙江省高校毕业生就业创业促进计划的通知》第13条规定，将未就业毕业生信息全部批量导入"学校未就业毕业生实名制"就业服务信息管理系统。这一措施包含外省生源，相较于其他省份，黑龙江的就业优惠措施将外省生源纳入其中，更好地保障了外省生源的就业权益。辽宁省下辖的地级市有的也出台了关于困难大学生的就业、创业帮扶政策。其中鞍山市规定，对学籍在鞍山市辖区，毕业年度内有就业意愿并积极求职的、享受城乡居民最低生活保障家庭的高校毕业生，经人力资源和社会保障部门认定、财政部门审核，给予一次性 500 元的求职补贴①。本溪市对就业困难人员灵活就业给予养老保险 60%、医疗保险 100% 的社保补贴②。

2. 效果比较

上述省份对贫困家庭大学生存在就业困难的，都进行了托底安置，其中安排公益性岗位是一种普遍的选项。公益性岗位一般由政府提供或由政府出资购买，这种岗位一般工资较低但基本能够满足贫困人员的最低生活需求。而且该岗位一般在政府的控制之下，安全性和稳定性比较有保障。这种托底安置对于贫困大学生来说是一种临时措施，他们可以由此过渡到社会岗位。访谈对象中被安置在公益性岗位的人员一般都表示：将这一职位当作临时过渡，在此岗位工作期间，大多同时为参加公务员或者事业单位的考试作准备。

通过以上措施对比可以发现，有的地方比如鞍山市，侧重于对家庭贫困大学生发放一次性的求职补贴；而有的地方比如本溪市，则侧重于对采取灵活就业措施的贫困人员提供养老保险和医疗保险的补贴。两种措施中鞍山市的求职补贴可以在贫困大学生初期就业过程中提供交通或者食宿费用的帮助。本溪市的养老和医疗补贴则要求贫困人员就业后才能享受到相关政策，对于想要享受这项政策的贫困人员来说门槛较高，但是这一高门槛也发挥一定的激励作用，可以刺激贫困人员就业，而且这种补贴在贫困人员就业过程

---

① 《鞍山市"群众办事通"指南》，http：//spj. anshan. gov. cn/fwqd/026004/20190926/b8320592 - 4d8a - 43d7 - 9c4e - cea72accc84e. html. 最后检索时间：2019 年 1 月 2 日。

② 《本溪市人民政府关于进一步做好新形势下就业创业工作的实施意见》，本政发〔2015〕22 号。

中相较于一次性补贴来说发挥的作用更持久。

在为贫困大学生提供就业培训服务方面，鞍山市出台政策提供给薪培训。本溪市规定提供自主创业培训，这一政策将对贫困大学生的培训限定在自主创业的范围内。在实际推行过程中存在困难：一是贫困大学生创业资金问题，贫困大学生因为家境贫寒大多没有创业资金；二是创业意愿问题，普通大学生大多面临进入企业事业单位工作就业的问题，创业意愿较低。如果只是提供自主创业培训，很可能使得大多数贫困大学生失去受培训机会。

（四）华中地区（河南省、湖南省）精准扶贫针对大学生就业的主要措施及其效果比较

1. 措施比较

河南省把建档立卡家庭的困难高校毕业生列为重点帮扶对象，各地针对困难高校毕业生摸底排查，建立台账，实施"一人一策"专项帮扶。提供技能培训、鉴定、就业推荐及见习等全程服务，实施公益性岗位托底援助，促进其尽快就业①。湖南省对困难家庭的大学生也采取了"一人一策"专项帮扶、公益岗位托底安置提供就业培训等措施②。这些是河南和湖南两省对贫困大学生就业帮扶的共同之处。

湖南省出台政策，要求健全高校毕业生就业服务信息化系统管理，加强数据的运用和研判，分析高校毕业生就业形势变化和就业创业服务情况等，要求高校建立本校毕业生就业质量年度报告的发布制度。这一措施通过收集毕业生信息数据，经过对这些数据进行处理，可以为政府制定贫困大学生就业政策提供依据，也为以后各届毕业生就业提供指导。

2. 效果比较

对河南省困难大学生的访谈情况显示，在受访的 27 名在校生和毕业生

---

① 《中共河南省委办公厅　河南省人民政府办公厅印发〈关于进一步引导和鼓励高校毕业生到基层工作的实施意见〉的通知》，豫办〔2018〕1 号。

② 《湖南省人力资源和社会保障厅　湖南省教育厅关于印发〈湖南省高校毕业生 就业创业促进计划实施方案〉的通知》，湘人社函〔2017〕95 号。

当中，针对是否得到贫困救助这个问题，受访学生都表示得到了政府和学校的帮扶。而湖南省受访学生表示，在大学期间除生源地贷款外，没有收到相关补助，并且在毕业时也没有得到大学生求职就业补贴。这说明河南省对于贫困大学生的帮扶措施不但细致，而且各级政府和学校对于相关帮扶政策的执行也做得很好，困难学生不论是在校学习还是在毕业就业时期都能在每一个阶段感受到政策的温暖，贫困学生能够充分利用现有的帮扶政策来发展自己。从对湖南省的访谈资料来看，该省在贫困大学生就业帮扶政策执行方面存在着可以提升的空间，各级政府和相关学校应该主动为贫困学生提供帮助。贫困学生因为视野受限，获取信息的渠道较为单一，有时并不能及时关注和掌握相关的帮扶政策，所以政府扶贫机构和学生所在学校应该加大宣传力度，积极主动地为他们讲解，使学生了解相关帮扶政策，及时帮助符合帮扶条件的贫困学生申请相关援助。

（五）华北地区（河北省、山西省）精准扶贫针对大学生就业的主要措施及其效果比较

1. 措施比较

河北省出台政策，对在毕业年度内有就业、创业意愿并积极求职创业的困难家庭大学生每人给予一次性 2000 元求职补贴。贫困大学生每年每人可享受一次职业培训补贴[①]。山西省对就业困难高校毕业生（家庭困难高校毕业生、零就业家庭高校毕业生、残疾人高校毕业生等）群体，提供重点就业援助。对毕业年度有就业、创业意愿并积极求职、创业的低保家庭大学生，残疾及获得国家助学贷款的高校毕业生按每人 1000 元的标准给予一次性求职、创业补贴；开发基层公共管理和社会服务岗位，吸纳就业困难高校毕业生就业，按规定给予岗位补贴和社保补贴，岗位劳动合同期限为 3 年[②]。

---

① 《河北省高校毕业生就业创业扶持政策清单（2018 年版）》，河北省人社厅 2018 年 4 月发布。
② 《山西省高校毕业生就业创业政策清单》，山西省人社厅 2018 年 9 月发布。

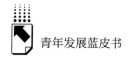
从对困难学生的资金支持上来看，河北省和山西省都对贫困大学生的求职就业提供相应的补贴。但是河北省对困难大学生就业求职提供的补贴多于山西省，河北省在资金方面的帮扶力度大于山西省。两省也都对困难大学生提供就业培训等方面的帮助。河北省是对贫困大学生提供补贴，先由贫困学生自己花费参加培训，然后由各地政府按照各自标准提供补贴，不得超过省政府预设的上限。而山西省政府则是由政府免费组织贫困大学生参加技能培训，个人不用支付任何培训费用。也就是说，山西省对贫困学生的培训是在政府统一组织、安排之下进行的。从这一点来看，河北省是由贫困大学生自己选择培训机构接受就业技能培训，然后再按规定向政府申请补贴。这种做法的好处是尊重贫困大学生的个体需求，比较灵活；缺点是需要贫困大学生事先垫付就业培训费用。而很多贫困大学生受家庭经济条件限制，一时提供不起就业培训的费用，这样可能会使贫困大学生失去接受培训的机会。山西省对贫困学生的培训由政府统一组织、安排，效率比较高，解决了贫困学生的燃眉之急，使他们能够及时掌握职业技能，尽快实现就业。

2. 效果比较

对河北省相关大学生访谈记录显示，受访的17名贫困大学毕业生和在校生一致表示，对河北省贫困大学生帮扶政策不是很了解。有的仅限于从新闻上得知相关政策；有的知道自己符合政策规定的条件，但不知如何申请；有的不知道自己正在享受的是什么政策。从这些样本反馈来看，河北省对贫困大学生的帮扶政策宣传和执行尚有很大的提升空间，尤其是学校对贫困学生的帮助力度方面。因为学生与学校的关联最为紧密，平时在校时间最长，学校的宣传影响最大。许多学校开设的职业规划课在学生看来没有实际意义，不具有可操作性。并且在日常管理过程中，学校疏于对贫困大学生相关扶贫政策的解读、宣传，缺乏积极主动性，致使很多符合条件的贫困大学生没有得到应有的救助。另有资料显示：山西省贫困大学生对相关扶贫政策的了解程度要高于河北省，并且受到相关政策的帮扶力度也大于河北省。许多学生在校期间申请到了国家救助，学校也主动为相关学生提供便利。从访谈资料来看，在就业帮扶方面山西省的状况要好于河北省。

（六）不同地区精准扶贫工作针对大学生就业的主要措施及其效果比较

1. 措施比较

以上西南、西北、华北、华中、东北地区都为贫困毕业大学生提供求职就业补贴，但具体金额各省根据本地区实际情况而有所不同。并且各地区都对贫困大学生提供就业培训服务，但相关培训政策亦有所不同。例如，河北省对于贫困大学生的就业技能培训是通过给予参加培训的困难毕业生补助的形式来实现的，每人每年只能享有一次并且每个人有金额的限制，具体补助标准由各地方根据本地情况而定。山西省对于困难学生的就业培训则是政府统一组织、安排，提供免费培训。

2. 效果比较

各省对于困难大学生的就业问题都相当重视，出台了一系列政策帮助困难大学生就业。通过访谈资料可以看出，华中地区的河南省和湖南省的相关措施做得比较到位，在参与访谈的学生中，大部分对于相关政策是比较了解的，而且接受帮扶程度相较于其他省份来说也是比较高的。而青海省在发挥社会对贫困大学生的帮扶方面做得较好，社会参与程度相较于其他省份要高一些。青海通过为招收贫困大学生的企业和其他经济组织提供社会保险补贴，并为其提供贷款，使得企业与贫困大学生在政府政策的帮助下实现有效联动，互相帮助和促进。这一政策不仅为贫困大学生就业提供了解决渠道，也为地方经济的发展注入了活力。广西壮族自治区的学校对于困难毕业生的帮扶力度较大，接受访谈的毕业生均表示曾在学校接受过相关就业培训或学校发放的相关补助。陕西省突出的一点是在困难学生中广泛宣传鼓励大学生参军入伍，既有利于解决困难大学生的就业问题也有利于巩固国防，一举两得。另外，各省都对贫困人员设置了托底安置政策，对于家庭经济困难的人员通过设立公益性岗位、政府购买服务等措施，确保困难大学生能够实现就业。这些托底安置措施，解决了贫困毕业大学生的燃眉之急，为其正式走向社会提供了一个预备性、热身性质的平台和踏板。在访谈中发现，这个热身性质的平台和踏板可以发挥很大的作用。一般而言，贫困家庭的大学生因为家庭原因一毕业就必须马上找工作挣钱养活自己，同时赡养父母、扶助弟妹。但是，这些贫困学生在校期间未必练就了过硬的素质和技能，并且由于长期待在学校，就业渠道单一。在学校组织的双选会等活动中，很多招聘单位提供的岗位是一些从事低端工作的操作，与大学接受的专业教育之间存在很大的落差。很多大学生不能适应，以至于临近毕业仍旧不能找到满意的工作。等毕业后，因为应付家庭的压力便不加选择地盲目就业，导致工作与自身发展要求不相匹配，要么不断更换工作要么在一份与自身发展不符的工作上空耗青春。但托底安置可以使大学生从学校到社会有一个良好的过渡时期和过渡环境，在此时期内大学生既对社会现实有了一定的认识，也对自身的实际情况有了了解，可以充分考虑自己将来的就业方向。相当多的大学生在临时的公益性岗位上顺利完成从学校到社会的过渡，最终找到了一份满意的工作。

三 各地大学生就业发展政策的不足、建议与展望

（一）各地建档立卡大学生就业发展政策存在的不足

1. 政策设计和宣传力度不够

（1）创业政策供给不足

一般情况下，能够提供给大学生自主创业的贷款额度是 10 万元，如果采取合伙等形式则每人不超过 15 万元[①]，但是在一般情况下，往往没有家庭帮助的贫困大学生在创业过程中才需要银行贷款，而其在寻求银行贷款时如果没有担保人或者固定抵押物，则很难获得贷款，无法创业。倘若银行认为创业项目十分优质并愿意提供贷款，10 万元的贷款额在上海、北京等一

---

① 《山西省人民政府办公厅关于扶持高校毕业生创业的意见》，山西省人民政府办公厅 2014 年 5 月 16 日发布。

线城市作为创业资金无异于杯水车薪，并且创业环境多变，贫困大学生更觉得没有保障，害怕失败。

同时政策一般是给予应届毕业生更多的创业补贴和创业指导，更多的创业政策优惠是给予应届毕业生的[①]，然而这一时期的大学生往往觉得自己缺乏资金、资源，想多工作几年进行资金、经验方面的积累，多数不会选择创业。

（2）特殊就业项目和补贴税收政策作用不明显

政府出台的一系列特殊就业项目中[②]，或因优惠有限，且由于地区艰苦等原因综合吸引力不大，无法吸引很多大学生加入，或因部分大学生将这些参与经历作为跳板以换取更好的职业，这就导致了这些大学生不具有就业稳定性；科研助理项目、中小企业就业优惠、基层或中西部就业转向政策措施、农业技术推广服务特设岗位计划等，在校生基本上对此没有什么了解，对这一方面政策的宣传不够是主要原因之一。

从访谈中我们可以看出，很多高校毕业生更想到国家机关、国企或者很成熟的大企业求职，很少有人想去中小企业。这是因为，一方面是政府鼓励高校毕业生去中小微型企业的政策宣传不够，另一方面是高校毕业生觉得这些企业不够稳定长久。大部分的高校毕业生在公务员考试或者国企、大型私企考试失败后会选择去中小私企工作一段时间，然后跳槽，这就导致了一个恶性循环。一方面，小企业觉得高校毕业生不够踏实，花大力气培养，好不容易掌握了专业技能，原本指望其为企业发展做贡献，最后却离开了，浪费了企业资源，导致企业对高校毕业生的信赖度降低，即便录用，相应地给其待遇也会有所下降，甚至不愿意招收高校毕业生；另一方面，高校毕业生觉得小企业待遇低、要求高，不稳定，更不愿意去小企业就业[③]。

---

① 《四川省大学生就业创业扶持政策清单（2017 年版）》，四川省就业创业工作联席会议办公室 2018 年 3 月发布。
② 中共中央办公厅、国务院办公厅印发《关于进一步引导和鼓励高校毕业生到基层工作的意见》，中办发〔2016〕79 号，中共中央办公厅 2016 年 12 月 30 日发布。
③ 王文涛：《大学生就业形势及政策分析》，《人力资源开发》2018 年第 22 期。

（3）政策信息平台宣传范围辐射度小

政府出台了一系列鼓励高校毕业生的就业政策，但从访谈中我们可以看到，非常了解家乡就业政策的大学生比例很少，大学生了解最多的是服兵役政策、西部计划、大学生村官计划以及"三支一服"政策，而对于科研助理、中小企业就业优惠、基层或中西部就业转向政策措施、农业技术推广服务特设岗位计划基本上没有什么了解，政府信息辐射面太小，学生不知从哪里获得信息，宣传普及不足，学生无法了解政策，更无法从中受益。

2. 就业市场匹配促进政策不完善

（1）高校、大学生以及就业市场之间沟通不够

从访谈中我们可以发现，学校除提供招聘会外并没有提供更多的就业平台信息，毕业生最后寻找到的工作往往专业不对口。基本上所有大学生在求学期间都参加过实习和志愿者活动，但只有少部分学生留在了求学期间实习过的岗位。原因主要有两方面，一方面这些实习岗位的档次不高，学生很有可能是为了应付学校的实习任务随便寻找，并没有留下来长期工作的意愿；另一方面可能学校并没有提供实习岗位，而是以组织献爱心的志愿者活动形式作为实习任务，这对于大学生就业并没有起到什么作用。

学校和企业作为毕业生就业的最大信息来源并没有起到太大的作用。首先，学校和用人单位之间没有建立稳定的用人单位资源库，学生通过社会招聘信息往往找不到心仪的工作，同时也会受到许多不实招聘信息的骚扰；其次，企业仅仅通过一场招聘会也很难看出学生的就业素质，双方可能不够契合，缺乏一个长期沟通了解互相展示的平台；再次，企业并没有及时地给予学校反馈，学校不能根据企业的需求来改进自身的教学，毕业生在就业能力和知识储备上不能很好地适应市场需求①。

---

① 黄海嫚、汪德荣：《高校毕业生就业工作机制问题及对策研究——以广西高校为例》，《中国就业》2018年第11期。

（2）公共就业服务回应度不够

访谈中得知，大部分高校毕业生表示愿意返乡就业创业，这就意味着高校所提供的用人单位并不能满足毕业生回乡就业的意愿，这也意味着毕业生就业需要依靠公共的就业服务。然而现实中人才市场作为政府提供的公共就业服务部门，更多的只是进行档案管理，仅仅在毕业时学校将档案寄往人才市场进行保管，后期人才市场也不会有就业指导和岗位咨询；毕业生往往不知道有公共就业服务，不清楚各项服务细则，更不要说得到切身服务。人才市场往往不知道毕业生的就业去向，也不会有什么政策回应度。

市场提供的中介服务方面，如58同城、赶集网，它们确实给大学生和企业之间提供了桥梁，但此类平台受到客观条件的制约不可能对每个企业进行考察。其中的企业质量参差不齐，其在平台中所填岗位需求待遇的真实性无从保障，难以使大学生产生信赖感；同时平台也无法提供一对一的针对性就业指导，仅能根据网络检索数据进行现阶段的需求匹配，无法与大学生未来职业需求匹配，可能影响到毕业生之后的职业发展，无法给予毕业生较大的帮助。

（3）就业市场管理能力有待提升

政府政策和劳动法都有规定，就业市场和用人单位不应设定就业歧视和不平等条款，但是现实中，毕业生从求职到就业都遭遇过许多歧视和不公平[①]。求职阶段，存在着男女性别歧视，男性在就业市场中往往因为性别原因更受用人单位青睐；同时还存在着学历歧视，很多普通高校毕业生可能通过在大学时期的努力有着较高的知识水平，然而用人单位仍然会更青睐于985重点高校，往往普通高校的毕业生连面试机会都没有。签订劳动合同阶段，用人单位和毕业生签订的劳动合同待遇可能与先前约定不符，毕业生一种选择是不签订合同，但此时可能已经错过了最好的求职时间然后选择慢就业，另一种可能由于前期的求职投入或者是机遇问题选择签订不平等的就业

---

① 邓杨：《我国地方政府促进大学生就业创业政策研究——以湖南省长沙市为例》，江西财经大学硕士学位论文，2015。

合同，等到合同期满或者有了更好的选择则会离开就业岗位，这也导致了就业的不稳定性。

（二）各地大学生就业发展建议

1. 提高精准扶贫的精准度

（1）精准利用扶贫资金

加强对于政府扶贫资金的监督是国家扶贫政策有效施行的关键。一方面对于扶贫部门直接给予个人补贴资金的，应该定时访问扶贫对象，关注后续发展，资金用于集体建设如修路、危房改造、大棚建造的，也应该定时关注建设进程，提高效率；另一方面应该将资金用于集体项目开发，聘请更多专家因地制宜进行产业开发，通过开发产业项目创造更多的就业岗位，同时将公益性岗位的资金补贴列入地方财政预算，缓解地方压力，通过荣誉奖励和税收优惠鼓励地方企业进行岗位开发，多元地提供岗位才能够长久地解决贫困问题。

（2）精准安置扶贫对象

从实际出发安置贫困家庭，可以将扶贫对象分为三类：第一类是没有劳动能力的人，如瘫痪在床、智力低下人群，政府可将其进行集中看护，这一举措一方面能够提供一些看护岗位，另一方面也能够解放一批劳动力，让其外出务工没有后顾之忧；第二类是有一定劳动力的人如老人、残疾人，政府可以为这一类人联系到一些较为简易的手工制作岗位或者公益性岗位，给予一定补贴，使其能够凭借自己的劳动获得生活来源，得到一定尊严；第三类是青壮年劳动力，这一类群体可以由政府联系企业举办一些集中的招聘会，做好就业以及招聘宣传，使青壮年能够稳定就业。

政府应该关注贫困群体的心理健康状态，通过聘请心理专家、招募心理咨询志愿者对贫困群体进行心理疏导，一方面使其不要过于自卑，接受国家政策帮助；另一方面使其不惧脱贫，认识到自己的收入已经足够支撑生活求学，不必恐慌没有资助的生活，减少依赖，自信生活。

2. 完善政策设计，加大宣传力度

（1）完善创业政策

完善创业政策，一方面需要认准创业人群，使其能够切实地感受到政策的优惠，真正地帮助他们[①]。从访谈中我们可以看出，很多毕业生有心创业但是惧怕风险。贫困毕业大学生往往缺乏起步资金，认为自己没有条件进行创业，多会选择就业几年之后再进行创业。但是，现在的政策主要面对应届大学毕业生，大学生毕业时间在5年以内的，能够享受到的税收优惠较为有限。这就意味着，更多的创业补贴、大力度行政收费减免和其他优惠措施，对那些若干年后才有创业条件的毕业大学生来说，是享受不到的。所以，我们建议，延长贫困毕业大学生的受惠期限，使其在5年内任意期间进行创业都能享受到创业补贴、税收优惠和贷款贴息政策。

另一方面，地方政府要鼓励金融机构进行大学生贷款专业产品开发，加大贷款额度，推进银行信贷风险补偿机制，将保险机构引入金融机构和毕业生创业者中来，由此使银行和创业者都减少了风险，这将会鼓励更多大学生进行创业，当然银行和保险公司都会对创业者项目进行风险评估，互相协调，实现三方共赢。

（2）扩大政策信息平台宣传辐射范围

访谈过程中，课题组发现大部分学生都不知道有哪些政策，以及如何利用这些政策。这说明我国推行的这些政策，其实施效果尚待提高。畅通宣传渠道、扩大宣传范围，显得极其重要。地方政府应该制定大学生就业创业宣传手册，在开学初和毕业季进行集中发放，可以设定一门课程专门进行政策讲解，利用网络传媒技术，录制政策讲解课程，扩大受众覆盖面，在课程讲解的过程中让其从自身出发进行思考，可设置问卷调查，让其在课程结束后按照兴趣程度或者有用程度进行排序，或者提出一些建议，这同时也作为一种反馈，促使政策制定机关能够根据实际情况与时俱进地进行政策调整。

---

① 田伯韬、罗东升：《破除思想禁锢推动就业创新——襄阳市大学生就业创业支持政策研究报告》，《中国就业》2018年第11期。

（3）扶持中小企业，培养本地人才

从访谈中我们可以发现，高校毕业生多青睐于去政府机关、事业机关或者大型企业进行求职，很少有意愿去中小型企业就职，究其原因还是其认为中小企业缺乏稳定性、经济性、保障性。但是中小企业作为毕业生就业的主渠道，增强其对于高校毕业生的吸引力，对改善毕业生就业形势起着至关重要的作用。

增强中小企业的稳定性、经济性、保障性，其实就是提高企业的生存率，使其稳健发展，具有良好的规模和发展前景。这需要政府加大对于中小企业的扶持力度，尤其扶持吸纳更多高校毕业生的中小企业，根据企业的不同性质、不同规模、不同行业等按照吸纳人数或比例进行税收优惠和财政补贴。同时各地中小企业之间也有必要建立一个系统库①，当大学生因为企业倒闭失去工作之时，可以有别的公司资源进行选择，由政府给予失业补贴，从而为选择中小企业进行就业的大学生减少后顾之忧；同时政府、企业也可以根据这一系统网站知道求职者的需求和品性，进行针对性就业培训。

访谈过程中我们发现，许多大学生本身是愿意返还家乡进行就业创业的，但是苦于家乡没有太多的工作岗位，只好将注意力放到政府部门和事业单位，然而岗位就那么多，这些学生要不选择做兼职复习考试要不选择外出工作，这就导致了贫困地区缺少青壮年，没有青壮年经济就无法发展，这就形成了一个恶性循环。要缓解这一现象，除了创造更多的就业岗位之外，也应该培养本地人才。针对西部开发政策，有人提出外地志愿者留三年就走了，扎根性不强，本地学生想参与西部开发计划却不能参与，笔者认为应该允许本地高校毕业生参与西部计划，通过多开发岗位、多开发创业项目，培养本地人才，并通过东西部交换计划，将贫穷地区的高校生交换到发达地区学习更多的技术，让他们的能力更强，能够更好地服务家乡。

---

① 胡阳：《高校毕业生就业情况分析》，《合作经济与科技》2018 年第 23 期。

3. 完善就业市场匹配促进政策

（1）加强高校、大学生以及就业市场之间的沟通

高校和就业市场作为毕业生就业的两个衔接点，需要承担起更好的社会责任。

高校应该与就业市场之间保持良好的沟通关系，建立用人单位信息库[1]，为学生提供更多的实习机会，发挥职业规划课的作用，进行面试培训演练，邀请信息库中的用人单位代表进行部门讲解，使学生能够更好地了解企业，同时也能够将自己的才能展示给用人单位，让学生和企业之间有了沟通平台。高校可以邀请已经毕业的学生代表进行经验展示和分享，使职业生涯课程能更加生动、贴近现实。

高校可以设立现代学徒制班，开启校企合作和订单培养。企业根据自己的市场需求与高校展开合作，为其培养企业精英，这是最具针对性的做法；高校应该摒除偏见，从学生未来长远发展角度出发看待问题，主动寻求与企业合作，为毕业生创造更多的就业机会，实现三者的共赢。

企业应该做好就业市场的反馈工作，将自己的人才需求及时反映给学校，使其能够改进自身的教育教学模式，并且积极与学校建立合作机制，愿意给学生实习机会，使其对企业文化、企业发展前景形成更为深入的了解。

（2）提高大学生就业的社会服务水平

提高大学生就业的社会服务水平，一靠社会，二靠企业。相关政府部门应该制作本地企业信息库，对企业进行分类整理，该信息库页面应显示职位空余数量，并与企业网站相连，使毕业生能够找到企业相关信息，通过培养一批专业的就业服务队伍，提高工商登记、档案管理、人事代理、社会保险办理和接续等劳动事务的工作效率和服务水平[2]，与高校进行联系，通过高

---

① 黄海嫚、汪德荣：《高校毕业生就业工作机制问题及对策研究——以广西高校为例》，《中国就业》2018 年第 11 期。

② 姚冰、许佳、尹汝海、齐立强：《河北省高校毕业生就业市场开发建设对策研究》，《华北理工大学学报》（社会科学版）2018 年第 6 期。

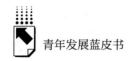

校的就业反馈与当地档案毕业生取得联系，做好跟踪，了解其就业工作情况并给予就业指导，通过调查的信息向上级部门做好政策反馈。企业应该与政府部门保持密切联系，及时更新岗位需求情况，使政府部门的信息来源准确，如果没有技术条件，则应该寻求政府部门的帮助，做好基础信息记录。

（3）规范大学生就业市场环境

保障大学生的合法权益，使其在求职和就业过程中提高对就业单位的满意度，这关系其在工作岗位的稳定性，因此规范大学生就业市场环境、营造一个良好的求职氛围和就业环境显得非常重要。这一就业市场秩序的规范离不开高校、政府和企业的协同配合。

高校在培养学生的过程中，除了专业知识的讲授外，也要注重对其求职过程中法律风险的普及，使大学生能够自主发现求职过程中的不平等现象以及劳动合同中存在的陷阱，教育学生敢于维护自己的合法权益，敢于据理力争，避免风险；政府应建立大学生就业市场监督约束机制，设立投诉举报热线，强化市场监管，严厉整治非法、违规、欺诈单位和中介机构[1]，通过规范就业市场主体的权利义务、细化就业歧视等惩罚措施，使大学生处于优势地位，增强就业信心；企业应该改变观念，给予不同性别、不同年龄的人群相同的考试机会，通过笔试来确定面试人选，面试过程中以综合素质来选拔人才，以实习过程中的表现来确定人才，不应存在就业歧视和固有偏见，同时严格按照法律规章办事，诚实守信提供同招聘网站上相符的待遇。

总而言之，大学生就业现状仍然十分严峻，政策的改善和有效实施是改变现状的方法之一。另外，大学生也要改变就业心态，愿意就业，以寻求更好的职位作为不工作的逃避理由是不可取的，随意因为工资变化而频繁跳槽是不明智的，提升自我的专业水准、踏实努力工作是最基本的条件，希望外界和自身的合力能够改变大学生就业紧张的现状。

---

① 邓杨：《我国地方政府促进大学生就业创业政策研究——以湖南省长沙市为例》，江西财经大学硕士学位论文，2015。

（三）大学毕业生就业发展展望

就业，包括大学生就业，是世界性难题。随着社会的发展尤其是科技的进步，未来的劳动力市场对应聘者或创业者也会提出一些新的要求。因此，国家以及地方就业政策也应当反映这种趋势。

1. 国家的就业扶持政策是重要的外部条件，而大学生自身就业能力的提升才是决定因素

1998 年"就业能力"的概念被开创性地提出来：就业能力是个体在劳动力市场中自给自足的能力，个体通过可持续就业实现自己的潜力。对于个人而言，就业能力取决于他们的知识、技能、态度及向雇主展现能力的方式①。国外学者关于就业能力的界定和评价模型依次经历了二维、三维、四维以及多维就业模型理论的发展。国际知名学者 Oliver 根据 21 世纪经济社会发展新情况对大学生提出的新要求，于 2015 年提出了新的大学生就业能力概念，即就业能力是指在校大学生和毕业生能够辨别、获得、适应和不断提高自己的技能、理解力和个人特质，从而使自己找到或创造有利于个人、劳动力市场、社区和社会经济的有酬和无酬工作②。知识和技能与就业能力大体上呈现正相关态势。随着社会对就业人员素质的要求越来越高，接受普通高等教育、高等职业教育无疑有助于提升未来就业的竞争力。以临高县为例，当地有关部门十分重视对建档立卡贫困家庭大学生的资助，主要措施包括：①对建档立卡贫困户家庭的大一新生（含全日制本科和大专）一次性资助 5000 元；②国家助学金，3500 元/（年·生）（由学生向所在学校申请发放；省外就读学生的资助标准以学校所在地规定为

---

① Hillage，Pollard. Employ Ability：Developing a Framework for Policy Analysis ［R］. Department for Education and Employment，1998，1. 转引自王新俊、孙百才：《近 30 年来国外大学生就业能力研究现状及进展》，《教育与经济》2018 年第 5 期。

② Beverley Oliver. Redefining Graduate Employability and Work-integrated Learning：Proposalsfor Effective Higher Educationin Disrupted Economies ［J］. *Journal of Teaching and Learning for Graduate Employ Ability*，2015，6（1）：56－65. 转引自王新俊、孙百才：《近 30 年来国外大学生就业能力研究现状及进展》，《教育与经济》2018 年第 5 期。

准）；③助学贷款，全日制普通本专科学生最高可贷 8000 元/（年·生），全日制研究生最高可贷 12000 元/（年·生）。上述资助金额虽然不算太多，但在一定程度上可解贫困家庭学生的燃眉之急，使得他/她们可以安心学习，消除其后顾之忧，顺利完成学业，从而找到更好的、待遇更高的工作，以回报社会和家庭。

2. 从制度层面消除大学毕业生就业方面的性别歧视

多数女大学生表示在应聘工作时都遭遇过就业性别歧视。劳动力市场供需矛盾日益尖锐是导致目前女大学生就业难的原因之一[①]。广西人才网《2017 年广西毕业生供求报告》显示，2017 年广西三季度岗位需求人数为 16533 人，而大学毕业生求职人数不断增多，达到 24013 人。女性有孕期、生育期、哺乳期，有很长时间是不上班却领着工资（带薪休假），而且把大量精力投入儿女养育和家庭从而影响工作。加之女性会比男性提前退休，势必加大用人单位的养老成本，更为主要的是，很多工种、岗位（比如重体力劳动、需要随时到外地出差的工作等）基于生理或者安全的考虑的确不适合女性，鉴于此，用人单位认为招聘女性会增加企业的成本，认为"划不来"。女大学生当中有很大部分就业思维偏于保守，跟风考公务员和国家企事业单位。但同时，我们也应该看到，女性有着天生的长处，她们心思细腻、善于沟通协调，在护理、教育、会计、电商等岗位相比男性而言具有明显优势（阿里研究院发布的《"互联网＋她"时代女性创业者报告》显示，经营淘宝电商的女性超过总数的一半）。

3. 人工智能既是挑战，也是机遇

第四次产业革命开启，人工智能时代的到来，对大学毕业生就业的影响不容小觑。2016 年，联合国在新发布的一份报告中预警，当制造业越来越多依靠工业机器人作业，发展中国家工人就业将可能遭受重创。发展中国家缺少技术含量的工作大量消失，自动化和技术更新换代将给就业带来

---

① 杨士涓、顾淑红：《经济新常态下女大学生就业难的解决对策研究——以广西高校为例》，《现代营销》（下旬刊）2018 年第 12 期。

冲击[①]。到 2030 年全球最多将有 8 亿人的工作岗位被机器人和自动化所取代，相当于当前全球劳动力总量的 1/5。无论是发达国家，还是发展中国家，都将受到该趋势的影响。其中，机器操作员、快餐工人和后台（back-office）员工受影响最大[②]。工业制造、客服、金融分析师、出租车司机、编辑，甚至外科医生等职业都将受到机器人的冲击。但同时，我们也欣喜地看到，人工智能一方面令很多人下岗，另一方面又创造出新的就业机会。据统计，2009～2012 年，STEM（科学、科技、工程、数学类）岗位人数和失业人数比为 2∶1。预计 2018 年 STEM 就业率将增长 17%[③]。

4. 不宜过分看重大学毕业生自主创业的比例，大学生自主创业的长期存活率和创业效果更值得关注

《2018 年中国大学生就业报告》披露，毕业半年后自主创业的 2014 届本科毕业生中有 46.9% 的人三年后还在继续自主创业，与 2013 届（46.2%）基本持平；毕业半年后自主创业的 2014 届高职高专毕业生中有 45.8% 的人三年后还在继续自主创业。三年内，超过一半创业人群退出创业市场，创业失败风险不容忽视。2014 届大学生毕业半年后有 2.9% 的人自主创业（本科为 2.0%，高职高专为 3.8%），三年后有 6.3% 的人自主创业（本科为 4.1%，高职高专为 8.5%），说明有更多的毕业生在毕业三年内选择了自主创业。毕业生的创业效果应从长评价，不能只局限于毕业时的创业人数。[④] 由此可见，一方面，大学毕业生自主创业比例虽然不高，但是它不仅解决了自己的就业、锻炼和提升了自己的综合能力，而且带动了一部分人（包括贫困人口）的就业，为社会创造了财富，其积极意义是显而易见的。但

---

① 联合国：《机器人将导致发展中国家丧失三分之二就业岗位》，环球网，http://tech. huanqiu. com/intelligent/2016－11/9659275. html，最后检索时间：2019 年 2 月 2 日。

② 麦肯锡：《未来 13 年机器人或抢走 8 亿人的饭碗》，新浪科技，https://tech. sina. com. cn/it/2017－11－29/doc－ifyphxwa7043217. shtml，2017 年 11 月 29 日，最后检索时间：2019 年 1 月 31 日。

③ 《机器人开始"智能替代"了，年轻人与机器人即将引爆就业战争?》，搜狐网，https://www. sohu. com/a/196164763_ 607269，最后检索时间：2019 年 1 月 27 日。

④ 《〈2018 年中国大学生就业报告〉重磅发布》，搜狐网，https：//m. sohu. com/a/241850072 _ 781087，最后检索时间：2019 年 1 月 23 日。

另一方面，也应树立风险意识，对不具备条件的大学毕业生应当耐心引导其踏实就业，切忌相互攀比、好高骛远，避免一哄而上。

5. 熟练技术工人和高端研究人才的培养并重，是高等教育未来的方向

大学生是未来就业的主力军。其中来自贫困家庭的大学生的就业不仅关系他个人的抱负和发展，更关涉一个家庭乃至一个家族，还关乎国家的稳定和民族的复兴大业。因此，教育在这其中担当着不可替代的角色。我们一方面应顺应社会经济和科技进步的发展潮流，解决好眼下的贫困人口脱贫和与之相关的大学生就业问题，适当扩大职业教育的规模，尤其是填补我国高级技工的缺口（比较而言，在日本，整个产业工人队伍的高级技工占比40%，我国高级技工的占比仅为5%左右)[1]，并在普通高校增设实践性课程，注重实习实训基地的建设，避免教学与实践的脱节。另一方面我们还应当高度重视科技、产业的未来走向，也不可忽视基础科学的研究，兼顾对高端科研人才的培养，各层次人才均衡合理布局。产业的竞争、国力的竞争，说到底是人才的竞争。世界各国无不如此。以日本为例，日本对高等教育的重视是大学毕业生就业率高的主要原因之一。2015年，日本女大学生的就业率为96.9%，男大学生为96.5%。至2018年女生就业率已经连续三年超过男生[2]。他山之石可以攻玉，只有不断调整、优化我国的人才培养思维和模式，才能使我国在未来的国际竞争中具备可持续发展的竞争力。

---

① 日本2014年大学毕业生的平均基本月薪起薪是20.4万日元，"高等专门学校"是17.7万日元，两者之间的差距并不大。参见陈鹏《日本大学生就业状况及其启示》，《科技促进发展》2018年第7期。

② 陈鹏：《日本大学生就业状况及其启示》，《科技促进发展》2018年第7期。

B.13
政府服务建档立卡贫困人口中大学生
就业工作研究

薛红萍　张勇*

摘　要： 当前政府服务建档立卡贫困人口中大学生就业的主要做法体现在学业、就业和创业三个方面。完成学业是就业的前提，国家建立了奖、助、贷、勤、免等保障机制，确保贫困大学生完成学业；政府通过提供就业信息、培训安置就业、开发就业岗位、发放就业补贴、结对帮扶、转移就业等形式解决贫困大学生就业；政府通过激发创业动力和培养能力，提供补贴＋贷款＋税收措施、创设互联网＋电商平台等形式扶持贫困大学生创业。本课题组按照政府服务大学生就业的时间顺序和重点内容归纳了加速就业工作进程、增强基层工作力量、推动就业方向多元化、营造活跃的创业氛围、强化技能培训、落实完善保障政策等6个方面的成功经验；从政府提升治理能力水平的定位出发，本课题组提出了经济发展和服务功能2个框架下的8个服务大学生就业的细分建议，以及搭建大学生就业创业信息网络平台、加大就业岗位供给侧力度、延伸就业援助的覆盖面、转变就业观念和培训职业技能等4个领域的工作对策。

关键词： 政府服务　贫困大学生就业　建档立卡贫困大学生就业

---

* 薛红萍，陕西省青少年发展研究中心主任，中国青少年研究会副秘书长、中国青少年研究会青运史专业委员会委员、陕西省地方志评审专家库专家；张勇，陕西省青少年发展研究中心职员。

党和政府历来重视青年就业工作，近年来更是把青年就业工作提升到青年发展战略的关键地位。中央、省、市、县各级教育部门，劳动与社会保障部门、财政部门，扶贫项目办等机构，齐抓共管，多措并举，特别是为全国建档立卡贫困人口中大学生完成学业、就业、创业提供帮扶，实施国家精准扶贫战略，促进全面建成小康社会。

一 政府服务建档立卡贫困大学生就业创业的做法和措施

（一）多渠道提供教育资助，助力贫困大学生完成学业

从就业的全视角来看，完成学业是就业的前提，学业、就业、创业三者相互依赖，相互促进，教育精准资助是完成学业的保障，是实现精准脱贫的重要途径之一，贫困生上大学国家有扶持政策，各高等院校在落实国家扶持政策的基础上还有一些特殊扶持政策。教育部门对建档立卡贫困大学生建立专门档案，实行精准资助，优先保证他们最大限度享受现行资助政策，帮助建档立卡贫困大学生接受教育，防止因贫失学和贫困代际传递，实现"拔穷根"。

1. 国家助学金

国家助学金资助对象为家庭经济困难的全日制普通高校本专科（含高职、第二学士学位）在校学生。对在地方高校就读且属于2016年及以后年度脱贫仍在攻坚期内的建档立卡家庭学生，每生每年发放6000元助学金补助。

2. 地方助学金

针对建档立卡的学生，青海省出台"6543"政策每年发放助学金，其中一本6000元，二本5000元，专科4000元，高职3000元。陕西省对尚未脱贫且具有全日制学历教育正式学籍的建档立卡贫困家庭的高职新生，一次性发放3000元扶贫补助，由学生户籍所在地学生资助管理中心发放。

3. 生源地信用助学贷款

对建档立卡贫困学生实施全覆盖，学生在校期间不计利息，毕业当年8

月以后学生自付利息。贷款额度每学年不低于 1000 元，不高于 8000 元，具体以学费和住宿费之和确定。在陕西省地方高校就读且处于 2016 年及以后年度脱贫，但仍在攻坚期的建档立卡贫困家庭学生，其学费、住宿费高出贷款 8000 元部分，由所在高校从资助专项基金中全额补助。

4. 新生入学资助

陕西省对家庭经济困难大学新生，给予一次性入学交通费补贴。补助标准为省内就读学生 500 元，省外就读学生 1000 元。

5. 政府主导社会力量参与的公益资助项目

泛海资助由中国泛海控股集团与陕西省政府签订协议，每年向陕西省捐资 5000 万元，资助 1 万名建档立卡贫困家庭应届高考大学新生，无偿给予每名受助学生 5000 元入学资助金。项目计划连续实施五年（2016 年至 2020 年）。资助对象：当年参加高考的应届建档立卡贫困家庭学生，且在国家统招计划范围内被高等院校正式录取的成绩优秀者（提前批次录取的军事院校学生、免费师范生，免费医学定向生等享受国家免费和补助政策的学生除外）。发放形式：由陕西省教育厅负责学生申请、审核和名单上报，最后由捐资方泛海集团委托渤海银行北京分行统一制作"泛海爱心联名卡"直接邮寄至受助学生预留联系地址。

建档立卡贫困人口大学生在校期间，高校都有不同层面、不同方式资助措施。以西部的青海大学为例，由于青海贫困人口整体比较多，因此在校贫困生也比较多，2016 年建档立卡贫困在校大学生是 777 人，2017 年是 1177 人，学校制定了一系列帮扶政策，建立了贫困学生台账，至少一个学生要对应一名帮扶老师；在完成学业资金上，建档立卡的学生每年都享受助学金，每人每年 4000 元，一直享受到毕业，生活完全有了保障；学校设立的勤工俭学岗位有 300 余个，基本上都是提供给建档立卡的学生；学校有十余项社会类的资助项目，比如青海省军区和学校有一对一结队帮扶项目，针对建档立卡贫困大学生每年资助 30 名，每名学生每年获得 2000 元资助，一直到毕业；学校还设有励志奖学金、临时困难救助金等帮扶项目，解决贫困学生的学习生活困难。

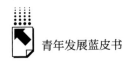

国家精准扶贫政策彰显了对贫困大学生的人文关怀。国家为大学生在高校就读时设立了以奖、勤、助、贷、减免为主的扶助家庭经济困难学生的保障机制，确保了贫困大学生顺利完成学业。

尽管国家为贫困大学生完成学业提供了大量帮扶，但是在校大学生仍普遍感觉就业压力大，对高校和家乡所在地就业政策不是很了解，除享受国家层面的助学金外，获得其他方面的扶助较少，希望增加就业岗位、建立全国性大学生就业动态信息系统、规范招聘信息网络平台、完善就业政策法规，也希望加大创业培训和创业资金的支持力度。

（二）多模式探索就业路径，促进贫困大学生有效就业

国家从战略高度关注贫困大学生的就业，中央、省、市、县（区）各级政府都下发了针对建档立卡贫困人口中大学生就业的相关政策。解决建档立卡贫困人口中大学生的就业问题，是阻断代际贫困的关键手段之一，政府在服务建档立卡贫困大学生就业方面采取了多种措施，各贫困县的贫困程度、贫困原因、贫困人口数量、贫困大学生结构各不相同，在实施共性帮扶的基础上，各贫困县还有其具体的帮扶措施和做法，主要有以下几方面。

1. 培训＋安置就业，解决就业技能不足的短板，促进贫困大学生就业

实施就业再培训行动，动员社会各方力量开展就业指导、就业培训，实习见习、技能培训等系列服务，指导帮助毕业生理性择业、积极就业、爱岗敬业。突出有针对性的职业指导，开展"高校毕业生就业指导百城行"活动，动员高级职业指导师等专业力量进校园、进社区，组织学生参观人力资源市场，通过指导、测评、体验等方式，提升毕业生职业素养和就业竞争力。提供就业岗位，推动人岗对接，帮助建档立卡贫困家庭大中专毕业生实现就业。四川省叙永县未就业大学生回到家乡后，当地教育部门把名单移交人社部门，人社部门对大学生进行建档立卡，对每个大学生就业意愿进行访谈，了解大学生的就业需求，开展就业培训，实现"培训一人，就业一人，脱贫一户"的目标。陕西省榆林市吴堡县积极与榆林职业技术学院协调，对贫困户未就业大学生进行有针对性的培训，确定了畜牧、园艺、护理、会

计、学前教育五个培训专业，培训结束后经体检、政审等程序，共安置137名建档立卡贫困家庭大学生在公益性岗位就业。对通过一年职业技能培训并取得所学专业资格证（教育、卫生、会计等上岗证）的其余大专及以上学历未就业人员，县政府以公益性岗位择优安置。对两后生（高中毕业后、初中毕业后）中愿意接受继续教育的毕业生，在其培训结束后以自主择业为主、政府引导为辅，通过校园招聘会等方式指导就业。学员培训费用全部免除，由榆林职业技术学院会同吴堡县人民政府通过向上级争取专项资金解决，学员住宿费用由榆林职业技术学院全部免除，学员生活费采取自己拿一点、包联干部帮一点、县政府补贴一点的办法筹措，鼓励包村部门、包联户干部多投入、多扶助，因人而异上不封顶。

2. 提供就业信息＋大型招聘会，解决信息不对称促进贫困大学生就业

刚走出校门的大学生缺乏社会资源和社会经验，绝大多数贫困生没有任何家庭背景，家庭对其就业帮助非常有限，导致就业渠道比较狭窄，不能得到良好的就业机会；同时由于经济条件限制，在社会上全靠自己闯天下，相对于其他学生，贫困大学生实现就业的难度会更大，因此，就业信息对贫困大学生十分重要。贵州省望谟县有专门的信息平台，政府网站发布就业信息、招聘信息、事业单位招考信息，通过优化服务窗口，在人才市场设立高校毕业生就业服务窗口，为贫困大学生提供求职创业、政策咨询服务。南宁市马山县依托春风行动和一些专场招聘会，送岗位到村、乡、校，免费为大学生推荐招聘信息帮助大学生就业，在马山人才网、马山就业网上发布企业招聘信息，让毕业大学生扫码上网，在网上查询招聘信息。陕西省榆林市吴堡县人社部门从教育部门获得贫困大学生毕业信息后，建立未就业大学生信息群，在群里发布各种就业信息和就业政策，解答未就业大学生提出的各种问题。陕西省延安市延川县国企脱贫助力团中的陕西燃气集团有限公司在延川县举办"就业扶贫"专场招聘会，招聘对象是延川县建档立卡贫困家庭劳动力，共提供用工岗位100个，其中：研究生岗位1个，本科生岗位17个，大专生岗位44个，高中生岗位17个，中专生岗位2个，初中生岗位19个。用工需求涵盖合同制用工、劳务派遣用工、劳务外包用工等多种用工形

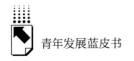
式，其中：合同制用工 28 人，劳务派遣用工 40 人，劳务外包用工 31 人，其他形式用工 1 人。

3. 开发就业岗位＋优先就业，解决就业岗位不足，促进贫困大学生返乡就业

坚持就地就近就业的主方向，健全完善以安置公益性岗位、设立特岗教师、提供人事代理、开发就业岗位、提供就业见习岗位等为支撑的多元就业扶贫工作格局，推动就业意愿、就业技能与就业岗位精准对接，优先安置符合条件的贫困家庭劳动力。鼓励高校毕业生到贫困村从事扶贫工作，到贫困村创业并带领建档立卡贫困人口脱贫致富的高校毕业生，可按规定申报扶贫项目支持、享受扶贫贴息贷款等扶贫开发政策。到农业生产经营主体就业的高校毕业生，可按规定享受就业培训、继续教育、项目申报、成果审定等政策，符合条件的可优先评聘相应专业技术资格。巩固基层就业主阵地，深入实施高校毕业生基层成长计划，统筹推进"三支一扶"（支教、支农、支医和扶贫）计划等服务项目，加强政策引导和服务保障，鼓励毕业生到城乡基层、中西部地区、艰苦边远地区就业创业。

公益性岗位：公益性岗位的开发与管理工作涉及面广、政策性强，由政府部门统一制定政策进行管理。河南省商丘民权县的公益性岗位主要由县劳动就业局负责协调，各级政府不断加大对公益性岗位补贴的资金支持力度，将其列入地方财政年度预算。贵州省望谟县在事业单位招考中专门针对高校贫困毕业生设定岗位，开发公益性岗位帮助其就业，按照当地最低工资标准，每个月 1400 元，目前在岗 200 多人。陕西省榆林市吴堡县于 2016 年 9 月出台了《吴堡县建档立卡贫困户"两后生"、大专及以上学历未就业人员培训就业实施方案》，对县内紧缺专业的电商（含市场营销、室内装饰）、建筑工程、计算机、学前教育、汉语言文学（本科）、行政管理（本科）、新闻采编与制作等大专及以上未就业的毕业生免费培训，经考察审核通过后其可直接上岗就业，并参照公益性岗位享受工资待遇，吴堡县在县便民服务中心、电商中心等岗位安置了 24 名贫困家庭高校毕业生；2017 年 9 月，吴堡县下发了《关于吴堡县建档立卡贫困家庭子女中未就业的 2017 年普通高校毕业生安置实施方案》，为在吴堡县人才交流服务中心办理人事代理手

续、专业为医学类和幼师类的建档立卡贫困家庭子女中未就业的 2017 年普通高校毕业生，提供中心村卫生室协管岗位、社区幼儿园协管岗位。2017 年 12 月根据人社局下达指标，吴堡县面向贫困大学毕业生提供了 58 个公益性岗位（市协管员），全部分配到县里各单位；同期，还在医学、教育专业贫困大学毕业生范围内招录了 21 名县协管员（公益性岗位）分配到全县各镇卫生院和幼儿园就业。岗位性质：纳入公益性岗位管理，属临时性用工。人员管理：由人社局负责与聘用人员签订聘用合同，试用期为一个月，试用期满后签订聘用合同，聘用期限暂定为三年，合同一年一签。待遇：聘用人员的工资待遇，由用人单位负责发放，每月工资标准为 2500 元，用人单位负责为聘用人员办理工伤保险。

公益性岗位开发落实较难，加之工资偏低应聘人员较少，省级卜达公益岗位待遇较低，一般的县级公益岗位月薪 2500 元左右，在县区就业的公益岗位大学生，大部分县区政府缴纳五险一金，少部分县区政府只负责缴纳部分社会保险，总体而言，只能缓解就业过程。

特岗教师：广西壮族自治区河池市都安县的特岗教师倾斜给建档立卡贫困大学生，每年大约 3.5 万元工资，3 年后考核通过就进入正式事业编制。河南省商丘民权县特岗教师招聘，每年安置一百多名高校毕业生。陕西省延川县 2018 年出台农村义务教育阶段学校教师特设岗位计划，招聘对象：全日制普通高校本科生、研究生、师范教育类专科生（招聘建档立卡贫困户子女占一定比例），年龄在 30 周岁以内（1988 年 5 月 1 日后出生）、未就业或与原就业单位解除了劳动（聘用）合同，符合本次招聘条件的全日制普通高校延安市户籍（截至 2018 年 5 月 1 日前）毕业生或社会人员，其中贫困户特设岗位仅限延川县户籍建档立卡贫困户子女。优先条件：笔试成绩高者优先、学科专业知识成绩高者优先、师范教育类本科生优先、本地生源优先、建档立卡贫困户子女优先。招聘岗位及人数：2018 年农村学校特设岗位教师共招聘 65 人，其中建档立卡贫困户子女岗位设岗 7 人，占比约为 10.8%。

人事代理：河南省商丘民权县促进建档立卡贫困高校毕业生就业主要做

法：一是以人事代理的方式在县人民医院、中医院吸收安置一批高校毕业生。二是以人事代理的方式公开招聘，在县法院、公安局招录法警、辅警，吸纳了一批高校毕业生。三是每年组织高新区生产企业及其他用人单位赴一些高校参加双向洽谈招聘会，引进安置一批毕业生。四是通过省政府购买基层公共管理和社会服务岗位吸纳高校毕业生就业，每年引进10名高校毕业生。五是以县政府购岗的方式，为国税、地税、司法、食品药监、"12345"政府部门招聘了105名高校毕业生。六是近3年来卫生系统通过河南省"51111"、"369"及特招医学院校毕业生等人才工程，引进安置148名医疗卫生人才。

开发就业岗位：主要开发基层公共教育、医疗卫生、文化体育、农业技术、农村水利、扶贫开发、社会救助、城乡社区建设、社会工作、法律援助、信息化建设与管理等领域的岗位，创造更多适合高校毕业生的就业岗位。积极培育环境友好型、劳动密集型产业，给予场租补贴、水电补贴和就业补贴，扩大本地就业容量。河南省商丘民权县针对大学生到高新区就业出台了优惠政策，在本县高新区就业，除企业正常发放工资外，县财政对博士毕业生、硕士毕业生、本科毕业生分别给予每人每月1500元、800元、300元补贴。

提供就业见习岗位：持续加大贫困大学生就业扶持力度，缓解大学生就业难题。陕西省汉中洋县、佛坪、镇巴、西乡按照省、市要求建立建档立卡贫困户家庭2015年、2016年高校毕业生就业情况台账，初步摸排建档立卡贫困户家庭2017年高校毕业生情况，设立建档立卡贫困户家庭2017年高校毕业生就业创业绿色通道，为贫困大学生开发就业见习岗位426个，优先安排在校大学生暑期见习。陕西省榆林市吴堡县积极开发就业见习岗位，提高贫困大学生就业能力，每年都会面向大学毕业生开发就业见习岗位，以提高他们的就业能力水平。2018年在各企业、政府部门开发了80个为期6个月、月薪1700元的见习岗位以安置大学毕业生见习。目前，已上岗就业30人，其中贫困户13人。陕西省延安市每年见习培训毕业大学生100~200人，每人补助1200元/月，时限半年，见习期结束，向用人单位推荐，双向选择，这些措施的实施有效地保持了贫困大学生就业形势总体稳定。

4. 就业补贴＋人文关怀，激励贫困大学生尽快就业

部分贫困大学生参加技能培训及就业培训的积极性不高，存在"等、靠"现象。贫困家庭中的大学生找到一份好工作就业对整个家庭影响很大，大学生和家庭都全面受益，就业是贫困家庭脱贫的长久性保障。除了国家层面，地方层面也出台了政策、措施，为高校毕业生就业"保驾护航"。江西、四川等地人社、财政等部门开展困难高校毕业生一次性求职补贴发放工作，发放对象为本省行政区内普通高等院校有就业愿望并积极求职的最低生活保障家庭、残疾、已获得国家助学贷款、贫困残疾人家庭、建档立卡贫困家庭和特困人员中的应届毕业生，可以申领一次性高校毕业生求职补贴，每人 1000 元。部分地方还给予贫困大学生求职交通费 500 元的补贴。

5. 转移就业＋结对帮扶，优化就业空间结构促进贫困大学生就业

结合区域发展战略实施，引导东部地区劳动密集型产业向中西部和东北地区有序转移，优化就业空间结构。有组织劳务输出，通过东西部劳务协作，组织一批贫困地区劳动力在发达地区实现稳定就业，提升转移就业组织化程度。在外出劳动力就业较多的城市建立就业服务机构，提高劳务对接的组织化程度和就业质量。组织东部地区企业到西部地区投资建厂，吸纳贫困人口稳定就业，西部地区组织贫困人口到东部地区就业。支持东部地区职业院校招收对口帮扶的西部地区贫困家庭学生，帮助有在东部地区就业意愿的毕业生实现就业。2017 年 11 月，陕西省榆林市吴堡县出台了《吴堡县 2017 年脱贫攻坚电商培训就业实施方案》。经笔试、面试、体检、政审等程序，选送贫困户大学生参加培训。积极与江苏省仪征市人社局进行结对帮扶对接联合推动东西部互助就业，与仪征技师学院合作开展吴堡籍大学毕业生创业培训工作，已培训了 12 名贫困大学生，提高其创业技能水平。合作模式为：吴堡县人民政府负责宣传、招生工作，仪征市人民政府负责 1 名师资授课并协助就业，榆林职业技术学院负责提供场地、食宿，兆隆公司负责具体培训并推荐就业。四方分工协作，形成合力，培训结束后推荐毕业生在仪征等地就业，促进贫困大学生向高收入岗位就业。广西壮族自治区河池市都安县把

广东的企业招商到本地，当地劳动力成本比较低，互惠互利，可以吸引部分大学生就业。

（三）优化创业政策环境，激发贫困生创业热情

大众创业、万众创新是发展的动力之源，也是富民之道、公平之计、强国之策，我国针对创业就业主要环节和关键领域陆续推出了若干项税收优惠措施，覆盖企业整个生命周期。针对大学生创业，国家在普惠政策的基础上，还有一些针对建档立卡贫困户家庭大学生创业的扶持政策。据调研大学生回家乡创业的并不多，创业项目选择和创业资金是两个主要问题，行业主要是广告、传媒、电商、种植养殖、茶叶、园艺、苗圃等。主要做法有以下几方面。

1. 创业动力激发 + 创业能力培训，鼓励创业带动就业

贵州省安龙县的做法：一是创业指导，主要是政策咨询、创业项目指导、创业培训、创业孵化、跟踪辅导、创业担保贷款、开业指导等。二是创业培训，有两种方式：一是贫困高校毕业生在高校接受创业培训，回到安龙后也可以参加免费的创业培训，培训结束之后，根据取得的合格证书给予一定补贴；二是为高校毕业生中有自主创业意愿的学生免费开展 SYB 创业培训，培训时间 10 天，每期 30 人，培训大学生如何在创业过程中规避风险，以实现创业成功。

2. 创业补贴 + 担保贷款 + 税收优惠，扶持贫困大学生创业

各地鼓励建档立卡贫困大学生创业，通过发放创业补贴、设立创业扶持基金、给予专项资金支持，增加社会保险补贴、公益性岗位补贴，提供创业担保贷款及贴息、青年创业基金贷款、创业吸纳就业奖励、科技创新苗子补助、科技创新苗子基地补助、大学生创新创业园区（孵化基地）补贴、创业指导补贴、税费优惠减免等多措并举扶持贫困大学生创业。

创业补贴：各地人社、财政部门都出台了有关就业专项资金管理办法，提出了为劳动者提供创业补贴，补贴对象为首次创办企业或从事个体经营，且所创企业或个体工商户自工商注册登记之日起，正常运营 1 年以上的离校

3 年内高校毕业生和就业困难人员。补贴类别主要有：一是一次性补贴，补贴标准为每个法人 6000 元。二是用人补贴，对招用高校毕业生的小微企业或社会组织，与补贴对象签订 1 年以上劳动合同并为其缴纳社会保险费，履行合同满 1 年后，按每招用 1 人给予一次性奖励 1000 元。如果事业单位或企业吸纳贫困大学生，稳定工作六个月以上，给吸纳单位一次性补贴 500元。三是场租补贴，南宁市马山县在创业园里设有 40 个创业工位可免费使用，给予进驻大学生不超过 1300 元的场地水电租金补贴。四是见习补贴，南宁市马山县贫困生到指定的地方见习，县上在国家每个月 1200 元的标准基础上提高到每个月 1500 元见习补贴。五是社保补贴，南宁市马山县对进驻创业孵化基地的学生，给予一年的社保补贴。六是创业奖励补贴，贵州省安龙县对创业带动就业并连续经营一年以上者，给予 5000 元奖励。河南省商丘民权县对贫困家庭成员务工实行了务工奖补政策，大学生每年务工收入 2 万元以上的（含 2 万元），每户每年奖补 1000 元；每户每年务工收入 0.8万 ~2 万元（含 0.8 万元），每户每年奖补 600 元。

创业贷款：国家推进加强创业担保贷款信用建设，优先对贫困劳动力提供创业孵化服务，通过培育"返乡创业带头人"和"贫困村创业致富带头人"，带动更多贫困劳动力创业就业。南宁市马山县引导建档立卡贫困大学生积极创业，出台《2018 ~2020 就业扶贫车间实施方案》优惠政策，只要在村里吸纳贫困人口就业，就能获得 10 万元的创业基金和不超过 10 万元的贴息贷款。陕西省延安市延川县支持创业，创业大学生可获贷款最高 10 万元；可 5人同时贷款最高 50 万元，两年内不计息不还款，第三年还贷款，成功案例有创办广告公司和幼儿园。贵州省安龙县一是小额贷款，自己创业的有 10 万元创业担保贷款，三年期限，免息；二是针对合伙创业，每人 10 万元担保贷款，合计不超过 200 万元，补贴基础利率的 50%。贵州省望谟县鼓励自主创业的做法：有创业贷款扶持，高校毕业生创业可以申请创业贷款，最高10 万元；三年贴息，2018 年上半年有 32 名大学生申请创业贷款 292 万元；还有正在打造扶贫车间，鼓励他们到扶贫车间去创业，吸纳贫困户到加工车间就业。河南省商丘民权县通过发放创业贷款、就业补贴，促进建档立卡贫

困人口中大学生就业，对在读和毕业 5 年内，且处于自主创业状态的大中专学生，提供创业担保贷款服务，已为 29 名大学生发放创业贷款 149 万元。

税收优惠：中央、省、市都出台了针对大众创业的普惠性税收优惠政策。四川针对大学生创业税收优惠的做法是：2019 年 12 月 31 日前，对持《就业创业证》（注明"自主创业税收政策"或"毕业年度内自主创业税收政策"）或《就业失业登记证》（注明"自主创业税收政策"或附着《高校毕业生自主创业证》）的大学生从事个体经营的，在 3 年内按每户每年 9600元为限额依次扣减其当年实际应缴纳的增值税、城市维护建设税、教育费附加、地方教育附加和个人所得税。纳税人在 2019 年 12 月 31 日未享受满 3年的，可继续享受至 3 年期满为止。对符合条件的大学生自主创业者，按规定免征文化事业建设费、教育费附加、地方教育附加、残疾人就业保障金、不动产登记费、渔业资源增殖保护费、药品注册费、医疗器械产品注册费。

在创业过程中，大学生反映申报创业贷款所需手续较多、程序复杂，其增大了大学生申请贷款的难度。建议在原有贷款申请程序基础上，简化程序，为大学生创业开辟便捷、高效的创业担保贷款绿色通道。

3. 互联网＋电商，成为贫困大学生创业的突破口

青年是电商发展的主力军，国务院扶贫办等中央 16 部委《关于促进电商精准扶贫的指导意见》指出，整合市场资源，加快建设集渠道、平台、金融服务等于一体的返乡创业电子商务生态链和生态圈，积极发展农村电商新业态新模式，以培养青年电商人才为突破口，提升贫困人口电商创业就业能力，拓宽贫困地区农特产品网络销售和贫困人口增收脱贫渠道。实施电商扶贫，优先在贫困县建设农村电子商务服务站点，实施电子商务进农村综合示范项目，动员大型电商企业和电商强县对口帮扶贫困县，推进电商扶贫网络频道建设。

各地扶贫、网信、农业、商务等政府机构重点突出贫困地区青年电商人才培训、农产品网上销售、产销对接、青年电商就业和电商便民服务等内容。陕西出台《陕西省"万村万人"青年电子商务人才培养计划实施方案》，从项目扶持、金融支持、信息供应、物流扶持等四个方面向青年电商给予政策倾斜。开展贫困地区农村青年电商创业示范培训，结合"一村一

品"发展当地特色产业，开展电子商务创业提升培训，在贫困县建设电子商务服务中心（站点），搭建县、镇、村三级电子商务服务体系，动员大型电商企业帮扶贫困县。2016 年 4 月，共青团陕西省委、武功县人民政府指导开展陕西省青年电商人才"青桃云客"培养计划，该计划主要针对大学生村官、返乡青年以及高校在校学生，通过提供免费的电子商务技能培训，并配套进行电子商务创业扶持和电商企业招聘对接，解决西北地区电子商务人才匮乏的问题。截至 2018 年 1 月，"青桃云客"计划共完成 8 万余课时的电商培训，"青桃云客"计划累计培训电商学员达 1.7 万余人次，组织 104 场农产品销售活动，帮助 500 余名学员在电商企业就业，受培训学员累计开设网店 232 个，有效带动了大学生及青年创业就业。

陕西在推动贫困大学生电商创业方面积极争取省扶贫办支持，争取省农业厅"农村青年一村一品创业行动""茶叶产业培训"、省科技厅"农村青年致富带头人"、省扶贫办"贫困地区就业创业培训"等项目，并争取将大学生村官培训纳入省委组织部基层干部培训计划，将农村青年致富带头人纳入省农村工作领导小组农村干部培训项目之中。争取推动实现职业农民培训、雨露计划培训资金向团组织培训活动开放，将农村青年养殖培训全部纳入畜牧大场大户培训范围，将青年合作社负责人一并纳入全省合作社示范培训范围。

各级政府要系统解决脱贫攻坚工作中"争当贫困户"、"等靠要"和内生动力不足等问题，脱贫摘帽后的贫困县、贫困村和贫困户，在脱贫攻坚期内继续享受扶持政策，稳定脱贫基础，确保脱贫质量。持续扶持产业就业，加大扶贫扶志力度，不断激发内生动力。做好临时救助工作，有效防止因灾因病返贫。防止贫困村和非贫困村、贫困户和其他农户因享受政策利益失衡而引发矛盾。避免陷入"福利陷阱"，防止产生贫困村和非贫困村、贫困户和非贫困户待遇的"悬崖效应"。

二 政府服务建档立卡贫困大学生就业创业的成功经验

政府部门高度重视建档立卡贫困大学生就业状态，一方面促进这一部分

大学生就业是政府应当承担的责任；另一方面这一部分大学生群体就业不充分或者不稳定，无论对个人生存状态还是对社会内生发展动力，都存在着巨大而且持久的不良效应。在均质社会里，"知识改变命运"就是持续不断地接受教育特别是高等教育，使个体通过掌握专业性技能来改变自身所在社会生态中的地位。但获得专业性技能只是改变环境的条件之一，即建档立卡贫困大学生因接受高等教育而获得优质就业机会的偶然性强，必然性则是就业困难。因此，政府促进建档立卡贫困大学生就业是公共服务的一道底线，履行好这项职能需要做好大量的工作。

（一）畅通宣传渠道，加速就业工作进程

政府在实施就业服务活动期间推进政策宣传，利用举办大学生专场招聘会、组织大学生就业服务月、短信群发、布告宣传、在政府登记的大学毕业生中建立就业创业微信群等方式，广泛开展政府服务贫困大学生创业就业政策宣传，为毕业生提供大量真实可靠信息和岗位，促进解决了很大一部分学生的就业问题。陕西省延川县团委联系恒大集团，通过县就业局发布招聘简章，在岗位要求、专业、薪资待遇等方面确立了公信力。陕西省在政策制定实施后首先将工作重点放在政策推广上，协调高校和教育、人社等政府有关职能部门同步编写和发放政策汇编资料，通过手册、网站、移动终端迅速实现政策的全覆盖，政策的宣传效果十分明显，既让高校毕业生全面了解政策具体条文，又可以按照大学生个人实际，尽快学会在政策红利下规划个人的职业生涯。政府作为大学生就业政策的制定者，主要是做好大学毕业生就业的服务生态建设，多渠道畅通意见的反馈和收集，推动就业服务各项政策的落地，特别是给予贫困毕业生就业绿色通道，优先推荐就业。陕西省延川县在农村义务教育阶段学校教师特设岗位计划实施方案中，明确了"招聘建档立卡贫困户子女占一定比例"的规定，确认了录取时的优先条件。

（二）加大调控力度，增强基层工作力量

政府在大学生就业服务中通常负有制定、完善或构建大学生公共就业服

务体系的职责，在保障机制齐全就业岗位的提供、保持贫困大学生享受就业政策上的平衡性等方面起到决定性的作用。一直以来，陕西省各级政府借助县乡机关单位公务员、事业单位工作人员、"三支一扶"、大学生村官、义务教育特岗教师、大学生志愿服务西部计划、高校毕业生应征入伍计划、乡镇卫生院医护人员等招考招聘项目，在财政可负担的情况下合理设置用人岗位，招募大学生到乡镇基层岗位服务，促进多数毕业生留在县、乡镇工作。同时，对大学生做好岗前培训以及后续培养等工作。让大学生深入基层生活和到基层岗位锻炼，不仅使其所学专业有了用武之地，个人综合素质得到有效提升，并且落实了学费补偿、助学贷款、提前转正定级等政策，持续稳定了大学生就业队伍。陕西省吴堡县累计安置历年大学毕业生 300 余人，其中 20% 为家庭贫困大学生。关注并实现建档立卡贫困大学生就业是政府的职责，在分析经济社会发展形势的前提下，政策的制定和落实上要加强对就业困难群体的统计与监测，政府应通过加大财政投入力度、制定配套政策、健全行政机制等途径，积极开发基层岗位，增加大学毕业生的就业机会，真正解决大学生就业困难问题。结合国家和省级倡导并实施的"乡村振兴战略"和脱贫攻坚工作大局，切中县乡基层组织机构公共服务领域缺失的实际，制定了专项政策吸引高校大学生毕业后到贫困艰苦地区就业。政府通过购买基层公共管理和服务岗位（公益性岗位）的形式，对于基层急需的农村规划、科技服务、农业产业开发、村组社区服务等方面人员增加定向招聘专业贫困大学毕业生数量。如陕西省吴堡县出台关于建档立卡贫困家庭子女中未就业的普通高校毕业生安置实施方案，专门设置了中心村卫生室协管岗位和社区幼儿园协管岗位的公益性岗位。政府不断拓宽贫困大学生就业渠道，推动接受高等教育的专业人才跨区域流动，疏散了大中城市的聚集效应，为建档立卡贫困大学生营造了在基层就业的良好环境和有良好预期的发展前景，同时有效地缓解了基层专业技术人才不足的短板；招聘和选派到基层的大学毕业生发挥知识、技能方面的专长，加快了教育均衡发展，明显提高了农村公共机构服务水平，为农村经济社会发展增添了新的生机和活力，取得了良好的经济社会效应。

（三）聚集各方力量，推动就业方向多元化

近年来，政府科学制定经济政策、调整产业发展结构，推动产业结构转型升级，促进本地经济可持续健康稳定发展以创造更多的就业岗位，中小微企业对大学生的吸纳能力明显增强，从根本上扩大了对劳动力市场的需求，为大学生提供更多的就业机会。同时，政府从实际出发，发挥相关金融政策支持作用，为吸纳大学生的企业特别是中小微企业降低企业发展风险，同时解决大学生就业不稳定的问题。借用扶贫各方面的力量，一方面对接机关事业单位、国有及国有控股企业用人需求，另一方面在贫困大学毕业生中发布专业对口的不同层次的就业岗位信息，创新招聘活动的形式，送岗进社区、下乡镇，把就业岗位送到贫困大学毕业生手中。陕西省延川县扶贫对口单位陕西省燃气集团公司，集合了近十家所属分公司在延川县举行"就业扶贫"专场招聘会并发布就业信息，由于采用合同制用工形式，因此取得了良好的效果，还联系中国石油陕西销售公司举行了类似的招聘会。积极开展苏陕劳务交流，陕西省吴堡、延川两县均与江苏对口县区建立了紧密的劳务协作关系，加大了建档立卡贫困户（包括大学生）转移就业力度，为输出人员免费统一购买车票、发放餐费补贴；输送后还通过电话沟通、派人到目的地进行劳务跟踪服务的形式，认真了解外出人员务工状况，积极做好输出人员稳定就业服务工作。

（四）充分挖掘潜力，营造活跃的创业氛围

针对大学毕业生普遍缺乏创业意识，政府优化创业环境，营造尊崇创业、敢于创业的氛围，组织大学生创业典型宣讲创业经历和体会，增强大学生创业的意识，树立创业成才的理念；宣传政策鼓励大学生创业，将相继制定的一系列创业扶持优惠政策公布在政府门户网站上，为引起大学生注意，政府人才服务机构开辟了政策宣传栏，宣传政府对大学生创业制定的扶持政策，设立大学生创业服务窗口，主动向自主创业的大学毕业生提供优惠政策解读、贷款申请程序等相关政策的咨询服务；进行创业知识教育，建立技术

指导体系，联系专业机构和有关专家以及工商企业、农业合作社等不同形式的经营管理者给创业大学生分析研究创业中的问题，采取"一对一辅导"、实地考察、"技术诊断"等多种方式指导大学生开展创业行动，力所能及地解决大学生创业过程中遇到的困难；搭建项目合作平台连接大学生和市场，解决好创业大学生由于信息不对称而难以找到更多可选创业项目的问题；跟进服务加强对创业大学生的创业技能培训，提升大学生创业管理方面的素质，增强抵御风险的能力；持续加快帮扶贫困大学生创业法规的建立，营造有利于大学生自主创业的法制环境，提供一揽子金融支持及服务，加大对大学生创业所需资金贷款的支持力度。按照《陕西省大学生创业引领计划实施方案（2014～2017）》，陕西省各级政府搭建的创业服务体系包括应/往届入学毕业生的创业行动，对于陕西省高校毕业生自主创业出台有针对性的政策，在创业培训、提供贷款方面制定了具有可操作性的办法，着力帮助解决大学毕业生自主创业过程中遇到的困难；根据各地方经济发展水平和特色产业，持续向有创业意向的大学毕业生推荐前景好、投资少、见效快的项目，尤其是大学生具备接受新事物快、掌握新技能快的特点，共享电商创业平台为创业大学生在社会服务、现代农业、生态旅游等新兴领域开展业务创造了便利条件，简化创业申请、注册、融资环节。针对创业大学生缺少启动和流动资金问题，银行除了给个人贷款外还可以提供5人以内共同贷款，这大大缓解了创业大学生的资金压力，使其回乡创业的意愿逐渐增强。

（五）强化技能培训，实习见习显现成效

在技能强化方面，政府注重对学生在职业技能方面的培训。贫困大学生除了掌握高校课堂上的知识外，也要拥有一定的"职业性"技能，通过对接市场需求，强化"职业性"技能的培训，挖掘自身的优势与潜力，提高就业适应能力，以便快速适应工作岗位的要求。政府职能部门已经能够做到统计描述贫困大学生就业基本状况，对于就业困难的具体原因，安排专门资金用于有针对性的培训计划和措施，针对学生职业技能不足、沟通能力欠缺、心理压力大、就业目标模糊的问题，通过培训等方式提升其综合就业素

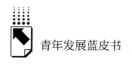

质和技能，提供心理和职业发展规划辅导，并给建档立卡家庭学生提供一定的经济支持，帮助他们完成必要的社会实践和就业技能培训。贫困大学生参加工作岗位见习，可以增长工作经验提升能力，政府大力协调将党委政府机关及事业单位等统一纳入大学生就业见习单位，给大学毕业生提供更好的见习机会，既有助于用人单位更好地优化人力资源，也有助于大学毕业生开阔眼界、提升个人素质和增长经验，从而为正式就业打下有益的基础。此外，政府还承担着沟通的责任，促进建立大学生实习基地，联合国有或私营企业及有资质的各类社会组织为尚未大学毕业或已经毕业没有找到工作的贫困大学毕业生，提供大量的应用型实习岗位。大学生在企业接受了职业指导可提升职业素养，加深对企业的了解，为今后获得工作机会打下基础。县一级政府应持续加大对贫困大学生就业扶持力度，按照省市要求建立建档立卡贫困户家庭历年大学毕业生就业情况台账，设立建档立卡贫困户家庭大学生开发就业见习岗位，优先安排在校大学生暑期见习，缓解大学生就业难题，有效地保持了大学生就业形势总体稳定。

（六）扶持监督中介机构，落实完善保障政策

政府具有强大的行政资源和能力，主导着由政府职能部门、高等院校、社会中介组织几方共同构建的大学生就业指导服务体系，包括政策的宣传和咨询，提供就业指导、推荐以及跟踪回访等免费服务，逐步建立就业市场信息网络。专项资金支持中介组织在学生与用人单位之间从事与就业相关的业务，激励其促进毕业生就业工作的开展，从不同过程、不同方面共同为大学生就业提供指导和服务。为有效保障大学毕业生就业的合法权益，政府相关机构加强对职业介绍所、中介服务机构的检查，组织开展清理整顿人力资源市场秩序专项行动，防止一些非法中介采取不正当手段诈骗钱财，重点加强人力资源市场和劳动用工监管，严厉打击发布虚假招聘信息等违法行为。强化政策落地，执行和落实国家在大学生于西部地区和基层就业的学费减免和助学贷款清偿、创业资金的保障和支持、培训和实习津贴的发放、基本社会保险的优惠和缴纳方式等方面的政策，在国家、省级统一的大学生就业政策

的基础上，市县级政府制定符合当地实际的吸引大学生人才资源、促进大学生创业就业的地方政策，为贫困大学生就业群体尽快就业提供可靠的制度保证。鼓励贫困大学生到基层就业，向在基层工作的大学生提供补助和缴纳社会保险，在个人表现良好和用人单位允许的情况下，经考察后单位有编制的可以直接进入编制内，亦可以通过人事代理等灵活的形式予以接收。通过扶植中小微企业上规模、上水平，应用财税调控手段调动企业特别是中小微企业安排贫困大学毕业生稳定就业的积极性；加强对贫困大学生就业群体的鉴定和统计工作，对已经就业接受培训且取得合格资质的大学毕业生减免相关费用，对吸纳高校毕业生就业的社区和公益性岗位进行财政补贴；根据大学生创业类型的不同性质、不同规模、不同行业等，财政调剂倾斜，增加资金筹措渠道，扩大补贴的覆盖面，提高补贴水平，适当延长补贴时间，给予租房补贴和一定税收优惠；对建档立卡贫困户家庭进行了摸底排查，优先确定此类家庭大学毕业生开展就业见习、定向就业培训和安排公益性岗位，保障毕业生实现就业或处于就业准备中，陕西省吴堡县近年来安置了137名建档立卡贫困家庭大学生在公益性岗位就业。

三 政府服务建档立卡贫困大学生就业创业的对策建议

政府作为整个社会共有财富的调控者，关心、帮助贫困社会成员是其不可推卸的责任。改革开放40年来，与经济社会发展相适应的自主就业为主导、市场调节为基础的大学生就业机制已经确立了主导地位。经济的发展和结构调整带来的劳动力需求变动，大学毕业生就业观变化带来的就业不平衡不充分等矛盾引发的新的社会现象，考验着政府在应对大学生就业工作方面的能力。在新的历史时期，政府从管理者转向服务者，要运用好财政权力、行政权力和政策手段，进一步做好就业政策的制定和实施、就业市场规范和就业服务体系的建设，完善宏观就业政策的科学发展模式，才能更好地引导大学生就业观念的转变，实现社会人才需求与人才供给的科学匹配，从而全面提升大学生就业综合水平，最大限度地提高大

生就业援助的质量和成效，推动社会经济的稳定与高效发展，全面提升政府治理能力和水平。

（一）重视经济发展带动贫困大学生就业的建议

解决好就业难问题，根本在于经济发展，保经济就是保就业。奥肯定律证明："经济发展状况与促进就业呈现正相关，也就是说迅猛持续的经济发展状况有利于就业率的提高，而缓慢颓废的经济增长不仅不利于失业率的降低，反而会提高失业率。"

1. 紧紧抓住脱贫攻坚的有利机遇，实现区域经济产业增长方式和结构的转型，为贫困大学生群体就业创造更多的机会

积极促进经济产业的结构转换和优化是保持经济增长和社会发展的基础性条件，其决定着大学生就业劳动力市场的总体需求数量和分布。优化升级产业结构、培育新兴产业，把产业结构调整和技术升级与解决大学生就业问题结合起来，就可以创造出更多适合高校毕业生的就业岗位，持续扩大对知识型劳动力的需求量，从而从根本上解决大学生的就业问题。

2. 必须通过扶持中小企业发展来扩大就业总量

已有数据显示，我国民营企业平均每年可以提供大约 700 万个新就业岗位，吸纳了 60% 左右的大学毕业生就业。尽管我国经济发展已经进入新常态，市场经济竞争异常激烈，但是由于市场环境和需求的可伸缩性，现阶段我国中小企业的发展还有很大潜力，能够带来巨大的就业吸纳能力，特别是提供城镇就业机会。因此，政府需要进一步深化民营企业尤其是对中小企业在政策、资金等方面的改革和加大扶持力度，给吸纳大学毕业生就业的中小企业提供税费、贷款等方面的支持。广大民营企业良性发展，大学生就业渠道必然会更加开阔。

3. 发挥第三产业对就业的巨大促进作用

以陕西为例，2015 年第三产业较上一年增长 9.6%，占 GDP 比重为 39.7%，可以看出陕西省第三产业比重仍处于相对较低水平，这是西部或欠发达省份的共性。对于文化底蕴深厚、自然景观资源雄厚的省份，可大力发

展旅游、餐饮、文创等服务性产业，这些产业的就业门槛低，从业人员需求量大；此外，县域经济都有符合自身特点的发展规划，特别是农村在农业产业结构调整和小城镇建设期间，以物流、电子商务为主的生产性服务业必将得到快速发展，第三产业的发展空间巨大，为大学生就业创业提供了非常难得的机遇。

（二）强化服务功能促进贫困大学生就业的建议

政府应发挥在贫困大学生就业中的作用，但不能陷入大包大揽贫困大学生就业所有事务的误区。政府需要通过行使行政权力和手段通过政策导向来深度介入大学生就业市场，承担起发育和维护市场、监管与规制市场的责任。

1. 构建联动协同管理机制

目前来看，政府支持大学生就业的相关职能部门明确，但是调度力量、服务功能比较分散，对大学生就业创业缺乏整体性协同推进机制。要进一步强化政府的服务能力，政府部门提高重视程度，建立服务大学生就业创业行之有效的联动制度，具体是人社、财政、发展和改革、教育、工商、物价、民政、税务等部门各司其职，系统性推进大学生就业创业服务工作，简化有关保障政策的落地程序，切实解决大学生就业创业期间遇到的现实困难。同时，防止在政策的具体执行过程中，出现由于权责关系引起的事务办理损耗和政策效力减退的现象，特别是基层效能衰减的情况，努力提高工商税务登记、人事档案管理及代理、承办社会保险及接续等行政事务的服务水平。

2. 加快配置人力资源市场

在促进大学生就业的各种措施中，效果最明显的莫过于让市场机制发挥主导作用，用人单位拥有以市场化为取向的用人自主性是人才市场发展和成熟的基本标志。政府应规范大学生就业市场秩序，明确大学生、用人单位、中介机构的权利、义务、责任，提供制度和政策以降低市场和社会服务中的协调成本，强化市场监管，监督约束就业市场供求双方、中介机构的行为，清除一切损害大学生权益的行为；建立供求双方在诚信原则基础上的信息对

称，使岗位待遇、发展前景、个人真实情况都能够清楚呈现，促进大学生公平公正就业。

3. 规划好政策性需求

我国在经历高等教育大众化阶段以后，面对体量庞大的大学生就业群体，政府制定并实施了一系列具有政策属性的行政措施，包括"大学毕业生西部服务计划""农村教师特岗计划""三支一扶计划""毕业生应征入伍计划""高校毕业生毕业见习计划"等，这些措施在一定阶段虽然有助于解决大学生就业的应急之需，但是受制于法律法规、资格条件、竞争激烈等的约束，受众范围还是极其有限的；而更多的是临时性、过渡性、短期的就业缓解办法，其相互叠加的累积负面效应和压力必定在今后逐渐显现。当然，在以市场对大学生人才资源配置起基础性作用的前提下，政府以其强大的资源和政策调控能力仍然是大学生就业责任的主要承担者。

4. 增强地方性政策的吸引力

目前的人才政策，基本上是中央、省级政府政策，相比重点城市以及新一线城市，吸引大学生就业的地方自主性政策数量不多、针对性不强。特别是针对促进贫困大学生群体顺利就业，还有城乡之间、区域之间的就业壁垒，囿于居住户籍等的制度束缚，解决大学生就业初期住房、生活困难的政策缺乏，这些都是实现贫困大学生资源公平和就业机会平等而亟待消除的阻碍。此外，随着共享经济、平台经济等新兴业态的出现和发展，政府应持续完善适应新业态特点的社会保障制度，引导贫困大学生的就业创业选择，进而达到实现就业渠道多元化的目的。

5. 加大财政支持的力度

政府政策性介入大学生就业，其代价是政府财政压力持续加重，这就需要政府财政进一步给予支持。主要是：根据大学毕业生就业的特点全程精心设计贴近实际、针对性强的人才公共服务项目，全面有效地推进就业服务工作；加大学生社会保障支出投入比例，鼓励大学生到农村就业，实现离校未就业大学生失业保险全覆盖；加大自主创业政策扶持力度，继续扩大大学毕业生创业平台，降低入驻标准，完善配套服务设施，在初创经营实体评估项目的基础上采取减税、补贴、奖励等各种方式予以一定补助。

（三）政府服务建档立卡贫困大学生就业创业的工作对策

1. 就业信息领域对策——搭建大学生就业创业网络信息平台

当前，我国经济发展进入新常态，社会的各个层面都在经历着不同程度的深化改革，转型时期大量大学毕业生难以及时就业或失业成为在所难免的阶段性特征，且矛盾更加突出，因此，实现大学生就业创业公共服务的科学化信息化，做到就业创业政策透明化、就业市场相关数据共享化，对于贫困大学生就业指导就显得格外重要。政府搭建大学生就业创业网络信息平台，成为提高大学生就业创业质量、服务大学生就业创业公共体系现代化建设的重要标志。在可靠性上，政府可以通过行政审核确定用人单位提供的就业信息，大学毕业生可以通过验证快速地搜寻到适合自己的岗位，网络信息平台可促进招聘和求职两者之间的沟通，解决好信息不对称问题，提高岗位供需匹配效率，为双方搭好桥梁联系好纽带，帮助大学生顺利就业，也使用人单位能够选拔人才，让劳动力市场健康发展；在功能性上，网络信息平台可破除信息不全面和碎片化，把政府服务大学生的核心政策和措施与大学生就业创业的实际需求结合起来，在平台开发上做到功能齐备，为大学生提供便利、快捷的专业化指导，通过网站、微博微信、数据库查询、互动电子屏等沟通方式，满足大学生便捷高效和个性化的服务需求；在应用上，政府能够建立各级甚至到户的劳动力台账，详细录入劳动力信息，在政策摸排下精准识别建档立卡贫困大学毕业生数量并进行数据汇总，梳理出各类贫困家庭大学毕业生年龄、学历、就业意愿等数据，通过数据分析正确判断特定群体的就业状况，建立动态实时监控体系，研判应对方法；在延展性上，升级大学生就业服务网络体系，实现政府、企业、高校各自大学生公共就业信息多网合一，全国各方市场有效对接，实现信息资源共享。

2. 政府行政介入领域对策——加大就业岗位供给侧力度

在财政许可范围内，政府依靠行政政策推动大学生就业具有十分显著的成效，建档立卡贫困大学生对此呈现出强劲的路径依赖现象。目前来看，已有的基层就业项目的组织实施，是有效解决大学生就业的结构性矛盾的方法，政府可建立与当地社会发展相适应的、持续性较强的、有针对性的新的各种大学生就业项目和计划，主要是设置与经济发展相协同的公共服务岗位和制造创业机会，创新更加符合实际、科学化的基层岗位补贴津贴、考核管理、流动约束及劳动保险等体制机制，增强基层单位的吸引力。在国家着力提高治理能力现代化的大政方针下，基层岗位开发要向基础社会管理和公共服务岗位倾斜，通过公开招录增加社区社会管理人员从事人力资源和社会保障、法律服务、社区矫正、社区禁毒等民生工作。乡镇在村镇规划、科技服务、生态环保、现代农业开发等方面人才匮乏，可按政策规定或降低基层招录门槛或采取定向招聘，进一步放宽学历、专业、年龄的限制，积极吸纳属地贫困大学毕业生到基层就业。山区和偏远基层岗位存在"招人难、留人难"的问题，要支持贫困大学生工作，发挥他们的能力，克服管理松散和无所事事的现象，打通上下层级和平级之间的交流通道，通过挂职、轮岗、进修等方式加强职业技能锻炼，率先打破职级晋升、职称评定等用人樊篱，充实党政人才和专业技术骨干后备库，鼓励和引导贫困大学生加快成长成才，实现贫困大学生稳定就业。

3. 就业市场领域对策——扩大就业援助的覆盖面

当前，面对贫困大学生就业群体逐渐扩大化的现实，政府援助大学生就业要根据人才市场供求关系，摒弃单一就业援助模式，创新援助体制，明确责任主体，转变就业政策的实施手段，发动全社会投入更多的精力帮助贫困大学生顺利就业。在公共就业服务范围上，政府在管控的领域上要有选择性地退出，体制不够灵活的要尽快加以改变，实现由就业管理向提供制度、完善就业环境转变，加速市场对劳动力资源的统筹配置，让市场化、高效率的就业服务体系去支撑大学生劳动力市场的发展。在设置服务机构上，实现公共人才服务机构、人才市场和高校毕业生就业指导中心的有效联动，带动其他更多的机构参与大学生就业服务工作，充实服务机构，增加队伍数量，提高大学生就业服务质量和指导水平，改变对政策法规、办事流程、大学生心理、就业市场等不熟悉和指导能力不足，以及只满足于召开会议、下发文件、电话咨询等专业化服务水平较低的现状，梳理供求双方多元化、个性化的利益诉求，完善就业咨询、职业规划、失业管理、信息服务、就业培训等功能，全面沟通用人单位对专业、岗位、人才数量的需求情况，积极做到与贫困大学生求职需求的精准对接。在就业分类帮扶上，政府要协调行业、企业、社会力量与高校的关系，面向不同类型精准施策，实施针对性强的就业援助模式，重点向建档立卡贫困大学毕业生提供就业信息、实习信息、公共就业岗位和基层就业项目信息，增加更多的就业机会和就业岗位；贫困大学生在就业过程中遇到维护权益问题，如就业歧视和违约、拖欠工资或赔偿、遭受诈骗或伤害等难题，能够及时提供其专业的法律诉讼和具体帮助；针对性地解决贫困大学生就业创业初期困难，帮助解决住房困难和发放生活补贴，最大限度地延伸就业援助的覆盖面。

4. 就业水平领域对策——转变就业观念和培训职业技能

大学生的就业观念存在偏离与缺位，有其客观的原因，社会经济的不断变化不会表现为大学生就业观念的同步转换。从主观因素来说，社会因素、教育因素、家庭因素以及个人性格等的影响造成大学生就业定位与现实相脱离。反映出：接受高等教育与就业方向关联性不强，对于稳定的公务员工作或者与之类似的财政供养的就业岗位，大学生趋之若鹜，认为当公务员、从事管理才算是一劳永逸的就业，这成为社会上存在的普遍现象，也说明许多大学生缺乏创新、吃苦耐劳以及奉献精神。政府必须承担起宣传引导的责任，使大学生树立从基层做起，从点滴做起，敢于创新、肯于吃苦，做普通劳动者的理念。影响大学生就业质量的因素是复杂的，建档立卡贫困户大学生就业必须从实际出发，市场需要什么样的工作岗位就按对应的岗位要求去训练、培养，当一门实实在在的技术掌握到手里后，就业的难度会大大降低。政府要评定职业技能培训综合等级，有效提高贫困大学生实践技能、职业能力、职业素质，切实解决培训覆盖面不全和培训渠道狭窄的问题，通过加大政策支持力度和促进培训机构正规化管理，提升培训能力和培训质量。政府需要重视的是，城市化进程加快、人口向城市迁移的大背景，反而为贫

困大学生到农村发展提供了新的机遇。国家允许土地流转后所形成的规模经营为发展现代农业创造了有利条件，农业众多相关产业迫切需要有知识、有文化、懂技术、会经营的优秀人才，政府应探索搭建建档立卡贫困大学生就业扶贫基地、创业孵化基地等平台，吸引他们到农村就近就业。

参考文献

马廷奇：《大学生就业援助：模式选择与制度创新》，《江苏高教》2014 年第 3 期。

邓杨：《我国地方政府促进大学生就业政策研究——以湖南省长沙市为例》，江西财经大学硕士学位论文，2015。

魏立强：《大学生就业服务中政府职责研究——以陕西省为例》，西北农林科技大学硕士学位论文，2016。

《关于打赢脱贫攻坚战三年行动的实施意见》，《陕西日报》2018 年 9 月 13 日。

赖作明：《江西省大余县："六送"服务圆"创业梦"》，《中国就业》2017 年第 10 期。

朱姝：《四位一体大学生就业全程服务体系研究》，《上海经济研究》2014 年第 9 期。

何富强：《关于宜昌市引导鼓励高校毕业生到基层就业情况调研》，《劳动保障世界》2018 年第 18 期。

《中共中央　国务院关于打赢脱贫攻坚战三年行动的指导意见》，《人民日报》2018 年 8 月 19 日。

蒲昌友：《重庆市万州区："定制服务"支持大学生创业》，《中国就业》2017 年第 10 期。

朱贵成：《汉中市公益性岗位落实等行业脱贫情况调研》，《中国就业》2018 年第 1 期。

B.14
高校服务建档立卡贫困人口中
大学生就业工作研究

舒晓虎　管雷*

摘　要： 治贫先治愚，扶贫先扶智。针对建档立卡贫困人口中大学生
面临的生活困难、能力不足、信息不畅、关爱不够等问题，
高校服务建档立卡贫困人口中大学生就业应从"结果式"帮
扶转向"过程式"帮扶，在建档立卡贫困大学生新生入学、
学习培养和毕业就业等不同阶段采取相应的帮扶措施和干预
手段。高校需要从就业全程视角出发，重点做好观念指导、
能力辅导、信息服务、政策扶持、经费支持、岗位帮助等帮
扶举措，更加重视从信息完善、机制建立、方案配套等方面
落实精准帮扶，从而促进建档立卡贫困大学生更充分更高质
量就业。

关键词： 教育扶贫　建档立卡贫困大学生就业　高校就业服务

　　治贫先治愚，扶贫先扶智[①]。在国家"精准扶贫、精准脱贫"基本方略
中，教育扶贫是主要途径之一。教育扶贫是"斩断穷根"的利器，是阻断

---

* 舒晓虎，博士，西南科技大学马克思主义学院讲师，主要研究领域为青年组织、青年发展；
管雷，共青团四川省委青少年研究与发展中心讲师，四川省青少年研究会秘书长，主要研
究领域为青年组织、青年发展、决策咨询。
① 习近平：《在中央扶贫开发工作会议上的讲话》（2015 年 11 月 27 日），《十八大以来重要文
献选编》（下），中央文献出版社，2018。

贫困代际传递的良方。教育扶贫具有系统性，涉及基础设施、师资队伍、资助体系、培养体系等各个方面。教育扶贫还具有时段性，涉及学前教育、义务教育、中等教育、高等教育等不同阶段。教育部等六部门联合发布的《教育脱贫攻坚"十三五"规划》明确"促进教育强民、技能富民、就业安民，坚决打赢教育脱贫攻坚战"，同时提出"对建档立卡高等教育阶段适龄人口，提供更多接受高等教育的机会"。为了保证建档立卡贫困大学生接受更多更好的高等教育，该规划从实施高校招生倾斜政策（含高职院校分类考试招生，国家、地方、高校专项计划，民族预科班、民族班招生计划）和完善就学就业资助服务体系（含奖助勤补免资助政策体系，就业创业帮扶政策，就业信息服务平台，基层服务项目）等方面提出了较为具体的帮扶举措①。作为扶贫对象的建档立卡贫困大学生最终能否实现充分、高质量的就业，是教育脱贫是否取得实效的重要体现和外显指标。建档立卡贫困大学生如果能够在完成学业之后顺利就业，其显著效果就是"一人就业，全家脱贫"。

本文根据问卷调查数据，结合学生调查访谈和高校调查访谈，探讨高校服务建档立卡贫困大学生就业的主要做法与成功经验②。

一 高校服务建档立卡贫困大学生就业的主要做法

贫困不仅是收入不足的问题，而且是能力缺乏的问题。教育扶贫的基本逻辑就是通过加大对贫困地区和贫困人群的资源投入，为贫困人口提供更多受教育机会和条件，并以此提升他们的就业能力，从而最终摆脱经济贫困。对建档立卡贫困大学生而言，其虽然获得了接受高等教育的机会，但是在高校生活学习这个阶段，他们家庭的贫困状况并未发生根本性转变，甚至还可能因为巨额的求学成本而陷入更加艰难的境地。

---

① 《教育部等六部门关于印发〈教育脱贫攻坚"十三五"规划〉的通知》，教发〔2016〕18号。

② 若无特别注明，文中所引用数据和表述均来自本次专题调查访谈资料。

家庭贫困对建档立卡贫困大学生的个人发展具有根本性影响，会直接导致他们在高校生活中面临更大的压力和困难，进而导致学习和技能发展上的不利结果，最终就很可能出现就业困难[①]。应该认识到，高校对建档立卡贫困大学生进行就业帮扶，不仅要在毕业前后帮助他们获取就业信息、找到工作岗位（"结果式"帮扶），更要在求学期间帮助他们应对各种困难、提升就业能力（"过程式"帮扶），需要从就业全程视角出发，在建档立卡贫困大学生求学和就业的不同阶段采取相应的帮扶措施和干预手段（见图1）。

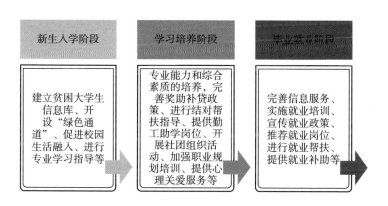

新生入学阶段 学习培养阶段 毕业就业阶段

建立贫困大学生信息库、开设"绿色通道"、促进校园生活融入、进行专业学习指导等

专业能力和综合素质的培养、完善奖助补贷政策、进行结对帮扶指导、提供勤工助学岗位、开展社团组织活动、加强职业规划培训、提供心理关爱服务等

完善信息服务、实施就业培训、宣传就业政策、推荐就业岗位、进行就业帮扶、提供就业补助等

图1 建档立卡贫困大学生"过程式"帮扶模式

（一）新生入学阶段

新生入学阶段，高校在建立建档立卡贫困大学生信息库、开设"绿色通道"、促进校园生活融入、进行专业学习指导等方面做了大量工作。

1. 建立建档立卡贫困大学生信息库

湖南第一师范学院专门建立"建档立卡贫困大学生信息库"，并且在每年新生入校后都会及时进行更新；河南黄淮学院从招生开始就把建

---

① 张欢、王丽：《中西部十省高校贫困生就业愿景现状调查报告》，《高等教育研究》2008年第3期。

档立卡贫困大学生纳入重点关注范围，在录取通知书发放中即把学校相应的助困政策予以详细介绍，如提供助学贷款办理的流程说明、填写家庭情况调查表和助学贷款审批表等；四川西南科技大学在学生入校后进行精准摸底，统计学生信息并建立贫困学生信息库，该信息库用作对建档立卡贫困大学生进行资助补助、评奖评优、助岗推荐等的基础依据；广西河池学院从学生进校后就建立成长档案，进行结对帮扶，包括思想工作和就业帮扶；贵州大学每年新招收学生中有近50%是建档立卡贫困大学生，在各学院统计上报的基础上，由学校资助管理中心进行贫困认定和等级区分（如一般贫困、特别贫困、残疾等类别），作为后续资助和帮扶的基本依据。

2. 开设"绿色通道"

河南黄淮学院在建档立卡贫困大学生完成前期手续后，让他们通过"绿色通道"不交学费、先行入学。四川西南科技大学预先通知来校报道的新生办理生源地贷款，对家庭经济困难的学生开设"绿色通道"。湖南第一师范学院利用在社会各方筹集的奖学金对家庭贫困学生进行等级不同的直接资助，以解贫困新生的"燃眉之急"。

3. 促进校园生活融入

四川西南科技大学广泛开展新生入校教育活动，帮助贫困学生尽快适应和融入大学生活。河南黄淮学院安排学长学姐与新生进行沟通交流，聊兴趣爱好和专业发展，让学生更好地了解和适应校园学习生活。

4. 进行专业学习指导

广西河池学院就业指导中心统一安排有相应资格证的老师为学生开设就业指导课，并覆盖整个大学学习阶段，以让学生尽早建立专业学习意识和职业发展规划。四川西南科技大学在新生入校后安排各学院进行专业教育和指导，让学生对大学职业生涯规划有一个初步的认识和准备。

（二）学习培养阶段

在学习培养阶段，各地高校结合专业人才培养方案和体系，加强对建档立卡贫困大学生专业能力和综合素质的培养，从完善奖助补贷政策、进行结对帮扶指导、提供勤工助学岗位、开展社团组织活动、加强职业规划培训、提供心理关爱服务等方面增强建档立卡贫困大学生核心能力。

1. 完善奖助补贷政策

四川西南科技大学利用已经建立的信息库持续完善和丰富对建档立卡贫困大学生的奖助补贷政策，国家奖学金和助学金的评选都以"品学兼优"的建档立卡贫困大学生为对象，从大一到大四每年、每学期都有相应的资助，学校下属各级学院也积极争取资金向建档立卡贫困大学生发放助学金和临时困难补助，基本能做到建档立卡贫困大学生全覆盖。

2. 进行结对帮扶指导

四川西南科技大学学工处将建档立卡贫困大学生日常帮扶、关爱作为重要工作内容，规定辅导员必须特别关注建档立卡贫困大学生的学习、生活和心理状态，并给予及时指导和帮扶。同时，该校还要求各学院普遍建立本科生导师制和班主任制，重点对建档立卡贫困大学生进行帮扶，从第二学期开始，本科生导师就定向指导 2~3 名学生一直到毕业，提供学业指导、日常辅导和就业帮扶；班主任主要负责一个教学班学生（一般 20 多人）的班级管理和学业指导工作。

3. 提供勤工助学岗位

山西太原科技学院提供的勤工助学岗先让学生自愿报名，再侧重选择家庭贫困的学生来上岗，工作时间不会要求太多，每个人每月发放 150 元的补助。四川西南科技大学以校级勤工助学中心为主体，下设院级勤工助学分中心，为建档立卡贫困大学生提供校内外兼职岗位和信息，帮助他们"自我解困"。湖南第一师范学院依托勤工助学中心为建档立卡贫困大学生提供兼职岗位和信息，如家教、家政、劳务、学校各部门和单位（如食堂、图书馆、现代教育中心等）助管岗位，"有的学生能通过这种方式解决掉自己很大一部分经济困难"。

4. 开展社团组织活动

湖南长沙大学成立了"职业生涯协会"，吸引优秀建档立卡贫困大学生进入，通过做一些协助性工作得到一些报酬，可以跟用人单位打交道得到能力锻炼，另外在职业规划、信息获取等方面也有优势。四川西南科技大学成立"励志2+4"学生勤工社团，让建档立卡贫困大学生有更多机会参与到志愿服务和社会实践活动中，以提高他们的自信心和综合能力。

5. 加强职业规划培训

河北建筑工程学院开设12课时的职业生涯规划课程，并举办日常的职业规划主题讲座。广西河池学院在大学四年都为学生开设职业规划培训课程，进行分层教学，不同年级有不同课程，另外还将职业引导融入课堂，专业授课老师也会介绍职业规划和职业发展的相应信息。四川西南科技大学加大对建档立卡贫困大学生的就业创业能力培训力度，在各部门组织开展的就业创业讲座中引导他们积极参加，同时重点推荐建档立卡贫困大学生参加名额有限的SYB课程。河北张家口职业技术学院采取"校企合作"的人才培养方式，广泛吸纳建档立卡贫困大学生进入"订单班"进行定向培养。

6. 提供心理关爱服务

贵州民族大学实行"三联系"制度，要求所有处级干部联系班级、学生、宿舍，每月去宿舍值班1~2次，从而更多与学生接触、了解学生状况、关心帮助他们。贵州师范大学注意在对建档立卡贫困大学生进行关爱帮助时充分考虑他们的心理感受，不让他们觉得是因为贫困才受到更多关注。相对于就读理工科专业的男学生而言，文科专业的女学生应是心理关爱的重点服务对象，广西河池学院强调利用团干部、学生干部带着建档立卡贫困大学生关注就业，让学生了解到就业形势，通过努力和实践来应对就业压力，缓解埋怨、自卑等心理困惑。河南黄淮学院相关人员发现很多真正家庭贫困的学生不申请补助名额，反而是那些家庭普通的人去申请，这说明贫困学生对自己的身份有抵触、不认可。因此，在进行关爱帮扶的时候要避免给他们贴上"标签"。湖南网络工程职业学院就业办负责人认为贫困学生中存在行为和心理异常的不多，"一个班级可能有1~2个会比较自卑，或者不太善于用更好的方法来改变这个状态"。因此，对他们的关爱和帮助不能"坐等求助"，而要在了解情况后，通过经济帮助和平时主动关爱来帮助他们改善。

（三）毕业就业阶段

在毕业就业阶段，各地高校重点在完善信息服务、实施就业培训、宣传就业政策、推荐就业岗位、进行就业帮扶、提供就业补助等方面针对建档立卡贫困大学生就业做了大量卓有成效的工作。

1. 完善信息服务

贵州财经大学成立院校两级就业领导小组，做好毕业生资格审核，填报毕业生信息，完整掌握每个建档立卡贫困大学生信息。进一步完善"就业信息网"，集成职业发展教育平台、学职平台以及就业创业精品课件等，其具有就业指导、信息查询、职业生涯测评、创业指导服务等多重功能。同时，增设"就业办事流程"板块，将协议书更换、报到证改派、就业推荐表办理、毕业离校手续办理等毕业生日常事务办理流程挂网公布，并将《就业推荐表》模板公开，为求职中的毕业生提供便利。河北张家口职业技术学院在每年就业工作启动时就注重对建档立卡贫困大学生信息的收集整理，通过辅导员摸底并汇总后将信息提交学生工作处和就业指导处，在安排学生实习、进入"订单班"培养、推荐就业岗位、提供资助等方面给予帮扶。

2. 实施就业培训

广西财经学院为了帮助建档立卡贫困大学生增强就业竞争意识，提高就业风险识别能力、丰富就业知识、掌握就业技巧、拓宽就业视野，学校以二级学院为单位，依托学院申报的重点就业服务项目，积极开展就业安全教育、求职技能讲座、校友交流会、大学生基层就业服务讲座、考研升学动员大会、对话企业家等一系列就业服务工作。贵州财经大学遵循"儒魂商才"教育理念，深入开展个性化辅导与咨询，帮助毕业生合理确立职业目标，通过"贵州财经大学企业家讲坛"、"思雅论坛"、大学生职业生涯规划设计大赛、校园模拟面试大赛和简历设计制作大赛等一系列品牌活动，帮助学生树立职业生涯规划意识，增强求职技能；离校后仍对其进行招聘信息推送，确保其最终落实就业。

3. 宣传就业政策

贵州财经大学深入贯彻《关于进一步引导和鼓励高校毕业生到基层工作的意见》，引导毕业生到基层和西部就业，将毕业生家国情怀和现实选择有机融合起来，倡导毕业生"回家乡做贡献"，鼓励和引导毕业生到基层、到西部、到祖国最需要的地方建功立业；积极配合有关部门精心组织实施"西部计划""三支一扶计划""村官选聘""一村一名大学生""特岗教师"等基层就业项目，设立"毕业生基层就业奖励"，开拓建档立卡贫困大学生就业渠道；近五年，学校贫困毕业生到基层就业 265 人。广西财经学院通过帮助建档立卡贫困大学生分析就业形势，使他们认识到广大农村基层不仅拥有更大的就业空间，同时具有巨大的发展潜力，能够为毕业生发挥才能、学以致用提供更加广阔的舞台；帮助去基层就业的建档立卡毕业生树立正确的就业观，"先就业再择业"，到基层去磨炼意志、锤炼能力，积累一定的工作经验，培养一定的工作能力，才能为自身长远发展打下坚实的基础。

4. 推荐就业岗位

青海师范大学在统计建档立卡贫困大学生就业情况后，联合学校多部门在很多基层项目上给未就业贫困毕业生做政策倾斜，举办专场招聘会，保证他们有一个岗位，不让他们毕了业就回了家。2018 年学校确定 258 位贫困毕业生需要帮扶，到 9 月初统计有 247 位已经就业，对剩下的 11 位进行了岗位推荐。河南黄淮学院在每年 5 月中旬就专门对就业困难学生举办专场推荐会、招聘会，为他们提供就业岗位。湖南网络工程技术学院在初次就业统计后，对没有就业的建档立卡贫困大学生进行就业困难类型分析（如家庭困难、能力不足、期望过高、身体残疾等），在就业岗位推荐过程当中特别关注这些学生，把一些好的岗位推荐给他们。河北张家口职业技术学院对参加招聘会后的建档立卡贫困毕业生签约率进行统计，如果学生没有实现一次性就业，再进行二次推荐，保证建档立卡贫困毕业生获得充足的就业信息和岗位。

5. 进行就业帮扶

广西财经学院要求各二级学院建立"院系 – 教研室 – 班级 – 家长"四级联动机制，通过联系建档立卡贫困毕业生本人、联系其父母、联系班委、广泛联系同学等方式充分了解建档立卡贫困毕业生的个人状况、家庭情况、就业意愿、就业优势、面临的就业问题等情况，并根据这些情况制定好本学院建档立卡贫困毕业生的帮扶方案；同时学校实行每月一报制度，即毕业班辅导员每月都要对精准帮扶对象的就业情况进行追踪调查，对于就业确实困难的学生要求"一对一"帮扶责任人给予特别关心和帮助，由责任人对就业困难学生进行答疑解惑、思想动员、提供有针对性的就业信息，要求就业帮扶指导老师认真填写《就业帮扶情况记录表》，促进就业帮扶工作落到实处。广西河池学院要求在每年5月针对一些没有找到工作的学生，安排辅导员或结对子的帮扶人员进行工作推荐。山西太原科技大学在每年临近毕业的时候会做专门统计，了解建档立卡贫困大学生就业状态，要求各院系辅导员、副书记等给予他们更多关注。

6. 提供就业补助

青海师范大学将建档立卡贫困大学生求职补助工作做细做实，将符合条件的尽可能上报，2018年为500多名学生申报并获得省人社厅专项资助54万余元。贵州财经大学为了帮助各学院更有针对性地开展就业指导和就业帮扶，学校按生均30元的标准，分两次拨付给学院作为专项经费，用于开展就业专题讲座、就业经验交流、就业能力培训、就业招聘会、就业技能大赛等就业指导活动；根据省人社厅关于高校毕业生求职创业补贴发放工作的文件要求，学校积极宣传并组织贫困毕业生申报，2017年帮助943名毕业生申报成功，发放求职补贴47万余元。

二 高校服务建档立卡贫困大学生就业的成功经验

帮助建档立卡贫困大学生实现更充分、更高质量就业是教育脱贫的重要目标。高校在提供相应就业服务时应依据学生个人生理、心理特点，引导其培养职业意识和职业能力，帮助学生根据外在要求和内在特质选择并适应学业或职业。各地高校对建档立卡贫困大学生的就业服务主要通过就业观念指导、就业能力辅导、就业信息服务、就业政策扶持、求职经费补贴和岗位帮

助等方式实施，体现出一定的系统性（见图2）。在具体工作中，各地高校基本能做到结合国家政策、学生情况和当地条件等展开就业指导服务，并积累了许多成功经验。

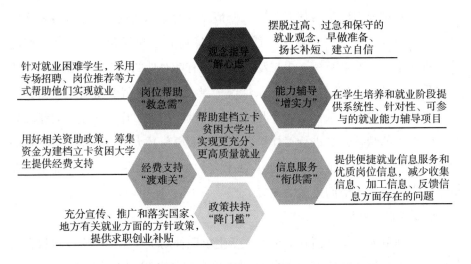

图2　高校服务建档立卡贫困大学生就业经验模式

（一）观念指导"解心虑"

课题组在调研访谈过程中发现，建档立卡贫困大学生在就业观念上呈现"意愿强、期望高、压力大"的特点。基于改变自身和家庭贫困现状的强烈愿望，他们往往对就业有着强烈的期待。湖南长沙大学、河北张家口职业技术学院、贵州财经大学等高校就业工作负责人员均表示，相对于其他毕业生，建档立卡贫困毕业生在求职上表现得更加积极，开始时间早而且参加招聘会次数也多。但同时很多建档立卡贫困毕业生在就业观念上仍有不足，热衷于"体制内"工作、倾向于"见钱快"工作、侧重于"离家近"工作等，这些稍显狭隘的择业观实际上对他们实现更充分、更高质量就业不利。"体制内"工作（如公务员、事业单位、国企单位等）虽然好，但岗位数量相对较少且招聘要求也很高，一般毕业生如果能力不足就很难企及；"见钱快"工作虽然可以让毕业生在短期内实现经济状况的改观，但若专业差异过大、岗位不稳定且发展空间不足的话，实则将会对毕业生的就业稳定性和职业发展带来影响；"离家近"工作能及时"反哺"家庭，但若地方岗位需求有限且上升空间不足的话，实际上也不利于他们的长期发展。

当前，受就业形势和自身条件的限制，很多建档立卡贫困大学生还承受着较大的心理压力。课题组通过问卷调查了解到，八成多（87.3%）建档立卡贫困大学生认为当前就业形势严峻，其中近六成认为是比较严峻；认为在毕业时找到一份满意工作有难度（比较难和非常难）的超过七成（75.6%），只有两成多认为难度一般（22.19%）；与此相应，感觉到就业压力比较大的有近一半（49.64%），非常大的占到15.25%。家庭条件的制约、父母的期待、对自己学业和能力的担忧等是他们认为就业压力大的主要来源，超过半数非常同意或比较同意"父母和家庭对我找工作提供的帮助有限"（54.8%），近半数非常同意或比较同意"父母的期望会增加我的就业负担"（49.7%），非常同意或比较同意"担心自己的学习成绩在找工作中没有竞争力"（39.7%）和"自信心不够，影响了我找工作"（34.9%）都有三成多。43.4%的建档立卡贫困大学生非常或比较同意"想到就业，我就忧心忡忡"，意味着超过四成存在就业焦虑。

总体看来，由于家庭和自身条件的限制，建档立卡贫困大学生往往存在较明显的就业焦虑。另外，过高期待、过于急切或过于保守的择业观也在很大程度上制约了他们的就业选择。从就业观念指导的角度看，他们主观上的积极性是促进就业的重要推动力，但是还需要进行及时而有效的指导，让他们更加明确自身定位、更加清晰职业路径、更加积极努力上进，摆脱过高、过急和保守的就业观念，早做准备、扬长补短、建立自信，从而实现更好就业。

针对建档立卡贫困大学生的就业观念指导，各地高校的成功经验如下。

青海交通职业技术学院团委负责人认为"他们（建档立卡贫困大学生）最大的困难就是观念的转变"，进入大学后就业准备不足。

　　好像觉得我才二年级，就业离我还差一年，还没到那个环节，不愿

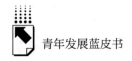
意提前去做这种准备。老师你说你的，我干我的，那个事还离我远着呢。一直等到真的顶岗实习全部来了，实习过程中跟社会就接触了，跟企业接触，他才逐渐感觉到我要开始就业了，我要开始自己养活自己了。

为了让学生较早就具备一定的职业规划意识，该校在入学教育中就进行专业学习和职业规划的指导，实行"2＋1"的人才培养模式，前两年在校学习基础课程和专业课程，第三年到相关企业去顶岗实习（顶岗实习机构主要有两种，一是通过企业定向培养的"订单班"，二是通过学校联系的其他企业），基本上能做到全覆盖。通过"专业学习＋顶岗实习"，学生能够对就业去向有更直接和深入的认识，并在此过程中做好较为充分的就业准备。

河南黄淮学院相关负责人发现"其实学生自己的思想经过大学培养的熏陶，已有改观，但父母的思想还是很传统"。该校着力加强对学生就业观念的引导，让贫困学生认识到就业可以有多种选择和出路，不一定非要在"体制内"。学校通过每周举办一两次职场在线讲坛，邀请外面企业家、优秀毕业生、资深老师从不同的层面（比如创业类的、就业类的、经营管理类的、学习成长类的、考研读博类的等）现身说法，"让学生听一听，看一看外面的世界"，使他们认识到可能的就业成长空间。同时，通过心理辅导中心提供轻松的交流渠道和专业的心理指导，"学生可以电话预约，也可以在每周四下午直接来，也不记录你所有的信息，来了之后就随便聊"，帮助疏导学生在学习和就业过程中存在的心理压力。

湖南网络工程职业学院就业处指导老师认为，"相对于非贫困家庭学生，刚入大学时可以明显看出来贫困家庭孩子在自信心、见识、谈吐等方面稍微差一点，可能有那么一点自卑"。不自信、不善表达甚至胆怯自卑可能是大部分建档立卡贫困大学生的"短板"，但他们也有能吃苦、肯努力、求上进的"长处"，因此，对建档立卡贫困大学生的帮助和指导必须要做足"软功夫"，让他们能"扬长补短"。该校指导老师结合自己的辅导员经历认为，"经济条件会影响一个人的气质和谈吐，但是教育和同辈的关怀，以及老师的关注也会帮他们走出这种困境"。他们的经验是，从经济上帮助贫困学生，通过资助、奖励和补助等改善他们的生活条件；另外，平时的关爱要"润物无声"。

比如说辅导员要把所有的学生当成同一起跑线的，刚刚进入大学的，不会特别觉得你是建档立卡贫困大学生就对你另眼相看；同样鼓励他们多参加活动，有些建档立卡贫困大学生学习很努力，比一般爱玩的大学生学习努力很多，所以对他们应更加的关注而不是区别的对待。

在他们困难时施以援手，在他们融入时平等相待，在他们努力时关注鼓励，这样做就能取得很好的效果。这位老师发现：

其实两年的大学教育可以改善他们胆怯自卑的状态，增强他们的自信心，到了大三大四，他如果自己不说，你不了解的话，你还真不知道他是建档立卡贫困学生。

青海师范大学的贫困生占比达40%，由于家庭环境和地区文化的影响，很多学生（包括建档立卡贫困大学生）的就业观念比较保守。该校就业指导中心老师指出，"他们很喜欢考公务员，认为在学校里面或者是政府机关里面就是工作，到其他单位就是打工"。狭隘的"体制内"就业意愿，会在很大程度上影响学生的职业规划和就业选择。从就业出口角度看，除了公招公考，到中小企业就业、基层就业、升学考研等都是毕业生可以选择的。该校在校领导的高度重视下，着重从三个方面改变学生保守的就业观：其一，引导学生升学考研。从2017年起免费为学生开设考研辅导班，专业老师和辅导员鼓励学生考研，研究生录取率从以前的3%左右上升到2018年的7%。其二，鼓励学生到外地、到企业就业。通过就业指导讲座，让学生明白在严峻的就业形势下，要开阔思路，打开眼界，多渠道、多领域就

业。其三，通过顶岗支教鼓励师范生到基层就业。学校要求所有师范生必须到青海最基层的中小学里面实习，2018年派出了800多名师范生到师资紧缺的基层中小学校顶岗支教，将支教作为实习，除了吃住行免费以外，还给师范生发工资。通过这些工作，实际上为建档立卡贫困毕业生打开了就业出路。

（二）能力辅导"增实力"

课题组在问卷调查中询问建档立卡贫困大学生对当前"社会公正程度"的看法，统计数据显示，半数以上（56.9%）认为比较公正和非常公正，认为一般的占到35.7%。可见，他们绝大多数是对"社会公正"持积极认同态度的。对就业而言，公正的社会环境为各类人才竞争就业岗位提供了自由平等的空间，而决胜的关键就在于个人能力的强弱。课题组在高校访谈中也时常听到这样的观点，比如，湖南网络工程职业学院就业办负责人认为：

> 就业好不好，首要因素是建档立卡贫困大学生的能力，包括学习能力、适应能力和社会交往能力等。在毕业生就业情况统计中，我们并没有发现哪些同学因为家庭贫困就找不到好工作，或者哪些工作因为这个毕业生家庭贫困就不要他，这不是决定因素。

贵州大学就业处负责人认为：

> 从校园招聘情况来看，每年我们提供的岗位有10万至11万个，而毕业生人数每年也就1万左右。因此，困难并不是找工作难，不是没有岗位，而是学生想找到满意的岗位，单位想找到满意的学生。

青海交通职业技术学院团委书记认为：

> 现在对建档立卡贫困大学生的资助和优惠政策已经很多了，不要为

了扶贫去扶贫，这就变味了。我们要授之以渔，而不是授之以鱼。

"能力""满意的学生""授之以渔"等等，从这些表述中我们可以看出，真正决定建档立卡贫困大学生就业质量的还是自身能力是否得到了提升，是否能满足用人单位的需求。

从就业能力辅导的角度看，提升建档立卡贫困大学生就业的核心竞争力是关键，这涉及专业学习能力的培养、个人综合素质的提升、求职面试技能的训练以及针对性就业的准备（如公招、考研、创业等）等方面。除了教学单位的专业人才培养体系之外，系统性的就业指导课、职业生涯规划指导、实践活动指导等也能直接有助于建档立卡贫困大学生就业能力的增强。课题组问卷调查数据显示，有六成多（65.1%）建档立卡贫困大学生表示参加过学校开设的就业指导课或讲座，近六成认为这些指导课和讲座对自己帮助较大和很大；近九成认为"职业生涯规划"非常重要或比较重要，其中认为非常重要的超过四成（42.8%），几乎没有认为不重要的；但是有清晰规划的学生占比并不高（13.7%），有规划但没有详细步骤的占44.9%，有规划的方向但没有深入考虑过的占34.2%；在实施职业规划活动时，近半数学生在积极考取职业证书（47.2%），参加社交活动积累人脉的占43.1%，涉猎相关领域知识的占39.4%，到相关领域去实习的占34.9%，坚持学外语的占33.3%，可见，建档立卡贫困大学生对自身能力的提升有着积极的态度，而且认识到就业指导和职业生涯规划的重要性，并采取了实际行动。高校应顺势而为，在学生培养和就业阶段为他们提供系统性、针对性、可参与的就业能力辅导项目。

针对建档立卡贫困大学生的就业能力辅导，各地高校的成功经验如下。

基本素质培养在于弥补前期教育的不足，提升建档立卡贫困大学生的自立能力。贵州民族大学招生就业处负责人介绍该校生源85%以上来自省内，且多来自农村，由于前期教育基础薄弱，学生普遍存在的弱项就是"普通话水平低，外语弱，理科也弱，普通话差造成人际交往障碍，考教师资格证有困难"。对此，学校采取针对性措施，专门组织了普通话培训班，对学生进行系统培训，提高普通话交流能力，让更多学生考取普通话水平证书。湖南长沙大学通过职业生涯规划课程让学生尽早确立"自立意识"，"跟同学们讲，要利用大学时间，尽量独立不要靠家里，更多的东西需要靠你自己去挣，要有改变自己和家庭命运的这种期望"。同时，利用职业生涯协会这个学生组织，吸纳优秀建档立卡贫困大学生进入，该校就业指导处负责人介绍：

> 学生在这个平台跟用人单位去交流，锻炼自己，有的同学进入后自己努力、专业很棒、规划也很好，就业质量自然高。

通过实习或兼职能有效提升建档立卡贫困大学生的工作业务能力。河北张家口职业技术学院为培养学生的工作业务能力，采取与企业深入合作的定向培养模式。

> 我们与企业联合培养"订单班"学员，在学员选择的时候，第一尊重学生的意愿，第二重点推荐建档立卡贫困大学生进入。在培养过程中，企业参与学校的教学管理，学员作为准员工参与企业的一些活动，包括一些日常生产、业务比赛、文化活动等，学生毕业以后就可以定向去该企业工作，就业更有针对性。

河南黄淮学院注重通过企业实习来增强学生的自立能力和就业能力。他们与一家商业连锁机构合作，由该企业提供助学金资助建档立卡贫困大学生，但助学金并不全部直接发给学生，而是留出一部分提供给参加企业实习的学生作为岗位工资。该校相关负责人介绍：

> 每年的假期（主要是寒暑假），让学生到企业实习，不直接从事具体工作，但要求学生把所有的岗位都参与一下，然后发给实习工资，学生毕业之后只要愿意留下来工作，发展的空间要比其他的员工好一些。

我们在每一个县市基本都有分店，统计大约有四分之一的店长都是我们学校的毕业生。

这种方式可谓"一举多得"，学生可以获得资助和岗位实习机会，企业也能够让更多学生了解自身并招到更多可用之才。湖南第一师范学院通过实习带动就业，他们与一些民办学校合作，招聘带薪实习生并提供就业岗位。该校招生就业处负责人举例说：

> 一位学生家庭比较困难，爸爸妈妈都去世了，自己还带着一个弟弟生活，当时我们推荐她去某学校实习，实习有工资的，这个学校比较人性化，了解到她需要照顾弟弟后，就直接把她的弟弟接到学校去上课，还免除了学费。不仅给她提供了工作，还解决了她的后顾之忧。

湖南网络工程职业学院通过校企合作的方式为毕业生实习和就业提供直接支持，与长沙市十几家机器人基地合作，每个系都有至少5家校企合作单位，学生在实习半年后进入企业直接就业的很多。

系统而有针对性的职业指导课能为建档立卡贫困大学生的求职技能提升和职业发展规划提供有效支持。贵州民族大学从2012年开始与华民慈善基金会合作开展大学生就业辅助项目，邀请专业机构和专家来学校开展就业能力培训，内容包括职业生涯规划、求职面试技巧、职业礼仪等，以每人3000元标准资助贫困学生100名，同时在这些学生中选出5~10名，进行个性化就业辅导，受助学生表示培训内容好、收获大。河北建筑工程学院将职业生涯规划、创新创业和就业指导课列为必修课程，从第二学期开始系统性地为学生进行授课和指导，同时也通过职业规划讲座等形式为建档立卡贫困大学生提供指导。青海师范大学每年专门拿出20万元作为培训课程的专项经费，开设各类辅导班以提升学生的招考水平，该校相关负责人介绍说：

> 我们要开很多辅导班，教师招聘、公务员招聘、事业单位招聘，连

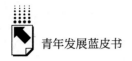

西部计划都要给他们开一些，因为他们（用人单位）也在适当地选拔新的，这些课开了以后，你不用去操心出勤率，你看教室里面满满的，都是学生。

创业能力提升和考研升学可以为建档立卡贫困大学生就业提供一些新的出口。湖南长沙大学创新创业中心着力提升有意愿进行创业大学生的能力，一是按照教育部门要求开足开齐创新创业指导课程并提供相关咨询服务，二是更加倾向于培养他们的创业意识和创业精神。他们负责人也强调：

> 我们不太鼓励学生太早创业，不能影响他的学业；不鼓励他开个店这种很简单的原始创业，而是鼓励学生利用专业去创业，这样才可以有获得感，以后才可以走得更远。

青海师范大学建立了创业孵化园，提供了较为齐全的软硬件条件，另外在创业活动中更强调以老师的项目来带动。他们说：

> 让学生自己去做，那就太片面了。我们是让老师带着学生做一些项目，比如我们副校长带着他的研究生、本科生做了一个藏文输入的项目，还获得了奖项。

不过，很多高校相关负责人也表示，自主创业是建档立卡贫困大学生的短板，他们缺少社会资源和支持，也缺少敢闯敢拼的精神，大多是自己就业。河北建筑工程学院相关负责人认为：

> 在职研究生列入全国统考，可以让一些有意愿一边上班一边读书的学生有更好的选择，他们可以取得非全日制的学历，这对积极上进的贫困学生来说是一个利好。

（三）信息服务"衔供需"

在调查问卷中，我们询问建档立卡贫困大学生需要加强哪些方面的就业服务政策措施（每位调查对象可选择 3 项）。统计数据显示，在 7 个可选项中，前 3 项最需要加强的分别是："增加就业岗位"（54.7%），"建立全国性大学生就业动态信息系统"（53.6%），"规范招聘信息网络平台"（46.4%），3 项都直接与就业信息服务相关，这说明，就业信息获取不足、信息服务不够方便快捷是制约建档立卡贫困大学生就业的"短板"。同时，课题组还调查了建档立卡贫困大学生就业信息的获取渠道，数据显示，校园招聘会（61.21%）、学校发布的招聘信息（52.82%）、学校老师或校友推荐（41.62%）、各类招聘网站（39.62%）、省（区、市）高校就业信息网（27.1%）等是他们获取信息的主要路径，家庭、父母、亲戚或其他社会关系的选择率均不超过两成。可见，以学校为主体的信息平台还是建档立卡贫困大学生获取就业信息的主渠道。实地访谈了解到，因为各类招聘网站参差不齐，毕业生中也不乏上当受骗者。

为减少大学生在收集信息、加工信息、反馈信息等方面存在的困难，对建档立卡贫困大学生进行就业信息服务必不可少。在这方面，各地高校的成功经验主要如下。

完善就业信息库和信息服务网络平台的建设，让建档立卡贫困大学生享受到更便捷的信息服务。贵州财经大学在做好毕业生资格审核、完善贫困毕业生就业信息库的基础上，组织基层就业动员宣讲会、公务员考试培训、事业单位招考宣讲、考研讲座等宣传培训活动，以文件形式提醒应届毕业生报考特岗教师、选调生、"二支一扶"、就业见习等岗位，开拓建档立卡贫困毕业生就业渠道。学校使用新的就业信息网，将求职的主要工作放在线上进行，毕业生可以通过网络一键查询招聘单位信息，也可在线与用人单位交流、报名、投递简历等。同时，信息也会在微信公众号同时推送，方便毕业生随时查看就业信息。继续优化就业精准服务，根据毕业生专业、兴趣等，有针对性地推送筛选过的岗位，供毕业生挑选。学校建议省教育厅就业指导办公室重新启用电子章，通过在线审核，简化毕业生改派过程，降低学生求职成本。河北建筑工程学院引进就业宝信息服务平台，借助该平台举办双选会、招聘会，所有企业都在上面发布职位信息，学生通过网络绑定可直接与用人单位精准对接。同时建立学校层面的企业微信，扩容群成员容量并针对不同的学生类型建群，集成打卡功能，实现就业信息精准发送和对接。由于学院以工科为主，社会上对毕业生的需求量大，学生整体就业形势较好。相关负责人介绍说：

> 在我们学校招聘毕业生的单位以央企为主，从9月份到10月份预约80多家专场，绝大部分是央企，央企招聘的人数也不少，学生可选择余地大。

与用人单位、人才市场等加强联系合作，实现就业信息互动共享，为建档立卡贫困大学生提供更高质量的岗位信息。湖南长沙大学就业办负责人认为：

> 大学毕业生就业缺的不是就业单位和岗位数量，缺的是高质量就业。开学才半个月多一点，我校土木学院就已经有270多位毕业生签约，签约率过半，全部是国企、央企，这就是高质量就业。

因此，学校就业工作的重点是引入高质量的用人单位，加强高质量就业信息与毕业生的对接。在完善学校就业信息网和微信平台的同时，该校着力构建就业信息服务协同运作模式，实现"学校－学院－专业－班级"就业信息服务的联动和沟通机制，保证每个学生都能方便、精准地接收到就业信息。广西财经学院为使建档立卡贫困大学毕业生能及时收到就业信息，学校加强就业服务，与兄弟院校、广西人才交流中心、南宁市人才市场等单位进行沟通与交流，实现了就业信息共享，确保为建档立卡贫困毕业生提供至少3个就业岗位信息，截至2018年7月，共为建档立卡贫困大学毕业生提供了4000多条就业信息，实现就业推荐全覆盖。

（四）政策扶持"降门槛"

当前，国家、地方及相关部门对建档立卡贫困大学生就业出台了很多支持政策，为他们提供了数量可观的就业岗位和出口。在实地调研访谈中，课题组了解到不仅建档立卡贫困大学生个人，而且很多高校相关负责人都没有掌握和用好这些政策。数据显示，建档立卡贫困学生了解最多的基层/西部就业项目、就业服务和就业政策主要集中于大学生志愿服务西部计划（53.72%）、应征入伍服兵役（46.68%）、大学生村官计划（42.37%）；对"三支一扶"、到基层或中西部就业、到中小企业就业、灵活就业自主创业的相关政策，农业技术推广服务特设岗位计划等政策项目的了解率都只有成多或不到一成。另外，对高校所在地就业政策和对家乡就业政策比较了解和非常了解的都只有两成多。可见，政策虽有，但还需要建档立卡贫困大学生更加主动地"跨出一步"，高校应加大对相关支持政策的宣传、推广和落实，多方共同努力把就业困难这个"门槛"降下来。

充分了解国家、地方有关就业方面的方针政策，有助于大学生认清形势，把个人理想与国家需要结合起来，把成才意识纳入社会总体发展需要的轨道上，合理规划自己的就业目标。各地高校针对建档立卡贫困大学生社会资源匮乏、就业出口不足等现实难题，通过用好上级部门政策、出台校级政策来帮助建档立卡贫困大学生，成功经验如下。

在资助政策上，按照教育部相关文件要求，当前各地高校均着力"完善国家奖助学金、国家助学贷款、新生入学资助、研究生'三助'（助教、助研、助管）岗位津贴、勤工助学、校内奖助学金、困难补助、学费减免等多元化高校学生资助体系，对建档立卡贫困家庭学生优先予以资助，优先推荐勤工助学岗位，做到应助尽助。"四川西南科技大学用好国家奖学金、助学金政策，国家奖学金在同等条件下向建档立卡贫困大学生倾斜，国家助学金按照"学生申请、民主评议"的程序分等级发放，基本能覆盖全部建档立卡贫困大学生。河南黄淮学院发放的国家和地方各类奖学金，大部分要从建档立卡贫困大学生里产生，特别是助学金（国家级、省级和校级）都

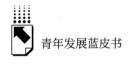

必须是建档立卡贫困大学生。青海交通职业技术学院对建档立卡贫困大学生免除学费，同时还为他们提供勤工助学岗位。

各地高校积极落实人社部门对毕业生的求职创业补贴。贵州民族大学2018年毕业生中有近60%是建档立卡贫困大学生，他们中有1836人成功申报求职补贴，占毕业生的43%，每人1000元。河北建筑工程学院根据河北省的政策对省内户籍建档立卡贫困大学生实行"三免一助"（免学费、住宿费、书费，提供国家助学金）；同时为应届毕业生提供求职补贴，标准是每人2000元。四川西南科技大学发放给贫困毕业生的求职创业补助标准是每人1200元。湖南第一师范学院按照省人社厅标准向建档立卡贫困大学生发放求职补贴，每人800元，同时为创业毕业生提供小额贷款和补助。河南黄淮学院每年有600~700名家庭贫困毕业生，创业就业补贴标准是每人1500元。湖南网络工程职业学院注重求职补贴申领和发放过程中为建档立卡大学生提供便捷和人性化服务：

> 不需要他们提供很繁杂的材料，尊重和保护他们的隐私，不会对外特别去宣传。

在就业政策上，各地高校深入贯彻《关于进一步引导和鼓励高校毕业生到基层工作的意见》，引导毕业生将家国情怀和现实选择有机融合起来，倡导毕业生"回家乡做贡献"，鼓励和引导毕业生到基层、到西部、到祖国最需要的地方建功立业。河南黄淮学院着重向建档立卡贫困大学生推荐两类就业政策，一是大学生志愿服务西部计划，为他们提供国家助学贷款减免、代偿；二是到地方基层就业，向他们介绍转正定级、工资待遇、落户等方面的支持政策。湖南第一师范学院积极向建档立卡贫困大学生推行公费师范生政策，通过定向培养，学生不仅享有学费减免、生活补助，而且将来就业去向也很明确，能大幅减少他们的家庭负担和就业成本。青海师范学院积极向建档立卡贫困大学生推荐"征兵计划"政策，不仅免学费，学生服役回来后，还有相应的就业政策倾斜，包括很多用人单位也很看重学生服役的经历，愿意在同等条件下优先录用他们。贵州民族大学近几年每年完成特岗教师计划200人左右、西部计划60人左右，并对入伍参军和到基层就业的毕业生进行奖励。

（五）经费支持"渡难关"

高昂的求职成本（主要由交通、通信、住宿、考试报名等方面费用构成）往往成为摆在建档立卡贫困大学生就业面前的"拦路虎"。各地高校在用好国家及相关部门的资助政策后，还通过各种方式和渠道筹集资金为建档立卡贫困大学生提供经费支持，帮助他们渡过难关。

四川西南科技大学2018年专门下拨经费3万余元，为建档立卡贫困大学生提供临时困难补助，生均补助标准为800元。贵州财经大学按照每生30元的标准向下级学院划拨就业经费，专款用于开展就业专题讲座、就业经验交流、就业能力培训、就业技能大赛等就业指导活动。贵州大学从2009年开始，在国家项目之外，针对毕业生到基层（尤其是贫困地区）就业出台奖励政策，每年拿出10万元，奖励去基层工作的毕业生。广西河池学院联系当地人社部门共同对学生进行就业补助，一个学生可以拿到2000多元。广西财经学院专门从启航就业帮扶专项经费中给每位建档立卡贫困大学毕业生发放300元的求职补贴。

（六）岗位帮助"救急需"

对于那些就业困难的建档立卡贫困大学生，各地高校普遍采用专场招聘、岗位推荐等方式帮助他们最终实现就业。

贵州大学联合地方部门为生源地建档立卡毕业生举办专场招聘会、召开专场座谈会，邀请地方政府领导讲变化、讲需求，鼓励学生回去建设家乡。青海师范大学针对地方学前教育教师岗位需求量大的情况，在每年4月份举办针对建档立卡贫困大学生的专场招聘，提供大量的幼儿园教师岗，保证有足够的岗位让学生去选择。广西财经学院2018年组织"百企入校－广西青年企业家协会高校毕业生就业专场招聘会暨建档立卡贫困家庭毕业生现场招聘会"，251家用人单位参会，提供营销类、管理类、财会类、建筑类等专

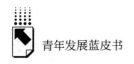

业岗位近 10000 个。广西河池学院在面向全体毕业生举办大型双选会之后，还针对建档立卡毕业生举办小型招聘会，2017 年与柳州、南宁等地方政府合作，专门组织学生参加地方专场招聘会。河北建筑工程学院要求各院系对建档立卡贫困学生进行一对一访谈和交流，掌握学生的所思所想，了解其求职意愿和自身状态。他们举例说：

> 有一个学生稍微有点儿烧伤，脸上有伤疤，不爱说话，但他的学习比较好，我们通过同事关系给他推荐一个单位，最后也在那儿上班了，正好也是生源地的。

三 高校服务建档立卡贫困大学生就业的有效路径

课题组在实地调研中得知，各地高校建档立卡贫困大学生的就业率一般都高于总体就业率。一方面很多建档立卡贫困大学生就业意愿强烈，在学习、实习和求职中积极努力；另一方面各地高校也在资助、培养和就业等过程中重点关注建档立卡贫困大学生，为他们的成长成才提供了多方面的帮扶。当前，脱贫攻坚已经到了决胜阶段，"帮助有就业意愿的建档立卡毕业生实现 100% 就业"的工作目标也为教育扶贫提出了更高要求。从实际情况来看，高校针对建档立卡贫困大学生的就业服务工作有"一个重点"和"一个难点"。一个重点是要帮助建档立卡贫困毕业生实现更充分、更高质量的就业；一个难点是要帮助建档立卡毕业生中的就业困难人员实现就业。为此，需要建立更加系统、更加精准的就业帮扶工作模式。

（一）完善信息

课题组在各地调研时发现，很多高校并没有建立起建档立卡贫困大学生的信息库，缺少对相关信息的及时更新和有序衔接，因而很难对建档立卡贫困大学生进行更加精准的帮扶。一是对建档立卡贫困大学生的确认还存在问题，由于没有与各地政府的建档立卡贫困家庭信息库进行对接，很多高校对建档立卡贫困大学生的认定还只是看他们提供的证明材料；二是学校各部门之间在建档立卡贫困大学生信息对接上有出入，特别是资助管理中心、就业指导中心、学生工作处、学校团委等部门之间的信息收集与统计不一致；三是对建档立卡贫困大学生信息的细化不够，缺少对贫困类型、贫困等级、需求情况、帮扶情况等方面进行细致统计和更新。

在后续工作中，各地高校应更加重视建档立卡贫困大学生信息库的建立和完善工作，将信息库建立和更新工作作为第一步。可借鉴四川西南科技大学、河南黄淮学院、湖南第一师范学院等高校的工作经验，积极对接地方政府建档立卡贫困家庭信息库；完善对建档立卡贫困大学生的材料收集和贫困状况核定；建立统一的信息系统供各部门和下级院系开展工作之用，及时更新并完善信息库子内容（含建档立卡贫困大学生类型及等级、建档立卡贫困大学生学习实习和就业状态、建档立卡贫困大学生需求情况及帮扶情况等）；将信息库建设作为学校教育扶贫工作的重要考核内容。

（二）健全机制

课题组在调研过程中发现，很多高校没有建立起较为系统完善的建档立卡贫困大学生就业帮扶体系和工作机制。一是各部门和下级学院往往只是"眼睛朝内看"，各自管各自的事，只在于完成上级下达的政策要求和任务工作；二是缺少从全过程视角来对待就业帮扶工作，只重视毕业阶段的就业工作，而较轻视培养阶段的就业指导。

在后续工作中，各地高校应更加重视建档立卡贫困大学生就业帮扶体系和机制的建立，形成系统化、常态化的工作模式。可借鉴广西财经学院、贵州财经大学等高校的工作经验，要成立校级层面的服务建档立卡贫困大学生就业领导工作小组和各部门各教学单位的工作小组，统筹协调、组织实施；建立长效机制，落实帮扶责任，形成就业帮扶工作例会制度，推进和部署帮扶工作；构建"学校－相关部门－教学单位"联动管理机制，促进帮扶工作形成合力，确保帮扶工作扎实、稳步推进；各部门和各教学单位要明确帮

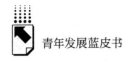

扶工作具体方案，形成"帮扶有指标、过程有考核、达标有奖励"的工作机制，加强沟通协调，形成合力，高要求、高质量地完成帮扶工作；学校把就业帮扶工作纳入学校年度就业创业工作先进考核的重要内容，并对此项工作达标的单位给予奖励，形成了奖惩长效机制。

（三）精准帮扶

高校针对建档立卡贫困大学生的就业精准帮扶工作只有在信息完善和机制建立后才能实现。在精准帮扶中，应着力完善就业观念指导、就业能力辅导、就业信息服务、政策扶持、经费支持、岗位推荐等方面的具体举措。其中，就业政策宣讲、求职专项补贴和专场招聘等可由学校层面统一组织落实，就业咨询、能力辅导、岗位推荐等可由相关部门和各教学单位合作落实。

可借鉴广西财经学院的工作经验：一是，各教学单位要建立"院系－教研室－班级－家长"四级联动机制，充分了解建档立卡贫困大学毕业生的个人状况、家庭情况、就业意愿、就业优势、面临的就业问题等情况，并根据这些情况制定好建档立卡贫困大学毕业生的帮扶方案。二是，组织申报重点就业服务项目，积极开展就业安全教育、求职技能讲座、校友交流会、大学生基层就业服务讲座、考研升学动员大会、对话企业家等一系列就业服务工作。三是，及时了解精准帮扶对象的情况，实行每月一报制度，即毕业班辅导员每月都要对精准帮扶对象的就业情况进行追踪调查，对于就业确实困难的学生要求"一对一"帮扶责任人给予特别关心和帮助，由责任人对就业困难学生进行答疑解惑、思想动员、提供有针对性的就业信息，有效帮助他们解决就业问题。四是，为建档立卡贫困大学生指定帮扶指导教师，要求指导教师结合学生特点，在帮助困难毕业生树立信心基础上，将"一次个体咨询、一次优先推荐、一次技能培训、一项就业补贴"帮扶措施落到实处。

B.15
共青团服务建档立卡贫困人口
中大学生就业工作研究

孙岩 闫峰 孔祥龙*

摘　要： 本文以调研数据和访谈资料为依据，辅助相关文献资料佐证，论述了共青团服务贫困大学生就业的现实基础，分析了贫困大学生对共青团就业服务工作的认知与诉求，阐述了共青团服务贫困大学生就业的主要工作开展情况，从思想引领与宣传指导、搭建信息平台、开展讲座、创建见习基地、创建青年创业就业基金会、发放青年创业小额贷款等方面阐述了共青团服务大学生就业的领域与路径，并根据本次调研访谈中形成的数据与信息，结合当下扶贫攻坚实际，提出共青团服务建档立卡大学生就业创业的策略。

关键词： 共青团　服务青年　贫困大学生　就业创业

近年来，各级共青团组织在服务青年就业工作中取得了大量实绩，通过宣传引导、思想引领，搭建青年创业就业移动信息平台，开展讲座，创建青年创业就业基金会，发放小额贷款等工作，为青年就业创业提供了切实有效的服务。在国家推进精准扶贫、精准脱贫的历史时期，共青团持续发挥其一

---

* 孙岩，黑龙江省青少年研究所副研究员，主要研究领域为青年学生文化现象；闫峰，黑龙江省青少年研究所所长，主要研究领域为青少年思想行为状况；孔祥龙，黑龙江省青少年研究所副研究员，主要研究领域为青年志愿者发展规划。

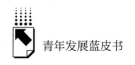
贯的社会动员功能，整合社会资源，创建服务项目，在服务建档立卡贫困大学生就业发展的过程中发挥着重要作用。

一 共青团服务贫困大学生就业的现实基础

《中共中央国务院关于打赢脱贫攻坚战的决定》指出："着力加强教育脱贫。加快实施教育扶贫工程，让贫困家庭子女都能接受公平有质量的教育，阻断贫困代际传递。……建立保障农村和贫困地区学生上重点高校的长效机制，加大对贫困家庭大学生的救助力度。对贫困家庭离校未就业的高校毕业生提供就业支持。实施教育扶贫结对帮扶行动计划。"

"我国教育扶贫的历史与整体扶贫开发的历史相一致，教育扶贫是整体扶贫开发的重要组成部分。"① 新中国成立后，我国的教育扶贫便开始开展工作，在不同历史时期，根据具体国情与贫困地区人民的实际需求有针对性地开展工作，并在每一阶段都取得了阶段性的成效。从粗放式的普及工农教育到精准化的基本普及学前教育、高中教育与精准教育扶贫，教育扶贫领域内容不断细化，内涵不断延伸。可以说，在半个多世纪的时间里，我国的教育扶贫工作在实事求是、一切从实际出发的思想指导下，以国情为根，以人为本，循序渐进，扎实推进，不断深入细化，稳步推进。

《中长期青年发展规划（2016－2025年）》指出："青年是国家的未来、民族的希望。青年兴则民族兴，青年强则国家强。促进青年更好成长、更快发展，是国家的基础性、战略性工程。"来自贫困家庭的青年与社会中的其他青年一样需要更好成长、更快发展，他们同样是国家、民族的宝贵资源，贫困不应成为他们成长中的障碍。贫困大学生是贫困青年中掌握知识与技能更丰富、通过扶持与自身努力可能更快实现脱贫的群体。而一个贫困大学生的脱贫则可能带动一个家庭脱贫，甚至辐射影响到当地几个家庭脱贫。

---

① 王文静、李兴洲、谢秋葵、赵晓晨：《中国教育扶贫发展与挑战（1949～2020）》，载《中国教育扶贫报告（2016）》，社会科学文献出版社，2016。

团的十八大报告指出，围绕打好"三大攻坚战"，组织动员青年奋战在前。要深入推进脱贫攻坚青春建功行动，聚焦学业资助、就业援助、创业扶持，突出深度贫困地区，充分发挥希望工程、西部计划等社会资源动员机制作用，做实东西部团组织结对帮扶，落实定点帮扶任务，力争到 2020 年，在建档立卡的贫困人口中资助 10 万名学生完成学业、帮助 10 万名大中专毕业生找工作，同时扶持 10 万名有志青年扎根农村创业。

共青团组织在教育扶贫工作中也一直为青年学生助困解难。比如，希望工程、志愿助学活动、大学生助学活动等工作都有多年历史，长期为青年学生提供精神引领与物质帮助，为我国教育扶贫工作贡献了一分力量，并在服务青年学生工作中不断总结经验、探索新的服务路径。共青团组织帮助贫困大学生争取更多社会资源，实现就业发展，无论是对于贫困大学生个人、对于其家庭，还是对于社会而言，都具有重要现实意义。服务贫困大学生就业，是精准扶贫时期、扶贫攻坚阶段的现实要求，是教育扶贫发展到更深入阶段的体现，是实现扶贫先扶智的有益实践，是实现根本脱贫、阻断贫困代际相传的重要路径之一，也是共青团组织有效服务青年工作的题中应有之义。

二 建档立卡贫困人口中大学生对共青团就业服务工作的认知与诉求

本报告数据来源于"建档立卡贫困人口中大学生就业发展研究"课题，该课题为共青团中央委托项目。调查组于 2018 年 9 月至 10 月对河北省（张北县、怀安县）、陕西省（吴堡县、延川县）、山西省（临县、娄烦县）、河南省（上蔡县、民权县）、湖南省（新田县、汝城县）、广西壮族自治区（都安县、马山县）、四川省（叙永县、平昌县）、贵州省（安龙县、望谟县）、青海省（大通县、乐都区）、黑龙江省（甘南县、林甸县）等 20 个国家级贫困县的建档立卡贫困人口中大学生就业发展状况进行了问卷调查和访谈调查。项目共回收有效调查问卷 5386 份，其中，在校大学生 3993 份，高

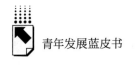
校毕业生 1393 份。

本次调研覆盖十省区建档立卡贫困大学生，同时，走访了团委、高校等相关基层工作人员，在共青团服务建档立卡贫困大学生就业发展方面，针对在校建档立卡贫困大学生和毕业建档立卡贫困大学生对共青团就业服务工作的认知与诉求开展调研，收获了建档立卡贫困大学生对共青团就业服务工作的反馈，了解和掌握了建档立卡贫困大学生在实现就业发展过程中的部分诉求，也引发了关于今后共青团服务建档立卡贫困大学生就业发展工作的相关思考。

在校建档立卡贫困大学生对于共青团服务大学生就业各项工作的主观认知程度关系其在就业过程中能否得到共青团组织的有效帮助，而在校建档立卡贫困大学生和毕业建档立卡贫困大学生对于共青团服务大学生就业的各项工作的诉求则是对共青团相关工作的反馈：一方面，是检验共青团相关工作的有效路径；另一方面，能够为共青团进一步开展相关工作提供借鉴与参考，有助于总结经验，结合实际改进工作机制与方法，对贫困大学生就业提供更有价值的服务。同时，在实际工作中，应当针对这一群体的特征与诉求开展工作，提供精准服务，让贫困大学生在就业过程中少走弯路，帮助贫困大学生顺利步入社会，实现价值。

（一）大学生希望共青团提供就业创业服务

数据显示，大学生普遍表示需要共青团提供就业创业服务，只有1.53%的在校生和2.2%的毕业生表示完全不需要共青团提供的就业创业服务。这说明，共青团服务大学生就业创业工作是切合大学生实际需求的，还应当进一步完善，充分满足大学生就业服务需求，将相关工作落到实处。

对于"最希望共青团提供的大学生就业创业服务"，排在第一位的是"提供就业见习机会"（在校生 68.39%，毕业生 61.8%）。首先，就业见习是一种对实地工作的演习，能够帮助初入职场的大学生实地了解工作中的常规状态，在日常工作、待人接物、上传下达和处理突发事件等方面积累经验，合理规避一部分常规性错误，使职场新人在工作上有一个良好的开端。

其次，激烈的就业竞争对求职者的要求也日益提高，为使自身在就业过程中更具竞争力，大学生也应针对市场需求和求职、面试、实习期等不同环节的具体要求，不断提升完善自己。同时，复杂的就业市场也需要大学生具备一定的法律意识与自我保护能力，访谈中了解到，个别大学生因急于就业，又缺乏安全防范意识，落入传销等求职陷阱。因而，大学生在就业创业过程中的需求是多样化的。

大学生的就业创业服务需求主要有，"希望提供更为准确的就业信息"（在校生47.01%，毕业生41.9%）；"组织质量更好的校园招聘会"（在校生40.8%，毕业生46.4%）；"专业性针对性强的就业创业辅导"（在校生40.25%，毕业生41.3%）；"指导学生进行科学的职业规划"（在校生35.24%，毕业生27.6%）；"加强面试模拟训练"（在校生32.46%，毕业生33.7%）；"加强就业心理辅导"（在校生31.05%，毕业生26%）；"提供创业资金支持"（在校生27%，毕业生27.1%）；"杰出校友就业创业经验分享会"（在校生21.1%，毕业生20.0%）（见图1）。

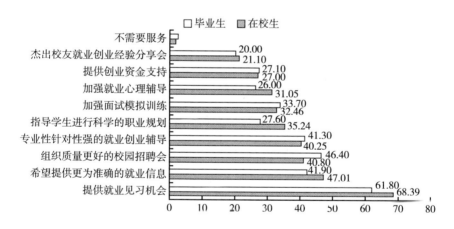

图1 在校生与毕业生最需要共青团提供的就业创业服务

共青团服务大学生就业还有很多可拓展的空间，需要各地各级团组织，特别是高校团组织针对大学生多样化的就业需求提供全方位、多元化的服务。比如，进一步完善就业培训内容，针对就业过程中各个环节开展有针对

性和专业性的培训工作，请专业人士普及就业安全常识，帮助大学生树立安全防范意识，维护自身权益，实现安全就业；安排面试模拟训练；组织杰出校友就业创业经验分享会；加强职业生涯规划教育等。

数据显示，大学生对共青团就业创业服务的具体项目了解得还不充分，对于"共青团提供的就业创业服务中"，高校在校学生了解的情况是，对于"青年就业创业移动信息服务平台"，有 26.4% 的在校生表示了解；对于"就业创业的资金支持"，有 29.13% 的在校生表示了解；对于"青年就业创业知识讲座"，有 35.11% 的在校生表示了解；对于"青年就业创业基金会"，有 20.86% 的在校生表示了解；对于"青年创业小额贷款"，有32.13% 的在校生表示了解；对于"青年就业创业见习基地"，有 20.09% 的在校生表示了解。此外，尚有 25.9% 的在校生表示"以上（相关信息）都不了解"。同时，近四成（39.8%）毕业生表示没有获得过共青团就业创业服务（见图2）。

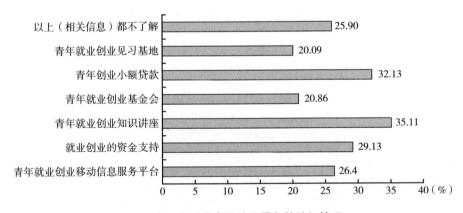

图2　在校生对共青团就业服务的认知情况

因此，共青团大学生就业创业服务还应当继续宣传，让更多在校生了解掌握相关信息，使大学生在充分了解服务的基础上各取所需。

（二）在校大学生与大学毕业生的就业服务诉求比较

数据显示，在校生与毕业生在就业服务的诉求方面体现出一些差异，这些差异从侧面反映出大学生就业需求的变化，为进一步完善相关就业服务提供了参考。

1. 对就业心理辅导的需求增加

与毕业生相比，在校生对就业心理辅导的需求增加较为明显，对于"加强就业心理辅导"，毕业生有需求的占 26%，而在校生有需求的占 31.05%。这说明，在日益激烈的社会竞争、日益严峻的就业压力下，大学生的心理压力也随之增大，对就业心理辅导的需求相应更强烈。相应地，共青团就业服务也应进一步完善就业心理辅导方面的工作。

访谈中也了解到，基层工作人员反映，虽然当地高校普遍创建心理咨询室，但是主动接受辅导的学生比较少。比如，有学校表示提供的服务次数一年有一百余次，而该学校在校生约 2 万人。有当地团委老师表示，一些贫困大学生本身素质能力都不错，却因家庭贫困产生自卑感，不愿意公开贫困生身份，不愿意接受相应帮助，也不理会学校提供的招聘信息、不去招聘会，导致不能顺利就业，已经存在不同程度的心理问题，急需相应的心理辅导。

2. 对科学的职业规划的需求增加

与毕业生相比，在校生对职业规划的需求明显增加，对于"指导学生进行科学的职业规划"，毕业生有需求的占 27.6%，而在校生有需求的占 35.24%。这说明，随着社会的进步，大学生对于人生价值和社会价值的实现表现出更强的规划意识和掌控欲望，因而更希望借助科学的方法进行职业规划。相应地，共青团就业服务也应向职业生涯规划方面适当倾斜。

3. 对提供更为准确就业信息的需求增加

与毕业生相比，在校生对准确的就业信息的需求明显增加，对于"希望提供更为准确的就业信息"，毕业生有需求的占 41.9%，而在校生有需求的占 47.01%。这说明，一方面，大学生获取就业信息的途径还需要进一步拓宽；另一方面，分析认为与近年来求职陷阱、传销等就业欺骗案件增加有一定关联。大学生初出茅庐，人生阅历、社会经验有限，面对参差不齐的就业市场往往缺乏辨识能力，因而需要更加准确的就业信息，实现安全就业。这是大学生的诉求，更是大学生应有的权益。相应地，共青团的就业服务也

应当在相关法律常识培训和反欺骗常识性教育等方面进一步完善。同时，利用新媒体等社会资源扩大宣传，动员社会力量投入反求职欺骗斗争中，帮助大学生维护自身合法权益。

4. 继续组织高质量的校园招聘会

与在校生相比，毕业生对质量好的校园招聘会需求更大，对于"组织质量更好的校园招聘会"在校生有需求的占 40.8%，毕业生有需求的占 46.4%。一方面，分析认为这与校园招聘会质量提升有一定关联，从侧面肯定了共青团相关工作的进步；另一方面，毕业生以过来人的立场对有质量的校园招聘会表达诉求，也说明组织有质量的校园招聘会对于大学生求职就业的重要性。

（三）大学生专业报考诉求

调查发现，大学生报考专业与实际诉求有偏差。访谈中，基层团委工作人员谈道，多数父母本身不了解大学专业设置、课程内容、就业前景，能给的指导意见很少，学生对大学专业了解不够甚至对专业产生误解，导致报考专业与自身需求有很大偏差。比如，有的学生报考国际英语专业，到大学报到以后才知道需要留学两年，而家里经济条件并不允许留学，结果只能选择复读。有的学生报考土木工程专业，上了两个星期课程完全听不懂。

有基层人员反映，当地实际情况是比较缺教师和医生，但是学生对这两个专业不感兴趣，更不愿意毕业后返乡就业。当地团委老师表示，2016 年统计当年学医的只有 18 个学生。如果从就业角度考虑，那么很多当地学生在选择专业时就输在了起跑线上。许多学生选择市场营销、广告设计，而因为当地经济发展程度不高，返乡很难实现就业，除非选择自主创业。

（四）大学生交流学习诉求

调查发现，西部大学生希望到东部交流学习。访谈中了解到，基层工作人员表示，实践证明，学生外出交流学习后确实在精神面貌、价值观念等方面有了明显的改观和进步。由于东西部的差异比较大，当地（西部地区）

大型企业又比较少，基层工作人员希望把西部学生送到东部发达地区交换、交流、学习，让他们开阔眼界，增长见识，转变观念。此外，相对于本科院校，专科院校在深港澳交流、赴井冈山交流学习等活动中获得的交流名额比较少，希望适当增加名额。

（五）大学生具有快就业的愿望

访谈中，基层工作人员表示，贫困大学生普遍具有更强的反哺意识，在支付了相对昂贵的学费之后，希望毕业之后尽快贴补家庭，减轻家庭经济负担，因而往往有更高的职业期望，更急于就业。相应地，在就业过程中，他们有时会为追求眼前更高的工资，放弃暂时工资较低而职业前景更好或者更能完善自身能力的工作机会。访谈中，不少团委工作人员表示很多贫困大学生往往不选择国家的西部计划、"三支一扶"、基层就业等项目作为就业目标，而直接选择到工资相对较高的用人单位求职。

同时，由于资金匮乏，贫困大学生在心理上精神上都很难再承受创业带来的压力。基层人员反映当地大学生自主创业意识不够，创业能力严重不足。虽然有贴息贷款，当地团委有青年创业贷款，当地政府也有相应政策，但由于当地贫困大学生经验、能力不足，当年内还没有大学生回乡创业。

三　共青团服务建档立卡贫困大学生就业的做法

近年来，共青团从青年需求出发，为青年发展做出战略性布局。组织制定《中长期青年发展规划（2016－2025年）》，通过青年政策保障青年权益，为青年发展提供良好社会及舆论环境。共青团服务大学生就业的主要领域不断拓宽，方法不断创新，运用网络技术服务青年就业，举办青年创新创业比赛交流、协调组织服务青年就业创业的社会组织，通过整合发展大学生就业创业基金会等系列工作，为青年提供见习培训机会和就业岗位信息，为大学生就业提供有效支持。有的共青团组织为大学生提供求职补贴，举办

"温暖冬天"等贫困助学活动；有的利用国家有关政策帮助大学生缓解就业压力；还有的结合各自实际开展工作，在给予贫困大学生政策支持的同时，体现人文关怀。

调查数据显示，约六成（60.2%）毕业生已经不同程度地接受过共青团就业创业服务，这从一个侧面肯定了共青团在服务建档立卡贫困大学生就业创业工作中付出的努力和取得的成效。对于"在大学期间获得过的由共青团提供的大学生就业创业服务"，毕业生的选择分别是，"青年就业创业知识讲座"（33.0%），"青年就业创业移动信息服务平台"（26.1%），"青年就业创业见习基地"（13.1%），"青年就业创业的资金支持"（12.5%），"青年就业创业基金会"（6.9%），"青年创业小额贷款"（6.6%）（见图3）。

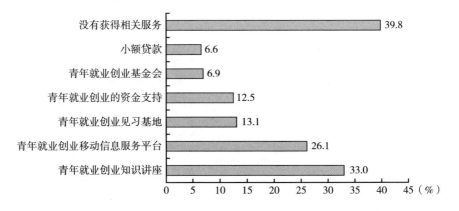

图3　毕业生大学期间获得过的共青团就业创业服务

（一）打造新媒体矩阵，提升感知青年和引导青年新手段

近年来，"共青团着力进军网络新媒体，网上共青团生机勃发。倾听青年之声，推进智慧团建，团的工作和建设向互联网转型"[1]，形成覆盖面广、

---

[1]　贺军科：《高举习近平新时代中国特色社会主义思想伟大旗帜 奋力谱写决胜全面建成小康社会 全面建设社会主义现代化国家的壮丽青春篇章——在中国共产主义青年团第十八次全国代表大会上的报告 》，《中国共青团》2018年第7期。

影响力强的新媒体矩阵。针对大学生对共青团组织的服务了解不够的现状，在服务大学生就业方面，全国各地各级团组织积极服务青年就业创业，引导青年转变观念，开展相关培训、扶持创业。一是通过就业宣传让更多的青年群体了解政策知识，或者通过开展活动，引领青年形成积极健康的价值观，引导青年形成积极向上的就业择业心态；二是利用微博、微信公众号，以及建立相关微信群，根据不同的情况开展宣传、讲座，引导大学生转变就业观念，形成积极向上的就业观；三是利用寒暑假的时间，针对不同年级的学生广泛开展劳动观和职业观的教育，使"三百六十行，行行出状元"的意识真正深入大学生的心；四是推出防止掉入求职陷阱、误入传销组织的公益宣讲。共青团组织通过不同的方式手段帮助青年培育理性、合理的就业创业观念，对自身条件和客观环境进行正确分析，不断引导青年的就业创业心态和观念。

（二）汇集政策信息，搭建青年创业就业移动信息服务平台

2009 年 9 月，共青团就号召各级团组织"建立就业信息服务平台，通过电话、手机短信、QQ 群、电子邮件、学校网站等各种手段及时向未就业毕业生提供就业信息和政策指导"[①]。《共青团工作五年纲要（2009 - 2013）》中提出，要充分发挥团的组织网络优势，统筹城市和农村、输出地和流入地、学校和企业及城市社区的各类就业信息，为青年与用工岗位之间搭建及时、有效的对接平台。动员各方面资源和力量，努力为家庭经济困难高校毕业生提供就业机会。

各级共青团组织相继为青年创业就业搭建移动信息服务平台，利用现代化信息手段服务大学生就业，使大学生就业信息传播进入一个更加快捷、便利和相对安全有效的轨道。一是由省级团委、发改委、人保厅、通信公司等相关单位联合搭建移动信息服务平台，平台覆盖省内县级以上及主要高校团

---

① 《卢雍政同志在共青团促进大学生创业就业工作电视电话会议上的讲话》，2009 年 9 月 21 日。

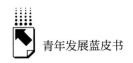

委，使青年及时通过团组织获取用人单位及政府职能部门相关信息，为青年创业就业提供信息支持；二是通过搭建短信服务器融合先进的互联网技术和移动通信技术，利用互联网、短信彩信等应用渠道，为招聘企业和应聘个人发布供求信息，通过平台实现统一管理。

（三）设计职业规划，开展青年创业就业知识讲座

《中长期青年发展规划（2016－2025年）》指出，加强青年职业培训，健全面向青年的劳动预备制培训计划，落实职业培训补贴政策。实施离校未就业高校毕业生就业促进计划，为毕业生提供职业指导、就业信息、就业见习、就业帮扶等服务。

各高校团委通过职业生涯规划及相应的实践教育，帮助大学生做好就业前思想和能力方面的准备。一是开展职业启蒙教育，通过各类教育活动，正确引导大学生认识国家当前的就业形势，引导学生充分了解自己的专业特点、职业前景、就业情况；二是鼓励学生参加实习或社会实践等活动，体验职场；三是通过模拟面试等培训提升应聘能力；四是"组织学生开展社会实践活动，通过社会实践让学生亲身体验基层地区的真实情况，做好同艰苦环境作斗争的思想准备，也让他们认清到基层工作的机遇和挑战，自觉扎根和服务基层"[1]；五是通过广泛的宣传教育，让大学生充分了解就业创业的成功案例、失败原因乃至求职陷阱等相关事件，就业前做好应对各种情况的思想准备。让"先就业、后择业"的观念深入大学生内心。

各级团委通过了解学生的思想动态，将就业指导思想宣传工作更加贴近学生生活实际，充分体现以学生为本，想青年之所想，急青年之所急，突出关爱与真诚，让大学生对社会、对人生有一个客观的认识，知道自己"能做什么"，对"只要努力工作，就能实现自己的社会价值"已基本达成共识。

---

① 《卢雍政同志在共青团促进大学生创业就业工作电视电话会议上的讲话》，2009年9月21日。

（四）提高职业能力，创建青年就业创业见习基地

"青年就业创业见习基地，是共青团服务青年就业创业的一项重要举措。"2009 年初团中央启动共青团"青年就业创业见习基地"工作，有数以百万的青年到岗见习。2019 年起，人社部、财政部、商务部、国资委、团中央、工商联联合实施三年百万青年见习计划，计划用三年时间组织 100 万青年参加就业实习。

各级共青团组织紧紧围绕建设青年就业创业见习基地开展各项工作。一是在青年群体中广泛开展宣传教育，使青年理解见习的含义，区分见习与求职的差别，从而在思想上认识到要求职、先见习的目的与意义。引导青年重视见习，把见习作为求职的前提与重要保障，珍惜见习机会，利用见习了解职场、储备工作经验，为日后求职做好充分准备。二是利用网络平台整合见习资源，宣传就业创业政策、发布见习岗位信息。三是"建立完善系列规章制度及合同文本保障见习基地的建立及全过程运转，对见习过程实施紧密跟踪，为青年就业创业可持续发展提供条件"①。四是将见习岗位信息有效传递给建档立卡贫困大学生，力求见习青年所学专业与见习岗位专业吻合，提高对接效率和成功率。

通过见习，一方面，青年能够在正式开始职业生涯前以实践的形式了解所从事职业的具体要求，积累工作经验，为日后进入职场做好思想、经验和能力的准备，更加胜任所从事的工作。另一方面，青年在见习过程中，也可能反思自己是否真正适合所要从事的职业，抑或发现自己真正想要的职业，从而对日后的职业生涯进行更加科学的规划。

（五）整合社会资源，成立青年创业就业基金会

中国青年创业就业基金会是共青团组织利用社会化动员机制广泛募集社

---

① 《卢雍政同志在共青团促进大学生创业就业工作电视电话会议上的讲话》，2009 年 9 月 21 日。

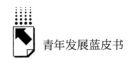

会资源、促进青年就业创业的一项重要措施。《共青团工作五年纲要（2009－2013）》中提出，"多渠道筹措资金，在团中央、省（区、市）团委分两级设立统一品牌的青年就业创业基金，鼓励有条件的地市级团委成立基金"。

中国青年创业就业基金会由共青团中央于2009年发起成立，紧紧围绕国家创新驱动发展战略，响应大众创业万众创新号召，努力发挥青年创业就业的基础性平台功能，全力做好经济新常态下共青团创业就业服务工作，通过筹措资金扶持青年就业创业，助力青年发展，履行好共青团服务青年和维护青年权益的职能。

近年来，中国青年创业就业基金会平均每年实施项目近40个，主要覆盖青年创新创业、就业见习、精准扶贫等领域。组织实施"千校万岗"大学生就业精准帮扶行动，招募大学生参加岗前培训和就业实习。

经过多年的实践操作，中国青年创业就业基金会工作定位更加明确，工作内容更加聚焦，工作体系日趋完善，工作格局基本形成，直接服务青年创业就业成效更加明显。全国各地共青团组织相继利用社会化动员的方式成立各自省市青年创业就业基金会，并积极利用这一平台服务青年就业创业，整合社会资源，拓宽服务领域与渠道。

（六）解决融资难题，发放青年创业小额贷款

《中长期青年发展规划（2016－2025年）》指出："加大青年创业金融服务落地力度，优化银行贷款等间接融资方式，支持创业担保贷款发展，拓宽股权投资等直接融资渠道。支持青年创业基金发展，发挥好国家新兴产业创业投资引导基金和中小企业发展基金等政府引导基金的作用，带动社会资本投入，解决青年创业融资难题。"

小额贷款一方面能够帮助青年解决创业资金的部分难题；另一方面能够创造就业岗位，形成一箭双雕的社会效益。共青团组织积极动员整合社会资源助力青年创业项目，为青年创业提供资金支持，积极扶持有发展前景的青年创业项目，为青年创业开拓发展空间。

各级团组织按照"扶持一个人创业，带动一批人上岗"的思路，深入落实"小额贷款"发放工作，以专业化的方式推进这一项目。"从实际出发，按金融规律办事，并利用团组织的公信力优势，与金融部门一起共同建设市场化的信用平台和融资平台，使平台成为独立承担责任的市场主体。"[①]现在，寻求小额贷款的青年日益增多，小额贷款帮助创业青年解决了资金短缺的根本困难，各地青年对团组织开展的小额贷款工作给予了高度评价，有的说"小额贷款解决了我们创业的燃眉之急"，有的说"这项工作对青年是真正的好事、实事"。随着相关制度政策的进一步完善落实，小额贷款逐步为青年创业提供了更加优惠和便捷的金融服务。

（七）引领创业实践，搭建创业孵化平台

创业孵化平台是大学生创业的实践平台，《中长期青年发展规划（2016－2025年）》指出，"推动青年创业第三方综合服务体系建设，搭建各类青年创业孵化平台，完善政策咨询、融资服务、跟踪扶持、公益场地等孵化功能"。在相关政策引领下，全国各地各级团组织积极整合资源，联合高校建立了以学校资源为基础的高校创业孵化基地或平台，从明确功能定位、优化运行机制、完善保障体系等环节入手，以培养创业人才、促进企业孵化、推进创新研发为目标，为创业者提供共享的营运服务，帮助新创企业降低成本，提升创业成功的机会，充分体现出公益性、服务性、创新性的特点。目前，工作打开了新的局面，大学生创业园、创业孵化基地、创业孵化中心等大学生创业教育实践平台的运作在各地各级团组织不同程度地取得了进展和完善。

四 共青团提升服务建档立卡贫困大学生就业的建议

团的十八大报告指出："全团要紧扣党的十九大战略部署，围绕统筹推

---

① 龚青：《中国青年创业小额贷款项目启动》，《中国青年报》2006年4月25日。

进'五位一体'总体布局、协调推进'四个全面'战略布局，聚焦打好'三大攻坚战'，找准服务大局的切入点、结合点、着力点，找准新时代发挥青年生力军和突击队作用的新领域，推进共青团工作形成社会功能，奏响青春建功新时代的最强音。"

服务建档立卡贫困大学生就业是帮助大学生及其家庭实现反贫困的关键环节，一个大学生的顺利就业可能意味着一个家庭就此实现脱贫，这对于家庭、社会都有重要的意义和价值。因此，共青团应当给予服务大学生就业工作高度重视，在脱贫攻坚战的决定性时期，作为党的助手和后备军，各地各级共青团组织应当继续发挥其社会动员的重要作用，积极宣传、引导、号召各行业青年投入脱贫攻坚青春建功行动中；整合社会资源共同服务大学生就业，支持大学生就业创业；以更丰富更灵活的工作方式拉近与青年学生的距离，与青年学生充分交流，了解青年学生就业需求，制定行之有效的政策措施，帮助青年学生顺利走上工作岗位，自力更生，反哺家庭，服务社会。

（一）探索适合服务大学生就业创业的工作体制

社会动员是共青团作为群团组织的重要作用，通过积极有效的社会动员，发动组织各行各业优秀青年，整合利用社会资源，往往能收获巨大的社会效益。这也是共青团在各项工作中长期采取并行之有效的工作方式。把这种方式引进到服务建档立卡贫困大学生就业工作中同样适用并且具有积极意义。

1. 健全社会力量参与机制

《共青团投身打赢脱贫攻坚战三年行动的意见》指出："动员各方力量开展就业指导、实习见习、技能培训等系列服务，提供就业岗位，推动人岗对接，帮助建档立卡贫困家庭大中专毕业生实现就业。"

共青团服务大学生就业工作应当采取少数专兼职团干部带动大组织的工作机制，以社会动员的方式征集服务大学生就业各个环节的志愿者或相关单位相关事宜负责人，各司其职，分工合作，共同完成服务大学生就业的每一个可能的或者需要的环节。这样，一方面，能够不占用共青团过多的人力资源，缓解各地各级团委人员紧张的压力；另一方面，能够有效吸纳服务大学生就业工作各个环节的专门人才，更有针对性地做好各个环节的服务工作，发挥团队合作的最大效用。

2. 专业化团队制度化管理

上文谈到少数专兼职团干部带动大组织的工作机制，在这一基础上组建一支专业化的工作团队能够更有效地确保服务大学生就业工作的可延续性开展。共青团组织人员紧张，且流动性大。因此，组建相关的专业化团队需要形成制度化管理，这样，团队一经确立，占用团干部数量不多，专业人员各司其职，即使发生负责团干部人员流动、岗位变更的情况，只要能够全面细致地交接工作，就不会过多干扰整个团队的工作。从而使这一工作机制能够在制度上确保服务大学生就业工作的可持续性开展。同时，持续招募高素质、专业性强的志愿者也是确保这一工作可持续性开展的重要条件。

（二）利用新媒体搭建宣传平台和工作交流平台

1. 广泛宣传，吸纳专业人士投入服务大学生就业工作中

《中共中央、国务院关于打赢脱贫攻坚战的决定》指出："扎实做好脱贫攻坚宣传工作。坚持正确舆论导向，全面宣传我国扶贫事业取得的重大成就，准确解读党和政府扶贫开发的决策部署、政策举措，生动报道各地区各部门精准扶贫、精准脱贫丰富实践和先进典型。"

作为中国共产党领导的先进青年的群团组织，共青团应当利用新媒体搭建宣传平台和工作交流平台，继续团结引导各行各业的优秀青年投入服务大学生就业的工作中去，奉献智慧与才能，积极探索切实可行的方式支持贫困大学生实现就业。在职业生涯规划、就业培训、实习见习、就业咨询等各个可能的就业准备环节组织吸纳有经验有专长的优秀青年从事专门的相应工作。宣传、引导和鼓励有志青年到基层就业创业，奉献青春，增长才干，厚积薄发，实现人生价值与社会价值，闯出一条属于自己的新路，积淀更为丰富充实的人生，充分体现青年团员的先进性。

2. 实现更高效便捷的工作交流

新媒体网络平台为工作开展带来了极大的便利，各地各级团委应当进一

步利用新媒体搭建工作交流平台。省、市团委作为高校团委的上级团组织，应当发挥动员组织的职能，利用网络等便捷有效的方式组织建立省内、市内辖区各高校团委成立高校团委团队，搭建专门平台，便于各高校团委互动，就服务大学生就业工作交流经验、交换信息，扩大工作辐射范围，提升服务能力。也可以在实际需要基础上和条件允许的情况下，发展线下交流，进一步组织专题研讨、典型成功案例推广交流等活动，有效提升服务质量与工作效率。各地各级团委掌握不同的社会资源，在服务大学生就业工作中，应当借助相应的平台、渠道，或者通过加入相关的工作团队积极交流，对接工作，协同合作，以实现社会资源的整合，共同服务大学生就业。

积极利用微信、微博、QQ等网络平台建立高校团干部工作群、大学生群等，并指定专人负责，以微信群主、微博博主、QQ群管理员等相应身份管理相应平台，服务大学生就业。一方面，在高校团干部工作群，可以发布信息、交流资料、探讨工作，使工作交流高效便捷；另一方面，在大学生群，可以近距离地与大学生接触交流，了解大学生就业过程中的诉求，有的放矢地帮助大学生解决就业过程中的实际问题或提供有价值的信息、建议。这项工作同样需要指定专人负责，使信息的交流传达渠道畅通，使问题与诉求及时得以反映和解决，在具体工作中实现更加便捷的交流、探讨，服务大学生就业。就这一层面而言，组建专业化的工作团队显得尤为重要。

3. 在价值观和就业观等方面继续引领青年学生

继续做好宣传社会主义核心价值观工作，引领青年学生为全面建设小康社会、加快推进社会主义现代化贡献智慧和力量。在服务大学生就业过程中，宣传和引领青年学生的工作需要深入和完善。第一，扶持有志青年扎根农村创业需要各地各级团组织进行更加深入人心的宣传与引导，在精神上触动青年扎根农村的斗志。同时，相对而言，贫困大学生创业面临更大的物质、精神困难与压力，因而也需要相关部门进一步给予相关政策倾斜。第二，共青团服务大学生就业的各项工作需要进一步宣传，为大学生熟知，这是服务大学生就业的前提和基础，本次调研数据显示，还有许多大学生对共青团提供的就业服务并不了解。因此，需要高校团委联合各地各级团委利用新媒体采取更容易为大学生熟知的方式，深入扩大对现有共青团服务大学生就业项目环节的宣传。

4. 完善职业生涯规划教育

职业规划，就是对职业生涯的科学规划与系统设计。职业生涯规划有助于更好地实现人生价值和社会价值。本次调研数据显示，近年来，大学生科学的职业规划指导需求明显增加。职业生涯规划在国外发展得已经比较成熟、完善。我国的职业生涯规划尚在起步阶段，还没有引起广泛的社会关注。共青团在服务大学生就业工作中应当继续利用新媒体宣传职业生涯规划的价值和意义，引起相应的社会关注，促进职业生涯规划教育的发展和完善。同时，一方面，各地各级团组织应当继续招募职业规划专业人士投入服务大学生就业工作中；另一方面，有条件的团组织也可以尝试培养专业的职业生涯规划教师。帮助大学生合理设计人生版图，树立合理的就业观，以更科学的方式做好就业准备。

本次调研访谈中有老师表示不少学生因不了解大学专业设置而误报专业，导致所选择的专业与预期差距较大，有的甚至因为无法继续学习而退学，也直接影响学生就业。发生这样的情况，一方面是学生对报考院校及专业了解不够；另一方面，也是学生缺乏职业生涯规划常识，对自己的未来缺乏基本的设想，导致面对抽象的专业名词时更加茫然，无法选择适合的专业。针对这种困难，一方面，高中团委和各地各级团组织应当协同合作，组织专人指导有困难的考生填报高考志愿，防止考生因不了解专业情况而误报志愿。另一方面，应当鼓励高中团委采取与相关社会机构合作的方式，对高中生进行职业生涯规划的科普性教育，帮助学生理解职业生涯规划的概念，尝试思考自身的职业生涯规划，从而使考生在填报高考志愿和选择专业时有基本的规划意识。

（三）地方共青团组织与高校团委协作服务大学生就业

服务大学生就业的服务对象身处高校，高校团委能够较快捷地与大学生实现近距离的直接接触，在服务大学生就业工作中占有天然优势，相应地，

也承担更为繁重的工作任务。因此，各地各级团组织在服务大学生就业工作中需要与当地高校团委紧密配合、协同合作。

1. 在日常学习生活中关心大学生

高校团委应当掌握建档立卡大学生名单，在日常工作中关心这一群体的学习生活，取得大学生的信任，在就业服务中重点关注这一群体，根据大学生的个体特点制订专门的服务计划，支持大学生就业。

2. 继续做好相关就业培训指导，帮助大学生做好就业前的准备工作

做好职业生涯规划、面试准备、就业自我保护等方面的培训，做好充分的就业准备，顺利就业，增强防范意识，防止落入求职陷阱等。同时，各地各级团组织相关部门也要继续利用各自掌握的社会资源对接大学生或者与高校团委合作做好宣传指导和培训工作，全力服务大学生就业。

（四）以第三方的身份促成校企合作，进一步发展就业创业见习基地

企业与学校建立合作关系对大学生就业创业具有重要的促进作用。第一，企业可以为大学生提供实习、见习岗位；第二，企业可能成为大学生的就业单位；第三，企业可能成为青年就业创业见习基地，持续为大学生提供就业创业见习岗位。因此，校企合作是服务大学生就业的重要路径。

就业见习为大学生就业提供一次实地模拟练习，有效帮助大学生在短时间内做好基本的就业准备。就业见习是大学生在就业准备中最希望共青团提供的就业服务。本次调研数据显示，68.39%的在校生最希望共青团提供的就业服务是"提供就业见习机会"，61.8%的毕业生也表示毕业时最希望共青团提供的就业服务是"提供就业见习机会"。

本次调研访谈中了解到，校企合作的工作更多是由高校招生就业指导中心在做。而共青团组织在社会动员工作和整合社会资源方面拥有诸多优势，因此，各地各级团组织在探索校企合作的过程中应发挥作用，以第三方的身份促成校企合作。招募更多资质优良的企业成为大学生就业创业见习基地。长期持续为大学生提供就业见习岗位。

（五）深入做实东西部团组织结对帮扶

《共青团投身打赢脱贫攻坚战三年行动的意见》指出，"各级团组织要强化全局意识，发扬互助精神，深化东西部团组织结对帮扶机制和定点帮扶机制，帮扶地区要聚焦学业资助、就业援助、创业扶助，提供项目支持、资源保障；被帮扶地区要主动对接、抓好落实。各级团组织要积极承接政府职能转移和参与政府购买公共服务，立足实际对接政府扶贫开发项目。要大力挖掘内生资源，充分发挥团属协会、青年典型作用；要广泛整合社会资源，尊重市场经济规律，调动企业、社会组织参与共青团开展的扶贫项目。"

本次调研访谈中有西部地区高校团委老师表示希望西部的学生有更多机会到东部发达地区交流交换，借此让西部的大学生开阔眼界，增长见识。各地各级团组织在东西部团组织结对帮扶工作中可以根据自身实际条件尝试探索相应的对接项目。比如，组织东西部学生交换交流，相互学习，取长补短，共同进步。东部学生物质生活条件相对优越，文化生活更为丰富，接受的文体教育也比较丰富；西部学生物质条件相对匮乏，但勤俭精神相对更强，历经困难与挫折更多，相对的抗挫折能力更强，东西部大学生如果能够相互交流、借鉴，实现互补，共同成长，对青年学生的人生观、价值观都将产生积极影响。

同时，东西部校企合作也是一种有益的尝试。访谈中有西部地区团委老师表示西部地区学生质朴、踏实、吃苦耐劳等优点获得不少东部地区企业的认可。有条件的团组织如果能够促成东西部校企合作，或者将西部学生引入东部就业创业见习基地见习，都可能实现西部学生到东部增长见识的设想，对青年学生的人生观、价值观也将产生有益的影响，也可能转变大学生的就业观念。

（六）积极完善心理援助工作

随着社会的发展和时代的进步，扶贫已经不再是简单的物质接济。在物质条件比较发达的当代社会生活中，贫富差距比较悬殊，物质条件存在两极分化现象，因社会问题而产生的心理问题也较为普遍。而对于心智尚未成熟的青年学生来说，贫困可能会给他们带来更多的心理负担。大学校园里与同龄群体物质生活的差异、社会不公平事件时有发生，都可能使青年学生因自身物质条件匮乏产生心理上的不平衡感，进而萌发情绪问题，如果没能得到及时的心理疏导，可能会产生一些心理问题。本次调研访谈中也有团委老师表示一些学生因贫困产生心理问题，已经影响就业，需要心理辅导。

《中长期青年发展规划（2016－2025 年）》指出，"加强青年心理健康教育和服务。注重加强对青年的人文关怀和心理疏导，引导青年自尊自信、理性平和、积极向上，培养良好心理素质和意志品质。促进青年身心和谐发展，指导青年正确处理个人与他人、个人与集体、个人与社会的关系。加强对不同青年群体社会心态和群体情绪的研究、管控和疏导，引导青年形成合理预期，主动防范和化解群体性社会风险。加强青年心理健康知识宣传普及，提高心理卫生知晓率。支持各级各类青年专业心理辅导机构和社会组织建设，大力培养青年心理辅导专业人才。重点抓好学校心理健康教育，在高校、中学和职业学校普遍设置心理健康辅导咨询室，有条件的学校配备专职心理健康教育师资队伍。构建和完善青年心理问题高危人群预警及干预机制。加强源头预防，注重对青年心理健康问题成因的研究分析，及时识别青年心理问题高危人群，采取有效措施解决或缓解青年在学业、职业、生活和情感等方面的压力。"

第一，一方面，高校团委应当指派专门老师关心建档立卡大学生的学习生活，取得学生的信任，建立师生情感，让学生在大学校园有获得感和归属感。当然，培养这种情感可能需要一定的人力、相当的时间与精力。一个可行的尝试是招募有爱心、素质好、有一定心理学常识的志愿者大学生来从事这项工作。另一方面，高校团委应当与高校心理辅导室保持工作联系与合作，让需要心理辅导的贫困大学生得到更多帮助，尽可能接受心理辅导，及时化解心理问题。

第二，各地各级团委利用社会资源邀请志愿者专家，有条件的可聘请专家做心理科普公开讲座，普及心理健康知识，让有需要的学生学会了解自身情绪和心理状况，以科学客观的态度自我排解和在必要时能够主动寻求心理援助。

（七）关注高职院校大学生

访谈中了解到，考入高职院校的学生获得的资助资源相对较少，而高职院校也有许多贫困大学生。因为物质条件的匮乏，许多困难家庭的孩子成绩并不是很好，因此考取了高职院校。这些高职院校的大学生同样属于共青团服务大学生就业的工作对象，需要获得更多的关注，共青团也应让更多贫困大学生获得有效的就业支持。

此外，目前建档立卡贫困大学生帮扶政策主要是针对农村户口，访谈中了解到，还有需要帮助的贫困大学生因其是城镇户口而无法享受这一帮扶政策。因此，各地各级团委，尤其是高校团委应当给予没有建档立卡的贫困学生相应的关注。并及时上报相关部门，为实现农村与城镇贫困人口相关政策共享等提供参考，使全体贫困大学生都能获得相应的扶持与帮助。

参考文献

缪大旺、原佳丽：《新媒体视域下大学生就业创业意识教育研究》，《重庆科技学院学报》（社会科学版）2017 年第 12 期。

杨一琼：《大学生就业创业现状调查》，《合作经济与科技》2018 年第 4 期。

吉晶：《大学生就业创业指导的现状及对策研究》，《当代教育实践与教学研究》2018 年第 1 期。

殷志、邹瑾：《共青团服务大学生创业工作的问题及对策——以衡阳市石鼓区为例》，《南华大学学报》（社会科学版）2011 年第 6 期。

姚彤：《共青团在大学生创业过程中的服务作用研究——以湖南为例》，中南大学硕士学位论文，2010。

附 录

Appendices

B.16

附录1 "大学生就业发展"调查问卷

（高校在读学生）

亲爱的大学生朋友：

为深入了解大学生的就业观念、就业能力和就业倾向等相关内容，更好地为大学生就业服务，帮助政府等相关部门推进就业创业工作，我们进行了此次调查。请您根据真实情况进行填答，调查收集的数据仅供研究之用，您的信息将严格保密。感谢您的配合！

共青团中央《中国青年发展报告》课题组

2018 年 9 月

一 个人基本情况

Z. 问卷编号：＿＿＿＿＿＿

A1. 您的性别： （1）男 （2）女

A2. 您的出生年份是：＿＿＿＿＿＿＿年

A3. 您的民族是：

（1）汉族 （2）蒙古族 （3）满族 （4）回族 （5）藏族

（6）壮族 （7）维吾尔族 （8）其他（请写明）

A4. 您家庭所在的地方是：＿＿＿＿＿＿＿县

A5. 您的政治面貌是：

（1）中共党员（含预备党员） （2）共青团员 （3）民主党派成员

（4）群众

A6. 您目前正在上哪一级学校？

（1）高职高专 （2）本科 （3）硕士研究生 （4）博士研究生

A7. 您目前正在上几年级？

（1）一年级 （2）二年级 （3）三年级 （4）四年级 （5）五年

级及以上

A8. 您就读学校的类型是：

（1）"双一流"高校 （2）非"双一流"本科高校 （3）公立高职

高专 （4）民办本科 （5）民办高职高专

A9. 您现就读的专业大类是：

（1）哲学 （2）经济学 （3）法学 （4）教育学 （5）文学

（6）历史学 （7）理学 （8）工学 （9）农学 （10）医学

（11）军事学 （12）管理学 （13）艺术学 （14）不清楚

A10. 您认为您的健康状况是：

（1）非常健康 （2）比较健康 （3）一般 （4）不太健康

（5）非常不健康

A11. 您上大学之前，是否有过以下经历：【可选多项】

（1）留守儿童/青少年 （2）流动儿童/青少年 （3）休学

（4）辍学 （5）无学可上 （6）留级 （7）打工 （8）无以上

经历

二 就业能力与就业压力

B1. 一般来说，您一天用于以下四方面的时间是：

学习（上课/作业/实验等）_____小时；

网络社交（微信/QQ 等）_____小时；

睡眠_____小时；　　　　　　　休闲娱乐 _____小时。

B2. 您为什么选择现在所学的专业：

（1）感兴趣　（2）好就业　（3）别人推荐　（4）收入高　（5）发展空间大　（6）被调剂　（7）其他（请写明）

B3. 您对自己所读专业的满意程度是：

（1）非常满意　（2）比较满意　（3）一般　（4）不大满意

（5）非常不满意

B4. 您所读专业 2018 年母校应届毕业生的就业率是：

（1）100%　（2）95%～99%　（3）90%～94%　（4）85%～89%

（5）85% 以下　（6）不清楚

B5. 您是否辅修过其他专业或第二学位：　　（1）是　　　　　（2）否

B6. 最近一学年您学习成绩的班级排名是：

（1）前 10%　（2）前 20%　（3）前 30%　（4）前 50%　（5）后 50%　（6）不清楚

B7. 与您的大学同学相比，您在下列方面的水平是：（每行限选一项）

	很好	较好	中等	较差	很差
1. 社交能力	（1）	（2）	（3）	（4）	（5）
2. 组织能力	（1）	（2）	（3）	（4）	（5）
3. 自控能力	（1）	（2）	（3）	（4）	（5）
4. 抗挫折能力	（1）	（2）	（3）	（4）	（5）
5. 合作能力	（1）	（2）	（3）	（4）	（5）
6. 语言组织及表达能力	（1）	（2）	（3）	（4）	（5）

B8. 您的特长情况是：【可选多项】

（1）演讲/主持 （2）体育运动 （3）书法 （4）写作 （5）棋类活动 （6）文艺（如唱歌跳舞） （7）能喝酒 （8）组织活动 （9）没有特长 （10）其他（请写明）

B9. 您目前有几个职业资格证书？（如会计证、社工证、钳工证等）

（1）没有 （2）1个 （3）2个 （4）3个 （5）4个 （6）5个 （7）6个及以上

B10. 您目前有几个考试等级证书？（如大学英语等级证书、钢琴等）

（1）没有 （2）1个 （3）2个 （4）3个 （5）4个 （6）5个 （7）6个及以上

B11. 您在大学期间是否是学生干部（含党团干部、学生会干部、研究生会干部）：【可选多项】

（1）校级学生干部 （2）院/系学生干部 （3）班级学生干部 （4）没有当过学生干部

B12. 您在大学期间社团参与情况是：【可选多项】

（1）任社团主席 （2）任社团副职 （3）社团骨干成员 （4）社团一般成员 （5）没有参加过社团

B13. 在大学期间，您下述人际关系状况是：【每行限选一项】

	很好	较好	一般	较差	很差
1. 与同学的关系	（1）	（2）	（3）	（4）	（5）
2. 与舍友的关系	（1）	（2）	（3）	（4）	（5）
3. 与老师的关系	（1）	（2）	（3）	（4）	（5）
4. 与同乡的关系	（1）	（2）	（3）	（4）	（5）

B14. 您认为您有下列就业优势吗：【最多选三项】

（1）学习成绩好 （2）有相关实习和工作经历 （3）形象气质好

（4）学历层次高 （5）党员身份 （6）吃苦耐劳的品质

（7）学校名气大 （8）老师的推荐 （9）朋友的帮助

（10）父母、亲戚的帮助　　（11）工作能力强　　（12）性别为男性

（13）热门专业　　（14）拥有就业地户口　　（15）学生干部

（16）社会交际能力强　　（17）农村身份

（18）往届毕业生的声誉好

（19）应聘技巧好　　（20）其他（请写明）_____

（21）以上都没有

B15. 您是否参加过学校开设的就业指导课或讲座：（1）是，共_____课时　　（2）否【跳到 B17】

B16. 学校开设的就业指导课或讲座对自己的帮助是：

（1）很大　　（2）较大　　（3）一般　　（4）较小　　（5）基本没有

B17. 大学期间，您是否有实习（见习）经历：

（1）有，共_____次　　（2）没有

B18. 您认为参加各类就业实习对您今后就业帮助是：

（1）非常有用　　（2）比较有用　　（3）一般　　（4）不太有用

（5）完全没用

B19. 您通常通过什么渠道获取就业信息：【可选多项】

（1）校园招聘会　　（2）学校发布的招聘信息

（3）学校老师或校友推荐　　（4）省（区、市）高校就业信息网

（5）政府/社会机构组织的招聘会　　（6）各类招聘网站

（7）报纸/杂志发布的招聘信息　　（8）家庭或其他社会关系

（9）工作实习　　（10）直接向用人单位申请

（11）父母或亲戚介绍　　（12）其他（请写明）_____

（13）尚未关注

B20. 您了解哪些基层/西部就业项目、就业服务和就业政策：【可选多项】

（1）三支一扶　　（2）大学生志愿服务西部计划

（3）农村义务教育阶段学校教师特设岗位计划

（4）大学生村官计划　　（5）农业技术推广服务特设岗位计划

（6）应征入伍服兵役　　（7）到基层或中西部就业的专项政策措施

（8）到中小企业就业　　（9）对困难家庭毕业生就业援助

（10）灵活就业、自主创业的相关政策

（11）参与国家和地方重大科研项目（科研助理）

（12）其他（请写明）＿＿＿＿＿＿　（13）以上都不了解

B21. 您对到县级及以下基层工作的意愿是：

（1）非常愿意　　（2）比较愿意　　（3）一般　　（4）不太愿意

（5）很不愿意

B22. 在下列政策扶持项目中，您获得过的有：【可选多项】

（1）免费师范生资助　　（2）大学生服兵役及退役复学资助

（3）退役士兵教育资助　　（4）少数民族骨干计划

（5）国防生　　（6）其他定向培养项目　　（7）以上资助都未获得过

B23. 您对家乡就业政策的了解程度是：

（1）非常了解　　（2）比较了解　　（3）一般　　（4）不太了解

（5）很不了解

B24. 您对高校所在地就业政策的了解程度是：

（1）非常了解　　（2）比较了解　　（3）一般　　（4）不太了解

（5）很不了解

B25. 您感觉您的就业压力是：

（1）非常小　　（2）比较小　　（3）一般　　（4）比较大

（5）非常大

B26. 对于以下说法，您的态度是：【每行限选一项】

	非常同意	比较同意	一般	不太同意	很不同意
1. 父母的期望会增加我的就业负担	（1）	（2）	（3）	（4）	（5）
2. 想到就业，我就忧心忡忡	（1）	（2）	（3）	（4）	（5）
3. 学校的授课内容与社会需求脱节，使我很难就业	（1）	（2）	（3）	（4）	（5）
4. 担心自己的学习成绩在找工作中没有竞争力	（1）	（2）	（3）	（4）	（5）

续表

	非常同意	比较同意	一般	不太同意	很不同意
5. 父母和家庭对我找工作提供的帮助有限	(1)	(2)	(3)	(4)	(5)
6. 学校的实力和声誉对我的就业有帮助	(1)	(2)	(3)	(4)	(5)
7. 面对就业压力我会找人诉说	(1)	(2)	(3)	(4)	(5)
8. 学校的就业指导工作对我有所帮助	(1)	(2)	(3)	(4)	(5)
9. 用人单位的不正之风,使我很难找到工作	(1)	(2)	(3)	(4)	(5)
10. 自信心不够,影响了我找工作	(1)	(2)	(3)	(4)	(5)
11. 我会主动去寻找求职困难或挫折的解决办法	(1)	(2)	(3)	(4)	(5)
12. 用人单位招聘要求过高,使我很难找到工作	(1)	(2)	(3)	(4)	(5)
13. 专业能力弱让我害怕就业	(1)	(2)	(3)	(4)	(5)
14. 我的人际交往能力有利于找到工作	(1)	(2)	(3)	(4)	(5)
15. 我要找到一家自己满意的单位才会就业	(1)	(2)	(3)	(4)	(5)
16. 普通话不标准是我找工作时的劣势	(1)	(2)	(3)	(4)	(5)

B27. 面对今后求职和就业中存在的压力,您有可能采取的应对方式是:【可选多项】

(1) 通过抽烟喝酒或吃东西缓解　　(2) 睡觉　　(3) 向他人倾诉烦恼

(4) 向他人寻求建议　　(5) 参加文体活动　　(6) 改变原来的做法

(7) 上网发泄/玩游戏　　(8) 购物　　(9) 找专业机构进行辅导

(10) 其他(请写明)_____　　(11) 尚未考虑

三　就业创业倾向与职业生涯规划

C1. 毕业后您最想去的工作地区是:

(1) 东部地区(北京、天津、河北、上海、江苏、浙江、福建、山东、广东和海南)

(2) 中部地区(山西、安徽、江西、河南、湖北和湖南)

（3）西部地区（内蒙古、广西、重庆、四川、贵州、云南、西藏、陕西、甘肃、青海、宁夏和新疆）

（4）东北地区（辽宁、吉林和黑龙江）　　（5）没有特别偏好

C2. 毕业后您最想去工作的城市级别是：

（1）北上广深　　（2）省会城市　　（3）除（1）（2）城市外的其他市

（州、区）　　（4）县城　　（5）乡镇及农村地区　　（6）没有特别偏好

C3. 毕业后您是否想回到家乡工作？

（1）回到家乡所在省会城市　　（2）回到家乡所在市（州、区）

（3）回到家乡所在省的其他市（州、区）

（4）回到家乡所在县及以下地区

（5）回到家乡所在市（州、区）的其他县（市、区）

（6）在家乡所在省份以外的其他省份

C4. 毕业后您最想去的工作单位是：

（1）党政机关　　（2）群团组织（如工会/共青团/妇联/科协等）

（3）事业单位（如学校/研究机构/医院等）

（4）国有企业　　（5）集体企业　　（6）私营企业　　（7）外资企业

（8）自主创业　　（9）军队　　（10）其他（请写明）＿＿＿＿＿＿

C5. 您期望的就业起薪为：＿＿＿＿＿元，您可以接受的最低起薪为：

＿＿＿＿＿元【精确到百位数】。

C6. 在就业时，您最看重：【最多选三项】

（1）在大城市工作　　（2）工作单位规模大　　（3）工作自由

（4）福利待遇好　　（5）符合自己兴趣爱好　　（6）工作舒适

（7）能获得权力和社会资源　　（8）能够解决户口

（9）工作单位声誉好　　（10）工作稳定　　（11）经济收入高

（12）发展前景好　　（13）利于施展个人才干

（14）可照顾家庭　　（15）对社会的贡献大

（16）专业对口　　（17）其他（请写明）＿＿＿＿＿

C7. 对于以下观点和说法，您的态度是：【每行限选一项】

	非常同意	比较同意	一般	不太同意	很不同意
1. 读大学不一定有好工作,但不读大学肯定没好工作	(1)	(2)	(3)	(4)	(5)
2. 尽管就业起点低,也会有美好的未来	(1)	(2)	(3)	(4)	(5)
3. 现在找工作主要就是"拼爹"	(1)	(2)	(3)	(4)	(5)
4. 大学生基层就业,有利于了解社会和增长本领	(1)	(2)	(3)	(4)	(5)
5. 毕业生在就业环节中应该讲求诚信	(1)	(2)	(3)	(4)	(5)

C8. 您认为 2018 年大学生就业形势是:

（1）非常严峻 （2）比较严峻 （3）一般 （4）比较好

（5）很好

C9. 您认为您毕业时找到一份让您满意的工作的难度是:

（1）非常难 （2）比较难 （3）一般 （4）比较容易

（5）非常容易

C10. 您可接受的找不到工作的最长时间为:_____个月。

C11. 您认为"职业生涯规划"的重要性是:

（1）非常重要 （2）比较重要 （3）一般 （4）不太重要

（5）非常不重要

C12. 您是否有清晰的职业发展规划?

（1）有清晰的规划 （2）有规划但没有详细步骤

（3）有规划的方向但没有深入考虑过 （4）没有考虑过

C13. 整个来看,您的职业生涯规划是主动的还是随大流?

（1）主动 （2）随大流 （3）有主动行为也有随大流

（4）说不清 （5）其他（请写明）_____

C14. 实施职业生涯规划,您参加过以下哪些活动?【可选多项】

（1）涉猎相关领域知识 （2）职业证书考试 （3）坚持学外语

（4）到相关领域去实习 （5）参加社交活动,积累人脉 （6）自费

参加培训 （7）其他（请写明）_____ （8）以上都没有

C15. 您是否参加过职业生涯规划类的教育培训？ （1）没有参加过【跳到C17】（2）参加过

C16. 您参加过的职业生涯规划类教育培训是哪些机构或部门组织的？【可选多项】

（1）学校就业指导中心 （2）政府部门 （3）团组织 （4）社会组织 （5）其他（请写明）_____

C17. 您认为目前大学生就业中是否存在歧视现象？

（1）存在 （2）不存在【跳到C19】 （3）不知道【跳到C19】

C18. 您认为在找工作中会存在哪些主要的就业歧视？【可选多项】

（1）户口歧视 （2）性别歧视 （3）学历歧视 （4）学校歧视
（5）相貌/身高歧视 （6）地域歧视 （7）宗教歧视 （8）年龄歧视 （9）其他（请写明）_____

C19. 在大学生就业服务的宏观政策措施方面，您认为最需要加强的是：【最多选三项】

（1）建立全国性大学生就业动态信息系统 （2）政府提供就业专项扶助资金 （3）规范招聘信息网络平台 （4）增加就业岗位
（5）完善就业政策法规 （6）加快大学生创业园建设 （7）完善大学生失业保险 （8）其他（请写明）_____ （9）以上都不需要

C20. 在下列由共青团提供的大学生就业创业服务中，您了解的有哪些？【可选多项】

（1）青年就业创业移动信息服务平台 （2）就业创业的资金支持
（3）青年就业创业知识讲座 （4）青年创业就业基金会 （5）青年创业小额贷款 （6）青年就业创业见习基地
（7）其他（请写明）_____ （8）以上都不了解

C21. 您最希望共青团提供的大学生就业服务是：【可选多项】

（1）提供就业见习机会 （2）组织质量更好的校园招聘会
（3）专业性针对性强的就业创业辅导

（4）提供更为准确的就业信息 （5）提供就业创业资金支持

（6）指导学生进行科学的职业规划 （7）加强面试模拟训练

（8）加强就业心理辅导 （9）杰出校友就业创业经验分享会

（10）其他（请写明）_____ （11）以上都不需要

C22. 您是否有创业的打算？以下最符合您的情况的是：

（1）从未考虑过创业【跳到C25】

（2）偶尔想过创业，但没认真准备

（3）认真考虑过，并做了准备 （4）已经开始创业

C23. 如果创业，您的创业形式将是：

（1）合伙创业 （2）家庭创业 （3）个人创业 （4）没想好

（5）其他（请写明）_____

C24. 如果创业，您最希望创业资金来源于：【最多选三项】

（1）银行贷款 （2）自有资金 （3）亲朋好友资助

（4）风险投资 （5）政府资金支持 （6）私人借款

（7）其他（请写明）_____

C25. 您认为大学生选择创业的原因是：【最多选三项】

（1）个人的理想 （2）有好的创业项目

（3）家庭或社会关系的影响 （4）展示自我的价值和才能

（5）受学校或同学创业活动的影响 （6）未找到合适的工作

（7）其他（请写明）_____

C26. 在您看来，创业最重要的条件是：【最多选三项】

（1）资金 （2）政策支持 （3）经验 （4）家庭、朋友支持

（5）心态 （6）能力 （7）相关知识和技术 （8）人才

（9）周围的创业氛围 （10）其他（请写明）_____

C27. 您所在学校是否提供以下创业服务？【可选多项】

（1）创业课程 （2）创业孵化器 （3）创业导师 （4）创业讲座

（5）创业竞赛 （6）创业资金 （7）其他（请写明）_____

（8）以上都没有 （9）不了解

C28. 您是否了解下列国家对大学生返乡就业创业的相关政策？【最多选三项】

（1）税费优惠减免 （2）设立创业扶持基金 （3）技能培训和创业培训 （4）专项资金支持 （5）贴息贷款 （6）增加社会保险补贴，公益性岗位补贴等 （7）对有基层工作经历的在研究生招录/事业单位选聘等方面优先录取 （8）其他（请写明）_____

（9）不了解

C29. 您有没有毕业后返乡（家乡所在县及以下地区）就业创业的打算？

（1）有，而且目标十分清晰【跳到C31】 （2）有，但只是暂时想法【跳到C31】

（3）不知道，现在还不确定【跳到D1】 （4）毕业后想在外面工作几年再回去【跳到C31】 （5）完全没有【不回答C31、C32】

C30. 导致您毕业后不准备返乡就业创业的主要原因是：【最多选三项】

（1）家乡工资待遇低，就业创业回报率低 （2）家乡条件太艰苦，就业创业基础条件缺乏

（3）家乡发展落后，就业创业发展前途不大

（4）家乡休闲娱乐设施落后 （5）返乡就业创业的优惠政策太少

（6）家人不同意自己返乡就业创业

（7）自己想在外面闯一闯，不甘心待在家乡

（8）担心自身的创业知识和创业能力不足

（9）所学专业不适合就业创业 （10）其他（请写明）_____

C31. 吸引您毕业后打算返乡就业创业的主要因素是：【最多选三项】

（1）家乡发展机遇多 （2）家乡可以利用的资源更多

（3）能够照顾家庭 （4）希望能为家乡发展做贡献

（5）喜欢在自己熟悉的环境中生活 （6）家乡就业压力小

（7）家乡生活成本低 （8）返乡就业创业的政策优惠多

（9）在家乡能更好地融入社会 （10）其他（请写明）_____

C32. 您希望在返乡就业创业的过程中获得的主要帮助是：【最多选三项】

（1）当地增加技能培训和创业培训课程

（2）加大税费优惠减免力度 （3）加大创业资金扶持力度

（4）加大银行贷款优惠 （5）提供或提高返乡创业补贴

（6）提供或提高场地租赁优惠 （7）增加社会保险补贴

（8）增加公益性岗位补贴 （9）提供住房或购房优惠

（10）加大对有基层工作经历的优先录取力度

（11）其他（请写明）_____

四 社会支持、教育投入和政策期待

D1. 您父亲的最高学历是：_____；您母亲的最高学历是：_____。

【请将选项序号填在横线上】

（1）小学及以下 （2）初中 （3）高中/中专/职高

（4）专科/高职 （5）本科 （6）研究生

D2. 目前您家平常在一起生活的有几口人？_____人【没有请填0】。

D3. 您有_____个亲兄弟姐妹【独生子女请填0】。

D4. 2017年，您家的收支情况是：

（1）严重收不抵支 （2）轻度收不抵支 （3）收支平衡 （4）略有结余 （5）显著结余

D5. 目前您家里的欠债情况是：欠债_____万元。【没有欠债请填0】

D6. 在上一学年，您大致花了多少钱（包含学费、生活费）？_____元。

在花的这些钱中，父母和家人给的钱数是：_____元；奖助学金的钱数是：_____元；

勤工助学/实习兼职的收入钱数是：_____元。【以上数据精确到百位数】

D7. 在家庭所在地，您家的经济状况属于：

（1）远低于平均水平 （2）低于平均水平 （3）平均水平

（4）高于平均水平 （5）远高于平均水平

D8. 与大学同学相比，您的家庭经济状况属于：

（1）远低于平均水平 （2）低于平均水平 （3）平均水平

（4）高于平均水平 （5）远高于平均水平

D9. 除您之外，您家人中目前是否还有人正在接受某阶段教育？【可选多项】

（1）小学 （2）初中 （3）高中 （4）中职中专 （5）专科

（6）高职 （7）本科 （8）硕士研究生 （9）博士研究生

（10）以上都没有

D10. 目前您家每年的教育支出大概占家庭年度支出的比例为？

（1）低于10% （2）10%~29% （3）30%~49%

（4）50%~69% （5）70%以上 （6）说不清

D11. 您就读大学所需费用给您家庭带来的经济压力影响是：

（1）完全没有压力 （2）压力较小 （3）一般 （4）压力较大

（5）压力非常大

D12. 您工作后的收入会不会给家里（含现金、购买大件物品等)？

（1）会全部给家里 （2）会大部分给家里 （3）给家里一半

（4）给家里一小部分 （5）不会 （6）说不清

D13. 在学校的奖学金项目中，您获得过的有：【可选多项】

（1）国家奖学金 （2）学校奖学金 （3）院/系奖学金

（4）地方政府奖学金 （5）企业/基金会设立的奖学金

（6）个人设立的奖学金 （7）以上资助都未获得过

D14. 在学校的助困项目中，您获得过的有：【可选多项】

（1）国家励志奖学金

（2）国家助学贷款（校园地贷款或生源地贷款）

（3）国家助学金 （4）学费减免（不含免费师范生资助）

（5）地方政府助学金 （6）学校助学金

（7）校内无息借款 （8）伙食补助 （9）新生入学路费

（10）免费生活用品 （11）绿色通道 （12）以上资助都未获得过

D15. 在学校的勤工助学项目中，您获得过的有：【可选多项】

（1）校内助教　　（2）校内助研　　（3）校内助管（含辅导员）

（4）校内其他勤工俭学岗位　　（5）学校组织的校外勤工俭学

（6）以上资助都未获得过

D16. 您认为各类资助对您在校期间生活水平的帮助程度是：

（1）非常大　　（2）比较大　　（3）一般　　（4）比较小

（5）基本没有

D17. 在当前社会中有一定比例的穷人存在，您认为穷人陷入穷困的原因是：【最多选三项】

（1）没有能力才华　　（2）运气差　　（3）家庭条件差　　（4）懒惰

（5）身体不好，有残障　　（6）教育程度低　　（7）法律和政策缺乏对穷人平等的保障　　（8）缺少社会关系

D18. 在当前社会中有一定比例的富人存在，您认为富人能取得财富的主要原因是：【最多选三项】

（1）有能力才华　　（2）运气好　　（3）家庭背景好　　（4）工作努力

（5）有社会关系　　（6）教育程度高　　（7）政府的政策和法律偏向于富人　　（8）敢于冒险　　（9）违法乱纪，走歪门邪道

D19. 您对下列说法的态度是：【每行限选一项】

	非常同意	比较同意	一般	不太同意	很不同意
1. 应该从有钱人那里征收更多的税来帮助穷人	（1）	（2）	（3）	（4）	（5）
2. 不管家庭情况如何，只要足够努力，青年都能有公平的就业机会	（1）	（2）	（3）	（4）	（5）
3. 我不想让同学知道我家是贫困户	（1）	（2）	（3）	（4）	（5）
4. 贫困户这一身份在我成长过程中利大于弊	（1）	（2）	（3）	（4）	（5）

D20. 您家庭贫困的主要原因是：【最多选三项】

（1）家庭地处偏远　　（2）家里人口多　　（3）读书费用负担重

（4）家人生重病　（5）家里有残障人　（6）主要劳力年迈体弱

（7）家人文化水平低　（8）属于单亲家庭　（9）遭受重大自然灾害

（10）家人脱贫意愿不强　（11）家人不愿劳作

（12）其他（请写明）_____

D21. 开展精准扶贫工作以来，您家获得过的资助主要有：【可选多项】

（1）教育扶贫　（2）扶贫小额信贷　（3）易地搬迁扶贫

（4）旅游扶贫　（5）电商扶贫　（6）金融扶贫　（7）就业扶贫

（8）医疗扶贫　（9）产业项目扶贫　（10）危房改造　（11）其他

（请写明）_____　（12）以上都没有【跳到 D23】

D22. 您认为精准扶贫工作对您家庭的帮助如何?

（1）帮助非常大　（2）帮助比较大　（3）一般　（4）帮助较小

（5）基本没有帮助

D23. 2017 年以来，您参加过的志愿服务有：【可选多项】

（1）服务大型赛事/社会活动　（2）支教/支农/支医　（3）残疾人

志愿服务　（4）关爱留守儿童　（5）就近服务身边有需要的人

（6）帮助孤寡老人　（7）参加法律援助/心理咨询等专业志愿服务

（8）帮助闲散边缘和特殊困难青少年

（9）参加志愿服务献血　（10）国际志愿服务　（11）以上都没有

D24. 在成长过程中下列个人或组织对您的帮助大小分别是：

	非常大	比较大	一般	比较小	基本没有
1. 家人	（1）	（2）	（3）	（4）	（5）
2. 同学/朋友	（1）	（2）	（3）	（4）	（5）
3. 邻居	（1）	（2）	（3）	（4）	（5）
4. 老师	（1）	（2）	（3）	（4）	（5）
5. 扶贫干部	（1）	（2）	（3）	（4）	（5）
6. 地方政府	（1）	（2）	（3）	（4）	（5）
7. 团组织	（1）	（2）	（3）	（4）	（5）
8. 社工机构/慈善组织	（1）	（2）	（3）	（4）	（5）

D25. 目前您最希望政府采取哪些措施来帮助您的家庭脱离贫困？

  （1）直接提供生活资金或生活费　　（2）资助子女完成学业

  （3）提供优惠的贷款　　（4）提供技能培训

  （5）最大程度减免医疗的费用　　（6）改善家庭承包农田水利设施

  （7）改善住房条件　　（8）提供准确的就业信息　　（9）提供就业岗位

  （10）享受更优惠的农机具购买政策

  （11）其他（请写明）＿＿＿＿＿＿

D26. 您认为当前社会的公正程度是：

  （1）非常公正　　（2）比较公正　　（3）一般　　（4）不太公正

  （5）非常不公正

D27. 您对自己目前生活状况的满意程度是：【10代表最高，1代表最低】

  （1）1　　（2）2　　（3）3　　（4）4　　（5）5　　（6）6　　（7）7

  （8）8　　（9）9　　（10）10

填答至此结束。谢谢您的合作！

B.17

附录2 "大学生就业发展"调查问卷

（高校毕业生）

亲爱的青年朋友：

为深入了解大学生的就业观念、就业能力和就业倾向等相关内容，更好地为大学生就业服务，帮助政府等相关部门推进就业创业工作，我们进行了此次调查。请您根据真实情况进行填答，调查收集的数据仅供研究之用，您的信息将严格保密。感谢您的配合！

共青团中央《中国青年发展报告》课题组
2018 年 9 月

一　个人特征和就业能力

Z. 问卷编号：＿＿＿＿＿＿＿＿

A1. 您的性别：

　　（1）男　　　　（2）女

A2. 您的出生年份是：＿＿＿＿＿＿＿＿年。【请填写具体年份】

A3. 您的民族是：

　　（1）汉族　（2）蒙古族　（3）满族（4）回族　（5）藏族

　　（6）壮族　（7）维吾尔族　（8）其他

A4. 您考大学时家庭所在的地方是：＿＿＿＿＿＿省（自治区）＿＿＿＿＿＿县

A5. 您的政治面貌是：

　　（1）中共党员（含预备党员）　　（2）共青团员　（3）民主党派成员

　　（4）群众

559

A6. 您获得的最高学历是：

(1) 高职高专　　(2) 本科　　(3) 硕士研究生　　(4) 博士研究生

(5) 其他（请写明）_____

A7. 您获得最高学历的学校类型是：

(1)"双一流"高校　　(2) 非"双一流"本科高校　　(3) 公立高职高专　　(4) 民办本科 (5) 民办高职高专

A8. 您最高学历所属的专业大类是：

(1) 哲学　　(2) 经济学　　(3) 法学　　(4) 教育学　　(5) 文学

(6) 历史学　　(7) 理学　　(8) 工学　　(9) 农学　　(10) 医学

(11) 军事学　　(12) 管理学　　(13) 艺术学　　(14) 不清楚

A9. A. 您获得最高学历的年份是：____年；

B. 您参加工作的最初年份是：_____年。【请填写具体年份，尚未工作的请填"0"】

A10. 您认为您的健康状况是：

(1) 非常健康　　(2) 比较健康　　(3) 一般　　(4) 不太健康

(5) 非常不健康

A11. 您在上大学之前，是否有过以下经历：【可选多项】

(1) 留守儿童/青少年　　(2) 流动儿童/青少年　　(3) 休学

(4) 辍学　　(5) 无学可上　　(6) 留级　　(7) 打工

(8) 无以上经历

A12. 您对自己大学所读专业的满意程度是：

(1) 非常满意　　(2) 比较满意　　(3) 一般　　(4) 不大满意

(5) 非常不满意

A13. 在您读大学时，您是否辅修过其他专业或第二学位：

(1) 是　　　　(2) 否

A14. 大学毕业时，您学习成绩的班级总体排名是：

(1) 前10%　　(2) 前20%　　(3) 前30%　　(4) 前50%　　(5) 后50%　　(6) 不清楚

A15. 与您的大学同学相比，您在下列方面的水平是：【每行限选一项】

	很好	较好	中等	较差	很差
1. 社交能力	（1）	（2）	（3）	（4）	（5）
2. 组织能力	（1）	（2）	（3）	（4）	（5）
3. 自控能力	（1）	（2）	（3）	（4）	（5）
4. 抗挫折能力	（1）	（2）	（3）	（4）	（5）
5. 合作能力	（1）	（2）	（3）	（4）	（5）
6. 语言组织及表达能力	（1）	（2）	（3）	（4）	（5）

A16. 您的特长情况是：【可选多项】

（1）演讲/主持 （2）体育运动 （3）书法 （4）写作
（5）棋类活动 （6）文艺（如唱歌跳舞） （7）能喝酒 （8）组
织活动 （9）没有特长 （10）其他（请写明）＿＿＿＿＿＿

A17. 您大学期间是否获得过职业资格证书？（如会计证、社工证、钳工证
等）

（1）没有 （2）1个 （3）2个 （4）3个 （5）4个
（6）5个 （7）6个及以上

A18. 您大学期间是否获得过考试等级证书？（如大学英语等级证书、英语等
级证书、钢琴等）

（1）没有 （2）1个 （3）2个 （4）3个 （5）4个 （6）5
个 （7）6个及以上

A19. 您在大学期间是否是学生干部（含党团干部、学生会干部、研究生会
干部）：【可选多项】

（1）校级学生干部 （2）院/系学生干部 （3）班级学生干部
（4）没有当过学生干部

A20. 您在大学期间在社团方面的参与情况（含志愿服务组织）是：【可选
多项】

（1）任社团主席 （2）任社团副职 （3）社团骨干成员 （4）社
团一般成员 （5）没有参加过社团

A21. 在大学期间，您认为您下述人际关系的状况是：【每行限选一项】

	很好	较好	一般	较差	很差
1. 与同学的关系	(1)	(2)	(3)	(4)	(5)
2. 与舍友的关系	(1)	(2)	(3)	(4)	(5)
3. 与老师们的关系	(1)	(2)	(3)	(4)	(5)
4. 与同乡的关系	(1)	(2)	(3)	(4)	(5)

二 职业发展和职业培训

B1. 您目前的就业去向是：

(1) 已落实就业单位（签署三方协议）

(2) 已落实就业单位（签订劳动合同）

(3) 已落实就业单位（其他录用形式）

(4) 应征兵役　　(5) 国家基层项目（如西部计划等）

(6) 地方基层项目　　(7) 自由职业　　(8) 自主创业

(9) 求职中　　(10) 国内升学　　(11) 出国（境）留学

(12) 暂未就业

B2. 目前您创业的形式是：【仅限 B1 中选"(8) 自主创业者"填答】

(1) 合伙创业　　(2) 家庭创业　　(3) 个人创业

(4) 其他（请写明）＿＿＿＿＿＿

B3. 目前您的创业资金来源于：【最多选三项】【仅限 B1 中选"(8) 自主创业者"填答】

(1) 银行贷款　　(2) 自有资金　　(3) 亲朋好友资助

(4) 风险投资　　(5) 政府资金支持　　(6) 私人借款

(7) 其他（请写明）＿＿＿＿＿＿

B4. 您暂不就业的原因是：【仅限选"暂未就业"者回答，再跳到B34】

(1) 无生活压力，不着急就业　　(2) 未确定发展方向，休息一段再就业

（3）准备创业　　（4）拟报考地方公务员或事业单位

（5）准备行业资格考试　　（6）无法找到工作

（7）因家庭原因暂不就业　　（8）其他（请写明）＿＿＿＿＿＿

B5. 目前您的工作地区是：

（1）东部地区（北京、天津、河北、上海、江苏、浙江、福建、山东、广东和海南）

（2）中部地区（山西、安徽、江西、河南、湖北和湖南）

（3）西部地区（内蒙古、广西、重庆、四川、贵州、云南、西藏、陕西、甘肃、青海、宁夏和新疆）　　（4）东北地区（辽宁、吉林和黑龙江）

B6. 目前您工作的城市级别是：

（1）北上广深　　（2）省会城市　　（3）除（1）（2）城市外的其他市

（4）县城　　（5）乡镇及农村地区

B7. 您的工作所在地是否是家乡所在所属的县（市、区）：

（1）家乡所在县（市、区）

（2）是家乡所在市（州、区）的其他县（市）

（3）家乡所在省会城市

（4）家乡所在省（直辖市）的其他市（州、区）　　（5）在家乡所在省份以外的其他省份

B8. 您目前所在的单位类型是：

（1）党政机关　　（2）群团组织（如工会/共青团/妇联/科协等）

（3）事业单位（如学校/研究机构/医院等）

（4）国有企业　　（5）集体企业　　（6）私营企业　　（7）外资企业

（8）自主创业　　（9）军队　　（10）其他（请写明）＿＿＿＿＿＿

B9. 您目前的职务类型是：

（1）单位负责人　　（2）中层管理人员　　（3）专业技术人员

（4）普通办事人员　　（5）临时工作人员　　（6）其他

B10. 您工作所在的行业是：

（1）农林牧渔业　　（2）采矿或建筑业　　（3）制造业

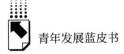

（4）批发零售业 （5）交通运输、邮政快递业

（6）住宿、餐饮业 （7）互联网及计算机服务业

（8）金融业 （9）房地产业 （10）科研及教育行业

（11）卫生和社会工作 （12）文体、娱乐传媒业

（13）党/政/群团组织及市政业（14）国际组织

B11. 在确定您现在的工作岗位时，您更看重的是：【最多选三项】

（1）在大城市工作 （2）工作单位规模大 （3）工作自由

（4）福利待遇好 （5）符合自己兴趣爱好 （6）工作舒适

（7）能获得权力和社会资源 （8）能够解决户口

（9）工作单位声誉好 （10）工作稳定 （11）经济收入高

（12）发展前景好 （13）利于施展个人才干

（14）可照顾家庭 （15）对社会的贡献大

（16）专业对口 （17）其他（请写明）＿＿＿＿＿＿＿＿

B12. 您所学专业与您从事工作的相关程度是：

（1）很相关 （2）相关 （3）一般 （4）不相关

（5）很不相关

B13. 您认为目前工作与自己的人生规划或人生目标的一致程度是：

（1）很一致 （2）一致 （3）一般 （4）不一致

（5）很不一致

B14. 目前这份工作是您的第＿＿＿＿＿＿份工作。

（1）1份【跳到至B16】 （2）2份 （3）3份 （4）4份

（5）5份 （6）6份 （7）7份及以上

B15. 您最近一次更换工作的原因是：【最多选三项】

（1）原工作太累 （2）原工作收入太低 （3）原工作没有发展空间

（4）与原单位同事关系不好 （5）找到更好工作

（6）因故中断工作 （7）企业倒闭 （8）被雇主解雇

（9）其他（请写明）＿＿＿＿＿＿＿

B16. 2017年您的平均月收入大约有＿＿＿＿＿＿元（含奖金、津贴等）。【精确

到百位数】

（若2018年刚参加工作的，按最近两个月的平均月工资来填写）

B17. 您毕业时期望的就业起薪：_____元，您可以接受的最低起薪：_____元。【精确到百位数】

B18. 除了工资收入，您每个月还有其他什么收入？【可选多项】

（1）没有其他收入 （2）出租房屋 （3）兼职

（4）开网店/微店等 （5）讲座 （6）授课 （7）稿酬或版税

（8）投资股票 （9）投资基金 （10）投资理财产品等

（11）其他（请写明）_____

B19. 您除工资外的其他收入占总收入的比例约为：

（1）没有 （2）10%以下 （3）10%~29% （4）30%~49%

（5）50%~69% （6）70%及以上

B20. 考虑到您的能力和工作状况，您认为您目前收入的合理程度是：

（1）非常合理 （2）比较合理 （3）一般 （4）不太合理

（5）非常不合理

B21. 请问您现在拥有五险一金中的哪些保障？【可选多项】

（1）养老保险 （2）医疗保险 （3）失业保险 （4）工伤保险

（5）生育保险 （6）住房公积金 （7）以上都没有

B22. 您当前工作签订书面劳动合同的实际情况是：

（1）签订了固定期限劳动合同 （2）签订了无固定期限劳动合同

（3）没有签订劳动合同 （4）无须签劳动合同（如国家机关、事业单位编内人员） （5）其他（请写明）_____ （6）说不清

B23. 从您的经历来看，您所在单位存在拖欠工资现象么？

（1）没有 （2）有，拖了1个月 （3）有，拖了3个月 （4）有，拖了半年以上

B24. 您是否享受过带薪休假？

（1）没有 （2）享受过 （3）暂时没有资格 （4）说不清

B25. 您单位职务或职称晋升的状况如何？

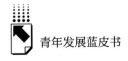
（1）晋升很快　　（2）晋升比较快　　（3）一般　　（4）晋升很慢

（5）晋升非常慢

B26. 您认为凭您的能力，最快几年能够晋升到更高一级的职务或职称？

　　（1）1 年之内　　（2）1～3 年　　（3）3～5 年

　　（4）5～8 年　　（5）8～10 年　　（6）10 年及以上

B27. 您目前工作的适应程度如何？

　　（1）非常适应　　（2）比较适应　　（3）一般　　（4）有点不适应

　　（5）非常不适应

B28. 对于以下观点和说法，您的态度是：（每行限选一项）

	非常同意	比较同意	一般	不太同意	很不同意
1. 我能很快地适应陌生的工作环境	（1）	（2）	（3）	（4）	（5）
2. 我能够跟上工作中的节奏	（1）	（2）	（3）	（4）	（5）
3. 不管生活环境变化多大,我能很快习惯	（1）	（2）	（3）	（4）	（5）
4. 面对就业中的困境,我可以迅速调整过来	（1）	（2）	（3）	（4）	（5）
5. 我喜欢尝试不同的方法去完成熟悉的工作	（1）	（2）	（3）	（4）	（5）
6. 在平时,我善于观察现状并识别问题	（1）	（2）	（3）	（4）	（5）
7. 出现问题后,我能寻找出多种解决方法	（1）	（2）	（3）	（4）	（5）
8. 即使在单位中遭遇了不公正待遇,我也能够面对	（1）	（2）	（3）	（4）	（5）
9. 我能够积极地看待自己的工作	（1）	（2）	（3）	（4）	（5）

B29. 以一周的时间来计算，您每周的平均工作时长大概是：

　　（1）35 小时及以下　　（2）36 至 40 小时　　（3）41 至 45 小时

　　（4）46 至 50 小时　　（5）51 至 55 小时　　（6）56 小时以上

B30. 您感觉到的职业压力是：

　　（1）非常小　　（2）比较小　　（3）一般　　（4）比较大

　　（5）非常大

B31. 您认为您的职业压力主要来自：【最多选三项】

（1）工作环境较差 （2）工作内容复杂 （3）职场关系难处理

（4）专业能力有待提高 （5）薪水太少 （6）领导太强势

（7）晋升机会少 （8）找不到自己的位置

（9）经常加班 （10）家庭与工作难平衡 （11）家人就业期望高

（12）其他（请写明）_____

B32. 面对职业发展中的压力，您一般采取何种方法应对？【可选多项】

（1）通过抽烟喝酒或吃东西缓解 （2）睡觉 （3）向他人倾诉烦恼

（4）向他人寻求建议 （5）参加文体活动 （6）改变原来的做法

（7）上网发泄/玩游戏 （8）购物 （9）找专业机构进行辅导

（10）其他（请写明）_____ （11）尚未考虑

B33. 您对工作中以下方面的满意程度是：

项目	非常满意	比较满意	一般	不太满意	很不满意
1. 工资水平满意程度	（1）	（2）	（3）	（4）	（5）
2. 工作时间满意程度	（1）	（2）	（3）	（4）	（5）
3. 单位文化满意程度	（1）	（2）	（3）	（4）	（5）
4. 单位人际关系满意程度	（1）	（2）	（3）	（4）	（5）
5. 工资外的福利满意程度	（1）	（2）	（3）	（4）	（5）
6. 工作环境满意程度	（1）	（2）	（3）	（4）	（5）
7. 工作整体满意程度	（1）	（2）	（3）	（4）	（5）

B34. 您认为"职业生涯规划"的重要性是：

（1）非常重要 （2）比较重要 （3）一般 （4）不大重要

（5）非常不重要

B35. 您是否有清晰的职业发展规划？

（1）有清晰的规划 （2）有规划但没有详细步骤

（3）有规划的方向但没有深入考虑过 （4）没有考虑过

B36. 整个来看，您的职业生涯规划是主动的还是随大流？

（1）主动的 （2）随大流 （3）有主动行为也有随大流

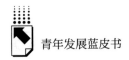

（4）说不清　　（5）其他（请写明）_____

B37. 实施职业生涯规划，您参加过以下哪些活动？【可选多项】

（1）涉猎相关领域知识　　（2）职业证书考试　　（3）坚持学外语

（4）到相关领域去实习　　（5）参加社交活动，积累人脉

（6）自费参加培训　　（7）其他（请写明）_____

（8）以上都没有

B38. 您大学毕业后参加过培训么？

（1）参加过　　（2）没有参加过【跳到C1】

B39. 您大学毕业后参加过的培训是哪些机构或部门组织的？

（1）政府劳动就业部门　　（2）现在工作单位　　（3）团组织

（4）社会组织　　（5）工会　　（6）自费

（7）其他（请写明）_____

B40. 您大学毕业后参加的培训主要是哪种类型？

（1）工作技能类　　（2）职业生涯规划类　　（3）劳动安全类

（4）心理健康类　　（5）礼仪类　　（6）语言培训类

（7）计算机培训类　　（8）艺术类　　（9）人际交往类

（10）其他（请写明）_____

三　就业创业教育和经历

C1. 在大学毕业找工作时，您认为自己在找工作过程中的努力程度是：

（1）非常努力　　（2）比较努力　　（3）一般　　（4）不太努力

（5）很不努力

C2. 您对毕业后的第一份工作是否满意？

（1）非常满意　　（2）比较满意　　（3）一般　　（4）不太满意

（5）很不满意

C3. 在大学毕业时，您可接受的最长待业时间为：_____个月；【请填写具体数字】

目前，您可接受的最长待业时间为：＿＿＿＿＿＿＿＿个月。【请填写具体数字】

C4. 在大学毕业的求职过程中，您共计发出求职简历＿＿＿＿＿＿份，邀请您进入第一轮招聘考核的单位为＿＿＿＿＿个，曾表示愿意接收您的单位为＿＿＿＿＿＿个。【请填写具体数字】

C5. 毕业时找工作，您为此花费的相关费用（服装、出行旅费、简历等）估计共约＿＿＿＿＿元。

【请填写具体数字】

C6. 这些费用是在您的承受范围之内还是超出了您的承受能力范围：

（1）完全没超出 （2）没有超出 （3）一般 （4）超出一点

（5）超出非常多

C7. 在您找工作的过程中，对您帮助最大的人是：【最多选三项】

（1）家人 （2）亲属 （3）朋友 （4）同乡 （5）同学/校友

（6）邻里 （7）老师 （8）网友 （9）其他（请写明）＿＿＿＿＿

C8. 您家人在您找工作的过程中所起的作用：

（1）很大 （2）较大 （3）一般 （4）较小 （5）很小

C9. 在下列就业优势中，您拥有的是：【最多选三项】

（1）学习成绩好 （2）有相关实习和工作经历 （3）形象气质好

（4）学历层次高 （5）党员身份 （6）吃苦耐劳的品质

（7）学校名气大 （8）老师的推荐 （9）朋友的帮助

（10）父母、亲戚的帮助 （11）工作能力强 （12）性别为男性

（13）热门专业 （14）拥有就业地户口 （15）学生干部

（16）社会交际能力强 （17）农村身份 （18）往届毕业生的声誉好

（19）应聘技巧好 （20）其他（请写明）＿＿＿＿＿

（21）以上都没有

C10. 结合您的就业经历，学校与政府提供的就业创业服务对您的帮助程度：

【每行限选一项】

	帮助很大	帮助较大	一般	帮助较少	没有帮助	没接触过
1. 创业大赛	(1)	(2)	(3)	(4)	(5)	(6)
2. 大型招聘会	(1)	(2)	(3)	(4)	(5)	(6)
3. 创业资金支持	(1)	(2)	(3)	(4)	(5)	(6)
4. 创业实践导师	(1)	(2)	(3)	(4)	(5)	(6)
5. 就业信息提供	(1)	(2)	(3)	(4)	(5)	(6)
6. 技能培训	(1)	(2)	(3)	(4)	(5)	(6)
7. 职业生涯规划	(1)	(2)	(3)	(4)	(5)	(6)

C11. 结合您的就业经历，学校与政府提供的就业创业服务的哪些方面应加强？【可选多项】

（1）创业大赛　　（2）大型招聘会　　（3）创业资金支持

（4）创业实践导师　　（5）就业信息提供　　（6）技能培训

（7）职业生涯规划　　（8）以上都不需要

C12. 在下列由共青团提供的大学生就业创业服务中，在大学期间您获得过的有哪些？【可选多项】

（1）青年就业创业移动信息服务平台　　（2）就业创业的资金支持

（3）青年就业创业知识讲座　　（4）青年创业就业基金会

（5）青年创业小额贷款　　（6）青年就业创业见习基地

（7）其他（请写明）＿＿＿＿＿＿＿　　（8）以上都没获得过

C13. 在大学毕业时，您最希望共青团提供的大学生就业服务是：【可选多项】

（1）提供就业见习机会　　（2）组织质量更好的校园招聘会

（3）专业性针对性强的就业创业辅导

（4）提供更为准确的就业信息　　（5）提供就业创业资金支持

（6）指导学生进行科学的职业规划　　（7）加强面试模拟训练

（8）加强就业心理辅导　　（9）杰出校友就业创业经验分享会

（10）其他（请写明）＿＿＿＿＿＿　　（11）以上都不需要

C14. 您认为目前大学生就业中是否存在歧视现象？

（1）存在 （2）不存在【跳到 C16】 （3）不知道【跳到 C16】

C15. 您在找工作中遇到过哪些就业歧视：【可选多项】

（1）户口歧视 （2）性别歧视 （3）学历歧视 （4）学校歧视

（5）相貌/身高歧视 （6）地域歧视 （7）宗教歧视

（8）年龄歧视 （9）其他（请写明）_____

C16. 大学毕业时您是否有创业意愿？

（1）从未考虑过创业 （2）偶尔想过创业，但没认真准备

（3）认真考虑过，并做了准备 （4）已开始创业

C17. 您觉得大学生选择创业的原因是：【最多选三项】

（1）个人的理想 （2）有好的创业项目 （3）家庭或社会关系的影响

（4）展示自我的价值和才能 （5）受学校或同学创业活动的影响

（6）未找到合适的工作 （7）其他（请写明）_____

C18. 在您看来，创业最重要的条件是：【最多选三项】

（1）资金 （2）政策支持 （3）经验 （4）家庭、朋友支持

（5）心态 （6）能力 （7）相关知识和技术 （8）人才

（9）周围的创业氛围 （10）其他（请写明）_____

C19. 大学期间您是否获得过以下创业服务？【可选多项】

（1）创业课程 （2）创业孵化器 （3）创业导师 （4）创业讲座

（5）创业竞赛 （6）创业资金

（7）其他（请写明）_____

（8）以上都没有 （9）不了解

C20. 您是否了解下列国家对大学生返乡就业创业的相关政策？【可选多项】

（1）税费优惠减免 （2）设立创业扶持基金 （3）技能培训和创业培训 （4）专项资金支持 （5）贴息贷款 （6）增加社会保险补贴，公益性岗位补贴等 （7）对有基层工作经历的在研究生招录/事业单位选聘等方面优先录取 （8）其他（请写明）_____ （9）不了解

C21. 您是否打算返乡就业创业：【B7 题中选（1）（2），即已在家庭所在市

（州）就业创业的不需回答】

（1）有，而且目标十分清晰【跳到C23】　　（2）有，但只是暂时想法【跳到C23】　　（3）不知道，现在还不确定【跳到D1】

（4）毕业后想在外面工作几年再回去【跳到C23】

（5）完全没有【不回答C23、C24】

C22. 导致您毕业后未返乡就业创业的主要原因是：【最多选三项】（已在家庭所在市就业的不需回答）

（1）家乡工资待遇低，就业创业回报率低

（2）家乡条件太艰苦，就业创业基础条件缺乏

（3）家乡发展落后，就业创业发展前途不大

（4）家乡休闲娱乐设施落后

（5）返乡就业创业的优惠政策太少

（6）家人不同意自己返乡就业创业

（7）自己想在外面闯一闯，不甘心待在家乡

（8）担心自身的创业知识和创业能力不足

（9）所学专业不适合就业创业　　（10）其他（请写明）

C23. 吸引您毕业后返乡就业创业的主要原因是：【最多选三项】

（1）家乡发展机遇多　　（2）家乡可以利用的资源更多

（3）能够照顾家庭　　（4）希望能为家乡发展做贡献

（5）喜欢在自己熟悉的环境中生活　　（6）家乡就业压力小

（7）家乡生活成本低　　（8）返乡就业创业的政策优惠多

（9）在家乡能更好地融入社会　　（10）其他（请写明）＿＿＿＿＿

C24. 您希望在返乡就业创业的过程中获得的主要帮助是：【最多选三项】

（1）当地增加技能培训和创业培训课程

（2）加大税费优惠减免力度　　（3）加大创业资金扶持力度

（4）加大银行贷款优惠　　（5）提供或提高返乡创业补贴

（6）提供或提高场地租赁优惠　　（7）增加社会保险补贴

（8）增加公益性岗位补贴　　（9）提供住房或购房优惠

（10）加大对有基层工作经历的优先录取力度

（11）其他（请写明）_____

四 社会支持、教育投入和政策期待

D1. 您父亲的最高学历是：_____；您母亲的最高学历是：_____。
【请将序号填在横线上】

（1）小学及以下　（2）初中　（3）高中/中专/职高

（4）专科/高职　（5）本科　（6）研究生

D2. 目前您家平常在一起生活的有几口人？_____人【没有请填0】。

D3. 您有_____个亲兄弟姐妹【独生子女请填0】。

D4. 2017年，您家的收支情况是：

（1）严重收不抵支　（2）轻度收不抵支　（3）收支平衡

（4）略有结余　（5）显著结余

D5. 目前您家里的欠债情况是：欠债_____万元。【没有欠债请填0】

D6. 在您大学最后一个学年中，您大致花了多少钱（包含学费、生活费）？
_____元。

在花的这些钱中，父母和家人给的钱数是：_____元；奖助学金
的钱数是：_____元；

勤工助学/实习兼职的收入钱数是：_____元。【以上数据精确到
百位数】

D7. 在家庭所在地，您家的经济状况属于：

（1）远低于平均水平　（2）低于平均水平　（3）平均水平

（4）高于平均水平　（5）远高于平均水平

D8. 与周围大学同学相比，您的家庭经济状况属于：

（1）远低于平均水平　（2）低于平均水平　（3）平均水平

（4）高于平均水平　（5）远高于平均水平

D9. 在您读大学的时候，您家人中是否还有人也在接受某阶段教育？【可选

多项】

(1) 小学　　(2) 初中　　(3) 高中　　(4) 中职中专　　(5) 专科

(6) 高职　　(7) 本科　　(8) 硕士研究生　　(9) 博士研究生

(10) 以上都没有

D10. 在您读大学的最后一年，您家当年的教育支出大概占家庭年度支出的
比例是：

(1) 低于10%　　(2) 10%～29%　　(3) 30%～49%　　(4) 50%～
69%　　(5) 70%以上　　(6) 说不清

D11. 您就读大学所需费用给您家庭带来的经济压力影响是：

(1) 完全没有压力　　(2) 压力较小　　(3) 一般　　(4) 压力较大

(5) 压力非常大

D12. 今年以来，您的收入是否给家里（含现金、购买大件物品等）？

(1) 全部给家里　　(2) 大部分给家里　　(3) 给家里一半

(4) 给家里一小部分　　(5) 没有给过　　(6) 说不清

D13. 您认为各类资助对您当时在读大学期间生活水平的帮助程度是：

(1) 非常大　　(2) 比较大　　(3) 一般

(4) 比较小　　(5) 基本没有　　(6) 没有获得过任何资助

D14. 在当前社会中有一定比例的穷人存在，您认为穷人陷入穷困的原因是：
【最多选三项】

(1) 没有能力才华　　(2) 运气差　　(3) 家庭条件差　　(4) 懒惰

(5) 身体不好，有残障　　(6) 教育程度低　　(7) 法律和政策缺乏对
穷人平等的保障　　(8) 缺少社会关系

D15. 在当前社会中有一定比例的富人存在，您认为富人能取得财富的原因
是：【最多选三项】

(1) 有能力才华　　(2) 运气好　　(3) 家庭背景好　　(4) 工作努力

(5) 有社会关系　　(6) 教育程度高　　(7) 政府的政策和法律偏向于
富人　　(8) 敢于冒险　　(9) 违法乱纪，走歪门邪道

D16. 您对下列说法的态度是：【每行限选一项】

	非常同意	比较同意	一般	不太同意	很不同意
1. 应该从有钱人那里征收更多的税来帮助穷人	(1)	(2)	(3)	(4)	(5)
2. 不管家庭情况如何，只要足够努力，都能有公平的就业机会	(1)	(2)	(3)	(4)	(5)
3. 我不想让同学知道我家是贫困户	(1)	(2)	(3)	(4)	(5)
4. 贫困户这一身份在我成长过程中利大于弊	(1)	(2)	(3)	(4)	(5)

D17. 您家庭贫困的主要原因是：【最多选三项】

（1）家庭地处偏远 （2）家里人口多 （3）读书费用负担重

（4）家人生重病 （5）家里有残障人 （6）主要劳力年迈体弱

（7）家人文化水平低 （8）属于单亲家庭

（9）遭受重大自然灾害 （10）家人脱贫意愿不强

（11）家人不愿劳作 （12）其他（请写明）＿＿＿＿＿＿

D18. 开展精准扶贫工作以来，您家获得过的资助主要有：【可选多项】

（1）教育扶贫 （2）扶贫小额信贷 （3）易地搬迁扶贫

（4）旅游扶贫 （5）电商扶贫 （6）金融扶贫 （7）就业扶贫

（8）医疗扶贫 （9）产业项目扶贫 （10）危房改造 （11）其他

（请写明）＿＿＿＿＿＿ （12）以上都没有【跳到D20】

D19. 您认为精准扶贫工作对您家庭的帮助如何？

（1）帮助非常人 （2）帮助比较大 （3）一般 （4）帮助较小

（5）基本没有帮助

D20. 2017年以来，您参加过的志愿服务有：【可选多项】

（1）服务大型赛事/社会活动 （2）支教/支农/支医

（3）残疾人志愿服务 （4）关爱留守儿童

（5）就近服务身边有需要的人 （6）帮助孤寡老人

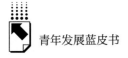

（7） 参加法律援助/心理咨询等专业志愿服务

（8） 帮助闲散边缘和特殊困难青少年

（9） 参加志愿服务献血 （10） 国际志愿服务 （11） 以上都没有

D21. 在成长过程中下列个人或组织对您的帮助大小分别是：

	非常大	比较大	一般	比较小	基本没有
1. 家人	(1)	(2)	(3)	(4)	(5)
2. 同学/朋友	(1)	(2)	(3)	(4)	(5)
3. 邻居	(1)	(2)	(3)	(4)	(5)
4. 老师	(1)	(2)	(3)	(4)	(5)
5. 扶贫干部	(1)	(2)	(3)	(4)	(5)
6. 地方政府	(1)	(2)	(3)	(4)	(5)
7. 团组织	(1)	(2)	(3)	(4)	(5)
8. 社工机构/慈善组织	(1)	(2)	(3)	(4)	(5)

D22. 目前您最希望政府采取哪些措施来帮助您的家庭脱离贫困？

（1） 直接提供生活资金或生活费 （2） 资助子女完成学业

（3） 提供优惠的贷款 （4） 提供技能培训

（5） 最大程度减免医疗的费用 （6） 改善家庭承包的农田水利设施

（7） 改善住房条件 （8） 提供准确的就业信息 （9） 提供就业岗位

（10） 享受更优惠的农机具购买政策

（11） 其他（请写明）_____

D23. 您认为当前社会的公正程度是：

（1） 非常公正 （2） 比较公正 （3） 一般 （4） 不太公正

（5） 很不公正

D24. 您对自己目前生活状况的满意程度是：【10 代表最高，1 代表最低】

（1） 1 （2） 2 （3） 3 （4） 4 （5） 5 （6） 6 （7） 7

（8） 8 （9） 9 （10） 10

填答至此结束。谢谢您的合作！

Abstract

Employment is the foundation of people's livelihood. In the context of targeted poverty alleviation, it is an important thing of our country to realize more adequate and higher quality employment of college students from poverty population of file establishment. According to the systematic investigation and scientific analysis of nearly 6,000 college students in 20 national-level poverty counties, we got the information of the basic situation of employment development, interest demands and related services of college students among the poverty population of file establishment. This book is divided into 15 chapters: Chapter 1 is general report, Chapter 2 to 7 mainly explore the employment cognition and the basic employment situation of graduate students, which include the employment tendency, the competence of employment and the quality of the employment. Chapters 8 to 11 examine the relationship between family poverty, employment discrimination, education input and social support and the employment of college students among the poverty population of file establishment. In addition, explore the factors affecting the employment development of this group. Chapter 12 – 15 summarizes the successful experience of the government, universities and the communist youth league in supporting youth employment and entrepreneurship, evaluates the existing policies and problems through policy analysis, and proposes improvement paths and measures. It is found that the poverty college students have better academic performance and a stronger sense of struggle. Graduates have achieved full employment, and the types of work are diverse, they are satisfied with their work. College students' employment mentality is calm and stable, employment cognition is objective and rational. Beside, many employment policies have been issued, and the employment support system has been established. However, the survey results also show that college students have insufficient competence of employment and unclear career planning. they have

much more employment pressures. In addition, the scarce of family capital and the conservative concept of employment, low policy awareness has restricted theirs employment development. Therefore, we need to optimize the employment and entrepreneurship environment by increasing policy supply, and to innovate training mode of colleges to improve the employability of the group. Furthermore, in order to improve the sense of policy acquisition of college students, the authorities should increase policies advocacy.

Keywords: Poverty Population of File Establishment; College Students; Employment and Entrepreneurship

Contents

I   General Report

Abstract: according to the Commission of the Central Committee of the Communist Youth League, China Youth & Children Research Center conducted a questionnaire survey and interview survey on the employment development of college students in the population of File establishment with filing cards in 20 national poverty-stricken counties in 10 provinces. The research group collected 5386 valid questionnaires, of which 3993 were college students, accounting for 74. 14% ; 1393 were college graduates, accounting for 25. 86% . According to the survey, the college students in the poverty-stricken population with filing cards have group characteristics different from the general college students, and also have special employment expectations, employment needs, employment awareness and employment experience. Government departments, colleges and universities, Communist Youth League organizations, employers, etc. should carry out targeted employment services in accordance with the special employment needs of college students in the poverty-stricken population, to promote the better employment development of these college students with family economic difficulties.

Keywords: File Establishment; Poverty Population; Employment of College Students; Employment Development

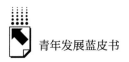
青年发展蓝皮书

II Investigation Reports

B. 2 A Study on the Employment Tendency of College Students among the Poverty Population of File Establishment

Sun Hongyan , Sun Jinlu / 053

Abstract: Through the investigation and data analysis on the employment concept, employment desire, employment external support conditions, entrepreneurial intention, entrepreneurial demand, career planning education and so on, it is found that college students' employment choice pays special attention to development prospects and interests and hobbies, and believes that capital and ability are important conditions for entrepreneurship. College students' first choice for employment is in provincial capital cities or institutions, and the proportion of college students willing to go to villages and towns or rural areas is the lowest. More than 60% of college students want to start a business in partnership, and almost 50% want to get venture capital support. Less than 10% of college students have a clear willingness and goal to return to their hometown to start a business, and the thought of exploring outside is the primary reason why college students do not want to return to their hometown to start a business. Nearly 90% of college students think that the employment situation is grim, and more than 70% of college students consider it difficult to find a satisfactory job. Therefore, it can be seen that most college students' attitude towards grass-roots employment is not positive enough, lack of strong entrepreneurial willingness and clear career planning, policy awareness and benefit rate is low, and most schools have only a single form of employment and entrepreneurship guidance. The study suggests that we should build a long-term guiding mechanism for college students' grass-roots employment, promote and improve the construction of college students' innovation and entrepreneurship ecological system, enhance the professionalism of college students' career planning education, vigorously publicize and popularize employment and entrepreneurship policies and services, and establish a school employment guidance system that integrates education, management, guidance and service.

Keywords: Poverty Population of File Establishment; College Students; Willingness to Employment; Career

B. 3 A Study on the Cultivation of College Students' Employability among the Poverty Population of File Establishment

Zhao Xia, Shi Guofeng / 105

Abstract: This survey found that the employability of college students in the registered poor population has been cultivated through participating in social practice and receiving guidance on employment and entrepreneurship; however, there are still some problems that need to be concerned, including lack of professional interest, lack of basic skills and personal expertise, limited access to employment, lack of understanding of employment policies, etc. It is suggested that we should optimize the policies for the promotion of employability, innovate the talent cultivation model, improve the employment guidance system, actively promote the entrepreneurial practice and strengthen the cultivation of positive psychological quality.

Keywords: Poverty Population of File Establishment; College Students; Employability; Employment Guidance

B. 4 Employment Status of College Graduates among the Poverty Population of File Establishment

Li Jie / 145

Abstract: Based on the survey and analysis of the employment preference, employment quality and employment satisfaction of the impoverished college

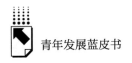 青年发展蓝皮书

graduates on file, this report finds out that they have relatively good scores in college and balanced ability, and they pay more attentions to the security factors such as income and benefits in their job search process. Furthermore, the report finds out that the characteristics and difficulties they encountered in their employment such as their income is relatively low, they change job frequently, they usually encounter discrimination of educational background, their employee rights and benefits cannot be fully realized, and they hardly return to their hometowns for employment and self-employment despite the willingness. Therefore, the following suggestions are put forward in the report to provide intellectual support for the service of the Communist Youth League to precisely promote youth employment in the poverty-stricken areas: establishing a nationwide employment information platform for impoverished college graduates; strengthening the tracking and assisting mechanism of employment; using special policies and laws as protecting means and economic measures as incentives, coordinating government departments, universities and local governments together to promote employment quality of impoverished college graduates on File, and to stimulate their enthusiasm for finding jobs or starting their own businesses in their hometowns.

Keywords: Employment Preference; Job Search Process; Employment Quality; Employment Satisfaction

B. 5 A Study on the Employment Pressure of College Students among the Poverty Population of File Establishment

Gao Yanrong / 186

Abstract: Based on the survey data, this report analyze the present situation, the sources, self-adaption, psychological impact and professional approach of occupational stress of poor graduates and undergraduates with documents and cards, as well as the role family, friends, government and public welfare charity, social support networks in the college students play in the process of development, describing college students' group differences from the different gender, family origin and different types on these issues. The research shows that both graduates and undergraduates are commonly facing serious employment pressure. In view of this issue, three suggestion are put forward: Students themselves should understand the situation of the job market, reasonably design their job hunting and employment objectives; The college should strengthen the accuracy and effectiveness of employment guidance for poor college students. The society should improve employment policies, employment market and employment services for poor college students. The results are beneficial to guide college students and graduates to relieve employment pressure and occupational pressure.

Keywords: College Students; Employment Pressure; Career Pressure; Professional Approach; Social Support

B. 6 Research on the Entrepreneurial Status of College Students among the Poverty Population of File Establishment

Guo Yuankai / 228

Abstract: In the context of targeted poverty alleviation, it is an important thing of our country to realize more adequate and higher quality employment of college students from poverty families of file establishment. The results showed that the entrepreneurial intention and the incidence of entrepreneurial behavior of the graduates and college students were low, and the entrepreneurial motivation showed the characteristics of individual achievement. There is a gap between "ideal and reality" in the acquisition of entrepreneurial capital. Both groups have space for improvement in the core competence of entrepreneurship; the existing entrepreneurial services mainly focus on lectures; the students have strong policy expectations and interest demands. Through Logistic regression, it was found that gender, school type, major type, family economic pressure, entrepreneurship

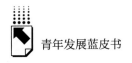
education in colleges, policy cognition degree and entrepreneurship ability were significantly correlated with the entrepreneurial intention of college students. Therefore, we should build diversified financing channels. Moreover, improve the environment for innovation and entrepreneurship, and introduce special policies to support employment and entrepreneurship. Besides we need improve the ability to start a business and change career mentality; we also need to change the employment concept of poverty families and strengthen employment and entrepreneurship services for college students among the poverty population of file establishment.

Keywords: Self-employment; Entrepreneurial Willingness; Graduates; College Student

B. 7　Research on Employment and Entrepreneurship of College Students by Returning to Hometown among the Poverty Population of File Establishment

Jiang Cheng, Luo Yao and Lv Haipei / 264

Abstract: Based on the current situation of the employment of college students among poverty-stricken population, including learning, social participation, family and poverty status, life experience and so on, this study makes a descriptive analysis of the development of the employment and entrepreneurship of college graduates returning home, relevant data of the willingness and policy expectation of college students returning home for employment and entrepreneurship, and explores the behavior and intention of returning home for employment and entrepreneurship. From the four perspectives of individual characteristics, family capital, human capital and school capital, this paper uses econometric model to analyze the influencing factors of college graduates' returning home behavior, entrepreneurial behavior, return intention and entrepreneurial intention of college students. From the results of regression and path analysis, gender, father's highest education, community activities, entrepreneurial services and other variables have different degrees of direct and indirect effects on behavior and willingness. Among them, the influence of various factors on graduates' entrepreneurial behavior is through the influence of their entrepreneurial willingness. In view of the above empirical study, this paper discusses the main problems of college students' returning to their hometown for entrepreneurship and employment, and provides countermeasures and suggestions for improving the willingness and behavior of their returning to their hometown and entrepreneurship.

Keywords: Returning Home Employment and Entrepreneurship; College Graduates; College Students; Logistic Analysis; Path Analysis

Ⅲ　Special Topic Reports

Abstract: The subjective economic level of college students who from the poverty families of file establishment is low and the high education costs is the main causes of students' family poverty. In order to improve the living conditions, the poor college students have adopted various forms of anti-poverty behaviors. Among them, obtaining a stable and high-quality job is an important means for poor college students to combat poverty, however, the conservative concepts of employment and introverted personality limit the students' employability and affect their employment quality. It is suggested that we should adopt a multi-stage, early intervention and go-out way to help the poor college students promoting the employment development on all aspects and accurately.

Keywords: Employment of College Students; Poverty Cognition; Anti-poverty Behavior; Employment Development

B. 9   Research on Sense of Social Justice and Career Development

about College Students among the Poverty Population of

File Establishment   *Zhang Xudong, Luo Jihua* / 324

Abstract: The laboring return of college students among the poverty population of file establishment is far more than economic income; it also contributes to targeted poverty alleviation and the promotion of social cohesion. The experience of discrimination in the process of initial employment of college students among the poverty population of file establishment will affect their perception of social justice, and then affect their career development. This report combs and analyzes the perception and influencing factors of employment discrimination of college students among the poverty population of file establishment, as well as the impact of social justice on their career development, and puts forward suggestions and measures to improve laws and regulations, strengthen career education guidance, unblock the growth and development channels of advanced vocational college students, and pay close attention to the psychological adjustment of female college students, for the purpose of eliminating employment discrimination, creating a fair employment environment and promoting the employment development of college students among the poverty population of file establishment.

Keywords: College Students among the Poverty Population of File Establishment; Sense of Social Justice; Career Development

B. 10   Education Investment and Employment Return of

College Students among the Poverty Population

of File Establishment   *Deng Xiquan, Zhang Wenyu* / 360

Abstract: This report deeply analyzes the relationship among family education investment, employment return expectation and employment return of college students among the Poverty Population of File Establishment. In the aspect of family education investment, college students' families pay more attention to economic investment than emotional investment. Most people think that family education expenditure brings heavy economic burden to their families, which is the main reason of family poverty. In terms of employment return, including salary, choice of employment place and choice of employment unit, there is a big gap between the expected employment return and the actual employment return of college graduates. From the perspective of the relationship between education investment and employment return, the impact of education investment on the expected employment return of college students is significant, but the impact on the actual employment return of college graduates is not clear. At the same time, increasing the education investment does not bring the increase of family education returns.

Keywords: Poverty Population of File Establishment; College Students; Education Investment; Employment Return; Targeted Poverty Alleviation

B. 11　Research on Employment Costs, Social Support and Employment Development of College Students in the Poverty Population of File Establishment

Yang Jianglan, Wang Jie and He Mingjie / 392

Abstract: In the poor population, college students are the focus of social support. Especially in the graduation stage, we focus on employment costs and outcomes, whether the cost exceeds their affordability, how well they search for jobs, whether they find more satisfactory jobs, and whether they achieve their goals. Through the analysis of the survey data, it is found that there are great differences in the employment expenses of college graduates in the poor population: the cost of undergraduates is higher than that of vocational college graduates; the cost of non "double first-class" college graduates is higher than that

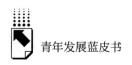
of "double first-class" college graduates. In terms of employment development and assistance, family members are still the first support factor; and employment advantage factors are still hard-working quality and relevant internship and work experience. In the process of job search, the employment and entrepreneurship services provided by schools and governments need to be strengthened. In particular, the Communist Youth League Organizations should pay more attention to the knowledge lectures on youth employment and entrepreneurship and the construction of mobile information service platform for youth employment and entrepreneurship. In order to better improve the employment level and satisfaction degree of university graduates in the poor population, the government should use the system to guarantee employment equity. At the same time, graduate institutions should improve employment guidance and related training content; Graduates should also actively expand employment thinking.

Keywords: Poverty Population of File Establishment; College Students; Social Support; Employment Cost

Ⅳ   Working Reports

B. 12   A Comparative Study on the Employment Policies of
College Students among the Poverty Population of
File Establishment in Different Provinces   *Kuang Dunxiao* / 425

Abstract: China attaches great importance to the employment of university graduates, among whom from poverty families filed by the government are deep concerned as a special group. Detailed policies and measures adapting to local conditions have been introduced by local governments to encourage and assist college students in their employment and entrepreneurship based on national supporting and beneficial policies. These local policies share certain commonalities in such as guiding and encouraging college graduates to work in small and medium-sized enterprises in grassroots, and implementing policies regarding tuition compensation, undergraduate-loan reimbursement as well as policies on subsidies and tax deductions etc. for entrepreneurial projects. Small-volume loan guarantees and discount measures are also provided for college graduates to start their own businesses. Some of the policies or measures illustrate distinct regional characteristics. For example, public employment-service agencies are required in Shanxi Province to provide free services for personnel file storage and handling social insurance affairs for self-employed college graduates; Special recruitment project for medical graduates is implemented in Henan Province. Restrictions to relocation of household registration to Qinghai Province have been Removed on university graduates who are employed in the province. However, there are also certain shortcomings, such as insufficient supply of entrepreneurial policies, insufficient communication between universities, college students, and the job market, etc. Therefore, measures should be taken to improve the precision of poverty alleviation by employment, to support small and medium-sized enterprises which provide jobs for college graduates, and to cultivate college graduates who return to their hometowns for development. Finally, attentions should be payed to the long-term survival rate, say, the effect of entrepreneurship of college graduates.

Keywords: Poverty College Student; Employment and Entrepreneurship; Employment Policy

B. 13　　Research on Government Services about Employment of
　　　　College Students among the Poverty Population of
　　　　File Establishment　　　　　*Xue Hongping*, *Zhang Yong* / 467

Abstract: Nowadays Chinese government offer employment assistance services for college students among people on official poverty record in 3 ways: degree pursuing assistance, job applying assistance and entrepreneurship assistance. Finishing school study is the priority of job applying. In order to assist college students in poverty to finish school study and earn the degree, Chinese government

has settled scholarships, student grants, attendance award, student loan, tuition fee wavier and more assistance mechanisms. Chinese government also help college students in poverty for job applying by offering job opening information and pre-work training, developing new job position, setting job subsidy and partner assistance, helping job transferring and any other assistance. For college students in poverty who would like to start business, Chinese government gives them assistance by motivating them and training their ability, offering subsidies, low interest loan and tax deduction, and cooperating with e-commerce platform. This thesis shared achievements and experience of accelerating the employment process, enhancing the work ability of local government, increasing the diversity of employment, creating the lively environment of entrepreneurship, empowering the pre-work training, settling complete employment protection mechanism of employment assistance for college students in poverty in chronological order, and pointed out the important information in these parts. This thesis aimed to enhance the work ability of government and offered 8 effective ways to serve college students in poverty of employment issue under the goal of economic development and welfare service, and also gave advices on how to build college student employment information platform, increase the job market for students, expand the coverage of employment assistance, change job biases among people and offer students helpful pre-work training.

Keywords: Government Service; Employment of College Student in Poverty; College Students among the Poverty Population of File Establishment; Employment

Abstract: To cure the poor, first cure the ignorant, first support wisdom to help the poor. At the different stages of enrollment, learning and training, and graduation and employment, corresponding measures and intervention measures are taken to help poor college students. Colleges and universities should focus on concept guidance, ability guidance, information service, policy support, financial support, post assistance and other supporting measures from the perspective of the whole employment process. More attention should be paid to the implementation of accurate assistance in the aspects of information improvement, mechanism establishment and program support, so as to promote better employment of poor college students in a better position and higher quality.

Keywords: Poverty Alleviation through Education; Employment of Recorded Poor College Students; Employment Services in Universities

B. 15　Research on Communist Youth League Services about Employment of College Students among the Poverty Population of File Establishment

Sun Yan, Yan Feng and Kong Xianglong / 519

Abstract: In this paper, based on survey data and the interview data, auxiliary related literature, this paper discusses the communist youth league service the realistic foundation of impoverished college students' employment, analyzes the poor college students' cognition and appeal for the work of the communist youth league employment service, expounds the communist youth league service main work of impoverished college students' employment situation, from the thought led and publicity guide, set up information platform, in the lecture, create a trainee base, create a youth entrepreneurship foundation of employment, distribution of youth entrepreneurship microfinance aspects elaborated the communist youth league of university students' employment service field and path, and according to the investigation interview form of data and information, Combined with the reality of poverty alleviation, this paper puts forward the

strategy of serving the youth league and establishing files to establish the employment and entrepreneurship of college students.

Keywords: The Communist Youth League; Poverty College Students; Employment and Entrepreneurship

V   Appendices

权威报告·一手数据·特色资源

皮书数据库
ANNUAL REPORT(YEARBOOK)
DATABASE

分析解读当下中国发展变迁的高端智库平台

所获荣誉

- 2019年，入围国家新闻出版署数字出版精品遴选推荐计划项目
- 2016年，入选"'十三五'国家重点电子出版物出版规划骨干工程"
- 2015年，荣获"搜索中国正能量 点赞2015""创新中国科技创新奖"
- 2013年，荣获"中国出版政府奖·网络出版物奖"提名奖
- 连续多年荣获中国数字出版博览会"数字出版·优秀品牌"奖

成为会员

通过网址www.pishu.com.cn访问皮书数据库网站或下载皮书数据库APP，进行手机号码验证或邮箱验证即可成为皮书数据库会员。

会员福利

- 已注册用户购书后可免费获赠100元皮书数据库充值卡。刮开充值卡涂层获取充值密码，登录并进入"会员中心"—"在线充值"—"充值卡充值"，充值成功即可购买和查看数据库内容。
- 会员福利最终解释权归社会科学文献出版社所有。

数据库服务热线：400-008-6695
数据库服务QQ：2475522410
数据库服务邮箱：database@ssap.cn
图书销售热线：010-59367070/7028
图书服务QQ：1265056568
图书服务邮箱：duzhe@ssap.cn

社会科学文献出版社 皮书系列
SOCIAL SCIENCES ACADEMIC PRESS (CHINA)
卡号：443261285291
密码：

基本子库
SUB DATABASE

中国社会发展数据库（下设 12 个子库）

整合国内外中国社会发展研究成果，汇聚独家统计数据、深度分析报告，涉及社会、人口、政治、教育、法律等 12 个领域，为了解中国社会发展动态、跟踪社会核心热点、分析社会发展趋势提供一站式资源搜索和数据服务。

中国经济发展数据库（下设 12 个子库）

围绕国内外中国经济发展主题研究报告、学术资讯、基础数据等资料构建，内容涵盖宏观经济、农业经济、工业经济、产业经济等 12 个重点经济领域，为实时掌控经济运行态势、把握经济发展规律、洞察经济形势、进行经济决策提供参考和依据。

中国行业发展数据库（下设 17 个子库）

以中国国民经济行业分类为依据，覆盖金融业、旅游、医疗卫生、交通运输、能源矿产等 100 多个行业，跟踪分析国民经济相关行业市场运行状况和政策导向，汇集行业发展前沿资讯，为投资、从业及各种经济决策提供理论基础和实践指导。

中国区域发展数据库（下设 6 个子库）

对中国特定区域内的经济、社会、文化等领域现状与发展情况进行深度分析和预测，研究层级至县及县以下行政区，涉及地区、区域经济体、城市、农村等不同维度，为地方经济社会宏观态势研究、发展经验研究、案例分析提供数据服务。

中国文化传媒数据库（下设 18 个子库）

汇聚文化传媒领域专家观点、热点资讯，梳理国内外中国文化发展相关学术研究成果、一手统计数据，涵盖文化产业、新闻传播、电影娱乐、文学艺术、群众文化等 18 个重点研究领域。为文化传媒研究提供相关数据、研究报告和综合分析服务。

世界经济与国际关系数据库（下设 6 个子库）

立足"皮书系列"世界经济、国际关系相关学术资源，整合世界经济、国际政治、世界文化与科技、全球性问题、国际组织与国际法、区域研究 6 大领域研究成果，为世界经济与国际关系研究提供全方位数据分析，为决策和形势研判提供参考。